国家哲学社会科学成果文库

NATIONAL ACHIEVEMENTS LIBRARY
OF PHILOSOPHY AND SOCIAL SCIENCES

钦和若一：北魏丧葬与民族交融的考古研究

刘连香 著

科学出版社

内 容 简 介

本书以考古发掘的北魏墓葬和出土的墓志等随葬品为基础，结合历史文献、佛教造像题记等内容，按照丧葬过程中的丧、葬、祭顺序，对北魏丧葬进行综合研究，深入、系统地探讨其从鲜卑旧俗向礼仪制度逐渐演化的典型标志，以实物材料论证了北魏多民族之间相互融合、“钦和若一”的社会形态。北魏丧葬中主动遵循“汉晋故事”，是我国历史上多民族获取“正统”的常见形式，拓跋鲜卑部分丧葬文化因素被各民族接纳甚至流传至今，有力佐证了华夏民族形成中的多元与统一。北魏丧葬与民族交融研究，对于铸牢中华民族共同体意识具有重要学术价值和现实意义。

本书适合从事考古学、历史学等学科的研究者和相关院校师生参考、阅读。

图书在版编目（CIP）数据

钦和若一：北魏丧葬与民族交融的考古研究 / 刘连香著. -- 北京：科学出版社，2025. 5. --（国家哲学社会科学成果文库）. -- ISBN 978-7-03-081880-5

Ⅰ. K892.22

中国国家版本馆CIP数据核字第2025RN7846号

责任编辑：王　蕾 / 责任校对：邹慧卿

责任印制：肖　兴 / 封面设计：有道文化

科学出版社 出版

北京东黄城根北街 16 号

邮政编码：100717

http://www.sciencep.com

北京中科印刷有限公司印刷

科学出版社发行　各地新华书店经销

*

2025年 5 月第　一　版　开本：720 × 1000　1/16

2025年12月第二次印刷　印张：25　插页：2

字数：440 000

定价：268.00元

（如有印装质量问题，我社负责调换）

《国家哲学社会科学成果文库》出版说明

为充分发挥哲学社会科学优秀成果和优秀人才的示范引领作用，促进我国哲学社会科学繁荣发展，自 2010 年始设立《国家哲学社会科学成果文库》。入选成果经同行专家严格评审，反映新时代中国特色社会主义理论和实践创新，代表当前相关学科领域前沿水平。按照“统一标识、统一风格、统一版式、统一标准”的总体要求组织出版。

全国哲学社会科学工作办公室

2025 年 3 月

目　录

CONTENTS

插图目录

引　言

北魏是中国历史上第一个取得正统认可的少数民族政权，在我国民族历史中具有特殊地位。在统一北方、入主中原、建立统治政权的过程中，拓跋鲜卑经历了数百年的艰难历程，先从大兴安岭顶巅以狩猎为生的原始种族转化为蒙古草原的游牧部落，之后依赖北方草原民族武力，势力迅速增强，同时吸收以汉族为首的“南人”文化精华，不同民族之间逐渐融合，建都立业，适应农耕，进入封建时期。以孝文帝为核心的统治集团迁洛后，主动接受汉化文明，各民族特征日益弱化，最终融入中华民族之中。因而，北魏素为史家研究中华民族融合的典型，因史料所限，故墓葬所留遗迹和遗物成为该研究的可靠依据。

一、北魏墓葬考古发现与研究

北魏建立之后经过多次迁都，统治中心逐步南移，其墓葬也应随着时代早晚分别集中在内蒙古和林格尔的盛乐古城、山西大同的平城、河南洛阳的北魏洛阳城附近。早期北魏墓葬均发现在洛阳地区，由盗墓者大量盗掘后发现了墓志而得以确认，目前所见北魏墓志约600方[1]，主要属于北魏洛阳时代，其中洛阳地区所出墓志占所有墓志的70%以上。与出土墓志同时被盗的

1　刘连香：《民族史视野下的北魏墓志研究》，文物出版社，2017年，截至2015年底共收集到530余方。

墓葬数量远超六百座，这些被盗墓葬破坏严重，相关随葬品等信息消失殆尽，只有墓志因其极高的书法价值得到了社会追捧。

随着我国考古事业的发展，各地发现了不同时期众多民族的北魏墓葬。目前已经发现的北魏墓有数千座，经考古科学发掘的应在4000座以上，最近十余年发掘的大量墓葬材料仍在整理之中。这些发掘的墓葬中大部分没有纪年，北魏平城即大同地区最为集中，尤其最近几年的发掘数量惊人。

在北魏定都盛乐的早期阶段，目前所能确定的墓葬相对较少，在内蒙古中南部发现的北魏墓多为平城甚至洛阳时期，其中一处最多发掘20座，位于乌兰察布察右中旗的七郎山墓地[1]，和林格尔鸡鸣驿7座[2]，锡林郭勒盟伊和淖尔北魏墓地1处5座[3]。其他地点分散。

北魏迁都平城之后人口激增，山西大同发掘的北魏墓数量众多，以下主要墓地可以反映其大致状况。永泰南路墓地发掘墓葬居于首位，达2000余座，为北魏早中期，其中S2地块有北魏墓葬843座[4]，墓葬形制多样。东信广场清理墓葬1000余座，时代为北魏早期[5]。交通苑北魏墓群发掘300余座[6]。大同南郊北魏墓群发掘的167座墓葬已经出版了发掘报告[7]，详细公布了相关信息。在御河东岸新区的御昌佳园发掘北魏墓葬135座，时代为北魏中期[8]。与南郊北魏墓群距

---

1 王新宇、魏坚：《察右中旗七郎山墓地》，《内蒙古地区鲜卑墓葬的发现与研究》，科学出版社，2004年，第123—183页。

2 内蒙古自治区文物考古研究所：《2012年内蒙古自治区文物考古研究所考古发现综述》，《草原文物》2013年第1期。

3 内蒙古自治区文物考古研究所：《考古发掘见证古代草原丝绸之路——伊和淖尔墓群考古发掘纪实》，《中国文物报》2015年6月12日第22版。

4 滕逍霄：《山西大同永泰南路墓地北魏人骨研究》，吉林大学博士学位论文，2024年，第7页。

5 李鹏珍：《山西大同东信广场北魏墓地人骨研究》，吉林大学博士学位论文，2021年，第3页。

6 滕逍霄：《山西大同永泰南路墓地北魏人骨研究》，吉林大学博士学位论文，2024年，第13页，表1.1。

7 山西大学历史文化学院、山西省考古研究所、大同市博物馆：《大同南郊北魏墓群》，科学出版社，2006年。

8 阮孙子凤：《山西大同御昌佳园墓地北魏时期人骨研究》，吉林大学硕士学位论文，2022年，第3页。

离很近的水泊寺廉租房墓地也发掘了大量墓葬，分为A、B两区，其中B区发掘北魏墓108座[1]。附近的金港园墓地发掘北魏墓葬90座[2]。御河以东的迎宾大道发掘北魏墓75座[3]，基本材料已发表。御河以东的御府墓地发掘北魏墓70余座[4]。御河以西金茂园墓地发掘北魏墓葬67座[5]。御河以西的华宇墓地发掘墓葬中60多座为北魏时期[6]。御东地区大同二中南校区墓地发掘53座北魏墓[7]。御东新区发掘贾宝墓等44座[8]。御东地区星港城墓地发掘北魏墓42座[9]。御河以西的北魏明堂南七里村北魏墓群发掘34座[10]。附近的云波路北魏墓群清理北魏墓29座[11]。仍在御河以西稍偏南的二电厂发掘北魏墓27座[12]。御河以东的沙岭新村发掘北魏墓26座[13]。在大同市以东的云州区湖东北魏墓群一次发掘墓葬15座[14]。在沙岭新村北边的沙岭发掘北魏墓12座，其中包括壁画墓[15]。御河以东的雁北师院发掘北魏墓11座[16]。御河以东的云州区发掘北魏墓10座[17]。

1　李鹏程：《山西省大同市水泊寺廉租房墓地人骨研究》，辽宁大学硕士学位论文，2018年。

2　樊欣：《山西大同金港园墓地人骨研究》，郑州大学硕士学位论文，2020年。

3　大同市考古研究所：《山西大同迎宾大道北魏墓群》，《文物》2006年第10期。

4　李佳欣：《山西大同御府墓地北魏时期人骨研究》，吉林大学硕士学位论文，2021年，第3页。

5　周亚威、王煜等：《山西大同金茂园遗址人群颅骨的形态学》，《人类学学报》2024年第2期。

6　崔贺勋：《山西大同华宇墓地北魏时期人骨研究（2019年度）》，吉林大学硕士学位论文，2021年，第2页。

7　徐楠：《大同二中南校区墓地出土人骨研究》，山西大学硕士学位论文，2023年，摘要中61座，第4页53座。

8　大同市考古研究所：《山西大同北魏贾宝墓发掘简报》，《文物》2021年第6期。

9　周亚威、周雪艳、侯晓刚：《北魏平城时期星港城遗址的人种类型》，《北方民族大学学报》2021年第1期。

10　大同市考古研究所：《山西大同七里村北魏墓群发掘简报》，《文物》2006年第10期。

11　大同市考古研究所：《山西大同云波路北魏墓（M10）发掘简报》，《文物》2017年第11期。

12　大同市考古研究所：《山西大同二电厂北魏墓群发掘简报》，《文物》2019年第8期。

13　大同市考古研究所：《山西大同沙岭新村北魏墓地发掘简报》，《文物》2014年第4期。

14　山西省考古研究所、山西省大同市考古研究所：《山西大同湖东北魏墓群发掘简报》，《中国国家博物馆馆刊》2018年第2期。

15　大同市考古研究所：《山西大同沙岭北魏壁画墓发掘简报》，《文物》2006年第10期。

16　大同市考古研究所：《大同雁北师院北魏墓群》，文物出版社，2007年，第3页。

17　胡平：《大同发掘十座北魏墓》，《中国文物报》1990年8月30日第34版。

御河以西的大同市南金属镁厂发掘北魏墓10座[1]。御河以西的大同城南仝家湾发掘北魏墓10座[2]。御河以东的云州区国营粮食原种场发掘北魏墓6座[3]。大同市还有一些零星发掘的北魏墓，其中包括方山永固陵、元淑墓、司马金龙墓等。此外，在山西境内的侯马、朔州、曲沃、万荣等地也发掘了一些北魏墓葬。

北魏再次迁都洛阳，孝文帝首先在北魏洛阳城西北的邙山统一规划帝陵和高等级王公贵族陪葬墓。帝陵主要位于瀍河以西，瀍河以东为密集墓葬区，已经发现的大量皇室元姓墓多位于此区域，经考古发掘清理的如宣武帝景陵、衡山路大墓，元怿、元乂、元邵、元暐、元遵、元祉等墓。近年在洛阳城附近也发现了部分北魏墓，其中包括城东北冯熙、冯诞等冯氏家族墓，城东至偃师杏园、杜楼、南蔡庄等均有北魏墓发掘，该区域墓葬年代基本为迁洛之后，等级与瀍河以东陵墓区一般墓葬类似。近年在洛阳城北孟津朱仓一带发现大量北魏中小型墓，孟津平乐镇朱仓村西部、北部的朱仓遗址区和朱仓东段清理发掘北魏墓23座[4]，多带斜坡墓道，分为砖室和土洞墓。在朱仓东的东汉墓园遗址区内发现了大量平民墓，初步统计有87座，仅对部分墓葬进行了发掘[5]，形制多为土坑竖穴，尺寸较小，部分出土刻铭砖，从有限的材料可见，其时间至少从迁洛之前的太和元年（477年）延续至晚期孝明帝时期的孝昌二年（526年）。洛阳黄河北岸吉利区吕达、吕仁父子墓为都城外围零散墓葬的典型代表。

北魏其他地区的墓葬相对较少，但发现有家族墓地。北京延庆发掘北魏

1　韩生存、曹承明、胡平：《大同城南金属镁厂北魏墓群》，《北朝研究》1996年第1期。

2　山西省考古研究所、大同市考古研究所：《山西大同南郊仝家湾北魏墓（M7、M9）发掘简报》，《文物》2015年第12期。

3　山西省考古研究所：《大同县国营粮食原种场北魏墓》，《三晋考古（第三辑）》，山西人民出版社，2006年。

4　洛阳市文物考古研究院：《洛阳孟津朱仓北魏墓》，《文物》2012年第12期。

5　卢青峰：《洛阳市朱仓村出土北魏墓铭砖探析》，《四川文物》2024年第2期。

家族墓28座[1]。陕西西安灞桥区江村发掘北魏墓10座，属于王姓家族[2]；西安韦曲韦氏墓、华阴杨氏墓地也是同样性质。河北有景县封氏墓群、赞皇李氏墓群、无极甄氏墓群。山东临淄崔氏墓群等均发现了多座家族人员墓。边远地区的辽宁朝阳、宁夏固原彭阳、甘肃张家川、安徽淮南、江苏徐州等地也发掘了数量不等的北魏墓。

考古学界对北魏墓葬主要是进行综合研究。对拓跋鲜卑遗存的关注，以宿白先生发表的三篇鲜卑遗迹辑录为代表，分别论证了早期鲜卑、盛乐平城时期和迁都洛阳之后的遗迹[3]。之后的学者重点探讨早期鲜卑的不同文化差异。张柏忠提出以舍根墓地为代表的部分早期遗存属于东部鲜卑[4]，该地区发现的很多类似遗存都可归入东部鲜卑范畴。陈雍以器物组合为依据，判断出完工墓地与拓跋鲜卑的区别[5]。田立坤则注意到辽宁朝阳为中心的墓葬时代较晚，首次提出“三燕文化”概念[6]，即慕容鲜卑建立的前燕、后燕和冯氏北燕，其后河南安阳孝民屯发现的墓葬与其类似。许永杰对已经发掘的鲜卑遗存重新进行梳理，根据相对比较明确的拓跋鲜卑、慕容鲜卑特征，探讨其他早期鲜卑的族属[7]。乔梁认为内蒙古中部的一些时代早至东汉魏晋时期的墓葬可能属于檀石槐时期，并对其他早期鲜卑遗存进行了全面分析，根据出土器

1 北京市考古研究院、中国社会科学院考古研究所：《北京延庆西屯墓地北魏家族墓发掘简报》，《文物》2024年第2期。

2 西安市文物保护考古研究院、北京联合大学：《西安市灞桥区江村北魏王氏家族墓地发掘简报》，《文博》2019年第1期。

3 宿白：《东北、内蒙古地区的鲜卑遗迹——鲜卑遗迹辑录之一》，《文物》 1977年第5期；宿白：《盛乐、平城一带的拓跋鲜卑——北魏遗迹——鲜卑遗迹辑录之二》，《文物》1977年第11期；宿白：《北魏洛阳城和北邙陵墓——鲜卑遗迹辑录之三》，《文物》1978年第7期。

4 张柏忠：《哲里木盟发现的早期鲜卑遗存》，《文物》1981年第12期。

5 陈雍：《扎赉诺尔等五处墓葬陶器的比较研究》，《北方文物》1989年第2期。

6 田立坤：《三燕文化遗存的初步研究》，《辽海文物学刊》1991年第1期。

7 许永杰：《鲜卑遗存的考古学考察》，《北方文物》1993年第4期。

物提出自己对鲜卑遗存的判断依据[1]。倪润安进一步对檀石槐时期的相关遗存进行了研究[2]。郑君雷结合历史文献，论证早期东部鲜卑和拓跋鲜卑的族源，其中高车很早就成为拓跋鲜卑的一部分[3]。魏坚对内蒙古地区新发现的鲜卑墓葬进行了集中整理，其中的大量信息有助于对墓葬时代和属性的判断，体现出相关研究成果[4]。孙危通过梳理墓葬材料，结合有限文献内容，把鲜卑文化与其周边密切接触的中原文化、匈奴文化等进行对比，从文化面貌、内涵及族属等方面分别进行了分析，体现他们相互之间的互动关系[5]。近年，山西大同发掘了大量北魏平城时期墓葬，积累了极为丰富的基础材料。李梅田将北魏墓葬置于魏晋北朝的框架之下进行综合分析，探讨汉唐之间中原传统文化的延续和北方少数民族文化对其冲击在墓葬中的反映，其中北魏墓葬对其后的墓葬产生重大影响[6]。韦正在前人研究基础上重新对部分墓葬材料属性进行反思，运用类型学方法探讨墓葬的年代早晚和族别问题[7]。倪润安重点关注北魏不同时期墓葬的发现及其特点，分别论述北魏盛乐、平城、洛阳时代墓葬文化来源与转型，北魏洛阳时代墓葬文化对“晋制”的继承等相关问题[8]。台湾学者林圣智分别探讨了北魏墓葬中的佛教图像和平城时期的葬具，关注到

1　乔梁：《内蒙古中部的早期鲜卑遗存》，《青果集——吉林大学考古系建系十周年纪念文集》，知识出版社，1998年；乔梁：《考古遗存的认定与反思》，《中国考古学的跨世纪反思》，商务印书馆（香港），1999年。

2　倪润安：《内蒙古三道湾和东大井墓地为檀石槐鲜卑遗存论》，《考古》2011年第3期；倪润安：《檀石槐鲜卑的文化认同与帝国构想》，《考古学研究》（十一），科学出版社，2019年，第67—83页。

3　郑君雷：《早期东部鲜卑与早期拓跋鲜卑族源概论》，《青果集——吉林大学考古系建系十周年纪念文集》，知识出版社，1998年。

4　魏坚：《内蒙古地区鲜卑墓葬的发现与研究》，科学出版社，2004年。

5　孙危：《鲜卑考古学文化研究》，科学出版社，2007年。

6　李梅田：《魏晋北朝墓葬的考古学研究》，商务印书馆，2008年。

7　韦正：《鲜卑墓葬研究》，《考古学报》2009年第3期；韦正：《大同南郊北魏墓群研究》，《考古》2011年第6期。

8　倪润安：《北魏盛乐时代至平城时代墓葬的发现与研究》，《文物世界》2009年第6期；倪润安：《北魏平城时代平城墓葬文化的转型》，《考古学报》2014年第1期；倪润安：《北魏洛阳时代墓葬文化分析》，《故宫博物院院刊》2010年第4期；倪润安：《光宅中原：拓跋至北魏的墓葬文化与社会演进》，上海古籍出版社，2017年。

墓葬的细部内容[1]。学者们对于拓跋鲜卑墓葬特点基本取得一致看法，其中包含了不同时期分别融入的匈奴、慕容鲜卑等其他文化因素，但很难明确地将各种文化相互剥离。以上学者均集中于墓葬发掘材料的分析探讨。

二、北魏丧葬礼俗研究

北魏丧葬礼俗的特殊性较早受到史学界的关注。黄烈注意到魏晋南北朝的文化结构、民族关系、社会经济均发生重大转变[2]。作为中国丧葬史中的一部分，一些通论性著作的内容会包括北魏时期，但相对较为简略[3]。研究魏晋南北朝礼俗的著作中涉及北魏丧葬，尤其在探讨魏晋南北朝丧礼各种程序仪节的基础上，重点强调丧礼在统治秩序、社会控制、社会调节中发挥的重要作用，以及丧礼与社会之间的密切关系[4]。有的学者将北魏丧礼与婚礼一起讨论，主要体现风俗向礼制的演变[5]。或者将其作为魏晋南北朝时段中五礼的重要构成，从宏观角度探讨丧礼的特点[6]。其他学者借鉴其方式方法，或者从不同视角，对类似问题继续探讨[7]，还就相关研究动态做过详细梳理与归纳[8]。这些成果从宏观上确定了魏晋南北朝为礼制化的关键期，但对于北魏凶礼之丧葬论述简略，所据史料基本限于《后汉书》《魏书》《北史》《资治

---

1 林圣智：《墓葬、宗教与区域作坊——试论北魏墓葬中的佛教图像》，《美术史研究集刊》2008年第24期；林圣智：《北魏平城时期的葬具》，《古代墓葬美术研究》（第二辑），湖南美术出版社，2013年。

2 黄烈：《评魏晋南北朝的历史特点》，《魏晋南北朝史论文集》，齐鲁书社，1991年。

3 徐吉军、贺云翱：《中国丧葬礼俗》，浙江人民出版社，1991年；徐吉军：《中国丧葬史》，江西高校出版社，1998年（武汉大学出版社，2012年增订）；陈华文：《丧葬史》，上海文艺出版社，1999年（2007年修订再版）。

4 高二旺：《魏晋南北朝丧礼与社会》，上海古籍出版社，2017年。

5 谢宝富：《北朝婚丧礼俗研究》，首都师范大学出版社，1998年。

6 梁满仓：《魏晋南北朝五礼制度考论》，社会科学文献出版社，2009年。

7 张承宗：《魏晋南北朝妇女丧葬礼仪考》，《苏州大学学报》（哲学社会科学版）2010年第2期；陈华文：《宗教对魏晋南北朝丧葬的影响》，《民俗研究》2014年第6期。

8 陈淑君、陈华文：《完整结构与细节呈现：从丧葬史到个案研究——魏晋南北朝丧葬文化研究述论》，《浙江师范大学学报》（社会科学版）2015年第1期。

通鉴》等几种。金爱秀通过纵向比较，得出北魏丧葬制度演化与其汉化同步之认知[1]。范兆飞通过细读文献，考证鲜卑丧葬中的歌谣、鼓舞甚至婚娶等习俗是胡人遗风，之后出现向汉风的转型[2]。以上研究仍以历史文献为主，个别学者开始关注考古材料的对比与运用，但使用较少，对考古文化认识不足。

作为丧葬中重要组成部分的墓志，素来为各类研究者所重视。北魏墓志不仅以文字记载墓主的社会关系、丧期葬时、所受谥封、赙赗制度、埋葬位置等相关信息，而且墓志的形制、埋葬制度等均在北魏时期形成。有关北魏墓志的相关著录极为丰富，以赵万里所著最具有代表性，其资料整理与内容研究相结合，为后人做出了极好的范例[3]。赵超对汉魏南北朝墓志进行录文句读，是学者研究的基础资料[4]。罗新等继赵超之后将其书未收之新材料进行详细考证，对不同历史问题多有创见[5]。中国文物研究所（今中国文化遗产研究院）根据不同省份出版了多卷本《新中国出土墓志》，其中以河南、陕西等卷中的北魏墓志最多。其他学者如赵力光、李献奇、朱亮、乔栋、王连龙、叶炜等分别就其所收资料展开探讨，均为受到赵万里影响之成果[6]。王壮弘等将六朝时期的墓志进行索引整理[7]。20世纪前半叶，郭玉堂将其所见洛阳出土石刻的时间地点进行了详细记录，为研究国都洛阳陵墓分布提供了重要依据[8]。仅以墓志拓本公之于众者以北京图书馆最早且最全[9]，民间陆续出土的北魏墓志，由齐运

---

1 金爱秀：《北魏丧葬制度初探》，《河南科技大学学报》（社会科学版）2004年第4期。

2 范兆飞：《北魏鲜卑丧葬习俗考论》，《学术月刊》2013年第9期。

3 赵万里：《汉魏南北朝墓志集释》，科学出版社，1956年。

4 赵超：《汉魏南北朝墓志汇编》，天津古籍出版社，1992年。

5 罗新、叶炜：《新出魏晋南北朝墓志疏证》，中华书局，2004年。

6 赵力光：《鸳鸯七志斋藏石》，三秦出版社，1995年；洛阳市第二文物工作队：《洛阳新获墓志》，文物出版社，1996年；洛阳市文物局：《洛阳出土北魏墓志选编》，科学出版社，2001年；洛阳市第二文物工作队：《洛阳新获墓志续编》，科学出版社，2008年；王连龙：《新见北朝墓志集释》，中国书籍出版社，2013年；叶炜、刘秀峰：《墨香阁藏北朝墓志》，上海古籍出版社，2016年。

7 王壮弘、马成名：《六朝墓志检要》（修订本），上海书店出版社，2008年。

8 郭培育、郭培智：《洛阳出土石刻时地记》，大象出版社，2005年。

9 北京图书馆金石组：《北京图书馆藏中国历代石刻拓本汇编》，中州古籍出版社，1989年。

通、赵君平等获得拓本后结集出版，主要偏重基础资料的公布和简单考证[1]。另有一些针对单篇或几篇墓志所进行的考据，其中涉及墓主人的生平及当时的政治、经济、文化、军事、婚姻等各方面，以《北朝研究》最为集中。以上北魏墓志绝大部分为征集而来，其中的资料信息基本限于志文本身，相关研究则沿用金石学的历史文献学方法，以达到证经补史之目的。本人曾以此为基础，利用有限的考古发掘资料进行突破性研究的尝试，对2015年之前所见的500余方北魏墓志进行全面整理，通过大量数据统计，从民族史的角度探讨北魏后期社会结构、族属、姓氏等方面的显著特征，分析其陵墓区布局特点和规律，并从墓志所记载的墓主生前居住里坊和埋葬地点的归属，探讨国都洛阳的乡里结构等，综合研究中涉及丧葬的部分内容[2]。

以上研究分别在各自领域做出了突出贡献，从宏观上探讨了北魏在魏晋南北朝时期所处的地位，为北魏丧葬研究奠定了坚实基础。但在具体研究中仍存在一些不足，本书由此来进行新的突破性研究。

一方面，将考古发掘的墓葬实物材料和墓志文字资料与历史文献紧密结合，从墓葬的形制、随葬品特征等方面入手，探讨北魏不同阶段、不同民族之间的融合。因为丧葬礼俗必然通过外在器物形式和相关仪式的采择来体现，我国百年考古成果已经积累了大量北魏墓葬的科学信息，笔者对北魏墓志资料也进行了全面整理，并对目前所见几十座纪年北魏墓葬进行了探讨，其信息由考古发掘或调查获取，基本可以确定墓主。这部分材料不仅能够了解墓葬类型、规格等级、随葬品的文化因素等客观内容，而且有明确的墓主人姓名、族属、来源、家族构成、卒葬时间、丧葬礼俗等相关资料，将二者结合起来，清楚地还原一部分人的丧葬特点，并以此作为标准和参照，将考

1　齐运通：《洛阳新获七朝墓志》，中华书局，2012年；赵君平、赵文成：《秦晋豫新出墓志蒐佚》，国家图书馆出版社，2012年；赵文成、赵君平：《秦晋豫新出墓志蒐佚续编》，国家图书馆出版社，2015年。

2　刘连香：《民族史视野下的北魏墓志研究》，文物出版社，2017年。

古类型学成果纳入其中，探讨北魏不同民族在不同时期的丧葬演变过程。

另一方面，以墓葬和墓志为依据，区分北魏丧葬中风俗与礼制之间的存留状况。北魏的丧葬从俗至礼经历了漫长的演化过程。一般学者根据史料认为，北魏迁洛后孝文帝汉化始用礼制，丧葬凶礼亦应由此开始。但从考古发掘墓葬材料和墓志记载可知，北魏早期已吸收汉文化丧礼因素，并在丧葬中体现，如“祭成丧必有尸”即庙祭立尸为礼仪范畴，在汉文化体系战国之后已经消失，北魏至迟在昭成帝时仍存，说明北魏接受并承袭了更早的丧葬礼制。而在北魏后期的墓葬中仍然发现动物头蹄骨骼，则保留了其草原丧葬风俗。利用考古资料区分北魏丧葬风俗与礼制，从微观把握北魏汉化中的礼制核心内容，对于研究其汉化过程更加可信。

通过对材料的综合分析与探讨，北魏丧葬体现出重要的实际应用价值。其中的民族融合代表了中华民族多元一体化格局的形成过程，在民族历史发展中具有典型意义。北魏墓葬和墓志作为其最主要的文化遗存，完整、真实地保留了拓跋鲜卑建立北魏过程中的丧葬理念、文化特征、经济形态、社会地位等，反映当时不同民族之间的文化交流、互动与碰撞。随着北魏势力逐渐强大，墓葬中的民族因素越来越多元化，其入主中原后，民族特色逐渐减弱，汉文化因素则逐步增强。同时，部分丧葬特点固定下来，在汉文化中传承，如前宽后窄的梯形葬具、方形盝顶的墓志等，说明了不同民族文化之间的互动与影响。因而，北魏丧葬的多民族融合在中国历史发展进程中具有特殊意义，将北方草原的游牧文化与中原传统的农耕文化有机地融合在一起，构成中华民族共同体格局。虽然各族最终不再以独立形式存在，但其民族文化的精髓已经渗透到中华民族的血液之中，成为我国古代文化的重要组成部分，各民族共同缔造了华夏丰富多彩的历史文明。

北魏以拓跋鲜卑为首的不同民族自觉汉化认同的意识对于我国民族研究具有参考作用。建立十六国的匈奴、鲜卑、羯、氐、羌等诸部，均未完成统一中原之大业，历史地位很低，甚至被称为“五胡乱华”。而拓跋鲜卑建立的北魏统一了北方和中原，唐朝初年开始被正式纳入中国正统，与继承晋朝法统的南朝并享“南北朝”之称。其后辽、金、元、清受其影响，也都位居正统之列。北魏统一北方与历史正统地位的确立主要得益于以拓跋鲜卑为主的民族对汉文化的自觉认同，以及部分游牧民族的强制与被动的汉文化认同。可以说，北魏汉化使其完成了社会的封建化，加快了各民族的融合，其自觉与强制的汉化认同在民族历史上具有开创性，对于我国民族研究有一定的借鉴意义。

目前考古发掘材料和出土墓志是北魏丧葬研究的重要依据。它们以实物和文字两种形式体现北魏时期的丧葬理念、墓葬规模、随葬习俗等各方面内容，是当时拓跋鲜卑和其他民族在统一政权之下丧葬文化发展演变与相互融合的直观反映。北魏丧葬中的民族融合因素贯穿于北魏历史发展脉络的始终，但不同阶段所呈现的文化因素有明显差异，在拓跋鲜卑早期发展及定都盛乐时期，丧葬基本呈现以鲜卑文化为代表的草原特征。北魏迁都平城前期，由于太武帝不断征伐并大量迁徙各地人口至国都，统一北方地区，此时墓葬的多元因素共存现象非常突出。到了汉人文明太后执政的平城后期，墓葬的汉化逐渐显现。再次迁都之后的洛阳时期，北魏孝文帝以自觉主动的政治手段进行改革，丧葬形成较为统一的规制，并影响到东西魏、北齐、北周及隋唐。本书在全面掌握前人已有成果的前提下，以目前考古发掘的北魏墓葬为基础，参照所见500余方北魏墓志中对于丧葬内容的记述，结合历史文献，分别选取典型案例，使用考古类型学、历史考据及二元论证等方法，从丧葬的风俗与礼制两方面，结合墓葬的方向、构筑方式、形制、葬具、随葬品，以及单个族群的发展演变等进行综合研究，以期从墓葬中剥离出典型民族的文化符号，了解不同族群之间的相互交流与融合过程，探讨其丧葬特点，逆推文化渊源，考订其形成原因，揭示北魏不同时期丧葬中习俗与礼制的差异。最终由北魏丧葬的礼俗变化总结出不同民族之间的融合及影响，认识中华民族在其历史发展进程中的多民族特点，为我们客观公正了解历史、评述历史提供证据。

北魏丧葬在其正常程序的丧、葬、祭三方面均体现出由拓跋鲜卑文化向汉文化为主体的多元文化的融合过程，反映了从风俗向礼仪制度的转变。由于埋葬之前的丧和埋葬之后的祭祀保留的考古遗存有限，故本书的研究内容以墓葬为主。

首先，探讨北魏丧俗向丧礼的转变。通过对拓跋鲜卑丧俗的梳理，发现其与草原地区多个民族存在共性。北魏晚期在国都出现的西域丧俗，体现了当时多民族共处的现实状况。北魏的鼓吹与皇帝“三临”丧礼借鉴中原汉晋丧葬文化，分别在文明太后执政和孝文帝改革之后完善，体现鲜卑与汉文化的融合。

其次，论证北魏墓葬从多元特征向统一规制的发展进程。北魏前期的统治仍保留大量部落联盟形式，拓跋鲜卑依靠强大的军事实力不断征服周边不同种族的人群，最终统一北方。因而，该阶段墓葬基本保留各自族群的文化特征。这种现象在北魏迁都平城之后设置六镇，且以军镇与部落酋长联合统管的形式得以延续，并造成边镇墓葬的汉化滞后。同时，在北魏众多族群墓葬中，尸床葬最能体现其独有因素。故选取边镇墓葬和尸床葬作为典型案例论证北魏前期的多元文化。在北魏后期墓葬规制的形成中，外戚冯氏父子葬于洛阳对国都陵墓规划具有开创意义，大量墓志材料反映北魏宗族与家族墓葬对周礼的继承与变更，而考古发掘且有明确纪年的墓葬材料可以体现葬制与等级差异。

再次，对比鲜卑早期祭祀陋习与北魏晚期封赠祭仪的巨大反差。拓跋鲜卑早期重视庙祭，与周礼类似，祭祀时以生者为尸以享祭。但所选之尸却是与死者相貌近似者，并与生者形同夫妻，这种伤风渎情之恶俗在北魏中后期禁绝，取而代之以封赠官爵、追加谥号和以礼祠祭，其以少牢、太牢奉祭尚飨，皆遵中原传统礼仪。

最后，解析北魏期间不同种族的发展演变。以易于辨识的乙弗氏为例，追踪其在北魏不同政治格局之下的势力发展和分合流动。而北魏末年在政治上影响巨大的尔朱氏一族则为了生存，对其族属甚至姓氏多有避忌。此类现象反映了从漠南拓跋鲜卑之崛起至洛阳北魏之分裂的二百七十余年间不同民族和人群的繁衍、沉浮与相互交融。

第一章
北魏丧俗至丧礼的转变

拓跋鲜卑在发展过程中，与其他民族之间的相互融合从未间断，鲜卑从大兴安岭南迁后，曾进入匈奴故地，其血统中存在匈奴成分，铁弗匈奴即胡父鲜卑母[1]。檀石槐执政时期虽有三分格局，但拓跋鲜卑与东部鲜卑、慕容鲜卑、宇文鲜卑等界限模糊。建立代国的拓跋什翼犍最终在与前秦氐族苻坚战争中惨败被俘，送入长安进太学、学礼仪，深受汉文化影响。拓跋鲜卑的文明化进程迅速加快，使得其建立的代魏政权在很短时间内完成从部族向封建王朝的转化，其中丧葬礼制的完善在墓葬中得到大量体现。

拓跋鲜卑由于“不为文字，刻木纪契而已，世事远近，人相传授”[2]，但自其仿汉制建立政体之后，逐渐开始使用汉人史官记录其早期历史，且延续不辍，著名史官如邓渊、崔浩、高允、李彪、崔光等，不过终因史官的各种矛盾和利益权衡，史料未得传承，至今没有真正完整的史书保留下来。北魏早期丧葬中的丧事处理、祭奠死者的仪式等相关拓跋习俗，不知其详。又因丧仪完成于死者埋葬之前，亦无实物留存。目前仅能从历史文献和墓葬的部分随葬品、图像中寻找相关踪迹。

---

1 （北齐）魏收：《魏书》卷九五《铁弗刘虎传》：刘虎南单于之后，左贤王去卑之孙，“北人谓胡父鲜卑母为‘铁弗’，因以为号”。中华书局，1974年，第2054页。

2 （北齐）魏收：《魏书》卷一《序纪第一》，中华书局，1974年，第1页。

第一节　北魏丧仪风俗

北魏早期基本延续拓跋鲜卑死丧旧俗，与中原王朝儒家文化差异明显，部分属于草原民族特征，随着北魏统一北方之后势力逐渐强大，接触中原文明越来越多，原始陋俗不断得到改进甚至消失，目前所知以丧期议婚、葬前烧物的烧葬、送葬歌舞较为典型。与此同时，周边不同人群因各自原因居于国都及附近，又带来了其他特殊丧俗，如西域以剺面代表哀伤，在北魏后期丧葬中得以呈现。

一、丧期议婚与烧葬

北魏拓跋鲜卑丧葬习俗与其早期政治史一样晦暗难明，正如至今对于文明太后之前的北魏帝陵云中金陵一样，仍属未解之谜。但可以肯定的是，因其丧葬与其他风俗较为原始，被汉人和逐渐汉化的鲜卑人认为落后且不符合礼制，甚至被视为“国恶”，没有被记录下来。

丧葬在汉文化中属于五礼中的凶礼，周礼强调吉凶不杂，为表示对死者的哀悼，明确规定丧期禁欲，不得嫁娶。但拓跋鲜卑等游牧民族的丧仪与之相反，由于生业方式决定长期迁徙流转，相互之间难以接触，于是出现送葬时利用参加丧葬之机议婚，此类鲜卑旧俗不仅将凶吉二事混杂处理，还可能涉及其同姓婚配、报嫂收继婚等有违人伦、不利子孙繁衍的种种问题。

史料记载，“魏氏本居朔壤，地远俗殊，赐姓命氏，其事不一”“至献帝时，七分国人，使诸兄弟各摄领之，乃分其氏”“太和以前，国之丧葬祠礼，非十族不得与也”。此十族即献帝之兄纥骨氏、次兄普氏、次兄拓拔氏，献帝之弟达奚氏、次弟伊娄氏、次弟丘敦氏、次弟俟氏，共七姓，另加叔父之胤乙旃氏、疏属车焜氏，与帝室共为十姓。“高祖革之，各以职司从事”“百世不通婚”[1]，此说似乎在太和之前。拓跋鲜卑的国家丧葬祠祭活动，只有十姓才能参与，实际并非绝对，早在昭成皇帝什翼犍建国二十三年（360年），“夏六月，皇后慕容氏崩。秋七月，卫辰来会葬，因而求婚，许之”[2]。可见拓跋鲜卑皇室在丧期利用众人共同参与之机议婚，当时此俗甚盛。

文成帝时高允以“风俗仍旧，婚娶丧葬，不依古式”，上谏曰：“前朝之世，屡发明诏，禁诸婚娶不得作乐，及葬送之日，歌谣、鼓舞、杀牲、烧葬，一切禁断。虽条旨久颁，而俗不革变。将由居上者未能悛改，为下者习以成俗，教化陵迟，一至于斯。”[3]高允部分言论所及内容与石勒的羯人之俗相类。石勒太兴二年即位称赵王，“又下书，禁国人不听报嫂及在丧婚娶，其烧葬令如本俗”[4]。所谓报嫂、烧葬之俗在北魏时亦存在，昭成帝娶子寔之妻贺兰氏，与道武帝亦祖亦父之关系，即为代北旧俗[5]，由此推测北魏可能也有在丧婚娶之俗。《魏书》所载卫辰参加北魏皇后慕容氏会葬而求婚也能证明这一点。卫辰为铁弗刘氏，匈奴南单于之苗裔，说明拓跋鲜卑和匈奴之间有相同的丧期议婚风俗，在凶事时兼及婚姻嘉礼。这是草原族群充分利用难得相聚之机的便宜行为，但因涉及同姓近亲通婚、报嫂、吉丧驳杂，邓渊《国记》、崔浩《国史》对其进行记录，最终分别蒙冤而死，邓渊因和跋案被诛，崔浩遭灭门之祸。这些丧俗属于“备而不典”“暴扬国恶”，被后世史书删除。

拓跋鲜卑杀牲、烧葬延续久远，高允曾明确指出拓跋鲜卑的烧葬之俗是极为浪费的厚葬之举，“今国家营葬，费损巨亿，一旦焚之，以为灰烬”[6]。

1 （北齐）魏收：《魏书》卷一一三《官氏志》，中华书局，1974年，第3005、3006页。
2 （北齐）魏收：《魏书》卷一《序纪》，中华书局，1974年，第14页。
3 （北齐）魏收：《魏书》卷四八《高允传》，中华书局，1974年，第1074页。
4 （唐）房玄龄等：《晋书》卷一〇五《石勒（下）》，中华书局，1974年，第2736页。
5 周一良：《崔浩国史之狱》，《魏晋南北朝史札记》，中华书局，1985年，第342页。
6 （北齐）魏收：《魏书》卷四八《高允传》，中华书局，1974年，第1074页。

北魏国俗中烧葬和杀牲不仅见于羯人，亦与乌桓同俗："至葬日，夜聚亲旧员坐""并取亡者所乘马、衣物、生时服饰，皆烧以送之。"[1]高允之谏并没有被文成帝采纳，烧葬亦未废止，至帝崩仍沿用其旧："高宗崩，故事：国有大丧，三日之后，御服器物，一以烧焚，百官及中宫皆号泣而临之。后悲叫自投火中，左右救之，良久乃苏。"[2]此文所载汉人文明皇后冯氏在文成帝驾崩且焚烧衣物时投火。有所不同的是，皇帝大丧烧葬的时间在三日之后，乌桓仅言在葬日。烧葬前杀牲是因鲜卑、乌桓等以游牧为生业，马、牛、羊等动物是他们的财富，丧葬中杀牲祭奠、殉牲是其典型现象。

二、送葬歌谣鼓舞

鲜卑丧俗中"始死则哭"是人之常情，与汉俗相同，所异则为"葬则歌舞相送"。周礼丧葬禁乐，但文献记载丧歌早已出现，有春秋、秦末、西汉武帝时期等不同之说。春秋末期鲁哀公执政时，为表示以死作战之决心，传十一年，"将战，公孙夏命其徒歌虞殡，陈子行命其徒具含玉"[3]。崔豹古今注云："《薤露》《蒿里》，送哀歌也，出田横门人，横自杀，门人伤之而作悲歌，言人命如薤上露，易晞灭。至李延年乃分为二曲，《薤露》送王公贵人，《蒿里》送士大夫庶人，使挽逝者歌之，俗呼为挽歌。"[4]西汉绛侯周勃"常为人吹箫给丧事"[5]。"汉魏故事，大丧及大臣之丧，执绋者挽歌。新礼以为挽歌出于汉武帝役人之劳歌，声哀切，遂以为送终之礼。"[6]至东汉，不仅有丧歌，亦用钟鼓之乐，丁孚的《汉仪》曾记载，东汉明帝永平七年

1　（西晋）陈寿撰，（南朝宋）裴松之注：《三国志》卷三〇《乌丸鲜卑东夷传》，中华书局，1971年，第832、833页。

2　（北齐）魏收：《魏书》卷一三《文成文明皇后冯氏传》，中华书局，1974年，第328页。

3　李学勤：《春秋左传正义》（下册）卷五八《哀公十一年》，北京大学出版社，1999年，第1658页。

4　（西汉）司马迁：《史记》卷九四《田儋传》，中华书局，1959年，第2648页。

5　（西汉）司马迁：《史记》卷五七《绛侯周勃世家》，中华书局，1959年，第2065页。

6　（唐）房玄龄等：《晋书》卷二〇《礼（中）》，中华书局，1974年，第626页。

（64年），阴太后将葬，明帝下诏指明具体礼仪，殿前准备起灵柩时，百官大臣陪位，由黄门负责鼓吹三通，并鸣钟击鼓，皇帝举哀。以三百女侍者和女史白衣素服引棺唱挽歌[1]。但晋时仍认为“凶事无乐，遏密八音，除凶服之鼓吹”[2]。汉晋时丧礼虽然出现挽歌、鼓吹并存在争议，但所表现的仍为摧怆之哀与肃穆悼念氛围。

拓跋鲜卑送葬时的歌谣、鼓舞与汉之丧礼有本质区别。太平真君三年（442年）冬，卢鲁元薨，世祖甚悼惜之，“临其丧，哭之哀恸。东西二宫命大官日送奠。晨昏哭临，讫则备奏钟鼓伎乐”[3]。此“伎乐”或即歌舞中与哀伤不睦之音，可能此类方为高允所言前朝即太武帝时屡次下发明诏要求禁断之俗。从北魏早期所修杂乐亦可反映其内容，天兴“六年冬，诏太乐、总章、鼓吹增修杂伎，造五兵、角抵……高絙百尺、长趫、缘橦、跳丸、五案，以备百戏。大飨设之于殿庭，如汉晋之旧也。太宗初，又增修之，撰合大曲，更为钟鼓之节”[4]。

北魏处于中国丧葬礼仪吉凶相参的转变时期，众多学者关注到汉魏南北朝吉礼出现于丧礼的现象，如吴丽娱系统讨论了中古丧葬礼令制度的变化，注意到西晋及陈朝关于丧葬礼吉凶问题的争论与唐代的《大唐元陵仪注》之间的渊源[5]。其他学者探讨凶礼中吉凶并行情况，并分析其原因及制度的形成过程。中古时期丧葬仪制中的卤簿、车舆、旌旗、仪服等有诸多属吉的仪制成分。刘可维从皇帝葬仪中的吉凶相杂和大臣葬仪的“殊礼”等方面，

---

1 （南朝宋）范晔撰，（唐）李贤等注：《后汉书》《礼仪志（下）》，中华书局，1965年，第3151页。

2 （唐）房玄龄等：《晋书》卷二〇《礼（中）》，中华书局，1974年，第626页。

3 （北齐）魏收：《魏书》卷三四《卢鲁元传》，中华书局，1974年，第802页。

4 （北齐）魏收：《魏书》卷一〇九《乐志》，中华书局，1974年，第2828页。

5 吴丽娱：《终极之典：中古丧葬制度研究》（上、下册），中华书局，2012年；吴丽娱：《再造“国恤”——试论〈大唐元陵仪注〉的礼仪来源》，黄正建：《隋唐辽宋金元史论丛》（第一辑），紫禁城出版社，2011年，第71—73页。

探讨了吉凶二礼并行来源[1]。王铭分析了丧仪中吉礼下移及吉凶并行的历史演变[2]。

北魏丧葬由风俗向礼制的演变经历了漫长的过程，杨英关于北魏仪注的相关考证充分反映了其发展[3]。文献所载至少从天兴年间已经开始出现礼制的建设，但上文中所体现的伎乐仍然是礼仪中的重要组成部分，目前发现北魏墓葬壁画、石棺雕刻、木棺彩绘、石灯雕刻乐舞图案，出土乐舞俑、杂技俑两种类型，既是北魏礼乐的反映，也许也是拓跋送葬歌谣、鼓舞与礼乐融合的伎乐形象。

第一种，伎乐图像。

最早的伎乐形象见于大同沙岭M7壁画，该墓坐东朝西，为长斜坡墓道单室砖墓，墓葬中残留大量彩绘文字和图像的漆皮，经拼对可恢复墓主夫妇并坐像等，墓室四壁和甬道顶部及两侧满绘壁画，墓室正壁即东壁为夫妇并坐图，北壁为车马出行图，南壁为宴乐图。在北壁出行图中，上数第2行为吹角鼓乐，共6人。其下间隔到第4、第5行为男女乐伎，前面抬着大鼓敲击，其后几人吹奏，再后可见倒立、缘幢等百戏，甚至一些舞蹈者头戴兜鍪，应属于仪仗队列（图1-1）[4]。该墓有明确纪年，据考证墓主人为鲜卑破多罗部的破多罗太夫人，葬于太延元年（435年），题记所记破多罗职官为“侍中、主客尚书、领太子少保、平西大将军”[5]。该壁画的出行队列中除了正常车马仪仗鼓吹，还有男女乐伎和百戏表演，为鲜卑别于汉文化之特性。

1　刘可维：《汉唐间皇帝葬仪中所见吉凶仪式初探》，《第四届中国中古史前沿论坛论文集》，上海师范大学主办，2016年，第438—454页；刘可维：《汉魏晋南北朝葬仪中“殊礼”的形成与变迁》，《史学月刊》2016年第11期。

2　王铭：《追赠恩荣：汉魏晋南北朝丧葬仪制吉凶相参的历史演变》，《首都师范大学学报》（社会科学版）2022年第1期。

3　杨英：《北魏仪注考》，《中国社会科学院历史研究所学刊》（第9辑），商务印书馆，2015年，第178—181页。

4　大同市考古研究所：《山西大同沙岭北魏壁画墓发掘简报》，《文物》2006年第10期。

5　赵瑞民、刘俊喜：《大同沙岭北魏壁画墓出土漆皮文字考》，《文物》2006年第10期。

图1-1 大同沙岭M7出行图局部乐舞场景

大同南郊仝家湾发掘的M9梁拔胡墓时代稍晚，墓葬坐北朝南，墓门上方、甬道两壁、墓室四壁彩绘壁画，甬道还有朱书和墨书题记。墓室北壁所绘为墓主宴乐图（图1-2）[1]。画面中墓主人头戴黑色垂裙鲜卑帽，身穿白色交领袍，为典型鲜卑服饰。其左侧为缘幢图，1人上穿白色条纹袍，腰间束带，下为红色裤，头顶十字竿，2人站在两端弯曲成钩形的横竿上，1人顺竖竿上缘，竿顶1人四肢舒展仰身表演。旁边2人戴白色高帽，穿红色交领袍和裤子，腰束带，脚穿毡靴，其中1人袍子下摆呈波浪形，为典型西域风格。周围另有掷倒（即倒立）伎、头戴尖帽舞伎等。墓室西壁绘制车马毡帐、牛耕舂米等生活图，东壁表现山峦起伏、张弓射箭、野兽突奔的狩猎场面，代表

1 山西省考古研究所、大同市考古研究所：《山西大同南郊仝家湾北魏墓（M7、M9）发掘简报》，《文物》2015年第12期。

图1-2　大同南郊仝家湾M9壁画宴乐图

鲜卑民族的游牧活动。该墓题记显示为文成帝和平二年（461年），墓主为散骑常侍选部安乐子梁拔胡，其欣赏的乐舞为缘幢之类百戏。

大同智家堡清理了一座被破坏的长斜坡墓道土洞墓，坐东朝西，现场收集到3块彩绘棺板，其中A板可能是木棺左侧板，以山水为界分为两部分：左侧是车马出行队列，右侧为激烈的狩猎场面。出行图以牛车为核心，正前方为导从仪仗，之后为行进中的乐舞杂技（图1-3）[1]。3位女乐伎头戴垂裙皂帽，身穿黑白相间的水波纹曳地长裙，怀抱琵琶演奏，其后为缘幢场景，中间立一高竿，顶部1伎人着短裤仰身表演。旁边掷倒、腾空者仅着短裤，右侧穿鲜卑服者正在跳丸。另一棺板上有帷屋、车马、庖厨及奉食图像。该墓时

1　刘俊喜、高峰：《大同智家堡北魏墓棺板画》，《文物》2004年第12期。

图1-3 大同智家堡北魏墓棺板画A板前半摹本

代推测为5世纪平城时期。该出行队列中乐伎、杂技居于重要位置。

大同七里村北魏墓群共发掘墓葬86座，其中M29是唯一的长斜坡墓道砖砌单室墓，且葬具、随葬品保存完整。墓葬方向为196°，南北全长24.1、深9米。包括墓道、封门、墓门、甬道和墓室。该墓的墓门、甬道、墓室四壁及墓顶均有壁画，其中墓室西壁右下方为杂技表演场景（图1-4）[1]，缘幢、翻腾表演者均赤裸上身，着犊鼻裈，旁边站立4人，穿交领长袍，1人表演跳丸掷剑，另外3人分别在击打腰鼓、演奏箜篌和琵琶。

大同御东新区发掘一座长斜坡墓道单室砖砌墓，墓葬方向为175°，墓室中部设一带前廊的木堂，内有木榻，无棺。木堂前正对墓门有1石灯，灯柱为八棱形，中间以绳索捆束的仰俯莲瓣分为上、下两部分，下半一周雕刻8位伎乐人物，包括掷丸、吞剑、吹箫、男女长袖舞蹈、击腰鼓等不同造型（图1-5、图1-6）[2]。墓内出土小型石碑，墓主为凉州武威姑臧郡民贾宝，葬于太和元年（477年）。

---

1 大同市考古研究所：《山西大同七里村北魏墓群M29发掘简报》，《文物》2023年第1期，图三五。

2 大同市考古研究所：《山西大同北魏贾宝墓发掘简报》，《文物》2021年第6期。

图1-4　大同七里村北魏墓群M29西壁百戏图

图1-5　大同御东新区贾宝墓出土石灯

图1-6　大同御东新区贾宝墓石灯柱上的伎乐图像

内蒙古和林格尔榆树梁发现一座北魏壁画墓，画面中有出行、狩猎、燕居以及采桑、牧羊等生活场景。燕居图红色柱子中间为墓主人，左侧一组中为缘幢场景，1人上穿白衣红领袖，下为红裤，双手擎举一长竿，1人正缘竿而上，竿顶1人平伸四肢做腹旋表演，左边3人和右侧1人均着红袍白裙，仰头观看[1]。根据壁画中人物的服饰推测，该墓年代可能在太和十年（486年）开始制定五等公服之后，迁都洛阳之前[2]。

山西榆社发现一具石棺，其上浅浮雕画像，右侧板为青龙，左侧板刻白虎，前挡上半为刻铭，下半为墓主夫妇及乐舞图像。在左侧板白虎之前有一幅百戏图（图1-7）[3]，左侧上部1人，穿上衣下竖条间裙踩高跷。右侧上部1人双臂上扬，双手张开正在跳丸，数丸呈弧形排列。中间一组9人缘幢，下部中间1人体魄强健，头顶十字幢，竖竿上1人以双足勾幢，身体倾斜，另1人缘幢攀爬，横竿两端各有1人跟挂，幢顶1人仰身表演，左右及右后侧各有1人似在观看。从刻铭文字可知时间为神龟年间（518—519年）[4]。这是目前仅见的北魏迁洛之后墓葬中出现的百戏图像，与该地附近石窟寺造像的百戏图风格接近。

1　温雅棣：《史记丹青——和林格尔两座壁画墓的比较研究》，《肇庆学院学报》2011年第4期，图6。

2　王大方：《和林格尔北魏壁画墓》，《草原访古》，内蒙古大学出版社，1999年，第149、150页。

3　安瑞军：《山西榆社北魏孙龙石椁研究》，《文物季刊》2024年第1期。

4　王太明：《山西榆社县发现北魏画像石棺》，《考古》1993年第8期；王太明：《榆社县发现一批石棺》，《山西省考古学会论文集》（三），山西古籍出版社，2000年，第119—122页。

图1-7 山西榆社石棺上的百戏图

第二种，北魏墓葬出土缘幢俑。

大同雁北师院北魏墓群M2[1]，为斜坡墓道长方形砖构单室墓，坐北朝南，全长30.49米，墓室内有4具木棺，除夫妇2人外，另有2个幼儿祔葬。墓中出土缘幢俑一组（图1-8）[2]：7人身穿圆领长袍，腰间束带，两侧下摆开叉，脚穿高筒靴。其中着白袍者额顶竖竿，一手叉腰，另一手扶竿，2小儿穿短裤，1人攀竿，1人于竿顶仰身表演，其余6人头戴风帽在旁边观看并鼓掌，同墓另出男女侍俑和乐舞俑，无出行仪仗俑。

大同雁北师院北魏墓群M5为长斜坡墓道砖构单室墓，坐北朝南，有2个过洞，2个天井，全长37.57米。墓主为幽州刺史敦煌公、敦煌郡人宋绍祖，

1 大同市考古研究所：《大同雁北师院北魏墓群》，文物出版社，2007年，第40页。
2 古顺芳：《大同北魏平城丝路遗珍》，《收藏家》2015年第3期，图19。

图1-8 大同雁北师院北魏墓群M2出土缘幢俑

葬于太和元年（477年）[1]。在墓室石椁东侧中部出土缘幢俑一组4人（图1-9）[2]，与M2出土俑类似，头戴风帽，身穿带边长袍，脚着长靴，其中1人双臂残，但从其头部后仰的姿势判断应在顶竿，另1人双手上托作承接状。该组俑前后有戴鸡冠帽和甲骑具装的骑兵俑，旁边有牛车和步兵俑，推测可能为出行仪仗的一部分。

2013年大同御昌佳园发掘北魏墓M113为刀把形土洞墓，墓中出土一组由7人组成的缘幢俑（图1-10）[3]，泥质灰陶，为典型胡人形象：长发垂肩，额前挽一发髻，深目高鼻，翘臀垂腹，穿长袍高靴。其中1人仰面向上，前额有顶竿的圆洞，左手叉腰，右手扶幢，其余6人分别演奏不同乐器，有腰鼓、琵琶、筚篥、横笛、排箫等。该墓出土的女乐舞俑穿左衽长襦，头戴风帽，顶

1 山西省考古研究所、大同市考古研究所：《大同市北魏宋绍祖墓发掘简报》，《文物》2001年第7期。

2 古顺芳：《大同北魏平城丝路遗珍》，《收藏家》2015年第3期，图20。

3 古顺芳：《大同北魏平城丝路遗珍》，《收藏家》2015年第3期。

图1-9 大同雁北师院北魏墓群M5宋绍祖墓出土缘幢俑

图1-10 大同御昌佳园北魏墓M113出土缘幢俑

端有十字痕，与宋绍祖墓、司马金龙墓出土的同类俑有较多相似之处，推测年代接近[1]。

大同云波路华宇商业文化中心发掘北魏墓M10，为方形土洞墓，墓主使用石椁，墓室出土陶俑4件，3件位于石椁门外两侧。陶俑鼓腹下垂，头戴风帽，身穿带边长袍，腰间束带，脚穿高筒靴。其中1件穿红边花袍，头向后仰，前额有一圆洞，用于顶竿，双手叉腰，另有1件穿白边红袍者双手上举至口部附近，似正在吹奏乐器（图1-11）[2]。该墓陶俑造型与雁北师院的缘幢俑相似，时代亦应接近。

图1-11　大同云波路华宇商业文化中心北魏墓M10出土伎乐俑

以上所见北魏墓葬中壁画、彩绘漆棺、石棺上的百戏图像以及墓葬中随葬的缘幢俑，除了榆社石棺一例可能因受其周边佛教造像等区域影响为北魏后期之外，其余均属于平城时期，大部分发现于都城平城及附近的内蒙古和林格尔，或为出行图的乐舞队列，或属宴饮和燕居图的乐舞形象，这些百戏

1　古顺芳：《大同北魏平城丝路遗珍》，《收藏家》2015年第3期。
2　张志忠：《大同云波路北魏石椁墓解读》，《收藏家》2019年第9期。

体现拓跋鲜卑乐舞风俗的娱乐特殊性，其送葬时的歌谣鼓舞，或即指此类伎乐。从考古发掘墓葬材料的时间范围可以看出，其与文明太后执政之后废止同姓通婚等旧俗的时间一致，至迁洛汉化改革后几乎不见。百戏图像与缘幢俑应为伎乐之属，是送葬歌舞的孑遗。

三、西域剺面之俗

剺面为北方草原民族用刀割面部使其流血以表示极度悲恸的一种丧俗，曾见于匈奴、突厥等多种族属人群，其渊源有突厥、粟特等不同之说[1]。汉文文献的相关记载最早追至东汉，多与西域有关。北魏杨衒之曾描述于阗丧葬："死者以火焚烧，收骨葬之，上起浮屠。居丧者，剪发剺面，以为哀戚。"[2]

北魏自统一北方至迁都洛阳，因国力强盛，故吸引周边甚至西域众多人群于京都居聚，其中即有剺面丧俗者。正光元年（520年）七月，领军元叉与宦官刘腾谋逆，杀害清河王元怿："逼肃宗于显阳殿，闭灵太后于后宫，囚怿于门下省，诬怿罪状，遂害之，时年三十四。朝野贵贱，知与不知，含悲丧气，惊振远近。夷人在京及归，闻怿之丧，为之劈面者数百人。"[3]此劈面为剺面之误，元怿被害之后为其剺面的夷人达数百，间接说明居洛者众。元怿墓葬已被发掘，出土墓志基本完好[4]，志文长达千余字，其中言及"政和神悦，讴咏所归""庶绩咸熙，百揆时序"，为奸凶所劫，"四海能言，莫

1　孟楠：《略论中国古代少数民族的"剺面"习俗》，《历史论集》，新疆人民出版社，1995年，第84—104页；雷闻：《割耳剺面与刺心剖腹——粟特对唐代社会风俗的影响》，《从撒马尔干到长安——粟特人在中国的文化遗迹》，北京图书馆出版社，2004年，第41—48页；潘玲：《剺面习俗的渊源和流传》，《西域研究》2006年第4期；张庆捷：《"剺面截耳与椎心割鼻"图解读》，《乾陵文化研究》，三秦出版社，2008年。

2　（北魏）杨衒之撰，周祖谟校释：《洛阳伽蓝记校释》卷五《城北》，中华书局，1987年，第188页。

3　（北齐）魏收：《魏书》卷二二《孝文五王传》，中华书局，1974年，第592页。

4　洛阳博物馆：《洛阳北魏元邵墓》，《考古》1973年第4期。

不悲恸。咸以哲人云亡，邦国殄悴”。北周吐谷浑人尉迟运薨后，与元怿类似，墓志记载：“群胡划面，岂唯邓训之亡；庶民巷哭，何独温峤之殒。”[1]北齐时期的一座石葬具上雕刻剺面图像，有人手持刀正在划伤脸部。北魏后期元怿被害而夷人剺面，说明部分西域胡人有剺面丧俗，进入中原之后与当时统治者拓跋鲜卑人融洽相处，在元怿之类王侯薨卒后，数百人剺面以表达哀伤。

北魏因多民族共处，丧葬方面必然纷繁复杂，目前的考古材料仅能反映出拓跋鲜卑的丧期议婚、葬前烧物、送葬歌舞以及西域的剺面风俗，由此一斑亦可见当时社会形态。

第二节　北魏丧礼形成

北魏虽然早在鲜卑部落时期已经接触汉文化，建立代魏政权之后不断笼络并任用汉人，道武帝时已草创制度，但丧葬风俗一直保留其拓跋民族特征，至太武帝平定四方后，来自东北的北燕慕容鲜卑人、东南青齐汉人、西南大夏铁弗匈奴人、河西北凉西域诸色人等纷纷与拓跋人混居，对北魏丧俗产生重大影响，其中以邓渊、崔浩等为首的汉人史官所推崇的中原王朝周礼逐渐与鲜卑旧俗相融合，北魏文成帝时被高允诟病的丧俗，随着文明太后的临朝听政而得以变革，到孝文帝汉化之后，最终形成北魏丧礼制度。

一、丧仪鼓吹挽歌

北魏丧俗向礼制转化，经历了接纳和调适的过程，拓跋鲜卑送葬歌谣、鼓舞与汉文化融合之后，成为表达哀痛的挽歌、鼓吹。

1　罗新、叶炜：《新出魏晋南北朝墓志疏证》，中华书局，2004年，第304页。

北魏“太祖天兴二年，命礼官捃采古事，制三驾卤簿”，即大驾、法驾、小驾，其中大驾“上下作鼓吹。军戎、大祠则设之”[1]，但很快鼓吹的使用就从皇帝大驾扩大到王侯将相。北魏在5世纪30年代统一北方后，大量人口被掠夺迁徙至京师平城，其中也包括各地乐器及乐人，世祖平凉州时，曾俘获伶人，得到器物，择善留存。“后通西域，又以悦般国鼓舞设于乐署。”[2]北魏礼乐借用自关中、河西及西域，其中鼓吹即为代表。《魏书》所载出行鼓吹（表1-1）使用情况如下。

表1-1　《魏书》所载出行鼓吹

序号	使用者	时间	官职	规格	出处
1	拓跋嵬	太祖道武帝	因平中山之功，赐爵蒲城侯，官至平卢太守	皇帝特许用岳牧之礼，给鼓吹羽仪	卷一五《昭成子孙传》
2	长孙翰	太宗明元帝	都督北部诸军事、平北将军、真定侯	给殿中细拾队，加旌旗鼓吹	卷二六《长孙肥传附》
3	司马楚之	世祖太武帝	使持节、安南大将军，封琅邪王，屯颍川以拒南藩	玺书劳勉，赐前后部鼓吹	卷三七《司马楚之传》
4	元协	迁都洛阳、前后	高祖南讨汉阳，假协中军大将军	加鼓吹一部	卷二一（下）《献文六王（下）》
5	王肃	太和二十二年（498年）	（破裴叔业之功），进号镇南将军，加都督四州诸军事，封汝阳县开国子，食邑三百户，持节、中正、刺史如故	诏加鼓吹一部	卷六三《王肃传》
6	于烈	迁都洛阳后	诏除领军将军。以本官从征荆、沔	加鼓吹一部	卷三一《于栗磾传附》
7	元干	迁都洛阳后	车驾南讨，诏赵郡王幹都督中外诸军事	给鼓吹一部，甲士三百人，出入殿门	卷二一（上）《献文六王（上）》

1　（北齐）魏收：《魏书》卷一〇八《礼志四》，中华书局，1974年，第2809页。
2　（北齐）魏收：《魏书》卷一〇九《乐志》，中华书局，1974年，第2828页。

续表

序号	使用者	时间	官职	规格	出处
8	元详	迁都洛阳后	高祖南伐，元详留守洛阳，行中领军，并负责都城营构	给鼓吹一部，甲仗三百人	卷二一（上）《献文六王（上）》
9	元继	神龟末年	京兆王，转太保，侍中如故	加后部鼓吹	卷一六《道武七王传》
10	元雍	正光元年（520年）九月	太师、高阳王为丞相	加后部羽葆、鼓吹、班剑四十人（倍加班剑）	卷九《孝明帝纪》、卷二一（上）《献文六王传（上）》
11	萧宝夤	孝昌二年（526年）四月	除侍中、骠骑大将军、仪同三司、假大将军尚书令，增封千户	给后部鼓吹	卷五九《萧宝夤传》
12	尔朱荣	建义二年（529年）七月	从柱国大将军太原王，加为天柱大将军，前后所封共二十万	加前后部羽葆、鼓吹	卷一〇《敬宗孝庄帝纪》、卷七四《尔朱荣传》
13	杨椿	永安初	进位太保、侍中	给后部鼓吹	卷五八《杨播传附》
14	元天穆	庄帝还宫	加太宰，增邑，通前七万户	羽葆、鼓吹	卷一四《神元平文诸帝子孙传》
15	元徽	庄帝还宫	除侍中、大司马、太尉公，增邑通前二万户	加羽葆、鼓吹	卷一九（下）《景穆十二王传（下）》
16	贺拔岳	普泰初年	都督二岐东秦三州诸军事、仪同三司、岐州刺史，寻加侍中	给后部鼓吹，仍诏开府	卷八〇《贺拔胜传附》
17	元谌	永熙二年（533年）三月	侍中、太保、司州牧、赵郡王为太尉公	加羽葆鼓吹	卷一一《出帝平阳王纪》

注：表中官职、规格由文献中摘选。

墓志中亦记载其生前加鼓吹之殊礼，如薨于孝昌二年的广阳王元渊："复授使持节骠骑大将军、仪同三司兼尚书仆射、东北道行台，即领前军，余官仍本，增邑八百户，给后部鼓吹。"[1]武昭王元天穆因依附尔朱荣而势

1 齐运通：《洛阳新获七朝墓志》，中华书局，2012年，第23页。

力强大，在平定邢杲之乱时，“以王为行台大都督。王神武所临，有征无战，伏尸同于长平，积器高于熊耳。迁位太宰，加翼保鼓吹，增邑通前七万户”[1]。安丰王元延明在北魏末年皇室惨遭屠戮时趋炎求活：“复除使持节都督雍州诸军事、本将军雍州刺史。俄间复除徐州刺史，仍侍中本将军。寻加骠骑大将军仪同三司，给后部鼓吹。”[2]

以上文献和墓志记载仅20人，只有地位尊显的勋茂方加鼓吹，这是为了“显槐鼎之至贵，彰宰辅之为重”，具有威仪殊于百辟的作用。从延昌年间对于遇丧是否使用鼓吹的相关论辩可知，送葬的鼓吹应当只具有威仪性。“延昌三年七月，司空、清河王怿第七叔母北海王妃刘氏薨，司徒、平原郡开国公高肇兄子太子洗马员外亡，并上言，未知出入犹作鼓吹不，请下礼官议决。”封祖胄时为太学博士，认为威仪鼓吹依旧为允，兼仪曹郎中房景先反驳，秘书监、国子祭酒孙惠蔚，太学博士封祖胄等重议，“鼓吹之制，盖古之军声，献捷之乐，不常用也。有重位茂勋，乃得备作”。根据礼制，“礼有悬而不乐，今陈之以备威仪，不作以示哀痛”，最终诏从后议[3]。

周礼丧礼禁乐，但在大丧时陈设明器乐器，大司乐：“大丧，莅廞乐器。及葬，藏乐器亦如之。”笙师、镈师、典雍器、司干等与其同[4]，所用明器，琴瑟张而不平，竽笙备而不和，有钟磬而无簨虡。下葬则奉而藏之于墓室。汉晋送葬出现挽歌、鼓吹，十六国墓葬中随葬鼓吹和乐舞俑应是送葬威仪在墓中的反映。

北魏统一北方后，丧葬之礼也出现鼓吹。最初使用鼓吹应来自大驾出行卤簿，后允许一定级别的王侯将相使用，分别见于史书和出土墓志所载（表1-2）。

1　北京图书馆金石组：《北京图书馆藏中国历代石刻拓本汇编》（第五册），中州古籍出版社，1989年，第148页。

2　北京图书馆金石组：《北京图书馆藏中国历代石刻拓本汇编》（第五册），中州古籍出版社，1989年，第166页。

3　（北齐）魏收：《魏书》卷一〇八《礼志（四）》，中华书局，1974年，第2799—2801页。

4　（清）孙诒让：《周礼正义》（第7册）卷四三《春官宗伯》，中华书局，1987年，第1793页。

表1-2 《魏书》所载送葬鼓吹

序号	使用者	时间	赠官	规格	出处
1	河南王平原	太和十一年（487年）薨	赠以本官，谥曰简王	加羽葆、鼓吹	卷一六《道武七王传》
2	尉元	太和十七年（493年）八月	赐布帛彩物二千匹、温明秘器、朝衣一袭，并为营造坟域。谥曰景桓公。葬以殊礼	给羽葆鼓吹、假黄钺、班剑四十人，赐帛一千匹	卷五〇《尉元传》
3	元休	太和十八年（494年）	赠布帛二千匹，谥曰靖王，诏假黄钺。高祖亲送出郊，恸哭而返。诸王恩礼莫比焉	加羽葆、鼓吹、虎贲、班剑六十三人，悉准三老尉元之仪	卷一九（下）《景穆十二王（下）》
4	冯熙	太和十九年（495年）	赠大司马太尉冀州刺史，可假黄钺，以侍中都督十州诸军事	加黄屋左纛，特赐九锡，按照晋安平王太宰规格，使用前后部羽葆鼓吹	卷八三《冯熙传》
5	刘昶刘义隆子	太和二十一年（497年）四月	高祖举哀，赠假黄钺、太傅、领扬州刺史，谥曰明，加以殊礼	备九锡，给前后部羽葆鼓吹，依晋琅邪武王伷故事	卷五九《刘昶传》
6	元协	永平元年（508年）九月	追崇假黄钺使持节，封王依旧，并都督中外诸军事，加司徒公、侍中、太师	给銮略九旒、辒辌车，威仪虎贲班剑百人，用前后部羽葆鼓吹	卷二一（下）《献文六王（下）》
7	元羽	世宗宣武帝	赠使持节、侍中、骠骑大将军、司徒公、冀州刺史，谥曰惠	给羽葆鼓吹、班剑四十人	卷二一（上）《献文六王（上）》
8	胡国珍	神龟元年（518年）四月	追崇假黄钺、使以持节、侍中、相国、都督中外诸军事、太师、领太尉公、司州牧，号太上秦公，谥文宣公	加九锡；葬以殊礼，给九旒銮辂，虎贲、班剑百人，前后部羽葆鼓吹，辒辌车	卷八三（下）《胡国珍传》
9	元晖	神龟元年（518年）	赠使持节、都督中外诸军事、司空公，谥曰文宪	赐东园秘器，给羽葆、班剑、鼓吹二十人，羽林百二十人	卷一五《昭成子孙传》

续表

序号	使用者	时间	赠官	规格	出处
10	崔光	正光五年（524年）正月	赠太傅、领尚书令、骠骑大将军、开府、冀州刺史，侍中如故	又敕加后部鼓吹、班剑，依太保、广阳王故事，谥文宣公	卷六七《崔光传》
11	甄琛	正光五年（524年）冬	赠司徒公、尚书左仆射，谥曰孝穆公	加后部鼓吹	卷六八《甄琛传》
12	元融	肃宗	死王事，进赠司徒，谥曰庄武	加前后部鼓吹	卷一九（下）《景穆十二王（下）》
13	元子直	孝庄	孝庄践阼，追封陈留王，邑二千户，赠假黄钺、太师、大司马、太尉	加前后部羽葆鼓吹	卷二一（下）《献文六王（下）》
14	元子正	建义元年（528年）	河阴之难，赠假黄钺、侍中、都督中外诸军事、大将军、录尚书事，相、王如故，谥曰贞	銮辂九旒、黄屋左纛、前后部羽葆鼓吹、虎贲班剑一百人	卷二一（下）《献文六王（下）》
15	高树生	永熙中	后赠假黄钺、侍中、都督中外诸军事，余如故	加后部羽葆鼓吹	卷三二《高湖传附》

注：表中赠官、规格由文献中摘选。

墓志中所载墓主送葬加鼓吹，有些与正史有异，如章武王元融墓志：“给东园秘器，朝服一具，衣一袭，赙物八百段。追赠使持节侍中、司空、复进司徒都督雍华岐三州诸军事、车骑大将军、领雍州刺史，王如故。特加后部鼓吹。”[1]

其他使用鼓吹者仅见改葬于孝昌元年的清河王元怿：“追崇使持节假黄钺、太师、丞相、大将军、都督中外诸军事、录尚书事、侍中、太尉公，王如故。加以殊礼，銮辂九旒，虎贲班剑百人，前后部羽葆鼓吹，辒辌车一，

1　洛阳市文物工作队：《洛阳出土历代墓志辑绳》，中国社会科学出版社，1991年，第19页。

依彭城武宣王故事。其黄屋左纛，依汉大将军霍光故事。备锡九命，谥曰文献，礼也。皇舆临送，哀恸圣衷，乃命史臣镌芳玄室。”[1]

北魏墓葬出现鼓吹、伎乐俑群或壁画图像主要受到汉晋十六国的影响。

大同沙岭M2、东信广场M211为目前所见北魏较早随葬陶俑的墓葬，其中部分男女侍从俑、乐俑的服饰和面部特征与咸阳十六国墓同类俑类似，咸阳平陵M1、凤栖原M9随葬的鼓吹俑[2]，对北魏墓葬有直接影响。两墓中其他部分陶俑着交领窄袖衣、帽顶“十”字形缝缀的鲜卑服装，即一墓陶俑有汉、鲜两种风格，反映了北魏对汉墓陶俑的模仿。上文所见大同沙岭M7破多罗太夫人墓壁画的出行图中，有2人一组抬大鼓，数人吹奏乐器，另有6人吹长角，为典型鼓吹。与其同时的宁夏彭阳新集北魏墓为2座长斜坡墓道，带2个过洞天井的土洞墓，墓中出土站立鼓吹俑10件，其中8件为吹角俑，1件持鼓俑，1件击鼓俑，造型相似，身、首分制后套接而成，头戴冠，边沿上翻，面部涂白粉。吹角俑画“八”字胡，与持鼓俑均身穿上衣下裤，击鼓俑穿束腰长袍，分别做扶角吹奏状和击鼓状（图1-12）[3]。

大同地区墓葬中鼓吹俑的出现最早见于文明太后执政后的平城后期，洛阳时期继续沿用，主要有骑马鼓吹俑和坐姿女乐俑两种类型，典型陶俑群如下。

大同发掘的太和元年（477年）宋绍祖墓出土2件彩绘骑马陶俑[4]，位于墓室东部南侧，在甲骑具装俑和其他武士俑中间，骑手头戴鸡冠帽，身穿窄袖长袍，双手上举于口前做吹奏状，为骑马鼓吹人物，但乐器不存（图1-13）[5]。

1　洛阳博物馆：《洛阳北魏元邵墓》，《考古》1973年第4期。

2　古顺芳、吕晓晶：《北魏平城墓葬陶俑演变的阶段性》，《古代文明》2020年辑刊。

3　宁夏固原博物馆：《彭阳新集北魏墓》，《文物》1988年第9期。

4　山西省考古研究所、大同市考古研究所：《大同市北魏宋绍祖墓发掘简报》，《文物》2001年第7期。

5　古顺芳：《大同北魏平城丝路遗珍》，《收藏家》2015年第3期。

大同司马金龙夫妇合葬墓出土釉陶坐姿女乐俑12人（图1-14）[1]，造型类似，分大小两种，小者高15—17、宽约7厘米；大者高约20.5、宽约10厘米，釉色也有青绿和黄褐差异。根据墓中出土墓志可知，夫妇卒逝时间前后相差

图1-12　彭阳新集北魏墓鼓吹俑

图1-13　大同宋绍祖墓出土骑马鼓吹俑

1　骆东峰：《大同北魏墓葬中的乐舞形象》，《文物天地》2020年第12期。

图1-14　大同司马金龙墓出土釉陶坐姿女乐俑

10年，妻姬辰延兴四年（474年）卒，司马金龙于太和八年（484年）卒葬，并迁其妻合葬，两种类型的釉陶俑应分别属于2人[1]。

大同雁北师院北魏墓群M2出土8件彩绘坐姿女乐俑（图1-15）[2]，头戴黑色风帽，身穿左衽带花镶边长襦，呈跽坐状，高约20厘米。从每个人的双手动作判断，可能分别演奏鼓钹、筝笛或琵琶、箜篌之类的乐器。

图1-15　大同雁北师院北魏墓群M2出土坐姿女乐俑

1　山西省大同市博物馆、山西省文物工作委员会：《山西大同石家寨北魏司马金龙墓》，《文物》1972年第3期。

2　大同市考古研究所：《大同雁北师院北魏墓群》，文物出版社，2007年，第40—70页。

大同华宇M10出土的3件彩绘坐姿女乐俑与雁北师院M2的坐姿女乐俑在造型、尺寸等方面都较相似，所异者仅大同华宇M10的女乐俑服饰为交领长袍带竖条镶边。御昌佳园M113出土6件同类女乐俑，身上彩绘已剥落，露出泥质灰陶原色，其中2件分别演奏的陶乐器尚存（图1-16）[1]。以上3墓与司马金龙墓出土的女乐俑类似，很可能均属于同一时期。

图1-16　大同御昌佳园M113出土坐姿女乐俑

北魏迁都洛阳之后的鼓吹俑主要发现于国都及附近，但时代基本都在孝明帝之后的北魏晚期或末期，鼓吹俑中骑马鼓吹、站立鼓吹、坐姿女乐俑均有发现。

洛阳偃师杏园联体砖厂M2出土站立鼓吹俑5件，高仅8.5厘米左右，头戴风帽，上袍下裤，左衽束带，其中1件吹箫，4件手拿鼗鼓，腹前挎腰鼓[2]。元熙墓亦出土4件站立鼓吹俑，造型与其有别：头戴风帽，帽檐下方有遮盖额头的数条“V”形纹垂帘，身穿宽袖褶服，圆领、直襟，腰间束带，下穿缚裤，系缚带，手持小鼓、排箫等乐器（图1-17）[3]。

在洛阳邙山清理的建义元年（528年）元邵墓中也出土骑马鼓吹俑4件，

1　古顺芳：《大同北魏平城丝路遗珍》，《收藏家》2015年第3期。

2　偃师商城博物馆：《河南偃师两座北魏墓发掘简报》，《考古》1993年第5期。

3　徐婵菲、沈辰：《洛阳出土北魏元熙元纂墓陶俑（上）》，《洛阳考古》2019年第2期。

图1-17 洛阳北魏元熙墓出土站立鼓吹俑

头戴风帽，着袴褶，左衽宽袖，左手扶鼓，右手持鼓槌敲击。击鼓俑3件，戴赤色风帽，上穿白色左衽短衫，腰间系鼓。该墓出土6件坐姿伎乐俑，头顶束发，上穿左衽宽袖短衫，跪坐演奏，部分乐器残损[1]（图1-18）[2]。

洛阳偃师前杜楼北魏晚期石棺墓出土3件跪坐女乐俑，高近14厘米，头戴小冠，上穿左衽广袖衫，下为束带长裙，2人身前放一鼓，均做击鼓状，1人吹奏，头残。另发现陶腰鼓1件，两端鼓面大于鼓身，中间装饰三道凸弦纹，

1 洛阳博物馆：《洛阳北魏元邵墓》，《考古》1973年第4期。

2 俞凉亘、周立：《洛阳陶俑》，北京图书馆出版社，2005年，第112、113页。

图1-18　洛阳元邵墓出土女乐俑

长4.7厘米[1]。偃师南蔡庄北魏晚期墓出土的戴冠女乐俑高12厘米，头戴小冠，身穿宽袖袍，腰部束带，怀抱阮咸[2]，衣服和乐器施红彩（图1-19）[3]。

图1-19　洛阳偃师南蔡庄北魏墓出土戴冠女乐俑

洛阳地区多座北魏墓葬出土戴冠女俑，如洛阳市西南近郊宜阳县发现杨机夫妻合葬墓及墓志，妻梁氏于普泰二年（532年）卒，一年后杨机卒，再二年合葬。墓中出土8件坐姿彩绘女乐俑，高13—14厘米，头戴小冠，上穿交领广袖衫，下着束带曳地长裙，分别呈打击、吹奏等姿态，彩绘剥落，乐器不存[4]。

1　洛阳市第二文物工作队：《偃师前杜楼北魏石棺墓发掘简报》，《文物》2006年第12期。
2　偃师商城博物馆：《河南偃师两座北魏墓发掘简报》，《考古》1993年第5期。
3　俞凉亘、周立：《洛阳陶俑》，北京图书馆出版社，2005年，第111页。
4　洛阳博物馆：《洛阳北魏杨机墓出土文物》，《文物》2007年第11期。

从北魏骑马鼓吹俑与女乐俑的造型和时间来看，其均应来自关中十六国，有学者考证其源头是西晋[1]，《晋书》记载："汉魏故事，将葬，设吉凶卤簿，皆以鼓吹。"[2]北魏在汉晋礼制文化的影响下，逐渐将其原来丧葬的歌谣、鼓舞演化为鼓吹，伎乐中的百戏与其原有因素有更多重叠。从文献、墓志记载、墓葬中出土鼓吹俑三方面可见，墓葬中的鼓吹均在太和之后出现，体现文明太后执政后对中原丧葬礼制的借鉴有所加强。

挽歌与鼓吹对比则难解其详，一方面挽歌以乐曲吟唱，无实物可证；另一方面，文献记载较少，但挽歌相关的内容却分别具有特殊含义。据《晋书》记载，"汉魏故事：大丧及大臣之丧，执绋者挽歌。新礼以为挽歌出于汉武帝役人之劳，歌声哀切，遂以为送终之礼"。成帝咸康七年，皇后杜氏崩，"有司又奏依旧选公卿以下六品子弟六十人为挽郎。诏又停之。孝武帝太元四年九月，皇后王氏崩……有司奏选挽郎三十四人，诏停之"[3]。由此可知，大丧和皇后、重臣之丧，由有司从不同品级中选取一定数量的公卿子弟作为挽郎，执绋唱挽歌。

北魏挽歌最早见于刁雍上书倡导简葬之事。刁雍，渤海人，泰常二年（417年）九月降服北魏，和平六年（465年）上表："臣闻乐由礼，所以象德；礼由乐，所以防淫。五帝殊时不相沿，三王异世不相袭。事与时并，名与功偕故也。臣识昧儒先，管窥不远，谓宜修礼正乐，以光大圣之治。诏令公卿集议，会高宗崩，遂寝。"[4]刁雍制礼作乐之议虽然没有得到朝廷推行，但其所制以诫子孙的《行孝论》则在家族流传，内容包括丧葬礼仪中的棺椁輀车等："又去挽歌、方相，并盟器杂物。"[5]此盟器即明器。刁雍在文成帝末

1 韦正：《关中十六国墓葬研究的几个问题》，《考古》2007年第10期。
2 （唐）房玄龄等：《晋书》卷二〇《礼志（中）》，中华书局，1974年，第626页。
3 （唐）房玄龄等：《晋书》卷二〇《礼志（中）》，中华书局，1974年，第626、633页。
4 （北齐）魏收：《魏书》卷三八《刁雍传》，中华书局，1974年，第870、871页。
5 （北齐）魏收：《魏书》卷八四《刁冲传》，中华书局，1974年，第1858页。

年所提倡的撤去挽歌葬仪因皇帝驾崩及被其他大臣认为过俭而未实施，说明北魏至少在和平年间已经有挽歌，且其使用亦应遵从汉晋故事，有一定的等级限制。

北魏最高级别的挽歌为皇帝所作。太和十九年（495年），冯诞病逝于随驾南征途中的钟离，孝文帝返旆临丧，下诏徐州、洛阳分别负责丧物制备和兆墓葬事，“帝又亲为作碑文及挽歌，词皆穷美尽哀，事过其厚”[1]。皇帝亲自为重臣作挽歌，显示冯诞的特殊地位，也说明太和时期挽歌仍然是葬仪的重要组成部分。

挽歌内容不仅表达哀痛，还被作为陈情之用。孝文五王之一的京兆王元愉在世宗时因谋反被诛，宋翻之后宋道玙为京兆王府法曹行参军，亦因谋反被杀，“临死，作诗及挽歌词，寄之亲朋，以见怨痛”[2]。宋道玙并未能因挽歌而免难。

自作挽歌亦见于北魏孝庄帝。永安三年（530年），尔朱兆先囚禁孝庄帝于永宁寺，后挟持至晋阳，于三级佛寺中将庄帝缢亡。“帝临崩礼佛，愿不为国王。又作五言曰：‘权去生道促，忧来死路长。怀恨出国门，含悲入鬼乡！隧门一时闭，幽庭岂复光？思鸟吟青松，哀风吹白杨。昔来闻死苦，何言身自当！’至太昌元年冬，始迎梓宫赴京师，葬帝靖陵，所作五言诗即为挽歌词。朝野闻之，莫不悲恸。”[3]由于孝庄帝所写诗文满含悲切，其迁葬时被作为挽歌词使用。

北魏正光初年，元义秉权，幽禁灵太后，杀害清河王元怿。孝昌元年（525年）灵太后返政，对元怿进行厚葬：“辒辌车、前后部羽葆鼓吹、虎贲

1　（北齐）魏收：《魏书》卷八三（上）《冯熙传附》，中华书局，1974年，第1822页。

2　（北齐）魏收：《魏书》卷七七《宋翻传》，中华书局，1974年，第1690页。

3　（北魏）杨衒之撰，周祖谟校释：《洛阳伽蓝记校释》卷一《城内·永宁寺》，中华书局，1987年，第47页。

班剑百人、挽歌二部，葬礼依晋安平王孚故事，谥曰文献。”[1]以此可见，正常大臣丧礼应使用一部挽歌，元怿改葬使用二部属于特例，加以殊礼。

北魏末年，洛阳城内的城西洛阳大市：“市北慈孝、奉终二里。里内之人以卖棺椁为业，赁辆车为事。有挽歌者孙岩……”[2]说明此时挽歌者所居之地与租赁辆车、售卖棺椁同处，已经成为一种丧葬职业，并不限于品级公卿子弟，可反映礼仪制度的松弛。

从以上鼓吹挽歌可见，北魏丧葬在继承汉晋的基础上已经加入了部分其他因素，形成了自身体系。

二、墓葬壁画的宴饮雅乐

北魏在统一黄河以北地区时，不仅迁徙被征服地的人口，还掠夺各地包括乐器在内的其他资源。文献记载：“世祖破赫连昌，获古雅乐，及平凉州，得其伶人、器服，并择而存之。”[3] 北魏灭大夏，获得其保存的古雅乐并留存，是北魏接受传统礼乐制度的体现。

北魏墓葬壁画中有夫妇并坐宴饮或男性宴饮图像，前文可见此类壁画的人物宴饮画像旁边有大量伎乐百戏表演，同时也有部分为雅乐演奏。一般认为此类图像为墓主画像，有人对该类图像做过专题研究[4]，学者认为北魏的墓主画像是从东汉时期发展而来[5]。从目前考古发掘的实际棺椁或人骨情况看，部分墓葬的墓主性别与壁画中的画像并不一致，很难说此类图像属于墓主画像，而很可能是当时墓葬壁画的一种格套。画像中宴饮演奏的部分乐器属于

1 （北魏）杨衒之撰，周祖谟校释：《洛阳伽蓝记校释》卷四《城西·冲觉寺》，中华书局，1987年，第145页。

2 （北魏）杨衒之撰，周祖谟校释：《洛阳伽蓝记校释》卷四《城西·洛阳大市》，中华书局，1987年，第160页。

3 （北齐）魏收：《魏书》卷一〇九《乐志》，中华书局，1974年，第2828页。

4 黄言：《北魏平城时期墓主画像研究》，西南大学硕士学位论文，2023年。

5 郑岩：《墓主画像研究》，《中国汉画学会第九届年会论文集》（上），中国社会出版社，2004年，第254—279页。

雅乐内容，因北魏在长期发展中大量重用汉人，接受礼乐制度，故其丧葬礼制中也有雅乐存在。

大同雁北师院北魏墓群M5为太和元年（477年）宋绍祖墓，墓内石椁北壁内侧板上以墨线勾勒，后施红色彩绘壁画，为两位奏乐人物，均席地而坐，头戴小冠，身穿宽袍，短须髯。一男子面带微笑，腿上置琴，双手弹拨；另一男子面向右，怀抱阮咸，左手前伸握着柄部，右手弹奏（图1-20）[1]。该画面人物形态具有典型的汉晋特征，有南朝竹林七贤之风，体现了北魏时期对中原文化的保留。

图1-20　大同雁北师院宋绍祖墓石椁北壁奏乐人物壁画摹本

大同北朝博物馆所藏太安四年（458年）解兴石堂，在石堂内左右两壁各有一幅奏乐图，构图对称，布局一致，内容分为三部分：上面是建筑斗拱结构，中间有花草树木，下面有3人，其中2人坐在方毯上奏乐，旁边站立1人倾听。左壁2人分别吹箫、弹阮咸（图1-21），右壁2人分别抚琴、弹箜篌，后

1　大同市考古研究所：《大同雁北师院北魏墓群》，文物出版社，2007年，第129页。

图1-21 北魏解兴石堂左壁奏乐图

壁为夫妇在帷帐中并坐的宴饮场景[1]。该组图像所演奏的乐器与北魏墓葬中出土的鼓吹有很大差别，前3件为传统雅乐范畴，而箜篌为西凉乐器。乐人服饰却是胡汉相杂，头戴典型的鲜卑凹顶皂帽，却身穿汉式宽袍，反映儒家文化对北魏的深刻影响。

大同南郊七里村发掘的86座北魏墓葬中，M29的墓室壁画既有百戏表演，也有雅乐演奏。墓室北壁仅在西侧残留一部分，内容为宴饮和庖厨场景，帷幔之下一排4位乐人坐于长条几案前，均头戴垂裙皂帽，身穿交领广袖宽袍（图1-22）[2]，从左至右前3人分别在抚琴、吹箫、弹阮咸，最右侧1人乐

1 白月：《北魏解兴石堂考》，《大众考古》2023年第8期。

2 侯晓刚、陈小春：《山西大同七里村北魏M29壁画》，《云冈研究》2023年第2期，图13。

图1-22　大同南郊七里村北魏墓群M29北壁奏乐图

器不清。该壁画内容演奏乐器与解兴石堂类似。

以上乐器的琴、箫、阮咸都属于雅乐所用，宋绍祖为生活在敦煌的汉人，其墓葬石椁上使用汉文化传统的雅乐。解兴石堂壁画中的箜篌被认为是北魏墓中出现最早的丝路乐器，反映文成帝时期丝路艺术与文化大量传入平城的现象[1]。以上三墓壁画中的奏乐场景在河西魏晋壁画墓中能够找到源头，甘肃敦煌、嘉峪关的画像砖上有多幅伯牙弹琴、子期听琴图像，嘉峪关魏晋壁画墓M3的画像砖上出现2人一组的奏乐图像，演奏乐器即为琴、箫、阮咸、箜篌（图1-23）[2]，与解兴石堂完全一致，说明北魏礼乐吸收了不同

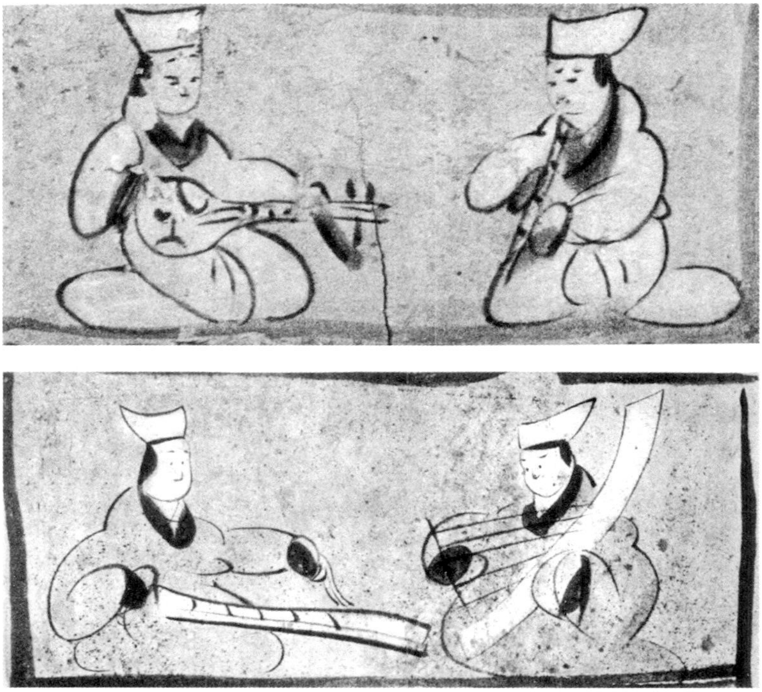

图1-23　嘉峪关魏晋壁画墓M3奏乐图

1　张志忠：《北魏石堂棺床与附属壁画文字——以新发现解兴石堂为例探讨葬俗文化的变迁》，《两个世界的徘徊：中古时期丧葬观念风俗与礼仪制度学术研讨会论文集》，科学出版社，2016年，第245页。

2　甘肃省文物队、甘肃省博物馆、嘉峪关市文物管理所：《嘉峪关壁画墓发掘报告》，文物出版社，1985年，图版六二，1、2。

文化。墓内壁画中的雅乐、西凉乐可能具有娱神功能，反映了丧葬礼乐的变化。

北魏后期迁洛之后，在洛阳发现的部分墓葬陶俑中，仍然为鼓吹与雅乐混用，既有击鼓类，也有弹拨类，如洛阳偃师杏园孝昌二年（526年）染华墓，出土7件坐姿女乐俑，高不足12厘米，戴小冠，穿宽袖袍，腰束带，其他乐器损毁不见，但阮咸保存较好。杨机及其夫人梁氏墓中的女乐俑与其类似。北魏墓葬壁画和伎乐俑中乐器的变化，体现了北魏拓跋鲜卑接受中原和西凉文化并最终形成自身礼仪制度的发展过程。

三、丧期皇帝“三临”之礼

北魏丧礼中非常重要的一项为帝临臣将之丧，以显示墓主地位崇高和死后哀荣。拓跋鲜卑丧礼素简，世祖保母窦氏，“尊为保太后，后尊为皇太后”“真君元年崩，时年六十三。诏天下大临三日，太保卢鲁元监护丧事，谥曰惠，葬崞山，从后意也”[1]。此大临三日，可能即是当时丧三日即葬。北魏建立之后，逐渐接受汉人周礼相关内容，其中“三临”之礼的逐步完善说明拓跋汉化经历了漫长的过程。

丧礼中的三临之礼属于帝王对臣下之礼：“君之于臣，比葬三临之，礼也。”[2]但该礼制在北魏早期并不完善，早至北魏太宗时曾知而行之，赵郡沙门法果以诚行精至，曾言皇帝为当今如来，受到道武、明元两帝尊崇，“年八十余，泰常中卒。未殡，帝三临其丧，追赠老寿将军、赵胡灵公”[3]。到太武帝时亦见，真君三年（442年）冬卢鲁元薨，“世祖甚悼惜之。还，临其丧，哭之哀恸……舆驾比葬，三临之”[4]。此为北魏历史上孝文帝之前仅见的

1　（北齐）魏收：《魏书》卷一三《太武惠太后窦氏传》，中华书局，1974年，第326页。
2　（北齐）魏收：《魏书》卷七八《张普惠传》，中华书局，1974年，第1733页。
3　（北齐）魏收：《魏书》卷一一四《释老志》，中华书局，1974年，第3031页。
4　（北齐）魏收：《魏书》卷三四《卢鲁元传》，中华书局，1974年，第802页。

两例，实际可能并没有形成礼之规制，至“杜超之死也，世祖亲哭三日”[1]，但未言三临。太和十七年，“八月乙酉，三老、山阳郡公尉元薨。丙戌，车驾类于上帝，遂临尉元丧”[2]，此也仅言皇帝亲临。太和十八年（494年）安定王元休薨，“自薨至殡，车驾三临。高祖至其门，改服锡衰，素弁加绖……及将葬，又赠布帛二千匹，谥曰靖王。诏假黄钺……高祖亲送出郊，恸哭而返”[3]。此时孝文帝的确三次亲临元休之丧，并且明确冠服分别为素弁和锡衰，根据礼记丧服小记，锡指细布，但此时并没有明确每次帝临的时间和仪规。

“三临”之礼的真正形成发生于孝文帝迁洛之后的元谐丧礼，君臣共议之。北魏迁洛之初，孝文帝进行汉化改革，同时面临丧葬制度的重新制定，于是在太和十九年（495年）第二代广川王谐去世时，孝文帝要求行“三临”之礼。当时之所以选择广川王，一方面因第一代广川王为孝文帝叔父，第二代广川王元谐为其堂弟，属于皇室近亲，重大礼制改革必然从自身开始；另一方面，元谐刚迁至洛即去世，与其改革的时间契合。

在探讨礼制改革之前，首先分析广川王国的地位与影响。在洛阳龙门石窟最早的古阳洞窟顶南侧有广川王国像龛11个，题记7条，涉及祖孙两代王，即广川王元谐的父亲与儿子。其中的两处北魏广川王国造像和题记，自清末以降已备受关注，被纳入龙门二十品。但该王国的其他造像、题记、主要人物及其所代表的相关重要事件鲜有涉猎。现以造像所在位置、布局和题记内容为基础，将广川王国造像置于当时的社会背景之下考量，结合墓志资料，钩沉传世文献，综合探讨造像人群与所开窟龛之间的关系、窟龛布局的规律性以及孝文帝对广川王行三临礼之因由。

---

1 （北齐）魏收：《魏书》卷四六《李䜣传》，中华书局，1974年，第1039页。

2 （北齐）魏收：《魏书》卷七（下）《高祖孝文帝纪（下）》，中华书局，1974年，第172页。

3 （北齐）魏收：《魏书》卷一九（下）《景穆十二王（下）·安定王休传》，中华书局，1974年，第517、518页。

广川王国造像与题记刊刻于龙门石窟最早的古阳洞中（编号1443），洞窟位于西山南段，坐西朝东，窟内大部分为北魏造像，主尊端坐于西壁。广川王国造像在窟顶南侧。

古阳洞窟顶（图1-24）[1]南侧靠近洞口第一大龛为D87，高96、宽63、深8厘米。龛楣为盝顶形，中刻弟子、飞天，下为垂蔓。主尊交脚弥勒头部残，饰火焰纹背光，右手上举，左手扶膝，身上披帛于腹部交叉呈“×”形。两侧各站立一菩萨，头戴高冠，双手合十，披帛交于身前。座前左右两石狮。该龛右侧[2]题记碑编号2272，碑首六螭缠绕，碑身阴刻题记五行：“景明三年

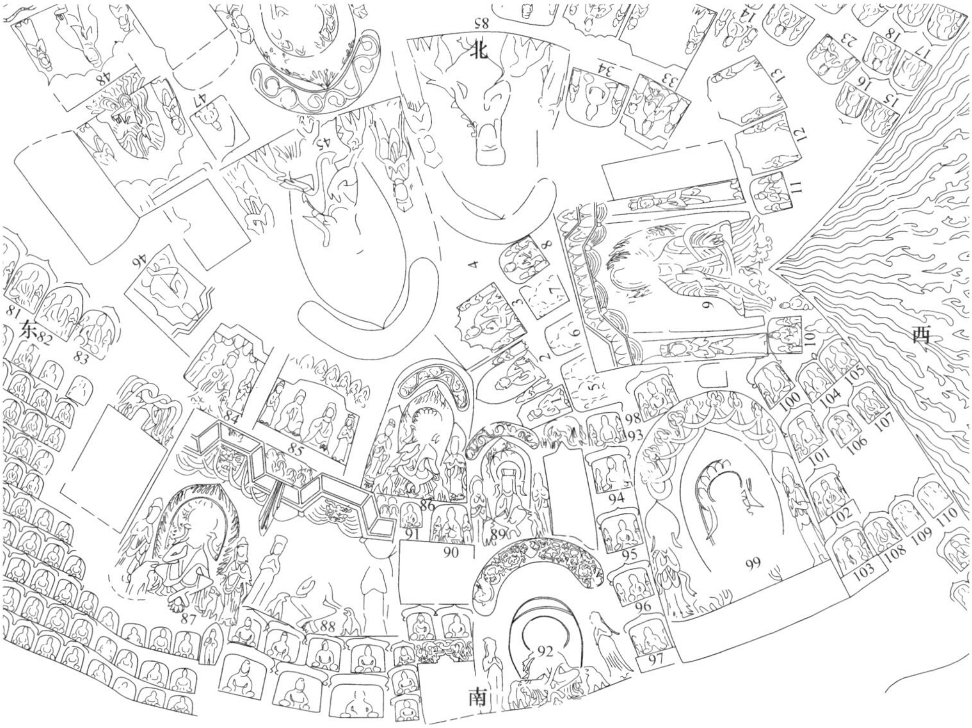

图1-24　古阳洞窟顶布局线图

1　刘景龙：《古阳洞：龙门石窟第1443窟》（第三册），科学出版社，2001年，第11页。

2　本文窟龛描述均从造像的视角确定左、右，与观者方向相反。

八月十八日，广川王祖母太妃侯，为亡夫侍中使持节征北大将军、广川王贺兰汗造弥勒像。愿令永绝苦因，速成正觉。”（图1-25）[1]像龛旁边另有题记“贺兰汗”三字，编号G053[2]。D87龛与题记碑左右并列，和像龛旁边“贺兰汗”题记，三者属于一组造像。

D87龛题记是侯太妃为亡夫贺兰汗造像的内容，学者推测其为第一代广

图1-25　D87龛造像题记拓本

1　北京图书馆金石组：《北京图书馆藏中国历代石刻拓本汇编》（第三册），中州古籍出版社，1989年，第59页。

2　刘景龙：《古阳洞：龙门石窟第1443窟》（第三册），科学出版社，2001年，第92页，G053。

川王略："此刻在景明三年，时袭广川王爵者，当是灵道""侯太妃之夫当是略也。"[1]史书对广川王的记载极简："文成皇帝七男……曹夫人生广川庄王略……延兴二年封。位中都大官。性明敏，鞫狱称平。太和四年薨，谥曰庄。"[2]文献所载无法与题记中的职官、名字对应，尤其"广川王贺兰汗"更让人费解："《八琼室》疑'贺兰汗'即元略……其说可取。但《魏书》无元略称贺兰汗的记载。贺兰，又作'贺赖'。《魏书·官氏志》：'贺赖氏，后改为贺氏。'又，'北方贺兰氏，后改为贺氏'。"[3]此文将"贺兰汗"与贺兰部相联系失之偏颇，贺兰部为北魏世代姻亲，是早期拓跋部的主要依赖对象，随着拓跋势力强大，道武帝首先离散贺兰部[4]，北魏后期势弱不振。略身为拓跋氏文成帝子，不可能在北魏兴盛之后任贺兰部可汗，且文献载贺兰仅为部族，最高统领为部帅，首领不称"可汗"。

广川孝王元焕墓志可释以上猜疑，其所继承王爵的曾祖名贺略汗，曾任侍中、征北大将军及中都大官，薨后加车骑大将军，谥为广川庄王。曾祖母为上谷侯氏，祖母之父侯石拔曾封平南将军洛州刺史（图1-26）[5]。志文与题记所书职官相同，中侍中为第二品上，征北大将军为从一品中。中都大官为北魏特置，品级不载，早期曾由重臣担任，如文成帝之舅闾毗、张衮次子张度、楼伏连次子大拔、孔昭等。后基本为诸王专司，任城王云、齐郡王简、咸阳王禧等曾任之，应为典刑狱之朝官，南安王桢由中都大官迁内都大官。广川王使持节或为王者特权，又加车骑大将军，为薨后追赠虚官，高于三司，第一品上。广川庄王的庄指其谥号，《谥法解》有多种含义，包括兵

1　陆增祥：《八琼室金石补证》，文物出版社，1985年，第27页。

2　（北齐）魏收：《魏书》卷二〇《文成五王·广川王略传》，中华书局，1974年，第526页。

3　毛远明：《汉魏六朝碑刻校注》（第三册），线装书局，2008年，第361页。

4　田余庆：《拓跋史探》，生活·读书·新知三联书店，2003年，第62页。

5　北京图书馆金石组：《北京图书馆藏中国历代石刻拓本汇编》（第五册），中州古籍出版社，1989年，第7页。

图1-26　元焕墓志拓本

甲亟作、睿圉克服、胜敌志强、死于原野、屡征杀伐、武而不遂等[1]，可见“庄”同于“壮”，为好勇、尚力的善谥。

墓志书“贺略汗”，是广川王鲜卑名的音译，与题记中的“贺兰汗”相同，确为贺兰部族之名，但与贺兰部的统领无涉。史书言其名“略”，是“贺略汗”之省。以其他部族称号为拓跋子孙命名在当时并非孤例，北齐元

1　汪受宽：《谥法研究》，上海古籍出版社，1995年，第316页。

洪敬曾祖吐谷浑，《魏书》中省为“浑”[1]，与贺略汗省为“略”同。广川王妃上谷侯氏即造像者侯太妃，其父名讳、官职史书无载，推测为卒后追赠。

广川王为文成帝第三子，献文帝之弟，献文帝在位时主要封异姓王，同姓封皇叔，诸兄弟中仅封长弟，皇兴二年“封皇叔桢为南安王，长寿为城阳王……”皇兴四年“封皇弟长乐为建昌王”[2]。从献文帝“兴光元年秋七月，生于阴山之北”“和平六年夏五月甲辰，即皇帝位”。皇兴五年（471年）八月禅位孝文帝[3]，可见献文帝即位时身为长兄，年仅11岁，至17岁逊位，孝文登基次年即延兴二年（472年），封皇叔略为广川王，时年不超过18岁。

广川王略母曹夫人，族属未载。文成五王中，“沮渠夫人生齐郡顺王简；乙夫人生河间孝王若；悦夫人生安丰匡王猛”[4]。沮渠属于匈奴沮渠部，乙夫人属乙弗部，为吐谷浑之别支[5]。悦氏不详，明元帝神瑞元年“遣谒者悦力延抚慰蠕蠕”[6]，悦氏应为悦力氏之省，可能为较早入鲜卑的北方部落。以此类推，广川王母曹氏很可能不是中原曹姓，而是匈奴步落稽胡，后世于西域立曹国。北魏早期皇族拓跋姻亲与当时的政治需求密不可分，对象主要为周边不同部族。

第二代广川王即为略子谐，其丧葬与迁洛后礼制汉化密切相关，“子谐，字仲和，袭。十九年薨”“诏赠谐武卫将军，谥曰刚”[7]。由字“仲和”推测可能为次子，史料缺失。谐袭王封，在位十五年。太和九年（485年）

1　罗新、叶炜：《新出魏晋南北朝墓志疏证》，中华书局，2004年，第109页；（北齐）魏收：《魏书》卷一六《广平王传》，中华书局，1974年，第400页。

2　（北齐）魏收：《魏书》卷六《显祖献文帝纪》，中华书局，1974年，第129、130页。

3　（北齐）魏收：《魏书》卷六《显祖献文帝纪》，中华书局，1974年，第125页；（北齐）魏收：《魏书》卷七（上）《高祖孝文帝纪（上）》，中华书局，1974年，第132页。

4　（北齐）魏收：《魏书》卷二〇《文成五王传》，中华书局，1974年，第525页。

5　姚薇元：《北朝胡姓考》，科学出版社，1958年，第160页。

6　（北齐）魏收：《魏书》卷三《太宗明元帝纪》，中华书局，1974年，第54页。

7　（北齐）魏收：《魏书》卷二〇《文成五王传》，中华书局，1974年，第526、528页。

制："制皇子封王者、皇孙及曾孙绍封者、皇女封者，岁禄各有差。"[1]故谐岁禄已降，赠武卫将军为从第二品下。谥号"刚"有两解：追补前过曰刚，强毅果敢曰刚[2]。东汉贾复、孙程均谥刚侯，"复为人刚毅方直，多大节"[3]。孙程"怀忠愤发，戮力协谋，遂扫灭元恶，以定王室"[4]。北魏任城王子嵩屡立战功，被害后世宗谥曰刚侯[5]。可见北魏时"刚"为褒奖善德的美谥，谐生前当对魏室有重大武功。

墓志对第二代王记录稍详，元焕继祖父名谐，薨赠散骑常侍武卫将军东中郎将，谥号为广川刚王。继祖母来自太原王氏，祖母之父王睿，官职从侍中吏部尚书、卫大将军，至尚书令太宰公，终至中山文宣王。散骑常侍属第二品下，东中郎将为第三品中[6]，推测前者为赠官。谐妃为太原王睿女，王睿史书有传，其一族深得文明太后恩幸，被封异姓王。谐妃两姊婚礼盛况空前："初，睿女妻李冲兄子延宾，次女又适赵国李恢子华。女之将行也，先入宫中，其礼略如公主、王女之仪。太后亲御太华殿，寝其女于别帐……及车引，太后送过中路。时人窃谓天子、太后嫁女。"[7]长姊夫李蕤墓志出土，"君讳蕤，字延宾……春秋卌二，以正始二年（薨）……君夫人太原王氏……父洛成，太宰中山宣王"[8]。次姊夫李华见于《吊比干文》碑阴第三列题名，"武骑侍郎臣赵郡李华"[9]。谐妃在姐妹中偏小，广川王谐娶王睿女为妃，是王睿家族与皇室联姻的典型。谐为孝文从弟，高祖"皇兴元年八月戊

---

1 （北齐）魏收：《魏书》卷七（下）《高祖孝文帝纪（下）》，中华书局，1974年，第155页。
2 汪受宽：《谥法研究》，上海古籍出版社，1995年，第315页。
3 （南朝宋）范晔撰，（唐）李贤等注：《后汉书》，中华书局，1965年，第667页。
4 （南朝宋）范晔撰，（唐）李贤等注：《后汉书》，中华书局，1965年，第2516页。
5 （北齐）魏收：《魏书》卷一九（中）《景穆十二王传（中）》，中华书局，1974年，第488页。
6 （北齐）魏收：《魏书》卷一一三《官氏志》，中华书局，1974年，第2979、2980页。
7 （北齐）魏收：《魏书》卷九三《恩幸・王叡传》，中华书局，1974年，第1990页。
8 洛阳市文物局：《洛阳出土北魏墓志选编》，科学出版社，2001年，第233页。
9 毛远明：《汉魏六朝碑刻校注》（第三册），线装书局，2008年，第278页。

申，生于平城紫宫”[1]。谐卒时高祖28岁，称谐“年位尚幼”。谐葬时，妃已薨于代京，夫妇均英年早逝。

对广川王谐葬地的选择，亦代表了孝文汉化政策的全面性：“有司奏，广川王妃薨于代京，未审以新尊从于卑旧，为宜卑旧来就新尊。诏曰：‘迁洛之人，自兹厥后，悉可归骸邙岭，皆不得就茔恒代……其有妻坟于恒代，夫死于洛，不得以尊就卑……’”[2]因广川王妃已薨葬代京，孝文帝首先强调迁洛之人不得北葬，之后详论葬事，包括：夫已葬代妻丧洛、移父就母、妻葬代夫丧洛、移母就父、不在葬限丧代、户属恒燕官洛、属诸州七种，可谓繁复，而葬限主要针对迁洛且户属京都的男性，丧后必葬洛。

广川王谐丧引起北魏迁洛之初凶礼的君臣之议，“诏曰：‘从弟谐丧逝……古者，大臣之丧，有三临之礼……自汉已降，多无此礼。朕欲遵古典……广川王于朕大功，必欲再临。再临者，欲于大殓之日，亲临尽哀，成服之后，缌衰而吊……大殓之临，当否如何？为须抚柩于始丧，为应尽哀于阖棺？早晚之宜，择其厥中。’黄门侍郎崔光、宋弁……（议）谐将大殓，高祖素服深衣哭之，入室，哀恸，抚尸而出。”[3]对于广川王谐丧礼的讨论，反映出迁洛之后的礼制汉化：一方面，孝文帝入主中原后一改之前戚臣之丧哭于东堂的丧制，比汉晋诸帝更严格地遵循少见的先古三临之礼，是对汉文化的彻底继承以确立其正统地位；另一方面，对于三临之礼的细节，再临大殓早晚之宜，孝文帝并不十分清楚，需与诸臣商讨。高祖对迁洛初薨的广川王谐推行三临之礼，实为强化汉制，与之后推行的其他系列措施一致。

北魏早期，拓跋鲜卑保留了丧期议婚、葬前烧物、送葬歌谣鼓舞等丧俗，同时所代表的是北方草原民族的共性，与其在类似环境且地域接近的匈

1 （北齐）魏收：《魏书》卷七（下）《高祖孝文帝纪（下）》，中华书局，1974年，第135页。
2 （北齐）魏收：《魏书》卷二〇《文成五王传》，中华书局，1974年，第527页。
3 （北齐）魏收：《魏书》卷二〇《文成五王传》，中华书局，1974年，第526页。

奴、乌桓、羯族等也有类似风俗。随着北魏封建政权的建立与强大，其大量接受中原农业文明的相关礼制，借鉴汉晋以来送葬威仪中的鼓吹和挽歌，并以墓葬壁画、棺板彩画、石棺雕刻和陶俑等形式，以百戏、伎乐俑等表现原始丧俗中的鼓舞变体，一些站立和骑马鼓吹更多反映汉化之后的送葬礼仪。北魏墓葬壁画和部分陶俑演奏中原传统雅乐的琴、阮咸、箫及西凉乐中的箜篌，说明北魏发展中接受了不同文化的礼乐内容，并最终形成多元而和谐的自身特色，墓葬中的图像、造型是对当时北魏丧葬礼仪变化的具体反映。随着北魏通过征伐不断扩大其统治区域，从统一北部边疆到跨越黄河，占据与南朝抗衡的半壁江山，境内的人群构成也随之复杂多样，其中来自西域有剺面丧俗的特殊族群形成了一定的势力，在北魏后期如清河王元怿等被害时，他们动辄数百人剺面以示悲恸。孝文帝迁洛之后，进一步强化汉化改革，以广川王元谐薨后皇帝亲行“三临”之礼为代表，是对汉代丧礼的复古与继承。北魏从丧俗向丧礼的转变，说明拓跋鲜卑等北方游牧民族带来了多元文化，在北魏长期汉化的大环境之下，在保留其不同丧俗的基础上，吸收周汉礼制和周边文化，并逐步完善，反映了北魏汉化的渐进性。

第二章
北魏葬俗及墓葬多元文化

北魏墓葬前后期特征差别明显，前期更多保留鲜卑旧俗。拓跋鲜卑建立北魏并逐渐走向封建化，正是其从落后野蛮到高级文明的迅速跨越，在这一过程中，原有的一些风俗习惯仍得以保留，其中人殉即是典型。从南朝对北魏的记载可见，北魏早期还存在“潜埋虚葬”之俗，至今尚未确认太和之前帝陵所在的金陵，与当时帝后的潜埋或许有关。北魏墓葬中另有一种独特葬俗，在墓室内设有生土二层台或混筑的平台作为尸床，死者不用木棺，而是直接将尸体置于平台上，称为尸床葬，可能属于某一特殊人群的葬俗。随着汉化程度的加深，尸床葬发生变化，最终部分变为棺葬。北魏国都在盛乐—平城—洛阳的三次变迁中，其墓葬文化中所呈现的汉化因素亦随之越来越强，但不同地域之间存在差异，漠南一带以代魏政权早期都城盛乐为中心的北疆边镇，在平城和洛阳时期由于需要抵御草原其他游牧民族的入侵，曾从各地迁入不同人群混居，并一直延续相对独立的军镇与部落酋长制管理形式，该地墓葬虽历经270余年，却仍较好地保留了不同文化的多元特征。

第一节　北魏前期人殉及“潜埋虚葬”

北魏拓跋鲜卑的一些葬俗与中原汉晋文化相比更为原始，部分被称“国恶”，人殉即为鲜卑旧俗的延续。“潜埋虚葬”可能是其建立政权之后帝后及高级贵族受到周边文化影响而采用的保存尸骸的方式。两种葬俗均只见于北魏前期，反映了北魏少数人群的特殊地位。

一、人殉

人殉即生人为死者殉葬。汉代开始，野蛮落后的大规模人殉行为在中原王朝已经衰落，但在同时期与鲜卑文化密切相关的内蒙古呼伦贝尔完工墓地及其后的南杨家营子墓地均发现了多人合葬墓，如完工墓地1961年发现2座竖穴土坑木椁墓，共埋葬20多具人骨，均为仰身直肢，排列规律，随葬品置于头脚两侧，种类丰富[1]。1963年再次发掘4座竖穴土坑墓，其中1A、1B保存较完整。1A近方形，边长约2.6米，墓葬方向213°，墓底铺木板，其上再铺桦树皮，墓底东侧有4具可能为10岁以下的儿童骨架，骨骼凌乱，墓内有马、牛头骨4个及陶、石、骨、铜、铁、桦树皮等47件随葬器物。1B在其正下方，有26具人骨架，其中男性14、女性11、小孩1具，葬式无规律，俯仰坐卧均有，多肢体分离。墓内有10匹马骨、8头牛骨、3只狗骨及随葬品200余件，除了与1A墓相同质地的随葬品外，另有银、漆及珠饰等。墓底北壁有一具完整骨架，头西足东，仰身直肢[2]。内蒙古巴林左旗南杨家营子发现墓葬20多座，有单人葬、双人葬及多人葬，因破坏严重，多人葬埋葬顺序或相互关系不清，其年代为1—4世纪[3]。以上墓葬族属和文化关系已经有很多学者进行过研究，无论是匈奴还是夫余，都和鲜卑有文化交流，其葬俗对鲜卑也有很大影响。东汉时期夫余殉葬较为盛行："夫余国，在玄菟北千里。南与高句骊，东与挹娄，西与鲜卑接，北有弱水""死则有椁无棺。杀人殉葬，多者

1　潘行荣：《内蒙古陈巴尔虎旗完工索木发现古墓葬》，《考古》1962年第11期。

2　内蒙古自治区文物工作队：《内蒙古陈巴尔虎旗完工古墓清理简报》，《考古》1965年第6期。

3　中国科学院考古研究所内蒙古工作队：《内蒙古巴林左旗南杨家营子的遗址和墓葬》，《考古》1964年第1期。

以百数。”[1]鲜卑与夫余相邻，或受夫余影响。完工和南杨家营子墓地的人群可能存在多人合葬习俗，但完工墓地1B明显看出墓底一人是该墓中地位最高者，从其上男女及小孩葬式有坐姿、肢体分离等现象分析，其不是从其他地方迁来的骨骼二次葬，而应该是在墓主死后被杀为其陪葬的人殉。

随着鲜卑的迁徙流动，拓跋鲜卑到达内蒙古中南部建立北魏，再至迁都平城，其文明程度已经大大提高，仅有个别人殉现象仍得以延续。

殉者是为了被死者在阴间继续所“用”，因而，所殉者往往是“亲媪”“故旧”“殉者与被殉者的关系应是二者生前关系的继续”[2]。北魏前期的人殉见于文献记载，至少三例，其中道武帝时期和跋妻为自杀而殉。

代人和跋，为北魏附臣，“好修虚誉，眩曜于时，性尤奢淫，太祖戒之，弗革。后车驾北狩豺山，收跋，刑之路侧。妻刘氏自杀以从”[3]。时间为天赐四年（407年）五月[4]。

明元帝时期二例，分别由皇帝鸩杀和命令自杀。

永兴五年（413年）三月，“散骑常侍王洛儿卒”。“太宗亲临哀恸者数四焉。乃鸩其妻周氏，与洛儿合葬。”[5]

泰常元年（416年）叔孙俊卒，“太宗命其妻桓氏曰：‘夫生既共荣，没宜同穴，能殉葬者可任意。’桓氏乃缢而死，遂合葬焉”[6]。

以上三例人殉均为北魏迁都平城未久时期重臣之妻殉夫，一人出于自愿，二人被皇帝强迫而亡，代表殉葬违背人性特征。北魏殉葬之俗可能是早期的延续。有学者根据北魏三位人殉姓氏分别为刘、周、桓，判定很可能为

1 （南朝宋）范晔撰，（唐）李贤等注：《后汉书》卷八五《夫余传》，中华书局，1965年，第2810、2811页。

2 黄展岳：《古代人牲人殉通论》，文物出版社，2004年，第1页。

3 （北齐）魏收：《魏书》卷二八《和跋传》，中华书局，1974年，第681页。

4 （北齐）魏收：《魏书》卷一〇五《天象志（二）》，中华书局，1974年，第2349页。

5 （北齐）魏收：《魏书》卷一〇五《天象志（二）》，中华书局，1974年，第2351页。

6 （北齐）魏收：《魏书》卷二九《叔孙建传》，中华书局，1974年，第706页。

汉人[1]，所殉三人和跋、叔孙俊明确为代人，王洛儿族属不明，或可说明拓跋鲜卑在其统治早期，利用掌握的强权势力，对其他非本族人群仍采取原始的野蛮处置方式。

目前发掘的北魏墓葬中有一些特殊现象可能与人殉有关。大同南郊北魏墓群均属于普通平民墓，该墓群发现5座同穴异棺合葬墓，6座同穴同棺即单棺双人合葬墓。发掘简报论述此两类夫妻合葬现象时引用了上文的人殉文献，但言文献所载均为高等级人群，该处墓群的平民合葬原因不明[2]。对此有必要进行分别讨论，该墓群中的两类夫妻合葬墓虽然均因墓道、墓室狭小，二次打开合葬的可能性极小，只能说明合葬是一次下葬，并不能由此推断夫妻二人同时死亡。或许当时存在一种葬俗：夫妻二人中一人先亡，入棺暂存，等另一人死后或另置一棺同时埋葬，或直接置于前者之棺，即同棺一起下葬。这种习俗至今在晋东南等地仍然延续。夫妻合葬墓中仅M67或与人殉相行不悖，该墓为长方形竖井墓道土洞墓，坐北朝南，墓葬方向190°。墓室呈梯形，南宽北窄，在宽端东壁有一壁龛，龛内有一漆盘。墓室内有梯形木棺1具，棺内人骨2具，头南足北，一男一女面对面侧身直肢葬，西侧人骨左手搭在东侧人骨右手之上，经鉴定，男性45—50岁，女性30—35岁。棺外前面有3件陶罐随葬（图2-1）[3]。此墓中的夫妻二人骨骼保存完好，两手相搭说明死亡时间非常接近，相向侧身而葬似夫妻同眠，女性年龄比男性小15岁左右，与文献记录的夫亡妻殉相一致，或有妻子殉葬的可能性。M67在该墓群中属于第二、三过渡组，年代大致在5世纪中期[4]。

1　黄展岳：《古代人牲人殉通论》，文物出版社，2004年，第265页。

2　山西大学历史文化学院、山西省考古研究所、大同市博物馆：《大同南郊北魏墓群》，科学出版社，2006年，第485页。

3　山西大学历史文化学院、山西省考古研究所、大同市博物馆：《大同南郊北魏墓群》，科学出版社，2006年，第64、65页，图35A。

4　韦正：《大同南郊北魏墓群研究》，《考古》2011年第6期。

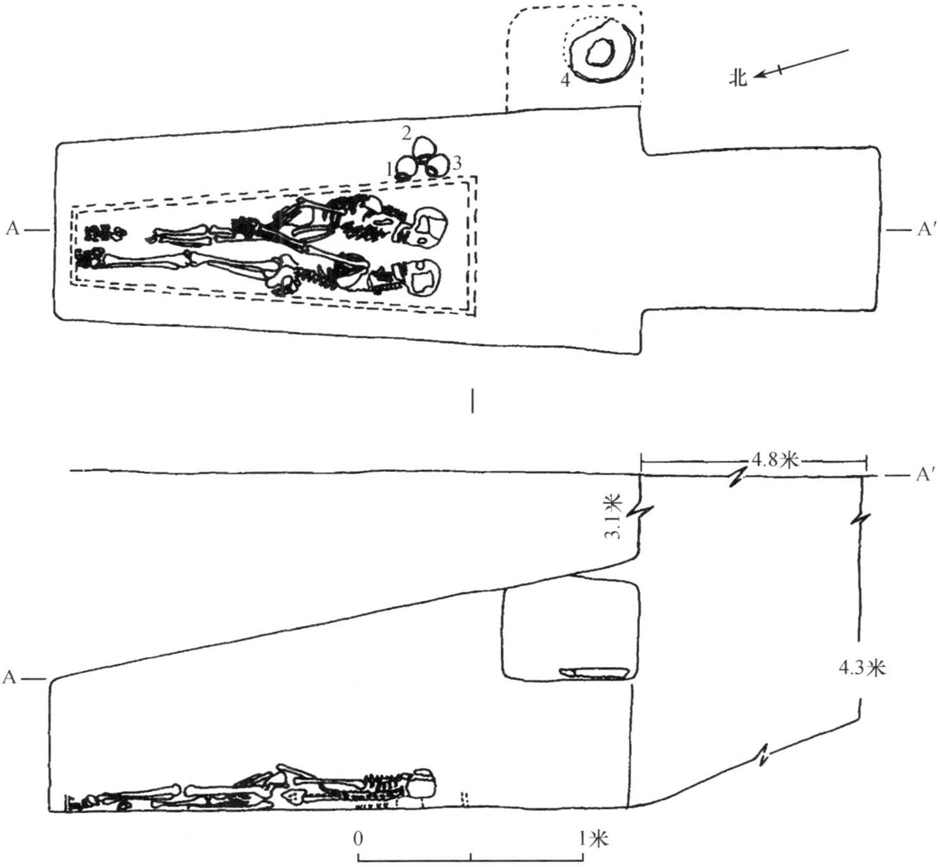

图2-1　大同南郊北魏墓群M67平、剖面图
（图中数字表示该墓随葬品）

大同南郊北魏墓群M183反映的或许是另一种殉葬形式。该墓为长方形竖井墓道土洞墓，墓葬方向195°，梯形墓室，室内有头宽尾窄的木棺1具，棺前有棺钉。棺内未见尸骨和随葬品。人骨2具，1具在距离地表0.5米处的墓道填土中，仰身直肢，头向南，面向西，随葬铜指环1枚，铜帽饰2件，均在头部西侧；另1具在棺外前部，俯身，叠肢，头向棺前档的东南角（图2-2）[1]。

1　山西大学历史文化学院、山西省考古研究所、大同市博物馆：《大同南郊北魏墓群》，科学出版社，2006年，第82、85页，图四四A。

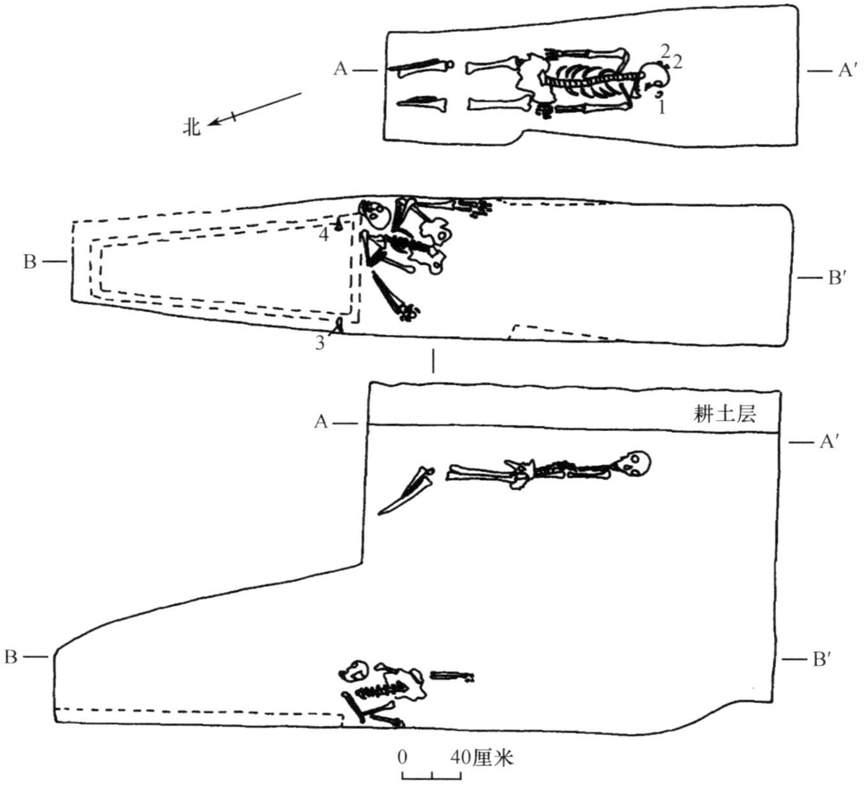

图2-2　大同南郊北魏墓群M183平、剖面图
（图中数字表示该墓随葬品）

M183未被扰乱，但棺中无人骨，或为招魂葬。棺前一人俯身叠肢，从发掘情况看，脚趾尚保存完整，似乎为跪姿，头顶向木棺一角，其与棺中应葬的墓主或为从属关系，有可能是为主人殉葬。墓道填土中一人仰身直肢，虽无葬具，但带有铜指环和铜帽饰，可能为女性，且地位高于棺前所葬之人，有可能是棺中应葬墓主之妻，同样作为殉人而葬。

内蒙古乌审旗翁滚梁北魏墓M6为长斜坡墓道土洞墓，墓葬方向195°，墓室为圆角梯形弧顶，墓室靠后置木棺，发现棺钉，四角用铁棺环，棺内人骨架腐朽严重，葬式不清。在墓室左壁靠前开一长1.62、宽0.6、高0.82米的长方形弧顶壁龛，其内有一完整的女性骨架，仰身直肢，用草席裹卷。发掘者认为可能为陪葬者[1]。

M6随葬品较少，仅在墓室出土陶罐、陶钵各1件，墓门填土中有羊股骨，可能用于祭奠。墓葬规模较大，墓道长25、宽1.4—1.5米；墓室长2.9、前宽3.42、后宽2.8、高2.15米。墓室右壁有一块长1.75、宽0.74—0.86、厚约0.1米的砂岩石板，其上彩绘浮雕猛虎和人面兽，墓室内墓门左右两侧也有一对彩绘浮雕武士门神。对于该墓葬的年代，有学者推测可能属于大夏时期（407—431年）[2]。无论是大夏还是北魏早期，如此规模且带有彩绘浮雕的墓葬墓主应有一定地位，非一般平民，其墓内所葬女性不在墓室而在壁龛，且用草席裹卷，无随葬品，其作为墓主妻妾或女仆殉葬的可能性较大。

以上文献和墓例显示，北魏早期确实仍然存在一定比例的人殉，同时期东晋南朝的人殉现象基本消失。随着北魏文明程度的提高，到5世纪中期之后再未见人殉现象，说明人殉之俗衰微。

二、“潜埋虚葬”

北魏葬俗中的“潜埋虚葬”与金陵位置，是至今未能解决的重要学术问题。从目前考古发掘的鲜卑墓葬看，“潜埋虚葬”可能专指帝后陵和高等级贵族墓葬，普通平民墓不存在此现象。

拓跋鲜卑早期葬俗不见于本史记载，因“淳朴为俗，简易为化，不为文字，刻木纪契而已，世事远近，人相传授，如史官之纪录焉”[3]。此口口相传的史实或即《魏书·乐志》中的《真人代歌》。其中是否包括葬俗则不得而知。关于鲜卑丧葬的最早记载是始祖之子文皇帝沙漠汗改葬盛况，文皇帝在

1　内蒙古自治区博物馆、鄂尔多斯博物馆：《乌审旗翁滚梁北朝墓葬发掘简报》，《内蒙古文物考古文集》（第二辑），中国大百科全书出版社，2004年，第479页，图三。

2　张景明：《乌审旗翁滚梁墓葬年代问题》，《内蒙古文物考古》2001年第1期。

3　（北齐）魏收：《魏书》卷一《序纪》，中华书局，1974年，第1页。

始祖四十二年，即三国魏景元二年（261年）“以国太子留洛阳”观风土，实则可能为质子。始祖五十八年（西晋咸宁三年，277年）回到鲜卑本部被害。之后经章皇帝猗国九年、平皇帝猗国七年、思皇帝猗国一年，在昭皇帝二年（西晋元康六年，296年）时，改“葬文帝及皇后封氏”“晋成都王司马颖遣从事中郎田思，河间王司马颙遣司马靳利，并州刺史司马腾遣主簿梁天，并来会葬。远近赴者二十万人”[1]。此仅载参与会葬人数之众，不记埋葬具体地点。

至太祖道武帝“元年，葬昭成皇帝于金陵，营梓宫，木柹尽生成林”[2]。此为北魏帝后葬金陵之始。南朝梁沈约言其葬俗：“死则潜埋，无坟垄处所，至于葬送，皆虚设棺柩，立冢椁，生时车马器用皆烧之以送亡者。”[3]宋人所记即应鲜卑皇帝“潜埋虚葬”之俗。因为这种埋葬形式本身就是为了避免被人所知，故文献中不可能详细记载。道武帝时期汉人史官邓渊整理、辑集具有鲜卑史诗性质的《代歌》及奉命修撰的《国记》中可能亦无记录。邓渊因从弟邓晖坐和跋案，太祖怀疑其知情而赐死[4]。后太武帝时崔浩据邓渊所记史实修“国史”“书魏之先世，事皆详实”，亦不知是否有葬俗记载，但终因其“备而不典”“暴扬国恶”“北人无不忿恚”，最终崔浩遭祸被灭族[5]。北魏前期帝崩潜埋之俗在《魏书》中无踪迹可寻。

有学者将考古发掘的辽宁北票北燕冯素弗墓作为虚葬的典型，原因是墓内未发现墓主骨骸，但有幼儿牙齿，随葬品丰富，并考证认为：“潜埋虚葬，简称虚葬，一曰伪葬，是十六国北朝时期在封建上层统治者中间流行的一种虚葬形式：墓主的尸体潜埋它所，同时备礼仪文物虚葬之。”分析原

1　（北齐）魏收：《魏书》卷一《序纪》，中华书局，1974年，第6页。

2　（北齐）魏收：《魏书》卷二《太祖道武帝纪》，中华书局，1974年，第19页。

3　（南朝梁）沈约：《宋书》卷九五《索虏传》，中华书局，1974年，第2322页。

4　（北齐）魏收：《魏书》卷二四《邓渊传》，中华书局，1974年，第635页。

5　（北齐）魏收：《魏书》卷三五《崔浩传》，中华书局，1974年，第807页；（北宋）司马光等：《资治通鉴》卷一二五《宋纪七》，中华书局，1976年，第3941页。

因，是厚葬被盗、汉晋战乱、薄葬观念等多种因素共同影响的结果[1]。对于将冯素弗墓归为“潜埋虚葬”似难成立，冯素弗所生活的北燕，虽以慕容鲜卑人为主，但北燕建立者冯跋及长弟冯素弗为汉人，在葬俗方面主要保留中原传统，应不会采用鲜卑葬俗。至于棺内人骨不存则原因复杂，不能据此断定尸体潜埋他处。

目前所知文献记载最早一例“潜埋虚葬”为西晋建兴元年（313年）石勒之母：“勒母王氏死，潜空山谷，莫详其所。既而备九命之礼，虚葬于襄国城南。”[2]2002年河北邢台开元寺药师殿前东南发现的莲座，是由《汉故上党国太夫人之碑》改刻而成，从碑文内容判定为石勒在虚葬其母后刊刻碑石以感念恩德[3]。由此可见，虚葬之地不仅置棺椁备礼仪，而且树碑标记，与实葬之墓无别。其后的后赵石勒、石虎，南燕慕容德、北齐高欢均为“潜埋虚葬”。

尽管“潜埋虚葬”并不是鲜卑的独有葬俗，但在北魏早期却非常具有代表性。北魏自昭成至献文诸帝均葬于金陵，后妃中除了文成帝文明皇后葬于大同方山永固陵、世祖保母窦氏惠太后葬于崞山、高宗乳母常氏葬于广宁磨笄山即俗谓之鸣鸡山之外，其余也葬于金陵。文献中记载亦有很多大臣陪葬金陵。

北魏金陵是帝后及大臣的陵园之所，文献中有盛乐金陵、云中金陵不同的称谓，二者本为一处还是两处也有不同看法。《魏书》中有29卷54处言及金陵，对于埋葬的相关信息，皇帝和部分皇后只言“葬金陵”，一些皇后为“祔葬金陵”，大臣多为“陪葬金陵”，有些大臣曾被“赐辒辌车及命服、温明秘器”，但没有一处树碑立庙等相关内容，因而对金陵位置的推测一直

1　曹永年：《说“潜埋虚葬”》，《文史》（第三十一辑），中华书局，1988年。
2　（唐）房玄龄等：《晋书》卷一〇四《石勒（上）》，中华书局，1974年，第2720页。
3　冀金刚、赵福寿：《邢台开元寺金石志》，北京图书馆出版社，2013年。

无文字确证。东魏时“金陵逋逃之薮”，说明其地处偏荒。

对于北魏金陵的地理位置已有多人探讨，有些仅为根据文献记载的相关推测，如清代顾祖禹认为金陵仅有一处，位置在盛乐古城西北[1]。张焯亦认为盛乐、云中金陵应为盛乐附近的一处，后因云中郡创设而分称[2]。莫久愚赞同一地说，认为在今盛乐县的浑河以北[3]，另有多人持此观点。吉鸿飞提出三处金陵之说：“云中金陵应在今内蒙古自治区托克托一带，是北魏早期的皇陵；盛乐金陵应在今内蒙古自治区和林格尔西北，是北魏定都盛乐时所建的皇陵；第三处没有冠以地名的金陵则应在今山西省右玉县的大南山一带。”[4]部分考古人员进行了田野调查，并与发现的墓群遗物等相联系。1984年，山西文物部门成立金陵考察组，对右玉县的相关墓葬、遗址进行调查，结合历史文献和地面发现的建筑构件及随葬陶器等，认为右玉县及相邻地区的14处墓葬属于金陵，其北至杀虎口附近的马头山、西团山，南至高家东山、鹰台山[5]。

魏坚结合多年的考古发掘，将金陵的地域范围扩大，认为“地处（山西）左云五路山及其与内蒙古凉城、和林格尔交界处一带区域，位于北魏盛乐和平城之间……从地形条件到相对位置，都应当是理想的陵区所在地……山巅发现的高大封土堆……夯筑土墙等遗存，当是我们寻找北魏金陵的重要线索”[6]。杨天源参与魏坚带领的金陵调查，认为该区域内“右玉县马头山的2座封土大墓、东团山的3座封土大墓、凉城青石墩封土大墓和左云县太子梁

1 （清）顾祖禹：《读史方舆纪要》卷四四，中华书局，2005年。

2 张焯：《北魏金陵考索》，《大同高等专科学校学报》（社科版）1994年第2期。

3 莫久愚：《代国都城、北魏金陵及相关地理位置——拓跋史札记四题》，《内蒙古师范大学学报》（哲学社会科学版）2022年第3期。

4 吉鸿飞：《北魏金陵初探》，《山西大同大学学报》（社会科学版），2008年第5期。

5 李俊清：《北魏金陵地理位置的初步考察》，《文物季刊》1990年第1期。

6 魏坚：《金陵与畿上塞围——左云北魏遗存初识》，《边疆考古研究》（第9辑），科学出版社，2010年。

封土大墓，共7座封土大墓可能就是北魏金陵的所在之处”[1]。

以上通过地面遗存的角度对金陵位置进行的探讨，主要基于现已发现的墓地，尤其是山顶具有较大封土的墓葬而推断，但这些墓葬均未经过考古发掘。按照南朝沈约所记，北魏早期帝陵可能是潜埋虚葬，如果如此，则以上所谓金陵区的巨大封土可能只是虚设棺柩，立冢椁，与慕容德“潜瘗山谷，莫知其尸所在，虚葬于东阳陵”[2]类似，而非为皇帝尸骨实际埋葬地。

与葬于金陵形成显著差异的是，因“于先朝本无位次，不可违礼以从园陵”的世祖保母惠太后窦氏葬崞山，“别立后寝庙于崞山，建碑颂德”。高宗乳母昭太后常氏葬于磨笄山，“依惠太后故事，别立寝庙，置守陵二百家，树碑颂德”[3]。文成帝文明皇后冯氏为北燕冯跋之后，是鲜卑化的汉人，生前“与高祖游于方山，顾瞻川阜，有终焉之志……高祖乃诏有司营建寿陵于方山，又起永固石室，将终为清庙焉。太和五年起作，八年而成，刊石立碑，颂太后功德”“高祖孝于太后，乃于永固陵东北里余，豫营寿宫，有终焉瞻望之志。及迁洛阳，乃自表瀍西以为山园之所，而方山虚宫至今犹存，号曰‘万年堂’云”[4]。

以上三位未葬金陵的太后墓均明确建庙立碑，皆非“潜埋虚葬”。大同方山文明太后永固陵和其北侧孝文帝预建寿陵万年堂是目前已经发掘确认北魏最早的帝后陵，陵墓方向和结构主要按照中原墓葬传统，坐北朝南，砖砌前后双室，地面有高大封土及陵园建筑[5]，体现冯氏及其抚养的孝文帝已经改变拓跋鲜卑葬俗而汉化。在陵区建造思远佛寺则为该陵墓所独创，与文明太后信奉佛教密切相关，具有特殊的宗教、政治和社会意义。献文帝之前的北

1　杨天源：《北魏金陵的考古学调查》，《美成在久》2021年第5期。

2　（北魏）崔鸿撰，（清）汤球辑补：《二十五别史·十六国春秋辑补》南燕录卷三，齐鲁书社，2000年，第448页。

3　（北齐）魏收：《魏书》卷一三《皇后传》，中华书局，1974年，第326、327页。

4　（北齐）魏收：《魏书》卷一三《皇后传》，中华书局，1974年，第328、330页。

5　大同市博物馆、山西省文物工作委员会：《大同方山北魏永固陵》，《文物》1978年第7期。

魏皇帝葬于金陵，无论是否“潜埋虚葬”，都进入了拓跋鲜卑的皇族陵区。文明太后冯氏一改先制，在平城另辟新陵，孝文帝在此基础上大幅推进汉化进程，迁都洛阳，丧葬礼仪采用汉晋故事。经考古勘探调查及部分发掘，洛阳北魏都城西北瀍河以西的孝文帝长陵、宣武帝景陵、孝庄帝静陵和瀍河以东的孝明帝定陵基本确认，北魏帝陵“潜埋虚葬”之俗消失。

拓跋鲜卑从部落联盟向封建制迅速发展的过程中，北魏前期仍保留部分本民族原来的葬俗，人殉即拓跋鲜卑落后野蛮之风的延续，在文献和考古发掘材料中均得到实证。南朝记载北魏“潜埋虚葬”，至今金陵地理位置尚未确定可能与此有关。随着北魏势力壮大，活动中心逐步南移，文明太后执政的太和年是其关键的转折时期，社会政治制度等发生重大改变，在墓葬方面，人殉和“潜埋虚葬”消失，北魏的文明程度进一步提高，迁都洛阳之后逐步达到与南朝抗衡之势。

第二节　北魏尸床葬及源流

北魏是继十六国之后又一次民族大融合时期，部分文化因素在墓葬中得以保存，考古发现的尸床葬是某一族群的典型葬俗。通过对北魏尸床葬[1]这一特殊埋葬形式的时空分布探讨，能够清楚地看出北魏使用尸床埋葬人群的流动，而尸床葬本身的形制演变则反映葬式在文化融合中的调适与发展。

所谓尸床葬，即在墓室开挖时留出生土台或在墓室内用土砖石砌筑平台，直接将尸体陈放其上的一种埋葬形式[2]。因其与汉文化传统的用棺纳尸埋

1　该部分内容以论文形式发表，见刘连香：《中古时期尸床葬研究》，《中原文物》2022年第4期。

2　辽宁辽阳、大连等地发现的东汉中后期至汉末魏晋时期家族丛葬石椁墓中有石尸床，如辽宁省博物馆、辽阳博物馆：《辽阳旧城东门里东汉壁画墓发掘报告》，《文物》1985年第6期；辽阳博物馆：《辽阳市三道壕西晋墓清理简报》，《考古》1990年第4期；其与北朝尸床墓属于不同文化体系，本文不做探讨。

葬方式形成鲜明对比而受到人们关注，刘振东曾对中型以上墓葬进行探讨，提出墓主族属为粟特人的推论[1]。与其他大量研究粟特文化的学者类似，所用材料主要为北朝晚期的石葬具，以房形石椁、围屏石床为代表。从考古发现看，尸床葬作为某一类人群的特殊葬式，其中存在不同等级差异，使用石葬具应为其最高等级。北魏尸床葬最早零星分布于北魏平城时期的都城及附近。迁都洛阳之后出现家族墓地，地域扩大到关中等地区。尸床葬是北魏墓葬中的特殊现象，其使用者应为当时某一特定人群，因已汉化日久，墓葬形制、大部分随葬品与汉人墓无异，但其尸骨陈放和少量随葬品仍保留自身特点，反映其丧葬理念。到北魏后期，他们逐渐接受汉人用棺习俗，其中一部分地位较高或有经济实力者使用石棺椁和围屏石床，原来的尸床演变为棺床。为了便于探讨尸床葬这一特殊形式，本文将同属于一处家族墓地的北周墓葬亦进行一并探讨。北魏尸床葬的出现与演变反映了当时北方地区复杂的多民族融合与多元文化交融现象。

一、尸床葬发现

受墓葬保存状况和考古发掘材料所限，很多墓葬的葬式、葬具不清，现选取信息相对完整的典型墓葬进行探讨。目前所见尸床葬主要有以下几处：内蒙古鄂尔多斯巴图湾水库M14、M15[2]；内蒙古呼和乌素QHM18[3]；山西大同迎宾大道北魏墓群M2、M3、M26、M78[4]；山西大同七里村北魏墓群M14[5]；山西大同文瀛路北魏壁画墓[6]；山西大同南郊北魏墓群M112[7]；山西大

1　刘振东：《论北朝时期无棺葬》，《考古与文物》2014年第5期。

2　陆思贤：《巴图湾水库区的古墓》，《内蒙古文物考古》1981年创刊号。

3　曹建恩、魏坚：《察右前旗呼和乌素墓葬》，《内蒙古地区鲜卑墓葬的发现与研究》，科学出版社，2004年，第184页。

4　大同市考古研究所：《山西大同迎宾大道北魏墓群》，《文物》2006年第10期。

5　大同市考古研究所：《山西大同七里村北魏墓群发掘简报》，《文物》2006年第10期。

6　大同市考古研究所：《山西大同文瀛路北魏壁画墓发掘简报》，《文物》2011年第12期。

7　山西省考古研究所、大同市博物馆：《大同南郊北魏墓群发掘简报》，《文物》1992年第8期。

同沙岭新村北魏墓群M2、M8、M13、M14、M22等13座[1]；山西大同二电厂北魏墓群M1、M11等8座[2]；山西曲沃侯马李诜墓[3]；陕西西安灞桥区江村北魏王氏家族墓地[4]；陕西西安南郊张猥家族墓[5]；河南三门峡北朝墓葬[6]等，相关内容如表2-1。

二、尸床葬特征

目前所见的北魏尸床墓葬中，内蒙古鄂尔多斯巴图湾水库2座墓葬方向朝东北、陕西西安灞桥区江村王氏家族墓葬方向朝西北，其余都朝南或接近南向。墓葬结构一般包括长斜坡墓道、甬道、墓室三部分，个别规模较大者有过洞和天井，有的带耳室。墓室有砖构、土洞两种，晚期有的带壁画。随葬品因时代早晚和墓葬等级差异较大，北魏时相对随葬品较少，后期则增多，高等级墓随葬陶俑、模型明器等，等级低者仅随葬少量陶罐、钱币，甚至无随葬品。这些方面与北朝时期其他墓葬基本类似，说明尸床葬文化因素已被汉化，仅在使用尸床不用棺椁方面仍保留其典型特征。

（一）使用无棺尸床

尸床葬最典型的特征即墓室中设置尸床，墓主尸骨直接陈放其上埋葬。尸床形制因墓葬等级而不同，等级较低的土洞墓大多在开挖墓室时直接留出生土台作为尸床。等级较高的土洞墓或砖室墓尸床往往用砖石包砌生土台或

1　大同市考古研究所：《山西大同沙岭新村北魏墓地发掘简报》，《文物》2014年第4期。

2　大同市考古研究所：《山西大同二电厂北魏墓群发掘简报》，《文物》2019年第8期。

3　杨富斗：《山西曲沃县秦村发现的北魏墓》，《考古》1959年第1期。

4　西安市文物保护考古研究院、北京联合大学：《西安市灞桥区江村北魏王氏家族墓地发掘简报》，《文博》2019年第1期。

5　西安市文物保护考古所：《西安南郊清理两座小型北周墓》，《文博》2011年第2期；西安市文物保护考古研究院：《西安北周张氏家族墓清理发掘收获》，《中国文物报》2013年8月2日第8版。

6　三门峡市文物考古研究所：《河南三门峡市北朝和隋代墓葬清理简报》，《华夏考古》2009年第4期。

表2-1　尸床墓基本信息表

尸床墓	时代	墓葬方向	墓室形制	尸床	墓主	随葬品	其他
内蒙古鄂尔多斯巴图湾水库M14	北魏	50°	砖室，墓道残长12米，甬道高1.8、宽1、长1.76米，墓室方形边长2.83米	在墓室西北侧，长2.1、宽0.65、高0.44米	不详	残陶罐底1件、陶片	盗扰，尸骨散乱
内蒙古鄂尔多斯巴图湾水库M15	北魏	58°	砖室，甬道高1.29、宽0.57、长1.45米，墓室方形边长2.63米	在墓室西北侧，长2.07、宽0.64、高0.28米	不详	平纹丝绸痕迹，条纹漆皮，陶壶1件、残陶罐1件	盗扰，尸骨在尸床下
内蒙古呼和乌素QHM18	北魏平城时期	182°	砖室，竖穴墓道长6.6米，墓门砌砖，与甬道相连，墓室略外弧，南北2.4、东西2.46米	在墓室北壁，外砌砖，宽1.1、高0.36米	男性1人，25—30岁	被盗，余3件泥质陶壶	盗扰，人骨堆积墓室中部
山西大同迎宾大道北魏墓群M2、M3、M26、M78	北魏平城时期	南向	砖室，由墓道、甬道、弧边方形墓室构成。M78土圹长2.46、宽2.52、深4米，墓室长2.1、宽2.2米	砖筑，立面须弥状，M78尸床梯形，长1.9—2.1、宽0.72—0.84、高0.45米	M78男性1人，头东，仰身直肢，有灰枕	M78有陶壶、石臼和圆形漆盘	共75座，8座砖室，其中4座用尸床
山西大同七里村北魏墓群M14	北魏平城时期	南向	砖室，墓道长14.5米，带过洞天井，墓室弧边方形长2.94、宽3.05米，东侧甬道连耳室，长1.9、宽1.65米	墓室西、北，耳室北各一具石雕尸床，表面刻忍冬、莲瓣、人物等纹饰	1男4女，尸床上有长方形石灰枕	灰陶罐、石灯、漆盘	共34座，8座砖室，其中4座带耳室

续表

尸床墓	时代	墓葬方向	墓室形制	尸床	墓主	随葬品	其他
山西大同文瀛路北魏壁画墓	北魏平城时期	南向210°	砖室，墓道残，略偏西，甬道砖封门，墓室弧边方形穹隆顶，边长2.5米，甬道、墓室有壁画	砖砌西、北壁，高0.6米，中间矮墙，下砌台阶，有壁画	北侧尸床一男性，头西足东，仰身直肢	被盗，余釉陶、陶器、铜镜等36件（组）	早年被盗扰
山西大同南郊北魏墓群M112	5世纪末	南向	长斜坡墓道方形土洞墓	北壁，外石板内填土，前侧板榫卯拼接为倒山形，刻花纹		3件灰陶罐	共167座
山西大同二电厂北魏墓群M1、M2、M11等8座	平城时期	M1南向 M11西向	长斜坡墓道砖室墓，攒尖顶，M1墓室弧边方形，M11墓室长方形	M1后壁砖砌尸床，长2.32、宽0.8—0.86、高0.4米，前壁外出，侧立3砖分隔出4格；M11墓室中部砖砌梯形尸床，长2.14、宽1.15—1.34、高0.32米，束腰须弥座式	M1尸床西侧1件石灰枕，东侧1立砖1平砖呈“T”形；M11夫妻二人，应为头西足东	M1床前2石帐座，3件陶罐，1件漆盘，1件石灯；M11被扰乱，陶壶、罐各1件，1件铁鑊	共27座
山西曲沃侯马李诜墓	太和廿三年（499年）	南向	砖室，斜坡墓道，带过洞天井，墓室近方形，长2.66、宽2.63米，左右两壁0.4米高处各有一耳室	北壁，高0.3米，前侧砌竖砖为边	尸床上夫妻二人，头西足东，耳室有乱骨	铜镯环各1对，陶灶、砖志各1个，另有人物动物砖雕	墓志有买地券性质

续表

尸床墓	时代	墓葬方向	墓室形制	尸床	墓主	随葬品	其他
山西大同沙岭新村北魏墓群M2、M8、M13、M14、M22等13座	北魏迁洛后期	南向	M2带耳室弧边方形砖室墓，M13弧边方形土洞墓，M14刀把形土洞墓，M22弧边方形砖室带砖砌门楼	均外砌砖内填土，部分砖砌壶门，M14在墓室西侧，其余均在北侧	单人葬，M2男主室、女耳室，M13枕土块	M2陶罐，M8细颈陶瓶，M22砖志、陶罐、石桌	共26座，13座有尸床
陕西西安灞桥区江村北魏王氏家族墓地7座	北魏迁洛之后	西北286°—304°	土洞，长斜坡墓道，土坯封门，墓室近方形，四角攒尖顶	M16后壁，M24东、南壁各一，M14、M22、M23、M25、M32东、南、北各一	各墓葬1—4人不等	随葬品很少或没有	共10座，2座无棺无尸床，M34有棺
陕西西安南郊张猥家族墓M5	北朝	南向	土洞，长斜坡墓道，墓室方形	墓室西壁生土尸床，长2.8、宽1.24、高0.05米	一具骨架散乱	陶俑、铁镜及钱币	共5座，3墓出墓志，M11无棺，M3有棺床
河南三门峡北朝墓11座	北魏	南向173°—200°	土洞，长斜坡墓道，8座墓室方形或近方形，3座墓室不规整	生土，北壁或凹形，长1.6—2.6、宽0.8—1.1、高0.3—0.5米	各墓葬1—6人不等	砖志、少量陶器、钱币等	共13座，2座带天井用木棺，其余无棺

砌出外壁后中间填土，上面铺砖或石板，如山西大同沙岭新村北魏墓M13砖砌生土尸床（图2-3）[1]，山西大同七里村北魏墓M14则为石尸床[2]，部分尸床前壁用砖砌出图形或彩绘精美图案，如山西大同文瀛路北魏壁画墓尸床[3]。这种以生土台或砖石与土混筑之台陈尸的典型形制和功能，与中原地区、南方早期或同期墓葬中为了抬升棺木以防潮的棺床明显不同，“棺床，一般指墓葬中棺椁之下，略高于墓底，或木制、或石制、或垫土层、或用砖砌的设置”[4]。

图2-3 大同沙岭新村北魏墓M13尸床

1 大同市考古研究所：《山西大同沙岭新村北魏墓地发掘简报》，《文物》2014年第4期。
2 大同市考古研究所：《山西大同七里村北魏墓群发掘简报》，《文物》2006年第10期。
3 大同市考古研究所：《山西大同文瀛路北魏壁画墓发掘简报》，《文物》2011年第12期。
4 王雁卿：《山西大同出土的北魏石棺床》，《文物世界》2008 年第2期。

与使用尸床紧密相关的另一特征为不用棺木。我国汉墓普遍使用木棺，洛阳汉魏故城南郊发现的东汉刑徒墓地："棺木已朽，有的尚存有板灰痕迹。棺钉则遗留很多……每个墓中发现的棺钉的数目也不一致，一般是14—16个……绝大多数的刑徒墓中均无随葬品。"[1]即使是地位极低从事劳作的刑徒，可以没有随葬品，但也要使用木棺。洛阳还发现身份不明的东汉末至北魏"西人"墓[2]，也将尸骨放在一副薄木棺中安葬，显示对生命和死者的尊重。因极度贫困或其他原因不用棺木埋葬是非常少的现象[3]。尸床葬本身不用棺木，同一家族墓地中有部分墓葬不设尸床，而是直接陈尸墓室或铺席，亦属于无棺葬。这种埋葬习俗非中原汉人传统。北朝发掘的大量鲜卑墓不使用尸床，亦可排除鲜卑人葬俗。

（二）多人合葬中出现叠葬

北魏尸床葬中既有单人葬和夫妻合葬，也存在一墓埋葬3人以上的多人合葬。山西大同七里村北魏墓群中M14主室带一耳室，葬1男4女共5人。山西曲沃侯马李诜墓主室为夫妻2人，两耳室各有一堆人骨，至少葬4人。陕西西安灞桥区江村北魏王氏家族墓地发掘10座墓葬，M14、M22、M23、M25、M32在墓室东、南、北三壁下置生土尸床，呈"凹"字形，M25尸床下还另葬1人，均为多人合葬。陕西西安南郊张猥家族墓中的M4墓室北放置一石棺，棺内有3具人骨，由墓志可知，墓主为张猥长子张政夫妻及一儿童。河南三门峡北朝墓M13构筑简陋，在高出墓室地面0.5米处，分别于东、北、西三面各开一小龛，东西通长4.1、南北最宽1.8米，龛内置6副尸骨，东3人均头

1　中国科学院考古研究所洛阳工作队：《东汉洛阳城南郊的刑徒墓地》，《考古》1972年第4期。

2　中国社会科学院考古研究所汉魏城队：《洛阳汉魏故城北魏外廓城内丛葬墓发掘》，《考古》1992年第1期。

3　秦中行：《汉阳陵附近钳徒墓的发现》，《文物》1972年第7期。

朝南，北龛1人头朝东，西龛男女2人头朝北（图2-4）[1]。M32尸床上也有3具人骨。

这些多人合葬尸床墓中出现了上下叠压的特殊埋葬形式：陕西西安灞桥区江村北魏王氏家族墓M35没有尸床，也没有棺木痕迹，墓室东壁有人骨，葬2人，上下叠压。河南三门峡北朝墓M13东龛葬3人，分上下两层，下层人骨散乱，应为迁葬。上层男女2人，骨架完整。

汉代以后汉人墓葬存在家族不同辈分多人合葬的情况，十六国时中原丧乱，大量士人避难河西，合葬习俗在敦煌一带得以保留。但汉文化传统中，不同人骨会分别放置于不同墓室或同一墓室的不同方位，无上下重叠埋葬现象。

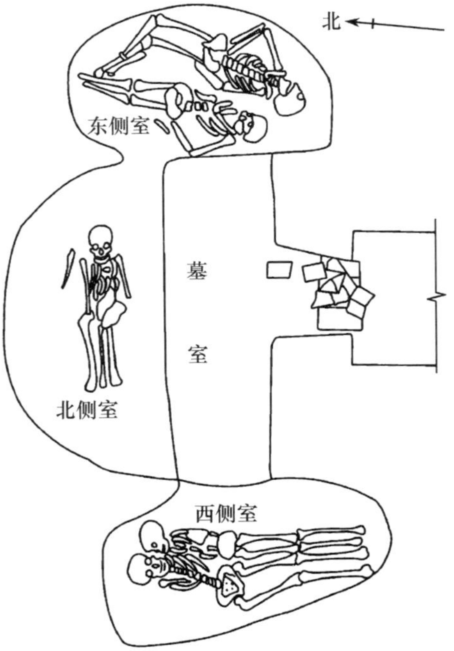

图2-4　三门峡北朝墓M13平面图

1　三门峡市文物考古研究所：《河南三门峡市北朝和隋代墓葬清理简报》，《华夏考古》2009年第4期。

（三）由零星墓葬到家族墓地

北魏尸床葬最早出现于北魏平城时期，数量较少，在一处墓群中仅有一座或几座，且为零星分布，有的单独埋葬，与周边墓葬没有密切关系，有学者称之为孤墓，但在同一墓群中往往等级最高。如内蒙古呼和乌素QHM18为砖室墓，尸床外砌砖。山西大同迎宾大道发掘75座北魏墓，仅8座砖室，其中的4座为尸床葬，仅M2、M3相邻，M26、M78与周边的墓葬距离较远，属于相对独立的墓葬（图2-5）[1]。山西大同市七里村34座北魏墓中8座砖室，其中4座带耳室，唯一的尸床葬M14为带过洞天井和耳室的砖构墓，在墓室的西侧、北侧和东耳室各有一座石尸床。山西大同南郊北魏墓群共167座，只有M112为尸床墓，与M117、M211、M9等都为独立的单座墓葬，看不出与周围其他墓葬之间的关系，是无与为邻的孤墓[2]，但尸床用石板垒砌，并雕刻精

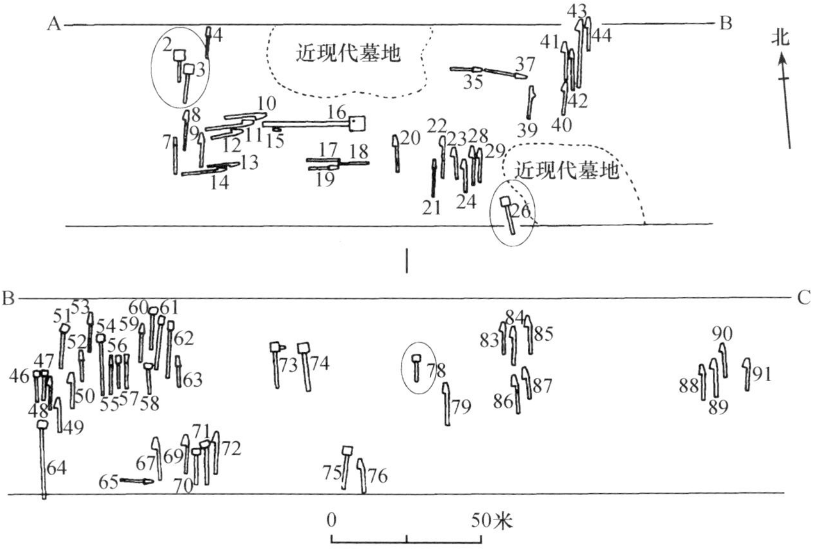

图2-5　大同迎宾大道北魏墓群分布图

1　大同市考古研究所：《山西大同迎宾大道北魏墓群》，《文物》2006年第10期。
2　韦正：《大同南郊北魏墓群研究》，《考古》2011年第6期。

美的花纹。山西大同二电厂发掘墓葬27座，其中8座使用尸床，相互关系信息不详。此阶段尸床墓的出现，可能因为当时墓主迁到平城时日不久，尚未形成家族集团，而砖室墓、石尸床则说明墓主在当时的平民中具有更强的经济实力。

北魏迁洛之后，尸床葬开始被集中发现，山西大同沙岭新村发掘北魏墓群，应属于多个家族且为普通百姓的墓葬区，26座墓葬中13座为尸床葬。北魏至北周发现多处家族墓地，陕西西安灞桥区江村发掘北魏墓葬10座，方向一致，均坐东朝西，排列有序[1]，墓中出土砖志显示其属于王氏家族。陕西西安南郊张猥墓地发掘墓葬5座，其中3座出土墓志，明确墓主为张猥及其三子，也是家族墓的典型。

河南三门峡发现一批北朝墓葬，集中于市区西北三个相邻的地点，技术学校3座墓葬均出土砖志，证明墓主为张氏家族，时间从北魏太昌元年（532年）至北周大象元年（579年），达40余年。氧化铝厂共有9座墓葬，没有相互打破现象，M51、M40并列，M1、M2、M5、M8、M12集中分布，M32、M64单独位于西部（图2-6）[2]。从位置和砖志可知该处墓地分属于刘氏、马氏、张氏等不同家族。

尸床葬家族墓地形制布局和使用砖志传统，与河西魏晋十六国墓类似。甘肃敦煌一带有大量中小型家族墓地，往往建造整齐，排列有序，部分周围有茔圈，敦煌祁家湾的族葬小墓群有23组，其中8组有纪年墓[3]。这种家族墓地主要见于河西地区，因十六国大量少数民族内徙而汉人外奔，河西相对安宁，中州士人避难者众，保留了魏晋时期汉人士族聚族而葬的传统。

---

1 西安市文物保护考古研究院、北京联合大学：《西安市灞桥区江村北魏王氏家族墓地发掘简报》，《文博》2019年第1期。

2 三门峡市文物考古研究所：《河南三门峡市北朝和隋代墓葬清理简报》，《华夏考古》2009年第4期。

3 戴春阳、张珑：《敦煌祁家湾——西晋十六国墓葬发掘报告》，文物出版社，1994年，第153页。

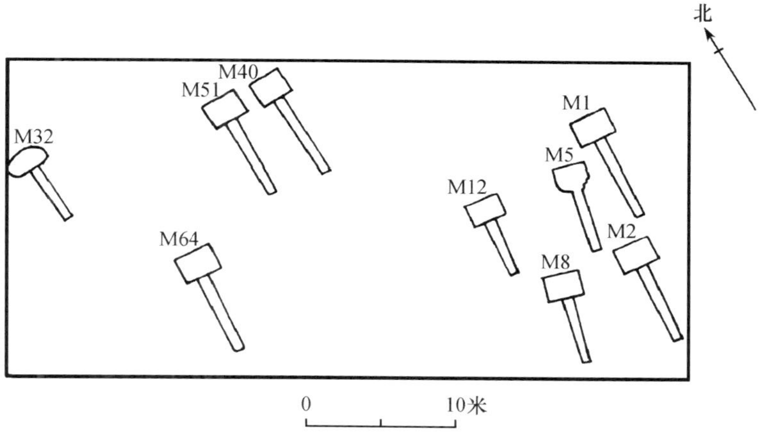

图2-6　三门峡氧化铝厂北朝墓分布图

北魏尸床葬中无棺而用尸床、多人合葬中出现叠葬，与中原汉文化和北方鲜卑文化差异明显，说明其属于外来的一类特殊人群。尸床葬中北魏平城时期的零星墓葬和迁洛之后的家族墓地分别反映该人群迁入时间及之后的流动发展。

三、尸床葬来源

北魏尸床葬的典型特征在河西能够找到踪迹，部分尸床葬出土砖石墓志等材料，为探讨该类型墓葬的来源提供线索，传世文献进一步验证了其结果。

（一）西晋十六国尸床葬

比北魏尸床墓早且形制接近的墓葬见于河西地区，1970年在甘肃敦煌东南义园湾发掘的70M1是一座保存完好的小型墓，墓道南向，有东、北两个墓室，北室“西半部地面凸起约10厘米，形如棺床。其上置骨架一具，头南向。棺木无存”[1]。墓中形如棺床之凸起即为生土尸床，上无棺，时代为五凉时期。

1　敦煌文物研究所考古组：《敦煌晋墓》，《考古》1974年第3期。

甘肃敦煌祁家湾发掘西晋十六国墓117座，均为长斜坡墓道洞室墓，大部分墓葬为尸床和尸罩组合，“多在墓室左或右侧壁下垒筑尸床，尸体陈于尸床上”“尸床构筑材料不一：有的用砖或土坯叠砌；也有用砖或土坯依墓壁围出长方形尸床框，中填砂土与砖或坯平；还有的以砂砾、黄土、草木灰等依次堆垒而成……有些尸床还以小木条或植物秆茎将尸床表面隔成菱形、三角形格”“尸罩木质，均为以侧板、两端挡板和盖板组合而成，罩盖于放在尸床的尸体之上”[1]。祁家湾也有部分墓葬只有尸床而无尸罩，如M224[2]。佛爷庙湾从20世纪40年代至今先后进行过8次发掘，西晋十六国墓葬达千座左右，其中多数与祁家湾类似，使用尸床和尸罩，少部分用木棺[3]。嘉峪关观蒲村发掘西晋中晚期的观M11后室并列三骨架，骨架下均有棺垫，女性为无棺葬[4]。该墓之棺垫，即敦煌祁家湾墓的尸床。

敦煌、嘉峪关等西晋十六国墓葬中发现的尸床与北朝尸床类似而时间更早。部分墓中出土斗瓶铭文记载墓主使用汉人姓氏。发掘报告认为：“在文化共性方面，主要表现具有较多的中原传统文化因素，这是其文化本质……尸罩配合尸床这种葬具的使用则成为敦煌地区最具特色的独特葬俗。”[5]而考古发掘证明，尸床与尸罩组合并非敦煌当地特色，新疆史前晚期的扎滚鲁克、鄯善洋海、苏巴什、察吾呼3号墓地、吐鲁番等墓葬中，均使用尸床尸罩，其尸罩是用树枝、藤条等捆扎的[6]。罗布泊发掘的楼兰墓地，小河5号、古墓沟等地，均发现了无底木棺[7]，与河西尸罩功能类似。

---

1 戴春阳、张珑：《敦煌祁家湾——西晋十六国墓葬发掘报告》，文物出版社，1994年，第8、13页。

2 戴春阳、张珑：《敦煌祁家湾——西晋十六国墓葬发掘报告》，文物出版社，1994年，第32页。

3 甘肃省文物考古研究所：《甘肃敦煌佛爷庙湾墓群2014年发掘简报》，《文物》2019年第9期。

4 甘肃省博物馆：《酒泉、嘉峪关晋墓的发掘》，《文物》1979年第6期。

5 戴春阳、张珑：《敦煌祁家湾——西晋十六国墓葬发掘报告》，文物出版社，1994年，第176、177页。

6 吐鲁番学研究院：《新疆吐鲁番市胜金店墓地发掘简报》，《考古》2013年第2期。

7 肖小勇：《西域史前晚期墓葬类型研究》，《西域研究》2013年第1期。

由此可见，河西汉人墓葬使用尸床与尸罩组合，也许受西域木尸床尸罩、无底木棺影响，将中原传统木棺的棺底与棺帮棺盖分离，形成单独的尸床、尸罩，但仍属于木棺的变体。同时河西有一部分墓葬，如敦煌义园湾70M1、祁家湾M224、嘉峪关观M11等，不用尸罩，只有尸床，应为北朝尸床葬的来源，但不用棺的葬俗则追至时代更早且延续久远的西域。尸床形制在西域为木框，在河西改用砂石、砖泥、灰土等垒砌，到北魏则在墓室中保留生土台。

（二）叠葬来源

北魏尸床墓中的叠葬现象在其他地方亦有少量发现。在拓跋鲜卑活动区域的内蒙古扎赉诺尔墓地M3008，内蒙古察右后旗三道湾的3组墓葬M103与M115、M105与M114、M116与M119，以及山西右玉县善家堡墓地M2、M16，出现了成年男与女、儿童与成年男女的二次上下两层重叠合葬现象，因墓葬形制为土坑竖穴，墓坑稍有错位。这种叠葬与已经发掘的大量鲜卑墓明显不同，属于一种特殊类型[1]，说明叠葬并非拓跋鲜卑本身的丧葬形式，只是该人群中的特殊现象。

敦煌祁家湾西晋十六国墓葬也有个别此类叠葬现象：M305上下两层，下层葬3人，用砂砾土掩埋，成年男女分别位于墓室左右两侧，有尸床、尸罩，女性旁边有一具迁葬的少年；上层1人，位于墓室中部，为老年女性，无葬具。M351上下层分别埋葬两对夫妻，而且各有归属清楚的随葬品，约当父子两辈[2]。报告中亦认为该现象似乎与某些少数民族习俗有一定联系。

北魏尸床葬的叠葬与以上类似，相互之间应有一定关联。新疆塔里木盆

1　吴松岩：《拓跋鲜卑一种特殊的合葬类型——二次叠葬墓》，《内蒙古社会科学》（汉文版）2012年第5期。

2　戴春阳、张珑：《敦煌祁家湾——西晋十六国墓葬发掘报告》，文物出版社，1994年，第37、180页。

地南缘扎滚鲁克、加瓦艾日克、山普拉墓地和北缘的群巴克墓地等发现的平面呈刀形的单墓道竖穴土坑墓，往往一墓埋葬多人，最多可达200余人，时代大致在西汉晚期到东汉时期[1]。北朝尸床墓的叠葬与西域丛葬之间是否有关还需进一步探讨。

（三）尸床葬的墓主信息

北魏尸床葬中部分使用砖志或石墓志，为了解墓主身份提供了线索。

山西曲沃侯马李诜墓砖志文为："太和廿三年十二月廿五日征平郡曲沃县故民李诜安邑令砖墓两区墓田周回五百步。"征平即正平郡，砖志记载墓主为曲沃安邑令，墓田范围包含买地券内容，墓室为楔形砖砌穹隆顶，四角及墓顶嵌兽首和莲花砖雕，为河西魏晋墓的典型特征。

山西大同沙岭新村北魏墓M22砖志上阴刻"苟黑"，无纪年。同墓区的M23、M24分别刻"尉孃""赵胡"。苟、尉为河西著姓。

陕西西安灞桥区江村北魏王氏家族墓地M25出土铭文砖，上有"秦州阿阳王驹""略阳王驹妻故铭"。M36砖志阴刻"永平四年四月十九日蓝田□民王都铭记"。秦州略阳郡阿阳位于今甘肃张家川一带，也是氐人吕光的原居地，墓主在北魏迁洛后卒葬长安，砖志记录其原籍。

陕西西安南郊张猥家族墓，M11、M4、M2均出土石墓志，墓主分别为雍州骆谷镇将张猥及长子张政、三子张盛。张猥字奴猥，非汉人之名。墓志记载为南阳白水人，上追战国韩相张开地、西汉留侯张良，实为攀附，因张良之子已除国，无位至河南尹之张揩。张猥之父张朗、祖张英均无职官，且地点分别为魏郡和兖州，说明其家族由他处迁至长安。张政墓道带天井，出土陶俑、明器、墓志及罗马金币一枚，墓室北侧一石棺，棺内有3具人骨，石棺上图案："头挡刻朱雀；足挡刻玄武；北侧棺帮刻青龙；南侧棺帮刻白

1　肖小勇：《西域考古研究——游牧与定居》，中央民族大学出版社，2015年，第61页。

虎。”[1]这种四面雕刻四神的石棺在河南洛阳北魏永安元年（528年）曹连墓中已出现，正常头南足北放置[2]，张政墓中头西足东。与其类似的另有西安北郊李诞墓，“石棺一具，东西向置于墓室中部，大端朝西”，石棺内有2具骨架，头均向西，身裹数层布，北侧骨架口含东罗马金币1枚。石棺上线刻图案，局部贴金，左侧帮板刻一龙，右侧刻一虎。前端门额上刻两只朱雀。门下有一火坛。后端挡板刻一玄武，盖板刻人首蛇身的伏羲女娲。墓志记载李诞字陁娑，婆罗门种，北魏正光年间（520—525年）自罽宾归中土，北周保定四年（564年）薨于万年里，卒授邯州刺史[3]。两墓使用的石棺是按照汉文化主题制作的，但在墓中均头西足东，且都出土罗马金币，体现其葬俗及与西域的关系。

河南三门峡北朝墓中出土多块砖志，技术学校的M10出土3块，分别为“□和□年……董元负铭”“我妻吕相姬”“张元妮”。M11出土1块：“大象元年故人张兴回孙铭□伯项”。M13出土2块：“太昌元年……张洛铭”“吕相姬”。可见，此三墓应为张氏家族墓地，其婚姻对象有吕氏和董氏，时间从北魏太昌元年（532年）至北周大象元年（579年）。氧化铝厂有9座墓葬，相互无打破关系，M51砖志“建义元年刘安囤”，与M40并列，很可能为同一家族。M32单独位于西北角，有砖志2块：“普泰二年……息道仁”“天和二年马□奴”，应为两次埋葬。M64买地券“大统六年……张仪息买寿墓田”。该墓地分属于刘氏、马氏、张氏三个不同家族，与吕姓均为河西地区的主要姓氏。

以上尸床葬墓主除氐人外，部分还指向河西的汉人姓氏，墓葬形制、大

1　西安市文物保护考古研究院：《西安北周张氏家族墓清理发掘收获》，《中国文物报》2013年8月2日第8版。

2　洛阳市文物考古研究院：《洛阳北魏曹连石棺墓》，科学出版社，2019年，第25页。

3　程林泉、张小丽、张翔宇等：《陕西西安发现北周婆罗门后裔墓葬》，《中国文物报》2005年10月21日第1版。

部分随葬品等与汉人墓相同，但无棺葬俗与汉人迥异，属于居住河西且已经汉化日久的其他少数民族。据文献记载，河西一带汉晋十六国时期人口种族复杂，包括汉、氐、羌、匈奴、鲜卑、土著月氏、粟特人[1]等。其中月氏原居祁连山，月氏王被匈奴所杀后余种分散，当地所余土著月氏以湟中月氏胡、张掖义从胡为代表[2]。不同民族因长期错居，生活习俗与氐人类似："其俗，语不与中国同，及羌杂胡同，各处有姓，姓如中国之姓矣。"[3]与汉人杂居日久的其他族群取汉人姓氏，在汉晋北朝时期常见，如婆罗门种姓李诞，"祖冯何，世为民酋；考傍期，不颓宗基"，北魏时由罽宾归阙，"罽宾国、大夏国、高附国、天竺国皆并属大月氏"[4]。李诞墓志云"其先伯阳之后"，攀附老子，自认赵国平棘李氏，实为西域罽宾大月氏之裔。

北魏太延五年（439年）世祖亲征平凉州，"杂人降者亦数十万"，此杂人即杂胡，"冬十月辛酉，车驾东还。徙凉州民三万余家于京师"[5]。这些内迁至平城者既有当时众多官宦士人，也包括这部分河西土著月氏人和粟特人。北魏平城时期尸床葬较少，但在同一墓群中等级最高，说明当时东迁的粟特人数量不多，地位较低，但因多以商贸为业，故有经济实力建造砖室墓或石尸床。

由此可见，尸床葬应是西晋十六国期间河西多民族融合的产物。敦煌祁家湾、佛爷庙湾、嘉峪关等发现大量使用尸床尸罩及少量木棺的墓葬，墓主为河西本土和中原士族迁去的汉人。同时也有少部分不用尸罩和木棺，但墓

---

1 陈国灿：《魏晋至隋唐河西人的聚居与火祆教》，《西北民族研究》1988年第1期。

2 （南朝宋）范晔撰，（唐）李贤等注：《后汉书》卷八七《湟中月氏胡》，中华书局，1965年，第2899页。

3 （西晋）陈寿撰，（南朝宋）裴松之注：《三国志》卷三〇《乌丸鲜卑东夷传》，中华书局，1971年，第858页，评注引《魏略·西戎传》。

4 （西晋）陈寿撰，（南朝宋）裴松之注：《三国志》卷三〇《乌丸鲜卑东夷传》，中华书局，1971年，第858页，评注引《魏略·西戎传》。

5 （北齐）魏收：《魏书》卷四（上）《世祖太武帝纪（上）》，中华书局，1974年，第90页。

葬形制、随葬品等与汉人墓无异，属于无棺的尸床葬，是北朝尸床葬的来源，墓主可能属于河西土著月氏人和部分西域粟特人，有的“以父名母姓为种”，攀附当时河西汉人和羌氐人著姓，如张、吕、王、马、刘等。尸床葬形成之后随着人群流动而传播，北魏平凉州，迁其民众至平城，故最先发现于山西大同和内蒙古，其后分别从平城和河西向关中及以东迁徙，分布地域扩大到山西曲沃、陕西西安、河南三门峡等地。

四、尸床葬演变

北魏尸床葬出现之后发生一些变化：尸床葬形制延续使用，但主要集中在河西周边的部分地区，这些人群进一步汉化，葬俗改为使用棺椁，一部分等级较高者使用石质葬具，从而出现较多石棺椁、围屏石床等，其上雕刻的精美花纹中含有祆教等西域文化因素，原来的生土或混筑尸床演变为棺床。

（一）尸床葬继续沿用

因尸床葬的使用人群主要聚集于河西，河西社会格局发生变化时，会带动该墓葬形式转移。在高昌王国建立后，敦煌以西的新疆吐鲁番有大量河西人迁入，其中包括居于河西的粟特人，该地的尸床葬一直延续使用到唐西州时期。

吐鲁番阿斯塔那—哈拉和卓古墓群中的第二期，即麹氏高昌阶段有4座墓葬，“出现了聚族而葬的茔区，葬具中木棺少见，仅在较低的土台上铺苇席。署高昌纪年的砖质墓志出现”[1]。墓中的较低土台即生土尸床，有延昌二十九年（589年）的纪年。交河故城沟西墓地发掘墓葬36座，其中康氏家族墓园内33座，形制大部分为斜坡墓道土洞墓，墓室后部有生土尸床，时间

---

1 新疆维吾尔自治区博物馆：《吐鲁番县阿斯塔那——哈拉和卓古墓群发掘简报（1963—1965）》，《文物》1973年第10期。

从麹氏高昌延续至唐代[1]。吐鲁番巴达木墓地发掘麹氏高昌至唐西州时期墓葬82座，主要为白氏、康氏家族墓园[2]，墓葬形制同于以上，白氏可能为龟兹人[3]。吐鲁番阿斯塔那张氏家族墓园内有墓葬6座，其中M385、M388、M391这3座墓室后部有高约10厘米的生土台尸床[4]。同时期汉人墓则多用木棺，如1996年在吐鲁番交河故城沟西墓地发掘的9座麹氏高昌至唐西州时期辛氏、宋氏墓中，有5座发现木板碎块，可能是木棺[5]。

吐鲁番地区高昌至唐西州时期康氏、白氏家族来自西域的粟特和龟兹，张氏可能为河西土著月氏人，一直保留墓室后壁使用生土台作为尸床且不用棺木的葬俗。

在宁夏盐池窨子梁发现一组6座何氏家族墓地，为依山开凿的平底墓道石室墓，墓壁开耳室或壁龛多个，在墓室后壁有长2.45—4.5、宽0.55—1.2、高0.4—1米的石床，M4、M5、M6直接将尸骨置于石床或耳室和壁龛中，无葬具，属于尸床葬。每座墓葬埋葬人数不等，M4有尸骨4具，M5多达10余具，为典型的家族多人合葬，且呈现上下叠压现象。M3出土墓志记载墓主为“都尉何府君”“大夏月氏人”，时间为武周久视元年（700年）[6]。可见在距离河西稍近的地区，到唐代时尸床葬仍然沿用，并体现出该墓葬形制使用尸床、多人葬有叠葬的特点。

1　吐鲁番地区文物局：《新疆吐鲁番地区交河故城沟西墓地康氏家族墓》，《考古》2006年第12期。

2　吐鲁番地区文物局：《新疆吐鲁番地区巴达木墓地发掘简报》，《考古》2006年第12期。

3　冯承钧：《再说龟兹白姓》，《西域南海史地考证论著汇辑》，中华书局，1957年，第164—175页。

4　吐鲁番地区文管所：《1986年新疆吐鲁番阿斯塔那古墓群发掘简报》，《考古》1992年第2期。

5　新疆文物考古研究所：《新疆吐鲁番交沟故城沟西墓地麴氏高昌——唐西州时期墓葬1996年发掘简报》，《考古》1997年第9期。

6　宁夏回族自治区博物馆：《宁夏盐池唐墓发掘简报》，《文物》1988年第9期。

（二）从无棺葬至用棺葬

由于使用尸床葬的人群长期与汉人错居，各方面必然会受到汉文化影响。在目前发现的北魏尸床葬家族墓地中，存在尸床葬与用棺葬并存的情况，说明墓主已经接受汉人用棺葬俗，其原来的尸床则演变为棺床。

陕西西安灞桥区江村北魏王氏家族墓地10座墓中的7座有生土尸床，2座无棺且无尸床，而M34在东壁下有棺木灰痕，葬2人，说明该家族已使用木棺。陕西西安南郊张猥家族5座墓中只有M5为生土尸床葬，M11张猥墓内无尸床亦未见棺木。M2为张猥三子张盛墓，有棺木朽痕。M3可能为张猥次子张景保墓，有生土棺床及木棺朽迹，M4为张猥长子张政墓，有石棺一具。墓志记载的埋葬时间从天和二年（567年）至建德元年（572年），前后仅相差五年，却存在无棺、木棺、石棺之别。宁夏盐池窨子梁何氏家族墓地中M1有木棺，也是尸床葬变化的典型。

另外，北魏墓葬所使用的生土棺床或应为生土尸床的发展，在内蒙古鄂尔多斯鄂托克前旗巴音哈达北魏墓M1、M2中保留清晰。两墓均为长斜坡墓道土洞墓，墓向西南。M1由墓道、甬道、墓室构成，墓门两侧有门框，左右两边各有一小土台，外用石块封堵。墓室略呈方形，长1.68、宽1.61、高1.19米，在墓室后部有一长度与墓室等宽的生土棺床，与墓道垂直，宽0.51、高0.43米，上有木棺残片。墓内出土陶罐、陶壶、陶灯以及铜戒指、耳环、铁刀各1件[1]。M2与M1类似，墓道长9米，上窄下宽，墓室因盗扰破坏严重，形制不清，墓室后部有东北—西南向的生土棺床，长1.8、宽0.45、高0.19米。

当尸床葬的使用人群改变了传统葬俗而用棺时，原来的尸床也变成了汉人传统用于承棺的棺床，其墓葬与汉人墓葬的差别已很难辨识，只能根据墓

1　鄂尔多斯市文物考古研究院：《鄂尔多斯市鄂托克前旗昂素镇巴音哈达北魏墓地发掘简报》，《草原文物》2017年第2期。

志内容判断墓主身份。如宁夏固原南郊隋唐史氏家族墓地发掘7座墓葬，墓中有木棺残块、棺灰或铁棺钉，说明其使用木棺，各墓均有棺床，有的生土棺床上施彩绘，砖棺床砌出须弥座、壶门，石棺床雕出精美图案。墓志记载史氏有史射勿和史索岩两支，分别记述七代和六代世系，既言“其先出自西国”“史国王之苗裔”，因曾祖、祖并仕本国从宦，俱为萨保，又云“平凉平高县人”“建康飞桥人”。夫人安娘“岐州岐阳人，安息王之苗裔也”“夫人康氏，甘州张掖人也”“后妻张氏南阳夫人，南阳郡西鄂人也”[1]。史氏及姻亲康氏、安氏均为粟特人，而所谓的南阳张氏不排除为河西土著月氏人。

河南洛阳唐代安菩墓坐南朝北，墓室东西两壁下各有一座外包石条内填土的棺床，上发现棺钉数枚，棺床阴刻十二辰图像。墓志记载其为唐代六胡州大首领，“其先安国大首领，破匈奴衙帐，百姓归中国”。夫人何氏，其先何大将军之长女，封金山郡太夫人[2]。安氏和夫人何氏均为粟特人。

以上使用木棺的粟特人墓葬中，棺床质量往往远高于木棺，或许为尸床葬之孑遗。同时也应注意北朝至隋唐时期有一部分墓葬没有墓志确定墓主身份，但其中包含的特殊文化因素也是分析当时不同人群文化交融的重要依据。

（三）房形石椁和围屏石床

北魏至隋唐北方地区出土较多房形石椁和围屏石床，因没有发现木棺，被学者界定为无棺葬，并作为粟特人的典型葬具。对此，有必要进行辨析。

严格来说，棺是指装殓尸体的葬具，椁指套于棺外的葬具，椁普遍比棺大，但不同墓葬中棺和椁的形制、材质、精细程度等差异较大。山西寿阳北

1　罗丰：《固原南郊隋唐墓地》，文物出版社，1996年。

2　洛阳市文物工作队：《洛阳龙门唐安菩夫妇墓》，《中原文物》1982年第3期。

齐库狄迴洛墓中房形木椁面阔和进深均为三间，斗拱结构复杂，内置一具黑漆木棺[1]，木椁更华美。隋代李静训墓中的石椁为10块石板围合而成，石棺则是进深三间的歇山顶殿堂式房屋形，且有浮雕建筑构件[2]，石棺远比石椁精致。

北魏至隋唐时出现的一批房屋形石葬具，因体量较大，一般称为房形石椁，但其内无棺，直接陈尸埋葬，字面上似乎是无棺葬，但实际上房形葬具本身就形成封闭空间，具有装殓和保护尸体的功能，起到与棺相同的作用，无论称石棺还是石椁，都不应归入无棺葬。

从目前发掘的实物看，房形石椁墓主中北周史君和隋代虞弘来自西域。史君墓发现于陕西西安北郊，墓内仿木构五开间歇山顶殿堂式石堂，内有石榻，上彩绘浮雕贴金图像（图2-7）[3]，有粟特文和汉文题记，“其先史国人也，本居西域”，史君任“大周凉州萨保”“迁居长安”，妻康氏[4]。石堂画

图2-7　西安北周史君石椁

1　王克林：《北齐库狄迴洛墓》，《考古学报》1979年第3期。

2　中国社会科学院考古研究所：《唐长安城郊隋唐墓》，文物出版社，1980年。

3　西安市文物保护考古研究院：《北周史君墓》，文物出版社，2014年，第53页。

4　西安市文物保护考古所：《西安北周凉州萨保史君墓发掘简报》，《文物》2005年第3期。

像为祆教内容，与史君粟特身份相符。山西太原隋代虞弘墓内有仿木构三开间歇山顶房形石椁，下带底座，椁座、壁身顶部有浮雕、彩绘贴金，墓志记载虞弘“鱼国尉纥驎城人”“派枝西域”，祖任“鱼国领民酋长”[1]。两人原为西域人，但房形石椁形制已完全汉化。

其他房形石椁包括河南洛阳北魏孝昌三年（527年）宁懋石室[2]、山西大同智家堡北魏石椁[3]、河南安阳固岸东魏墓石椁、山东益都北齐武平四年（573年）画像石墓所用的石椁材料等，因是采集品或信息简单，椁内是否用棺不详，但考古发掘的山西大同北魏敦煌公宋绍祖墓仿木构石椁[4]则确定无棺，且宋绍祖和宁懋均为汉人，说明该时期房形石椁非粟特和其他中亚人的特有葬具。

围屏石床即石床上带有石质或木质围屏的葬具，据统计，北朝至唐初围屏石床共有20座[5]，有明确墓主信息者仅5座，其中3座为汉人墓，分别为北魏太和八年（484年）司马金龙墓、正光五年（524年）匡僧安墓、东魏谢氏及夫人冯僧晖墓，另2座为北周康业墓和安伽墓。康业墓志记载“其先康居国王之苗裔也。父，魏大天主雍州使君。去魏大统十年，车骑大将军雍州呼药翟门及西国胡豪望等举为大天主”，康业于天和元年继任大天主[6]。康氏、翟氏及举荐其父的西胡豪族为粟特诸姓移民，在雍州仍联系紧密。安伽墓志追述祖先为黄帝苗裔，“分族因居命氏”显示粟特安国本源，自认“姑臧昌松人”，安伽任同州萨保，在今陕西大荔，母杜氏为汉人[7]。其他无墓主信息的

1 山西省考古研究所：《太原隋虞弘墓》，文物出版社，2005年，第88页。

2 刘振东：《论北朝时期无棺葬》，《考古与文物》2014年第5期。

3 王银田、刘俊喜：《大同智家堡北魏墓石椁壁画》，《文物》2001年第7期。

4 山西省考古研究所、大同市考古研究所：《大同市北魏宋绍祖墓发掘简报》，《文物》2001年第7期。

5 刘振东、山本中尚统计有34座石床，其中14座没有围屏，有的属于石尸床。

6 西安市文物保护考古所：《西安北周康业墓发掘简报》，《文物》2008年第6期。

7 陕西省考古研究所：《西安北郊北周安伽墓发掘简报》，《考古与文物》2000年第6期。

15座中，有7座雕刻孝子图案，4座刻风俗画，1座刻菩萨和天王等佛教题材，只有3座刻胡人风格和祆教相关内容，分别为日本美秀美术馆藏、法国吉美美术馆藏、中国甘肃天水石马坪隋末唐初墓出土。可见围屏石床的使用者以汉人为主，部分粟特人亦用，但并非其专属。

围屏石床形制一般由床腿、床板和三面围屏构成，如陕西西安北郊北周康业墓石床（图2-8）[1]；部分前面带有双阙，如河南安阳固岸东魏谢氏及夫人冯僧晖墓石床为子母阙（图2-9）[2]。比较特殊的是，谢氏夫妇石床的床腿上部四角各装一个铁环，用于插帷帐立柱，说明围屏石床上原设有帷帐。这种做法在北魏平城时期已经出现，大同七里村北魏墓群M1墓室中有一座由柱础、立柱、顶部横木等构成的带前廊的木构建筑框架，建筑主体左右两侧围以木板，其内西侧设木榻，上陈尸体，其余空间和前廊铺木板[3]。从梁木架构

图2-8　西安北郊北周康业墓围屏石床

1　西安市文物保护考古所：《西安北周康业墓发掘简报》，《文物》2008年第6期。
2　河南省文物考古研究所：《河南安阳固岸墓地考古发掘收获》，《华夏考古》2009年第3期。
3　大同市考古研究所：《山西大同七里村北魏墓群发掘简报》，《文物》2006年第10期。

图2-9 安阳固岸东魏谢氏及夫人冯僧晖墓围屏石床

看，顶部应有帷帐，包围整座木构框架。同一墓群M37墓室中间有一方形木榻，中间以长条砖台分隔为两部分，分别陈设尸骨。墓内发现雕有覆莲蟠龙的石帐础，显示木榻上亦设置帷帐。这些围屏石床、木榻、木建筑框架均不用棺，而是直接陈尸于上。但上面悬挂的帷帐却将床榻与尸体包围起来，营造出封闭的空间，起到类似棺椁的保护作用。

北魏至隋唐房形石椁和围屏石床都应为用棺葬的变化形式，是当时高等级墓葬中较为常见的两类葬具，汉人和粟特人均使用。从墓志记载可知，使用石棺、房形石椁和围屏石床的粟特人包括昭武九姓史、康、安、何等姓氏，志文言及西域月氏或粟特诸国先祖、近祖活动于河西一带，6世纪之后进入中土，他们已加入汉文化体系，攀附黄帝之裔，其使用的各类葬具与汉人无异，仅保留部分本土文化图像，是无棺葬的一种变体。

北魏尸床葬是无棺葬之一种，体现了特殊的丧葬观念，最早出现于北魏平城时期，集中在都城及附近，虽仅有零星墓葬，但在同一墓区中等级较高。迁都洛阳后出现家族墓地，分布地域扩大至平城以外、关中及周边地区，并延续至北朝晚期，以带有生土尸床的小型土洞墓为主。这一分布规律与北朝汉人和鲜卑人的主要活动区域相冲突，但时空转移与北朝统治的变化一致。由此判断：尸床葬属于非汉人和非鲜卑人且人数较少的一类人群，为北朝时期的外来文化。

尸床葬使用尸床而不用棺、多人合葬中出现叠葬、墓中出土砖志反映的墓主姓氏和相关信息、墓主头向、墓葬中图像内容、随葬西域货币等特征，都将尸床葬的来源指向河西。通过与凉土西晋十六国墓葬的对比，判断北魏的尸床葬与河西的尸床尸罩组合墓具有一定的同源性，其均见于西域更早的墓葬中。从文献和粟特人墓志所载，推测尸床葬属于早期流入河西已经定居并汉化到一定程度的粟特人，以及后来往来西域和中土的粟特人，可能也有原居于祁连山一带汉化日久的土著月氏人，其墓葬文化有一定共性并存在演变关系。他们在魏晋十六国期间与汉、氐、羌人杂居，融合多种文化因素，或攀附河西著姓，或溯源西域王国。北魏灭西凉，部分东迁至平城，迁洛之后在北魏疆域内分散，并延续至北魏晚期，但仍保留尸床葬俗。

随着汉化深入，内迁尸床葬墓主后裔接受汉人用棺传统，其中等级较高者使用石棺椁、围屏石床等葬具，有的雕刻祆教等粟特图像，原来的尸床葬俗消失，尸床演变为棺床。但在河西周边地区，尸床葬至少沿用到唐代，宁夏和新疆吐鲁番等地均发现有尸床葬。

墓葬材料显示北魏尸床葬出现的时间与使用人群相对集中，来源及流传路径较为清晰，在北方多元文化融合进程中具有典型性，对于判断北魏时期部分墓葬属性、解析文化因素、探讨社会结构具有重要价值。

第三节 北魏北部边镇墓葬汉化滞后性

北魏的北部边镇主要指今内蒙古中南部沿阴山东西分布的狭长区域，考古发掘墓葬早期为盛乐时期，其来源与大兴安岭西侧呼伦贝尔，南至辽宁朝阳、内蒙古赤峰、内蒙古中南部等鲜卑墓葬之间有密切关系。北魏迁都平城之后，该地区设置六镇，其墓葬从平城时期延续至洛阳时期，但因材料有限，难以确切区分，故统称为六镇时期。从盛乐至六镇时期，墓葬整体保留较多不同文化因素及自身特点，呈现出汉化迟滞现象[1]，研究该区域墓葬对探讨边镇民众的民族属性具有重要的参照意义。

一、边镇墓葬概况

拓跋鲜卑的势力发展，一般认为从其始祖神元皇帝拓跋力微迁至盛乐开始，据文献记载，力微“控弦上马二十余万”“三十九年，迁于定襄之盛乐。夏四月，祭天，诸部君长皆来助祭”。同时与魏和亲，“四十二年，遣子文帝如魏，且观风土。魏景元二年也”[2]。由魏景元二年（261年）可以推断出拓跋力微迁至盛乐时间为258年，之后拓跋鲜卑与魏晋联系密切，自身虽仍为部落联盟形式，但势力不断壮大，并修筑城池。至338年，拓跋什翼犍在盛乐建立大代，年号为建国元年。太祖道武帝拓跋珪于登国元年（386年）“夏四月，改称魏王”，天兴元年（398年）“秋七月，迁都平城，始营宫室，建宗庙，立社稷”[3]。

拓跋鲜卑在盛乐活动了约140年，并留下了一些遗存，尤其以墓葬为

1　该部分内容后以论文形式发表，刘连香：《北魏六镇墓葬汉化迟滞因素的考古学解析》，《中华民族共同体研究》2023年第3期。

2　（北齐）魏收：《魏书》卷一《帝纪·序纪》，中华书局，1974年，第3、4页。

3　（北齐）魏收：《魏书》卷二《太祖纪》，中华书局，1974年，第20、33页。

典型。目前所见属于盛乐时期的墓葬主要见于以下地区：包头阿善沟门墓地BAM1、BAM2[1]，包头固阳县蒙古族学校北魏墓群7座[2]，包头刘二圪梁BLM2[3]；呼和浩特宝贝梁墓1座[4]、美岱村北魏墓1座[5]，和林格尔县另皮窑村北魏墓1座[6]，西沟子村北魏墓M1、M2[7]；乌兰察布兴和县叭沟墓地M1、M2、M3[8]。

北魏太祖道武帝天兴元年（398年），将国都由盛乐迁至平城。为了加强周边防御，北魏在东北、北方、河东、关陇、南方等广大区域设置军镇以戍守，最多达93个，其后大部分军镇改为州[9]。但北部漠南一带的军镇一直保留，其中以沃野、怀朔、武川、抚冥、柔玄、怀荒最著，故称六镇[10]。六镇的设置顺序与名称前后有所变化，目前基本形成共识："六镇的布列，西起今内蒙古自治区巴彦淖尔市，东至河北省张北县，除最西端的沃野镇所处略偏南外，其余都东西一线分布在阴山山脉以北的北魏长城沿线的南侧。"[11]六镇所辖范围是以盛乐为中心的拓跋鲜卑帝国兴起之地，随着北魏势力的强

1　张海斌：《包头市鲜卑墓葬》，《内蒙古地区鲜卑墓葬的发现与研究》，科学出版社，2004年，第189—191页。

2　包头市文物管理处：《包头固阳县发现北魏墓群》，《考古》1987年第1期。

3　张海斌：《包头市鲜卑墓葬》，《内蒙古地区鲜卑墓葬的发现与研究》，科学出版社，2004年，第191—194页。

4　李逸友：《内蒙古土默特旗出土的汉代铜器》，《考古通讯》1956年第2期；李逸友：《关于内蒙古土默特旗出土文物情况的补正》，《考古通讯》1957年第1期；宿白：《盛乐、平城一带的拓跋鲜卑——北魏遗迹——鲜卑遗迹辑录之二》，《文物》1977年第11期。

5　内蒙古文物工作队：《内蒙古呼和浩特美岱村北魏墓》，《考古》1962年第2期。

6　内蒙古自治区博物馆、和林格尔县文化馆：《和林格尔县另皮窑村北魏墓出土的金器》，《草原文物》1984年第1期。

7　倪润安：《北魏盛乐时代至平城时代墓葬的发现与研究》，《文物世界》2009年第6期。

8　乌兰察布盟文物工作站：《内蒙古兴和县叭沟村鲜卑时期墓葬》，《考古》1993年第3期。

9　严耕望：《中国地方行政制度史：魏晋南北朝地方行政制度》（下）之《北魏军镇废置表》，上海古籍出版社，2007年，第753—762页。

10　内蒙古自治区文化厅（文物局）、内蒙古自治区文物考古研究所：《内蒙古自治区长城资源调查报告（北魏长城卷）》，文物出版社，2014年，第91—118页。

11　魏坚、郝园林：《北魏六镇军政地位的考古学观察》，《河北师范大学学报》（哲学社会科学版）2020年第4期。

大，太和十七年（493年）魏孝文帝再次迁都洛阳，统治中心的转移导致六镇地位大大下降，北魏随之推行的汉化改革亦未波及六镇，甚至有人认为六镇是鲜卑化的特殊集团，并以“六镇鲜卑”称之[1]。因而，与北魏统治区域大部分墓葬体现出明显统一的汉文化因素相比，六镇墓葬与洛阳、平城墓葬有很大差别，保留多元民族特点。北魏末年六镇的反叛起义，对北朝历史产生巨大影响，学者们对此高度重视，并由此产生了对其民族属性的巨大争议。陈寅恪曾强调以文化划分民族属性，并以魏晋南北朝时期的民族为例，不同民族划分都是以文化为依据，而不是以血统作为标准。这些其他非汉民族接受了汉文化之后，有的直接被称为“汉人”，有些则带有贬义，如“汉儿”“杂汉”等。与此对应，如果是中原血统的汉人，却接受了其他民族的文化，被他们同化，也被看作是其同化的民族[2]。受其影响，部分学者探讨北魏六镇因其特殊军镇管理制度导致的汉化迟滞现象时，直接称六镇地区民众为六镇鲜卑，“一般认为，六镇鲜卑在民族性上是一个鲜卑化的集团，从孝文帝迁都洛阳推行汉化之后，鲜卑人和汉人并非根据民族来划分，而是根据汉化还是鲜卑化来划分”[3]。

六镇是北魏的北疆防线，因北魏末年六镇起义对北朝至隋唐社会格局产生重大影响而备受关注。前人对于六镇的研究，主要集中于历史范畴，中外许多知名学者以历史文献为依据，探讨六镇设置及历史、军镇管理、六镇政治经济、六镇起义、六镇民族属性、群体心态等相关内容[4]。考古学者目前主

1　张国安：《试论六镇鲜卑的民族融合》，《河南师范大学学报》（哲学社会科学版）1990年第1期；孔毅：《北朝后期六镇鲜卑群体心态的演变》，《重庆师范学报》（哲学社会科学版）1999年第2期等。

2　陈寅恪著，万绳楠整理：《陈寅恪魏晋南北朝史演讲录》，黄山书社，2000年，第292页。

3　张国安：《试论六镇鲜卑的民族融合》，《河南师范大学学报》（哲学社会科学版）1990年第1期。

4　宁侠：《北魏六镇研究概述》，《北魏六镇学术研讨会论文集》，内蒙古人民出版社，2015年，第75—80页。

要关注六镇城戍与长城的防御功能[1]，对于六镇边民墓葬，以发掘或调查材料的公布为主，偶有探讨北魏墓葬时略涉及盛乐地区[2]，内容简单，尚未进行综合研究。由于丧葬一般是血缘至亲参与的行为，尤其墓葬的地下部分，更多保留其固有文化特征，北魏“太和以前，国之丧葬祠礼，非十族不得与也”[3]。六镇地区因远离国都，普通边地镇民墓葬受政治、制度等影响较小，规制因素弱，因而，六镇墓葬对于当时文化、观念等方面的投射和反映更加客观，其保留了不同人群自身的习俗及相互融合与影响，对墓葬文化因素进行分析，或可更加接近历史的真实。

目前发现属于六镇时期的墓葬[4]共有14处45座，分别是包头4处4座：刘二圪梁墓地BLM1、吴家圪旦墓、固阳县白灵淖乡补卜代墓、廉凉州妻姚齐姬墓；呼和浩特6处13座：呼和浩特市大学路北魏墓、呼和浩特市玉泉区沙梁子北魏墓、和林格尔榆树梁壁画墓、和林格尔鸡鸣驿村东北砖室墓、和林格尔鸡鸣驿墓葬7座、土默特左旗国营苗圃墓地2座；另外远离盛乐地区的墓葬位于乌兰察布和锡林郭勒，前者有3处23座：察右前旗呼和乌素墓地2座、察右中旗七郎山墓地20座、四子王旗麻黄洼墓地；后者为北魏长城以北锡林郭勒盟伊和淖尔1处5座墓地等。

1　魏坚：《北魏六镇城址的调查与初步研究》，《庆贺徐光冀先生八十华诞论文集》，科学出版社，2015年，第456—471页；周杨：《北魏六镇防线的空间分析》，《中国国家博物馆馆刊》2017年第12期。

2　刘中伟：《从北魏王朝核心区域墓葬看拓跋鲜卑的汉化过程》，《南都学坛》（人文社会科学学报）2015年第4期。

3　（北齐）魏收：《魏书》卷一一三《官氏志》，中华书局，1974年，第3005页。

4　六镇墓葬判定，主要是在内蒙古中南部墓葬发掘简报的基础上参考相关学者的研究成果，如：乔梁、杨晶：《早期拓跋鲜卑遗存试析》，《内蒙古文物考古》2003年第2期；魏坚：《内蒙古地区鲜卑墓葬的发现与研究》，科学出版社，2004年；韦正：《鲜卑墓葬研究》，《考古学报》2009年第3期等。

二、墓葬形制

墓葬形制主要包括地面遗存、墓葬方向、墓圹构筑方式、葬具四个方面。

（一）地面遗存

北魏边镇墓葬中，大部分地面迹象无存，盛乐时期目前未见一处，六镇时期少见的地面遗存反映了不同民族的墓葬特征。如在内蒙古乌兰察布察右中旗七郎山墓地6座偏洞室墓（土坑侧穴墓）地面发现堆石，其中2座分别放置1件陶器：ZQM12墓葬开口北侧8厘米处放置陶壶1件，旁边为一不规则大石块；ZQM15原地面放置陶罐1件，上面压一大块三角形青石。ZQM13、ZQM18在墓葬竖穴开口线以上的表土中发现大量不规则石块；ZQM16、ZQM17均在墓穴开口附近规整排列4块或2块青石，墓葬填土中也有大量石块[1]。以上墓葬的地表陶器和石块均是人为有意堆放，陶壶、陶罐是鲜卑墓葬中的典型随葬陶器，在竖穴偏洞室墓的地面设置石块，应是作为墓葬标志。以石块标识墓葬位置也见于其他墓地，如甘肃敦煌祁家湾西晋十六国墓中，家族墓地的茔圈山门前用砾石堆砌出“神道”[2]。“墓葬地表以石块为主堆成圆形或方形封丘在匈奴墓中较为常见。”[3]墓葬之上放置陶器在辽宁朝阳北魏墓中亦曾出现，1984年在朝阳市区南部的南大沟清理了一座石椁墓，墓葬方向为东偏南6°，用不规则变质砂岩石块砌筑前宽后窄的石椁，绿砂岩石板为盖，内有头大尾小的木棺。在封顶石上东北角放置1件小陶罐[4]。

1　王新宇、魏坚：《察右中旗七郎山墓地》，《内蒙古地区鲜卑墓葬的发现与研究》，科学出版社，2004年，第123—183页。

2　戴春阳、张珑：《敦煌祁家湾——西晋十六国墓葬发掘报告》，文物出版社，1994年，第8页。

3　单月英：《匈奴墓葬研究》，《考古学报》2009年第1期。

4　辽宁省文物考古研究所、朝阳市博物馆：《朝阳市发现的几座北魏墓》，《辽海文物学刊》1995年第1期。

（二）墓葬方向

目前所见盛乐时期墓葬18座，其中乌兰察布兴和县叭沟村M3、呼和浩特宝贝梁北魏墓、和林格尔另皮窖村北魏墓、和林格尔西沟子M2这4座墓葬方向不知，其余墓葬方向分别为：包头阿善沟门墓地BAM1为227°，BAM2为285°；包头固阳县蒙古学校墓6座朝西偏北，M1为320°；包头刘二圪梁BLM2为17°；呼和浩特美岱村墓为西向；乌兰察布兴和县叭沟村M1为北向，M2为340°；和林格尔西沟子M1为275°。

六镇时期45座，除了和林格尔鸡鸣驿7座墓葬方向不详外，其他墓葬方向分别为：包头刘二圪梁BLM1为180°，吴家圪旦M1为5°，固阳县白灵淖乡补卜代墓南向，廉凉州妻姚齐姬墓为120°；呼和浩特市大学路墓葬方向为南偏西10°，和林格尔榆树梁壁画墓为东向[1]，和林格尔鸡鸣驿1座墓为165°；土默特左旗国营苗圃墓地M1为165°，M2为南向；乌兰察布呼和乌素QHM17为354°，M18为182°，但其北部砌筑尸床，墓主可能头向西；四子王旗麻黄洼朝向西北，墓室右壁砖砌棺床，墓主头向应与墓葬方向一致；察右中旗七郎山20座墓以北向为主，头向北，有18座为25°—350°，大部分竖穴与侧穴方向一致，个别略相差4°—8°，如ZQM13、ZQM17、ZQM18、ZQM20等，ZQM19为北偏东，竖穴为48°、侧穴为36°，只有ZQM7为南向197°，但墓主头向与墓道相反，朝北；锡林郭勒盟伊和淖尔5座墓葬中，M1为20°，M2为20°，M3为8°，M5为213°，M6为235°，与察右中旗七郎山ZQM7类似，M5、M6木棺中墓主头向东北[2]，与墓道方向相反。

以上显示，边镇时期墓葬方向仍以北向为主，共有31座，部分偏东北或

1　由中国人民大学历史学院王晓琨帮助，询问得知，特此致谢！

2　宋国栋、庄永兴：《内蒙古正镶白旗伊和淖尔墓群再次发现北魏贵族墓》，《中国文物报》2015年3月13日第8版。

西北，或墓道朝西南，而头向东北。其次为盛乐时期的西向，共10座，其余东向1座，东南向1座，墓葬方向朝南或接近南向者（165°、197°）有8座，其中包括1座墓葬方向朝南而头向朝北，在墓葬方向明确的51座墓葬中占比不到16%。边镇墓葬方向的多样性反映其保留了更多早期特征，以包头刘二圪梁的BLM1、BLM2为例，两墓相距仅百米，都是砖室，但方向和形制完全不同，M2为单室梯形砖墓，墓葬方向为17°，无棺，与呼和浩特美岱村墓类似[1]，时代早至盛乐时期。M1为带斜坡墓道的弧边方形砖墓，墓葬方向为180°，属于六镇时期。六镇墓向与平城地区对比，“平城地区的墓向以西向和南向为主，早、晚阶段还有此消彼长的变化过程”[2]。二者的墓葬方向存在较大差异，边镇墓以北向最多，其次为西向，南向较少，说明边镇地区一部分保留早期鲜卑墓葬特点，另一部分则体现不同其他民族的墓葬因素。

（三）墓圹构筑方式

边镇墓葬的墓圹构筑材料分为土圹和砖室两种类型，根据墓葬形制区分，土圹墓包括土坑侧穴墓、土坑竖穴墓道单室土洞墓、斜坡墓道单室土洞墓，砖室墓分为竖穴墓道梯形墓、长斜坡墓道方形墓。63座墓葬中，有54座墓圹信息清晰，其中土圹37座，砖室17座。

1. 土圹墓

根据墓室与墓道的结构与方向，又分为以下四种：

第一种，竖穴土坑墓，为最简单的墓葬形制，在地面向下开挖出长方形或长梯形墓穴，直接埋葬或下棺。边镇所见的包头阿善沟门BAM2残，墓坑宽0.49米。包头固阳县蒙古学校有5座，清理的M1、M2均带有竖穴土坑阶梯

1　内蒙古文物工作队：《内蒙古呼和浩特美岱村北魏墓》，《考古》1962年第2期。

2　倪润安：《北魏平城时代平城墓葬的文化转型》，《考古学报》2014年第1期。

墓道，M1墓坑两边有二层台[1]。乌兰察布兴和县叭沟村M1、M2均无墓道。

第二种，土坑侧穴墓，也称为偏洞室墓，即在地面向下挖出长方形或长梯形土坑，然后在长边的一侧向内掏挖弧顶近长方形或长梯形洞室，墓主葬于洞室，洞口以石块等封堵（图2-10）[2]。仅见于察右中旗七郎山墓地，共18座，土坑和侧穴均长1.65—2.97、宽0.5—1.46米，部分呈头宽足窄的梯形。

第三种，竖穴墓道单室土洞墓，在地面挖出长方形竖穴墓道，之后在短

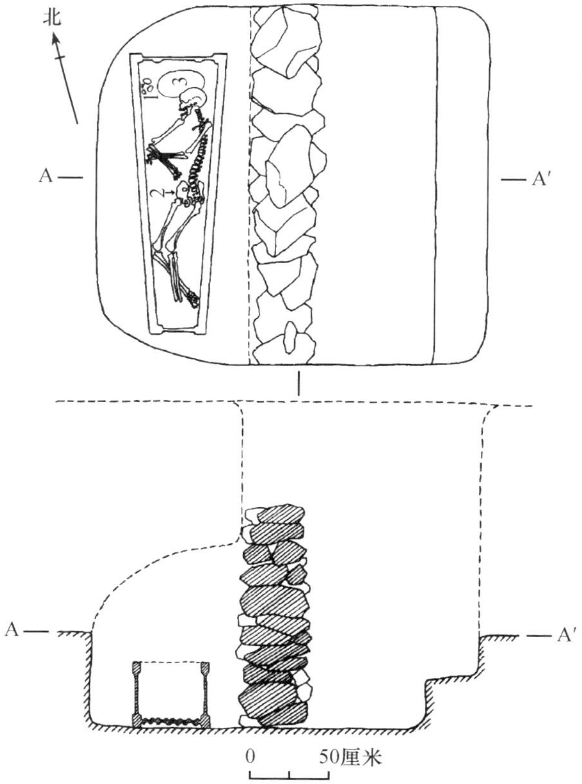

图2-10 察右中旗七郎山ZQM12土坑侧穴墓

1 包头市文物管理处：《包头固阳县发现北魏墓群》，《考古》1987年第1期。

2 王新宇、魏坚：《察右中旗七郎山墓地》，《内蒙古地区鲜卑墓葬的发现与研究》，科学出版社，2004年，第127页，图四。

边向内掏挖出顺向洞室。推测包头阿善沟门BAM1和林格尔西沟子M1、M2可能属于该种形制，能够确认的仅见乌兰察布呼和乌素QHM17（图2-11），墓道长1.98、宽0.9—0.93、深2.1米，墓门用砖封堵，墓室长方形，长1.9、宽0.93、高0.56—0.7米[1]。

第四种，斜坡墓道单室土洞墓，墓道的底部从墓道口开始向墓室处呈斜坡状，越往下越深，在墓道的短边向内掏挖墓室。察右中旗七郎山ZQM6、

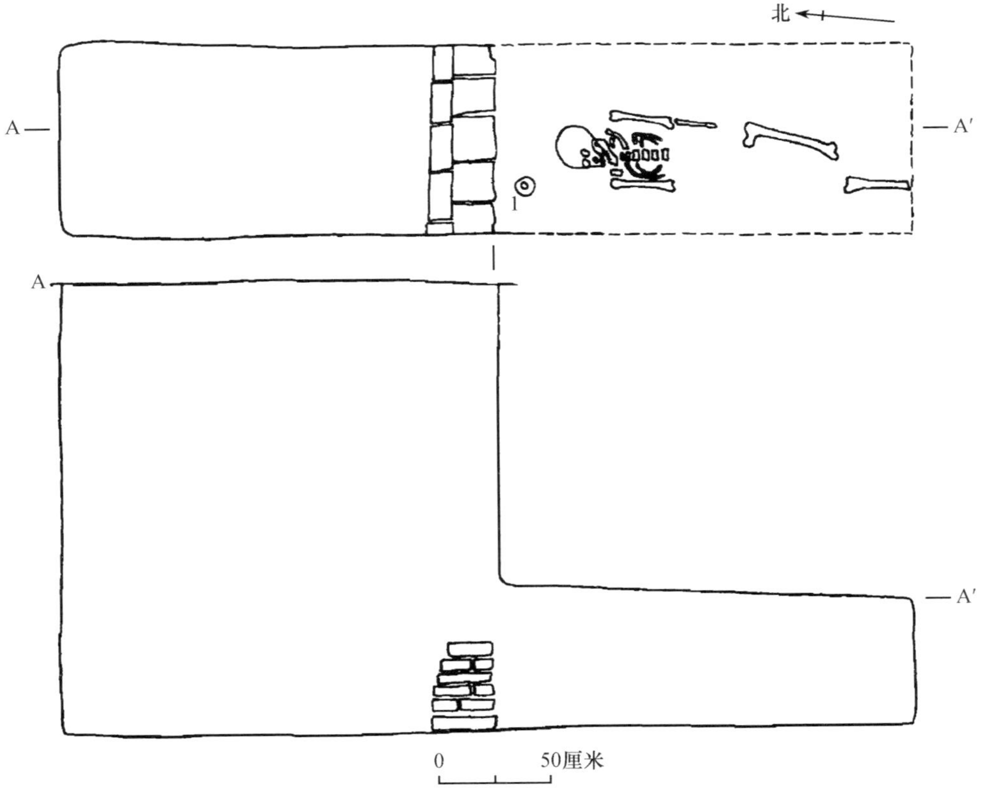

图2-11 乌兰察布呼和乌素QHM17竖穴墓道土洞墓

（图中数字表示墓葬随葬品）

1 曹建恩、魏坚：《察右前旗呼和乌素墓葬》，《内蒙古地区鲜卑墓葬的发现与研究》，科学出版社，2004年，第184—188页。

ZQM7，锡林郭勒盟伊和淖尔5座，即M1、M2、M3、M5、M6均为此类型。

墓道平面有狭长梯形和长方形，锡林郭勒盟伊和淖尔的墓道开口较宽，向下变窄，横截面呈倒梯形。其中M3墓道最长，达23米，上口宽4米，最深9.6米[1]。M3、M6墓道两侧分别有宽0.45和0.6米的台阶踏道[2]。

墓室近梯形或长方形，察右中旗七郎山ZQM6、ZQM7洞室略为拱顶，自洞口向内逐渐低窄，ZQM6底面为斜坡状，洞口宽1.37、高1.3米，墓室斜长2.6、最高1.55米，最深处宽0.85、高0.5米[3]。锡林郭勒盟伊和淖尔M5面积最大，长3.7、宽3.3米[4]。

2. 砖室墓

即墓室用砖砌筑，规模普遍大于土洞墓，边镇砖室墓信息可查17座，以包头、呼和浩特、和林格尔较为集中。部分早年发掘的墓葬对墓道相关信息记载不详，如包头固阳县蒙古学校2座，为长方形单室券顶合葬墓，呼和浩特宝贝梁1座，形制不明。根据现有材料中墓道和墓室形状，分为两种类型。

第一种，竖穴墓道或无墓道梯形砖室墓，无墓门，墓室规模较小，仅容木棺或无棺，呈头宽足窄的梯形。呼和浩特美岱村墓券顶，包头刘二圪梁BLM2[5]可能为木板顶，已朽。

第二种，带长斜坡墓道，墓室为四角攒尖顶。大部分砖室墓属于此类，如包头姚齐姬墓、刘二圪梁BLM1、吴家圪旦仅清理了BWM1、固原白灵淖

1　内蒙古自治区文物考古研究所：《考古发掘见证古代草原丝绸之路——伊和淖尔墓群考古发掘纪实》，《中国文物报》2015年6月12日第22版。

2　内蒙古自治区文物考古研究所：《2014年内蒙古自治区文物考古研究所考古发现综述》，《草原文物》2015年第1期。

3　王新宇、魏坚：《察右中旗七郎山墓地》，《内蒙古地区鲜卑墓葬的发现与研究》，科学出版社，2004年，第133页。

4　内蒙古自治区文物考古研究所：《考古发掘见证古代草原丝绸之路——伊和淖尔墓群考古发掘纪实》，《中国文物报》2015年6月12日第22版。

5　张海斌：《包头市鲜卑墓葬》，《内蒙古地区鲜卑墓葬的发现与研究》，科学出版社，2004年，第193页。

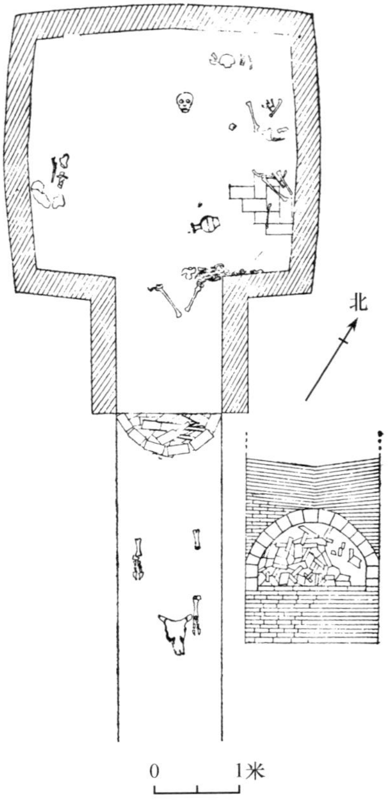

图2-12　北魏姚齐姬墓平面图

乡补卜代墓地BBM1；呼和浩特大学路北魏墓，土默特左旗国营苗圃北魏墓M1、M2，和林格尔鸡鸣驿2010年发掘1座砖室墓，2012年发掘7座墓中至少1座是砖室，和林格尔榆树梁壁画墓；乌兰察布呼和乌素QHM18，四子王旗麻黄洼北魏墓。其中姚齐姬墓出土墓铭砖，有太和二十三年的明确纪年，对其他砖室墓的年代判定具有标杆作用。

边镇长斜坡墓道砖室墓与其他地方类似，一般由墓道、墓门、甬道、墓室四部分构成，墓室多为弧边方形，穹隆顶或四角攒尖顶。以包头姚齐姬墓最为典型（图2-12），墓道长10.8米，墓门券顶，在甬道之外，墓室呈弧边方形，边长3.08、残高2.64米[1]。呼和浩特大学路北魏墓面积最小，南北长2、东西宽1.94、高2.49米[2]。

包头吴家圪旦为一处范围甚广的墓地，暴露的墓葬多为砖室墓，在当地征集到大量侧面印有忍冬纹、莲花纹、绞索纹、“S”形纹、米格纹、菱格纹、树冠形纹等纹饰的花纹砖，还有带“兴”“十”“元”“车”等字的文字砖[3]。包头固原白灵淖乡补卜代墓地也发现大量长方形花纹砖，与其他砌墓砖类似，一般长30、宽14、厚3.5厘米，一面网格纹，另一面素面，也有个别边长约25厘米的三角砖。呼和浩特大学路北魏砖室墓的花纹砖主要见于墓门

1　郑隆：《内蒙古包头市北魏姚齐姬墓》，《文物》1988年第9期。
2　郭素新：《内蒙古呼和浩特北魏墓》，《文物》1977年第5期。
3　张海斌：《包头市鲜卑墓葬》，《内蒙古地区鲜卑墓葬的发现与研究》，科学出版社，2004年，第194—199页。

券顶，有两排忍冬纹砖和侧立的莲花纹砖，棺床侧面上部有一排侧立莲花纹砖，其上平铺一层波纹砖。姚齐姬墓铭砖出土于墓门上的填土中，砖背面压印粗绳纹，正面阴刻“廉凉州妻姚齐姬墓，太和廿三年岁次己卯七月廿八日记”，埋葬于太和二十三年（499年），已是魏孝文帝实行汉化之后。这种花纹砖在平城部分砖室墓中较为常见。

比较特殊的是，和林格尔榆树梁壁画墓包括前后室，全长22.6米，分两次修建，后室较早，5平方米，四角攒尖顶；前室弧边方形，边长4.6米[1]。

（四）葬具

边镇墓葬绝大部分破坏严重，仅少数保留葬具痕迹，主要分为三种类型。

1. 木棺和棺床组合

在砖室墓的右壁或后壁砌筑棺床，其上放木棺。六镇有4座：呼和浩特大学路北魏墓，墓室西侧砌棺床，南北与墓室等长，为2米，宽0.62—0.77米，高0.4米。棺床侧面上部侧立一排莲花纹砖，再上横放一排波纹砖。棺床上发现有铁棺钉、棺木朽灰及漆皮等，为男女合葬[2]。呼和浩特土默特旗苗圃墓地砖室墓M1、M2均在墓室北壁砖砌棺床。M1棺床与墓室等长，高0.3米[3]。乌兰察布四子王旗麻黄洼墓室右壁砖砌棺床，宽1.2、高0.26米，其上木棺已毁[4]。此种结构在北魏墓中常见，说明六镇与其他地区同步。

1　王大方：《和林格尔北魏壁画墓》，《草原访古》，内蒙古大学出版社，1999年，第149、150页；王大方：《内蒙古首次发现北魏大型砖室壁画墓》，《中国文物报》1993年11月28日第1版。

2　郭素新：《内蒙古呼和浩特北魏墓》，《文物》1977年第5期。

3　内蒙古文物考古研究所：《土默特左旗国营苗圃北魏墓清理报告》，《内蒙古文物考古》2008年第1期。

4　内蒙古自治区文物考古研究所：《2014年内蒙古自治区文物考古研究所考古发现综述》，《草原文物》2015年第1期。

2. 尸床

与棺床构筑类似，墓主直接被放置其上，不用木棺，属于无棺葬的一种。边镇仅见乌兰察布呼和乌素QHM18，墓南向，在墓室北部砌筑尸床，长2.46、宽1.1、高0.36米，边缘突出10厘米[1]。距离边镇较近的河套鄂尔多斯巴图湾水库北魏墓的M14、M15为砖砌尸床，或可推测尸床使用人群由西向东迁徙。

3. 石棺或木棺

这是最常见的葬具，和林格尔鸡鸣驿一座砖室墓内有石棺，其他有梯形木棺，方向和尺寸不详[2]。边镇墓葬中保存较好且形制典型的有两类木棺。

第一类，北魏常见的头高宽、尾低窄，由多块木板拼镶而成的梯形棺，两侧板前后长于挡板。如包头阿善沟门BAM1，包头固阳县蒙古学校M1，察右中旗七郎山ZQM6、ZQM7、ZQM9、ZQM10、ZQM11、ZQM13、ZQM14，伊和淖尔M1、M2、M6等。此类木棺中部分棺盖呈圭首形，如七郎山ZQM6、ZQM7及伊和淖尔M2，与宁夏固原北魏漆棺[3]、内蒙古鄂尔多斯乌审旗巴图湾水库M12的木棺[4]类似。棺板拼接之间以束腰榫（或称银锭榫）固定，在河西敦煌祁家湾西晋十六国墓地尸罩[5]、敦煌佛爷庙湾五凉墓[6]、辽宁

1　曹建恩、魏坚：《察右前旗呼和乌素墓葬》，《内蒙古地区鲜卑墓葬的发现与研究》，科学出版社，2004年，第184—188页。

2　内蒙古自治区文物考古研究所：《2012年内蒙古自治区文物考古研究所考古发现综述》，《草原文物》2013年第1期。

3　固原县文物工作站：《宁夏固原北魏墓清理简报》，《文物》1984年第6期。

4　陆思贤：《巴图湾水库区的古墓》，《内蒙古文物考古》1981年创刊号。

5　戴春阳、张珑：《敦煌祁家湾——西晋十六国墓葬发掘报告》，文物出版社，1994年，第14页。

6　甘肃省敦煌县博物馆：《敦煌佛爷庙湾五凉时期墓葬发掘简报》，《文物》1983年第10期。

北票北燕冯素弗墓[1]、山西大同迎宾大道北魏墓[2]等木棺上均能见到该形制[3]，这种榫卯往往还与子母榫、铁钉等一起使用，部分棺外饰铜铺首、铜泡钉及铁质棺环等。七郎山ZQM7棺侧板上开窗造型与固原漆棺类似，到北魏晚期迁洛之后的洛阳元谧石棺的线刻图像仍保留该造型。ZQM7棺座之下前后各有1个辊轮，两端以榫头插入侧板的卯眼（图2-13）[4]，或来自更早的垫木，

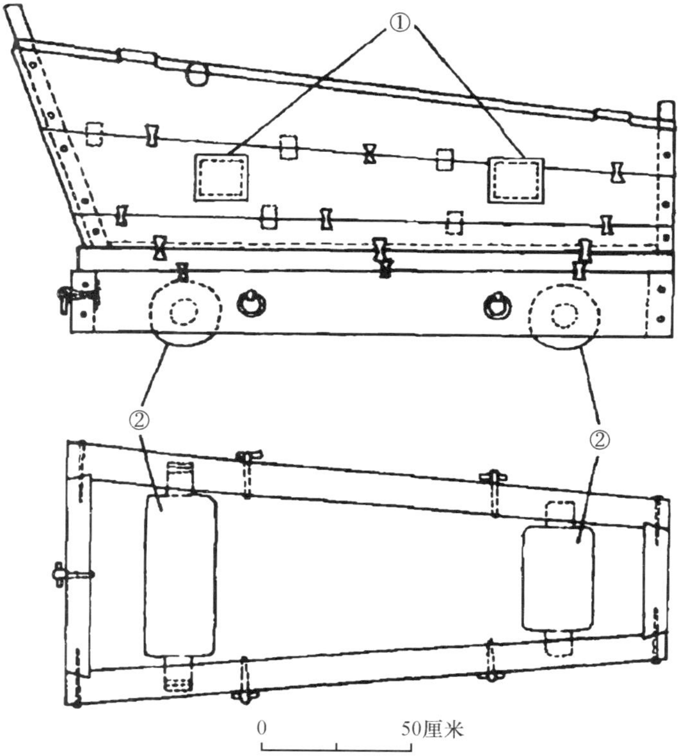

图2-13　察右中旗七郎山ZQM7木棺
①侧板假窗　②棺底下辊轮

1　黎瑶渤：《辽宁北票县西官营子北燕冯素弗墓》，《文物》1973年第3期。

2　大同市考古研究所：《山西大同迎宾大道北魏墓群》，《文物》2006年第10期。

3　内蒙古自治区文物考古研究所、锡林郭勒盟文物保护管理站、正镶白旗文物管理所：《正镶白旗伊和淖尔墓群M2发掘简报》，《草原文物》2016年第1期。

4　王新宇、魏坚：《察右中旗七郎山墓地》，《内蒙古地区鲜卑墓葬的发现与研究》，科学出版社，2004年，第139页，图一四。

宁夏贺兰县李家套子墓地一椁三棺，椁底用木板平铺，其下两端各有一根纵向圆木支垫[1]。诺音乌拉M1的木棺下也是前后各一根垫木，冯素弗墓棺下垫木为“井”字形。北魏时期部分墓葬，如宁夏固原北魏漆棺下仍设垫木。使用辊轮的木棺还见于巴图湾水库M12，砖室墓中有一具梯形棺，为夫妻合葬，女左男右，尸骨身下和两侧以木柴填实，其下为棺座，座框前后各以木轴连接两个木轮，推测用于下棺[2]。山西大同元淑墓的木棺侧板和前后挡板着地，底板悬空，其下前后各有一辊轮以榫卯插入侧板，并在侧板外以铁钉固定[3]。

第二类，以4根立柱和侧横梁为基本框架，在相应位置凿出凹榫，间以薄木板镶插组合而成的梯形棺（图2-14）[4]。乌兰察布兴和县叭沟村M1的所谓木椁是由立柱和插板组合而成的，实为无底棺[5]。察右中旗七郎山有7副：ZQM2、ZQM8、ZQM16、ZQM17、ZQM18、ZQM19、ZQM20。棺体框架的4根竖直立柱下端长于棺的底部，用于插入或埋入墓底生土中。框架之间镶插木板作为棺的四壁，棺板薄者仅约1.7厘米。M2棺底以6根横栏与侧梁相连，使用榫卯或木钉固定，横栏之间纵向以树枝上下编成。该种木棺在扎赉诺尔墓群中有多副，以没有去皮的桦树制作，大部分有盖无底[6]。伊和淖尔M3木棺的前后挡板垂直插入两侧板的榫槽之内[7]，保留了这种插板模式。

以上两种木棺形制差异明显，属于两种不同的文化来源，榫卯拼接的复

1　宁夏文物考古研究所、同心县文管所：《宁夏同心县李家套子匈奴墓清理简报》，《考古与文物》1988年第3期。

2　陆思贤：《巴图湾水库区的古墓》，《内蒙古文物考古》1981年创刊号。

3　大同市博物馆：《大同东郊北魏元淑墓》，《文物》1989年第8期。

4　王新宇、魏坚：《察右中旗七郎山墓地》，《内蒙古地区鲜卑墓葬的发现与研究》，科学出版社，2004年，第128页，图五。

5　乌兰察布盟文物工作站：《内蒙古兴和县叭沟村鲜卑时期墓葬》，《考古》1993年第3期。

6　内蒙古文物工作队：《内蒙古扎赉诺尔古墓群发掘简报》，《考古》1961年第12期。

7　内蒙古自治区文物考古研究所：《考古发掘见证古代草原丝绸之路——伊和淖尔墓群考古发掘纪实》，《中国文物报》2015年6月12日第22版。

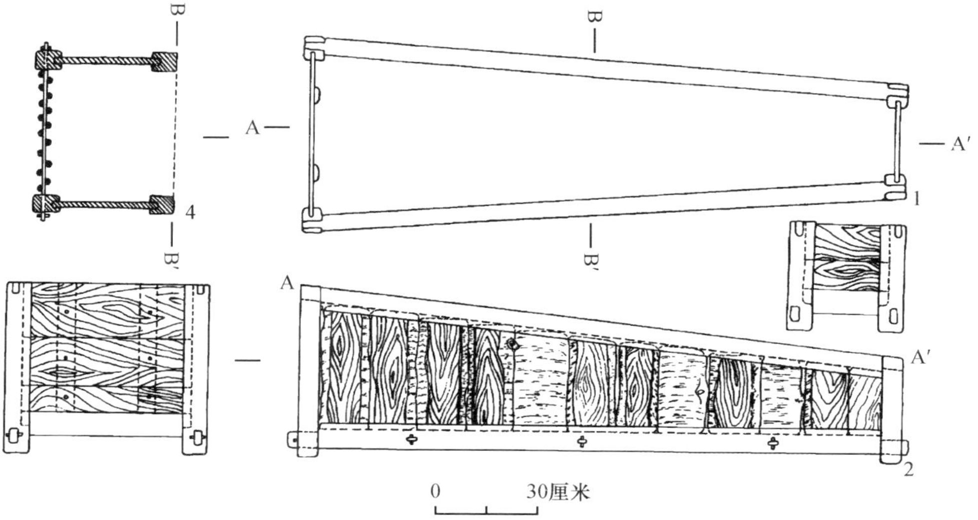

图2-14　察右中旗七郎山ZQM2带立柱插板木棺

杂木棺与十六国时期的汉人墓葬联系密切，而带立柱插板的简单木棺在鲜卑早期墓葬中出现，两者同时在相同墓区使用，说明两种文化已经交汇。两种木棺也有共同之处。首先，棺表面施彩绘，涂彩色或黑色漆，棺外包裹毛毡、皮制品或丝绸。如察右中旗七郎山ZQM2、ZQM6、ZQM8、ZQM18棺外包裹毛毡或皮制品，伊和淖尔M1、M2木棺外髹漆，用一层丝绸包裹[1]，在敦煌佛爷庙湾M1棺外也可见到蓝色丝绸痕迹。这种形式在匈奴墓中亦较常见，如诺音乌拉墓地的两椁一棺大型墓，外椁内壁用毡毯或丝绸装饰，椁底板铺毡毯，内椁内外壁挂各种毡毯或用丝绸装饰，棺外髹漆并用丝绸装饰[2]。大通上孙家寨乙区墓地木棺外髹漆，棺椁用丝绸装饰[3]。其次，察右中旗七郎山的

1　中国人民大学历史学院考古文博系、锡林郭勒盟文物保护管理站、正镶白旗文物管理所：《内蒙古正镶白旗伊和淖尔M1发掘简报》，《文物》2017年第1期；内蒙古自治区文物考古研究所、锡林郭勒盟文物保护管理站、正镶白旗文物管理所：《正镶白旗伊和淖尔墓群M2发掘简报》，《草原文物》2016年第1期。

2　乌恩：《论匈奴考古研究中的几个问题》，《考古学报》1990年第4期。

3　单月英：《匈奴墓葬研究》，《考古学报》2009年第1期。

两种木棺男女均在使用，没有性别差异。榫卯拼接木棺中，除了M9为未成年且性别不详之外，男女木棺数量相等，女性为ZQM6、ZQM7、ZQM11，男性为ZQM10、ZQM13、ZQM14。带立柱插板木棺的墓主女性有5位：ZQM2、ZQM8、ZQM16、ZQM18、ZQM19，男性为ZQM17和ZQM20。男女随机使用任意形式的木棺说明两种木棺在当时都仍然盛行，其中立柱插板木棺保留了鲜卑文化的早期因素。

从墓葬方向、墓圹结构、葬具三方面综合分析，边镇地区靠近盛乐附近墓葬形制与平城时期平城地区墓葬基本接近[1]，偏北及至北魏长城以北地区的墓葬保留更多游牧特征。整体上看，边镇墓葬形制落后于同一时期国都及周边墓葬。

三、葬俗与随葬品

边镇墓葬大部分遭破坏，无法完整反映其文化特征，但残存内容包含的相关信息仍具有重要价值，反映了其不同来源，主要体现于以下几方面。

（一）殉牲及墓内祭奠

边镇墓葬中的殉牲包括两种类型，一种是用整具动物或动物头、蹄代替全牲。伊和淖尔墓葬M5在甬道入口的盗洞中发现牛、马、羊的骨骼，墓室西北角有完整的羊骨、马骨，东北角有铁钩和整羊骨，西南角有羊腿骨[2]。M6墓主胸部左侧有1具动物骨骼[3]。此类以整具动物殉葬的现象曾见于西沟畔墓

1　王雁卿：《北魏平城墓葬发现及其形制研究》，《山西省考古学会论文集》（四），山西人民出版社，2006 年。

2　内蒙古自治区文物考古研究所：《考古发掘见证古代草原丝绸之路——伊和淖尔墓群考古发掘纪实》，《中国文物报》2015年6月12日第22版。

3　内蒙古自治区文物考古研究所：《2014年内蒙古自治区文物考古研究所考古发现综述》，《草原文物》2015年第1期。

地，如M9有2具完整羊骨和1个狗头[1]，普遍认为其属于匈奴文化，时间为汉代。以头蹄代替全牲见于包头廉凉州妻姚齐姬墓：在墓道中发现1个牛头骨和4个蹄骨，牛头朝墓道口，蹄骨按走向摆放，墓道口附近还发现马头碎骨和马腿骨[2]。以牛、马、羊的头、蹄以代表全牲进行殉葬，在早期鲜卑墓葬中较为常见，如满洲里扎赉诺尔、额右旗拉布达林、呼伦贝尔团结墓地等，部分墓葬中有多个殉牲，一般放在棺盖上或头龛中，墓葬年代约为东汉时期[3]。可见，使用完整动物和使用动物头、蹄代替全牲殉葬至少在汉代时已经出现，在北魏时期六镇的部分墓葬中仍延续使用。

另一种是使用动物部分骨骼，其基本变成祭奠用品，和林格尔西沟子村M1，木棺前平铺4块石板，其上有羊腿骨1块[4]。固原白灵淖乡补卜代墓地BBM1的墓内淤土中还发现一些动物骨骼[5]，因墓葬破坏未清理鉴定。和林格尔鸡鸣驿1座砖室墓，墓主头骨上方有1个狗头[6]。察右中旗七郎山ZQM17头骨一侧有羊肩胛骨1块，胸前有羊肢骨1根[7]，肩胛骨上涂红漆，可以肯定不是用于祭祀，而应有其他特殊用途。这种以动物骨骼置于墓中的形式，与辽宁朝阳、北票、锦州以及河南安阳孝民屯发掘的十六国时期慕容鲜卑墓中以牛腿骨等放置于墓葬头龛内类似。在拓跋鲜卑盛乐时期墓葬中也出现过，如和林格尔西沟子村M1棺前有羊腿骨1根[8]。

1　鄂尔多斯文物站、内蒙古文物工作队：《西沟畔汉代匈奴墓地调查记》，《内蒙古文物考古》1981年创刊号。

2　郑隆：《内蒙古包头市北魏姚齐姬墓》，《考古》1988年第9期。

3　韦正：《鲜卑墓葬研究》，《考古学报》2009年第3期。

4　李兴盛：《内蒙古和林格尔西沟子村北魏墓》，《文物》1992年第8期。

5　张海斌：《包头市鲜卑墓葬》，《内蒙古地区鲜卑墓葬的发现与研究》，科学出版社，2004年，第201页。

6　陈永志、李强：《内蒙古和林格尔鸡鸣驿北魏遗址群》，中国考古网，2011年4月20日，网址：http://kaogu.cssn.cn/zwb/xcczlswz/201104/t20110420_3921170.shtml.

7　王新宇、魏坚：《察右中旗七郎山墓地》，《内蒙古地区鲜卑墓葬的发现与研究》，科学出版社，2004年，第128页，图五。

8　李兴盛：《内蒙古和林格尔西沟子村北魏墓》，《文物》1992年第8期。

由以上可见，边镇墓葬的殉牲中以完整动物或动物头、蹄代替全牲在其墓葬中得以保留，反映该地区文化现象的原始性和特殊性。其中殉葬全牲的伊和淖尔M5，在墓道填土中还埋葬1人，位置在距离墓道口深2.15米处，完整人骨，全身用毛毡包裹，仰身直肢，头朝东北，头低足高，随葬有杏叶形铜耳坠和铜牌铃[1]，其没有使用梯形棺，也没有随葬长颈陶壶或带烟炱陶罐，似乎非拓跋鲜卑典型葬俗。姚齐姬墓的墓主信息或可了解相关背景，墓中出土刻铭砖显示墓主为“廉凉州妻姚齐姬”，不排除丈夫为原居于凉州的廉姓汉人，而其妻姚齐姬的姚姓是西羌诸姓中第一大姓[2]，即河西后秦姚苌之属，姚齐姬可能为羌人或汉人。刻铭砖记录墓葬时间为太和二十三年（499年），而孝文帝太和二十年（496年）诏改元姓，但其汉化改革主要体现在国都洛阳等核心区域，且受到各方抵制，六镇边地的鲜卑人彻底改为汉姓的可能性不大。该家族可能是在北魏平河西时被掠，后居于六镇。凉州素为重要牧场：“地广民稀，水草宜牧，故凉州之畜为天下饶。”[3]前凉“永兴中，置汉阳县以守牧地”[4]。五凉时的大量征战马匹，曾均依靠凉州牧场所豢养。北魏“世祖之平统万，定秦陇，以河西水草善，乃以为牧地。畜产滋息，马至二百余万匹，橐驼将半之，牛羊则无数。高祖即位之后，复以河阳为牧场，恒置戎马十万匹，以拟京师军警之备。每岁自河西徙牧于并州，以渐南转，欲其习水土而无死伤也，而河西之牧弥滋矣”[5]。姚齐姬墓中使用牛头、蹄殉葬，很可能是其世居凉州和六镇的牧业方式所决定的，长期以来受到游牧文化影响，保留殉牲这一习俗。六镇墓中使用完整动物，以头、蹄代替全牲，仅用动物部分骨骼等不同形式，体现了不同民族的交往、交流、交融。

---

1 内蒙古自治区文物考古研究所：《考古发掘见证古代草原丝绸之路——伊和淖尔墓群考古发掘纪实》，《中国文物报》2015年6月12日第22版。

2 姚薇元：《北朝胡姓考》，科学出版社，1958年，第319页。

3 （东汉）班固：《汉书》卷二八（下）《地理志（下）》，中华书局，1962年，第1645页。

4 （唐）房玄龄等：《晋书》卷一四《地理志（上）》，中华书局，1974年，第434页。

5 （北齐）魏收：《魏书》卷一一〇《食货志》，中华书局，1974年，第2857页。

（二）随葬品

边镇墓葬随葬品种类整体上与同期其他地区类似，陶器以灰陶长颈壶和罐组合为主，部分墓主随葬金属类、珠玉类装饰品。但六镇墓随葬品保留更多早期文化因素，体现了其区域特征。

1. 演变明显的陶器

陶器是特征较为明显、演变规律可循的器类，对于判断墓葬的相对年代具有重要价值。但六镇因时代较短，墓葬数量有限且破坏严重，难以从陶器的种类和形制确定其发展轨迹。因而，根据陶器的特殊纹饰或可找寻其文化因素归属。

边镇多座墓陶器上有戳刺纹，如包头姚齐姬墓有1件长颈壶，泥质灰陶，肩部和腹部分别有压印的几道弦纹，弦纹之间为压印的水波纹和篦点纹，壶高25.5厘米[1]。呼和浩特大学路砖室墓出土1件轮制盘口陶壶，盘口外施一圈锥刺纹，颈部饰1道凸棱纹，肩部有3道弦纹，上下各有3道波浪纹[2]。察右中旗七郎山M5出土陶壶1件，颈肩相接处及肩腹部饰4组刻划弦纹相间的戳印篦点纹带。这种篦点纹、锥刺纹、戳刺纹，多见于鲜卑早期墓葬的陶罐装饰，乌兰察布兴和县叭沟村88M1出土陶罐，M2出土1件手制陶器带戳刺纹。化德县陈武沟墓葬出土手制陶罐的口沿下及肩部均带戳刺纹[3]。包头九原阿善沟门BAM1出土1件陶罐，夹砂褐陶，略盘口，器表熏黑，沿下及肩部有篦点戳

1　郑隆：《内蒙古包头市北魏姚齐姬墓》，《文物》1988年第9期。

2　郭素新：《内蒙古呼和浩特北魏墓》，《文物》1977年第5期，简报中称其为陶罐。

3　内蒙古自治区文物考古研究所、乌兰察布市博物馆化德县文物管理所、化德县文物管理所：《化德县陈武沟鲜卑墓地发掘简报》，《草原文物》2014 年第1期。

刺纹[1]。北玛尼吐墓群的小口长颈壶同颈部戳印纹饰的大口罐共存[2]。鲜卑墓葬"陶器绝大多数为手制夹砂，以大口的罐为主，流行假圈足和在口沿下按压或戳印纹饰的作风""已知属于立国后的拓跋鲜卑遗存，就陶器而言，口沿下戳印或刻划纹饰的大口罐仍在流行"[3]。边镇墓葬陶器中延续使用该种纹饰，保留更多的鲜卑文化特性（图2-15）。

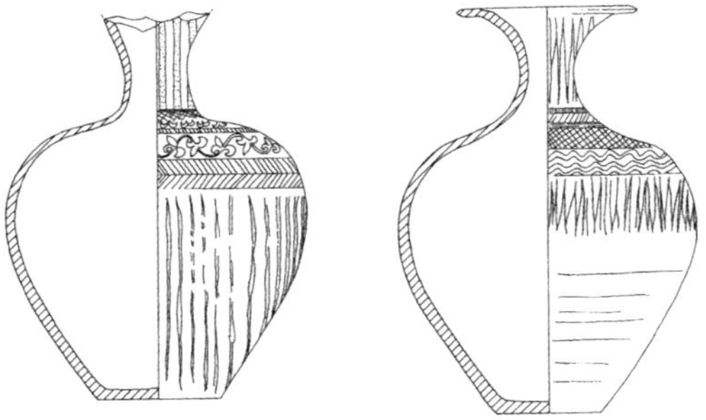

图2-15　六镇墓葬陶器纹饰

边镇墓葬陶器上普遍可见波浪纹、竖向暗纹、网格纹，如包头刘二圪梁BLM2，察右中旗七郎山墓出土陶壶等。有的陶器颈肩腹部带有凸棱，如呼和浩特美岱村墓出土的陶罐和细颈陶壶，均在颈部有一圈凸棱。呼和浩特大学路北魏墓出土盘口罐颈部有凸弦纹，土默特左旗国营苗圃墓地M1陶壶、M2陶罐等均有凸棱。"研光暗纹，以及肩颈之间加凸棱，乃是西汉匈奴陶器的流行装饰手法。"[4]且陶器上竖向暗纹出现较早，横向磨光出现晚[5]。伊和淖尔M2出土1件灰陶罐，平底，束颈，浅盘口，近器底部位有一小圆孔[6]，

1　张海斌：《包头市鲜卑墓葬》，《内蒙古地区鲜卑墓葬的发现与研究》，科学出版社，2004年，第189—191页。

2　钱玉成等：《科右中旗北玛尼吐鲜卑墓群》，《内蒙古文物考古文集》（第一辑），中国大百科出版社，1994年。

3　乔梁、杨晶：《早期拓跋鲜卑遗存试析》，《内蒙古文物考古》2003年第2期。

4　魏坚：《内蒙古地区鲜卑墓葬的发现与研究》，科学出版社，2004年，林沄序。

5　王雁卿、刘贵斌、高峰：《北魏陶器的装饰纹样》，《文物世界》2003年第3期。

6　内蒙古自治区文物考古研究所、锡林郭勒盟文物保护管理站、正镶白旗文物管理所：《正镶白旗伊和淖尔墓群 M2 发掘简报》，《草原文物》2016年第1期。

这一现象在匈奴墓葬中的小口卷沿陶罐中常见，“相当一部分A型陶罐在近底部的器壁上有一直径为1厘米左右的小孔”[1]。以上陶器上的装饰纹样，陶罐近底处钻出小孔，都是匈奴文化的陶器特征，在已经发现的匈奴墓中较为常见。

2. 特定文化因素器类

边镇墓葬其他随葬品比较分散，具有典型性的有以下几例。

包头固阳县蒙古学校的砖室墓中曾出土1柄铁剑，M1墓主左侧腰部位置出土锈蚀在一起的3个铁甲片，上有铁钩，下有穿孔，里面粘有麻布，每片规格长5、宽2.4、厚0.3厘米，应为上衣甲的一部分。该地5座土坑墓中分别出土一定数量的骨弓弭[2]。呼和浩特美岱村墓出土带木鞘的铁剑，鞘外包裹银皮。墓中出土甲胄和铁剑，体现墓主身份应为守边将士，而非牧民。

呼和浩特大学路北魏墓随葬陶俑群，从墓葬为坐北朝南的弧边方形单室砖墓判定时代最早与宋绍祖墓接近，晚至迁洛之后，墓中出土武士俑、男女侍俑、乐舞俑，使用了当时代表身份等级的陶俑组合，同时保留了灶磨、动物俑、牛车等类型，说明墓主在北魏统治体系中的社会地位，也反映了中央王朝对六镇的管理。这些俑群有的为手工捏制，造型朴拙（图2-16）[3]，与鄂尔多斯

图2-16　北魏墓出土手工捏制武士俑

1　单月英：《匈奴墓葬研究》，《考古学报》2009年第1期。

2　包头市文物管理处：《包头固阳县发现北魏墓群》，《考古》1987年第1期。

3　刘亚群：《感悟陶俑》，国际文化出版公司，2006年，第117页。

乌审旗翁滚梁墓彩绘镇墓武士俑、大同市云州区湖东北魏墓群M11陶俑的随意稚拙感类似且略成熟，但与平城司马金龙墓、宋绍祖墓出土大量模制武士俑差异较大，可能继承了当地汉晋墓葬中陶俑传统。乐舞、侍从俑头戴圆顶或“十”字缝线风帽，身穿窄袖曳地长衣，鲜卑服饰特征明显。

察右中旗七郎山墓地随葬品除了长颈壶和陶罐之外，普遍发现铜或铁带扣、带环，铜铁指环、耳环，玻璃珠饰、耳坠等，随葬大量金属等饰品为草原风格的体现。多座墓葬的墓主头下为毡枕，与河西、平城、辽宁朝阳等地使用灰枕有渊源关系。M2随葬桦树皮碗，M18墓主身侧左右各1件皮囊，上压桦树皮残片，皮囊表面缝缀小铜铃，内里的丝织品和钱币与另两座墓所见漆器和残片一样，该墓还出土1件木梳，梳脊和梳柄装饰极小的数行铜乳钉（图2-17）[1]，属于汉文化因素，而皮囊、桦树皮制品主要出现于东部鲜卑。

伊和淖尔墓地5座墓葬中不仅有陶器、釉陶器，还普遍随葬金属器具，珍贵的金器包括耳环、下颌托、项圈、头箍、腰带、戒指、铃、珠等饰件，银器有鎏金錾花人物纹碗，还有大量铜铺首衔环、铜泡钉上有鎏金，铜器有耳杯、泡、三足盘、耳坠、牌铃，还有铁器刀剑、棺环、钉等。其中一墓出土蓝色透明玻璃碗，另有玉石器、珠饰等。上述器物都是工艺精湛、纹饰繁复的华美器具和饰品。同时也随葬木箭竿、骨弓弭、漆碗、漆筒形器、漆象尊、皮袍等。

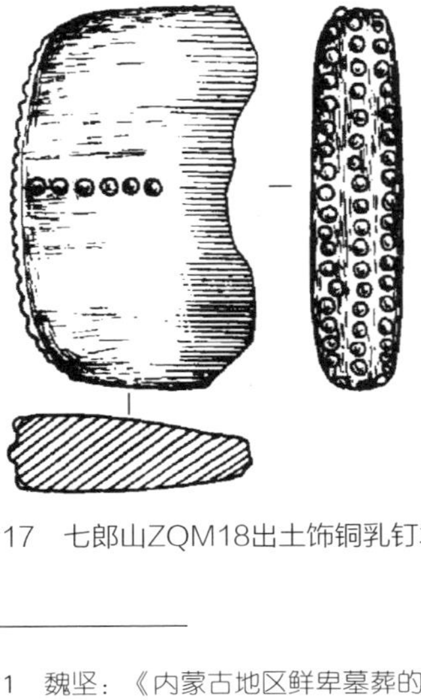
图2-17　七郎山ZQM18出土饰铜乳钉木梳

七郎山和伊和淖尔两处墓地陶器形制可以确定其年代范围为5世纪晚期，各类文物保留了大量游牧民族特征，其使用金属带扣束腿葬式、戴金下颌托和金头箍都

1　魏坚：《内蒙古地区鲜卑墓葬的发现与研究》，科学出版社，2004年，第162页，图二九，8。

是值得注意的特殊现象。铜耳杯、漆碗、铜钱则是中原文化中较早的器物，在平城、洛阳一带北魏墓中少见，说明其保留了非常早期的汉文化因素，而骨器、桦树木器、毛皮制品则属于游民民族早期用品，反映其汉化迟滞现象。其中的玻璃碗、鎏金錾花人物纹银碗和其他金属器纹饰则体现了其与中亚之间的贸易往来。

3. 不同族属特性物品

（1）汉文化因素

边镇墓葬的随葬品中，汉文化因素非常明显，如木棺上带有铺首衔环，使用铜泡和铁钉，墓中随葬漆器、耳杯、钱币等，都是汉文化的典型，但往往为汉文化中时代更早时期而非当时的器物，部分功能已发生变化。

包头刘二圪梁墓地BLM2墓内出土陶壶的肩部带有铺首装饰，由汉代陶壶上常见的铺首衔环装饰演化而来。乌兰察布兴和县叭沟村M1除了出土手制陶罐以外，还出土了1件泥质灰陶罐、1件泥质灰陶壶、1件酱黄釉陶罐，为轮制，陶壶底部还有“豆”字，明显属于汉文化。而“豆”字陶壶的喇叭口、细颈、鼓腹造型则是鲜卑墓中的典型器特征，其颈下和肩部各有一道凸弦纹，如圆环箍套，肩上部为压光网格纹，腹下为压光竖纹[1]。和林格尔鸡鸣驿2012年发掘7座长斜坡墓道砖室和土洞墓，其随葬品多为陶器，有罐、壶、盘，还有铁制生活器具等。其中1件陶盘背面刻有“李氏庞母，字堂平”[2]，带有明显的汉文化因素。

呼和浩特宝贝梁北魏墓中出土带有“皇帝与河内太守铜虎符”等字样的虎符，另有铜鐎斗、“大泉五十”20枚等。美岱村墓出土的鎏金龙首形铜帐钩具有中原文化特征。

1　乌兰察布盟文物工作站：《内蒙古兴和县叭沟村鲜卑时期墓葬》，《考古》1993年第3期。

2　内蒙古自治区文物考古研究所：《2012年内蒙古自治区文物考古研究所考古发现综述》，《草原文物》2013年第1期。

伊和淖尔M1出土2件漆碗，其中1件内胎保存，漆皮已脱落，另1件带有红、黑、黄三色。M3出土1件漆象尊[1]，造型在汉代常见，甚至亦出现于汉墓画像石、壁画中，但在北魏其他汉文化区基本消失。

耳杯比较特殊，形制两端上翘，中间下凹，与汉代漆耳杯明显不同，伊和淖尔M1耳杯鎏金，双耳上带有植物枝叶纹，非常精致，长12.4、宽9.2厘米。宁夏固原北魏墓、封和突墓出土均为银耳杯，将汉代常用的饮食起居用品变成银、铜等其他材质，已经改变了其原始功能，在当时应该是奢侈品，是对汉代器物的借鉴，具有复古之意。

和林格尔三道营乡榆树梁壁画墓，壁画人物穿宽袖前领开衩长衫或短衫，成年男子戴二梁冠，女梳髻，脚穿鞠靴，仍为鲜卑风格。但墓壁上有四神画像，属汉文化，其出现鹿脚生莲图像，具有典型佛教因素。据推测该墓年代为北魏太和十年（486年）后至迁洛之前。

包头固阳县蒙古学校M1的墓葬应为鲜卑墓，但在墓主口中发现1颗玛瑙珠，发掘者认为是口含。在其左右耳部另外各有1颗土黄色料珠，当为耳饰[2]。口含、手握在汉代墓葬中常见，《周礼》中即有相关记载，但鲜卑民族中发现口含非常罕见，不排除该墓主为鲜卑化汉人的可能性。察右中旗七郎山ZQM18墓主的身侧左右各1件皮囊，上压桦树皮残片，皮囊表面上缝缀小铜铃，内里为丝织品，用铁环扣和皮绳将“货泉”“五铢”等铜钱缝缀在皮囊上[3]，制作精细，此铜钱也已失去了其本身的流通价值，应为当时人的珍贵小件物品。

1　内蒙古自治区文物考古研究所：《考古发掘见证古代草原丝绸之路——伊和淖尔墓群考古发掘纪实》，《中国文物报》2015年6月12日第22版。

2　包头市文物管理处：《包头固阳县发现北魏墓群》，《考古》1987年第1期。

3　王新宇、魏坚：《察右中旗七郎山墓地》，《内蒙古地区鲜卑墓葬的发现与研究》，科学出版社，2004年，第162页，图二九。

（2）鲜卑文化因素

体现鲜卑文化特征的随葬品以梯形木棺、细颈陶壶、陶罐为代表。早期鲜卑墓葬随葬器表有黑色烟炱的夹砂陶罐，应为实用器。常见陶壶与陶罐组合，器形和器身纹饰有早晚演变关系。呼和浩特宝贝梁、美岱村盛乐时期墓葬中所出土的铜鍑是典型的游牧民族器物，在匈奴等墓葬中亦常见，拓跋鲜卑的铜鍑为深腹，高圈足并带镂孔，器形有其自身特点。宝贝梁墓中出土的1件铜质羊距骨[1]，是对草原民族最常见玩具羊距骨的模仿。另外，早期鲜卑墓葬多随葬骨弓弭，至北魏墓中仍有部分保留。

（3）匈奴文化因素

在边镇墓葬随葬品中多有匈奴文化因素，拓跋鲜卑与匈奴在牧业生产、活动地域上的重合，带来族属和文化的融汇。呼和浩特宝贝梁、美岱村墓中均出土大量菱形金片，大小规格不同，所见有长6.5、边长3.1、边长2.1厘米三种，但锐角两端均有穿孔，有的四边有压出的浅槽，应为衣服装饰，在匈奴墓中较为常见。和林格尔另皮窑村北魏墓发现的金牌饰[2]，以野猪形象为主，运用浮雕技法，并镶嵌宝石，表现草原动物的野性与动感，与匈奴墓发现的大量腰牌饰风格一致。

图2-18　伊和淖尔M1出土三足盘

伊和淖尔M1出土的铜盘，下有3个马蹄形足（图2-18）[3]，盘口有8只鸟，有学者考证认为，该器物可能与文献所载的“马胫神狄”有关[4]，“北丁令有马胫国，其人声音似雁鹜，从

1　李逸友：《内蒙古土默特旗出土的汉代铜器》，《考古通讯》1956年第2期。

2　内蒙古自治区博物馆、和林格尔县文化馆：《和林格尔县另皮窑村北魏墓出土的金器》，《草原文物》1984年第1期。

3　中国人民大学历史学院考古文博系、锡林郭勒盟文物保护管理站、正镶白旗文物管理所：《内蒙古正镶白旗伊和淖尔M1发掘简报》，《文物》2017年第1期。

4　李焕青、李月新：《内蒙古正镶白旗出土北魏时期“动物盘”考》，《古代文明》2020年第3期。

膝以上身至头，人也；膝以下生毛，马胫马蹄”[1]，或属于高车文化因素。此说很难成立，蹄足器物早在战国时期已经大量出现，中原南方亦发现很多，没有可靠证据显示与高车的直接关系。

（4）中亚文化因素

具有中亚文化特征的代表性器物包括錾花人物圜底碗或高足杯，均将器物外表面四等分，每一部分有一侧面人物头像，在伊和淖尔M1（图2-19）[2]、大同南郊北魏墓群M107：16、M109：2，大同南郊轴承厂北魏遗址、宁夏固原北魏墓等均有出土，一般认为来自中亚，不同学者对其原属国

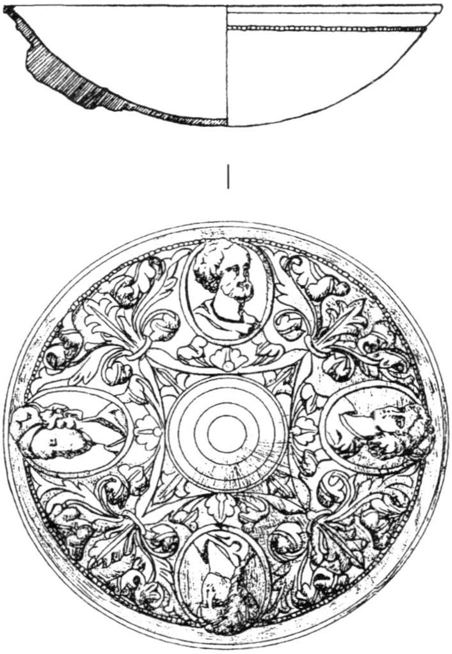

图2-19　伊和淖尔M1出土银碗线图

1　（西晋）陈寿撰，（南朝宋）裴松之注：《三国志》卷三〇《乌丸鲜卑东夷传》，中华书局，1971年，第863页。

2　中国人民大学历史学院考古文博系、锡林郭勒盟文物保护管理站、正镶白旗文物管理所：《内蒙古正镶白旗伊和淖尔M1发掘简报》，《文物》2017年第1期。

存在差异，王晓琨认为属于非典型萨珊特征，可能来自巴克特里亚地区[1]。孙机先生通过与其他地方尤其是国外类似银器的对比，认为其属于嚈哒制品[2]。包桂红认为“可能是来自巴克特里亚地区的融合了萨珊和希腊风格的嚈哒艺术品”[3]。伊和淖尔M1同时还出土了金耳环、玛瑙珠等装饰品，也具有中亚特征。

铜铺首衔环为中原文化木棺上的常用装饰，但在伊和淖尔M1等墓中的铺首上有一人御二龙图像，可能吸收了中亚的题材，有的包含佛教文化因素。有学者考证，这种造型在大夏、嚈哒文化中可以见到母题[4]。在固原东郊墓葬、固原西郊墓、大同南郊轴承厂北魏墓等地均有出土。

伊和淖尔出土的蓝色玻璃碗晶莹透明，制作精美（图2-20），大同南郊七里村北魏墓所出的玻璃碗色彩、透明度等方面与其类似，在碗壁外部有一凸棱，圈足较大。大同南郊电焊厂北魏墓出土的玻璃碗为黄色，束颈，圜底，外壁有突出磨花。多座墓葬出土的玻璃碗[5]可能来自大月氏。

图2-20　伊和淖尔M1出土玻璃碗

由边镇墓葬殉牲现象、随葬品种类和特征看，其整体上保留较多早期墓葬文化特征，以整只动物或头、蹄代替全牲的殉牲，用部分动物骨骼在墓中祭奠，陶器上使用早期鲜卑戳刺纹，陶器具有匈奴特征的竖向暗纹、网格纹、波浪纹等方面，在六镇不同地区之间没有差异，墓葬中随葬代表墓主身

1　王晓琨：《试析伊和淖尔M1出土人物银碗》，《文物》2017年第1期。

2　孙机：《固原北魏漆棺画研究》，《文物》1989年第9期。

3　包桂红：《内蒙古锡林郭勒伊和淖尔M1文化因素试析》，《文物》2018年第3期。

4　郭物：《一人双兽母题考》，《欧亚学刊》（第四辑），中华书局，2004 年。

5　马丽亚·艾海提、金诚实、静永杰：《内蒙古北魏墓出土萨珊玻璃器及其相关问题》，《文博》2017年第4期。

份的俑群仅有1例，且部分陶俑为手制，落后于同期其他地区。边镇中偏北的七郎山和伊和淖尔墓群随葬品仍属于典型游牧民族的草原文化，与中原文化虽然并存，甚至同墓共存，但仍然没有真正融合。

四、边镇墓葬汉化迟滞原因探讨

边镇墓葬的各种文化因素均表现出汉化迟缓现象，保留更多草原不同民族风格，这一特性的形成主要基于以下原因。

（一）延续早期模式的军镇管理

代魏政权在建立之初，借鉴十六国时期的军镇模式，对其统治区域实行军镇管理。到统一北方之后，“盛简亲贤、拥麾作镇”，对六镇实行特殊的军镇与部落酋长相结合的管理体制[1]。北魏在北部边疆构筑长城，设置镇城、戍堡等防御设施，屯驻军事力量进行把守，中央王朝派遣镇将在军事上统领[2]。镇戍之外的广大区域，则以归附北魏被迁徙至漠南的北族各部落组织负责守卫，他们从事农牧业经济，并成为边镇的兵源主力，由豪强酋帅以原来部落酋长制进行管理[3]。整体上六镇实行以军统民、军政合一的管理体制，而这种模式早在北魏统一北方的皇始年间已经实行：“昔皇始以移防为重，盛简亲贤，拥麾作镇，配以高门子弟，以死防遏……及太和在历……丰沛旧门，仍防边戍。”[4]“旧制，缘边皆置镇都大将，统兵备御。”[5]甚至北魏的部分军镇直接或间接沿用十六国时期已经存在的军镇化政区[6]。至北魏迁

1 牟发松：《北魏军镇起源新探》，《社会科学》2017年第11期。

2 周一良：《北魏镇戍制度考》《北魏镇戍制度续考》，《魏晋南北朝史论集》，北京大学出版社，1997年，第172—190页；严耕望：《北魏军镇》，《魏晋南北朝地方行政制度》（下），上海古籍出版社，2007年，第691—797页。

3 薛海波：《论北魏军镇体制与六镇豪强酋帅》，《民族研究》2017年第3期。

4 （北齐）魏收：《魏书》卷一八《太武五王传》，中华书局，1974年，第429页。

5 （北齐）魏收：《魏书》一一三《官氏志》，中华书局，1974年，第2976页。

6 牟发松：《北魏军镇起源新探》，《社会科学》2017年第11期。

都平城之后，为了防止边竖入侵而设置制度化之六镇基本沿用代魏政权前期已出现之军镇，六镇宜军宜农（牧）的军镇体系既是为了保证北魏北疆的安定，也有稳固不同民族部落组织的重要目的，这种管理模式实则以六镇区域延续北魏早期传统。六镇墓葬所体现的汉化滞后特征就是其现实生活的直接反映。

（二）不同部落人群混居

边镇镇民来源复杂，迁都平城之后的六镇时期，一般认为主要包括鲜卑拓跋部成员、中原汉族豪强、被征服的高车等北族及流徙罪犯等[1]。其中主导六镇社会秩序者为六镇地方势力的豪强酋帅，包括北族部落的领民酋长。据统计，从太武帝至孝明帝期间信息可考的六镇镇将有63人，其中北魏宗室19人，鲜卑勋贵及高门士族35人[2]，二者合计占镇将总数的85%以上，这些人虽然出任六镇的镇将，但并不定居于此，可能任职期满之后仍回到京都平城、洛阳或调任其他州郡。但另外不足15%之中的豪帅家族，一部分为因父祖任军镇官职而定居六镇，另一部分则是迁徙至六镇，“出身分别是北魏初建时的部落大人，陆续投附的北族部落酋长，父祖没有官职的代地下层豪帅，迁至代地的后燕、赫连夏、北燕、北凉乃至刘宋的降官豪帅等”[3]。这些人的身份、族属及来源地非常复杂，据有限资料可考之代表性人物来自至少10个不同族属，如鲜卑人渠帅侯莫陈崇、勋贵独孤信、贺兰祥，大酋长贺拔胜，后燕慕舆部酋长舆珍，北凉酋长段荣，辽东鲜卑渠帅可足浑元，下层豪帅酋长宇文虬，后燕酋长宇文泰。高车人世为部落酋长斛律羌举，投附部落的酋长厍狄盛。匈奴人酋长刘亮，投附部落酋长破六韩常。赫连夏宗室酋长

1　张金龙：《北魏政治史》（九），甘肃教育出版社，2008年，第267—269页。

2　〔日〕佐川英治：《北魏六镇史研究》，《中国中古史研究》（第五卷），中西书局，2016年，第89—92页。

3　薛海波：《论北魏军镇体制与六镇豪强酋帅》，《民族研究》2017年第3期。

云荣。吐谷浑有投附部落的酋长娄昭、尉景，世为部落大人乙弗库根。乌丸有投附部落的小部酋帅王基，北燕酋长王光。粟特人有北凉降官史遵。羌人有投附部落雷绍。羯人有下层豪帅酋长侯渊。高丽人有后燕豪帅酋长王勇、北燕酋长王盟。其中仅有极少的汉人，如良家子李虎，下层豪帅傅元兴，刘宋降官蔡儁等。还有的汉人早已加入其他少数族政治集团，如后燕豪帅邸珍、北燕豪帅强宗耿豪、北凉降官孙腾等[1]。

这些来源不同、族属差异的豪帅成为统领六镇的核心力量，有一部分本身还保有部落组织，势力强大者被北魏授予世代享有领民酋长的政治地位。因而，六镇的部落及领民酋长制使其自身文化得以更好地保留，而不同部落、人群的镇民为了戍守六镇，相互混居并从事农牧活动，形成六镇既有区域特色，又相互融合的文化形态，墓葬中七郎山、伊和淖尔所表现的典型游牧特征和盛乐附近多元因素是镇民生活在墓中的折射。

（三）远离北魏中后期统治核心

随着拓跋鲜卑势力的发展壮大，其汉化一直在自觉和不自觉中逐渐加强，根本性转折发生于迁洛之初孝文帝推行的姓氏、语言、服饰和丧葬等方面的重大改革，其中“迁洛之人，自兹厥后，悉可归骸邙岭，皆不得就茔恒代”[2]对于墓葬文化产生巨大影响。但此次汉化改革的目的主要是稳固其在国都洛阳的统治，所有改革措施执行的严格程度以洛阳为核心，呈辐射状逐渐减弱。墓葬方面主要为了与迁都相配合，强制从平城向洛阳转移。诏书中的以卑就尊、父母移葬、户属差异等均以利于京洛为前提。同时说明不在葬限者、其他诸州者，各得任意。六镇因其特殊功能，尚未军镇改州，加之远在漠南，与国都洛阳的安定没有直接联系。因而，汉化改革几乎没有触及六

1 信息主要来自于《魏书》《北齐书》《周书》等。
2 （北齐）魏收：《魏书》卷二〇《文成五王传》，中华书局，1974年，第527页。

镇，其长期的世代军镇体制和部落组织造成该地区文化封闭，镇民更没有平城和洛阳时期统治者要求汉化的主动性和坚定性。所以，北魏边镇文化是当地多民族之间的相互融合，其汉化整体上落后于其他州郡，最终造成汉化迟滞。

由此可见，北魏边镇墓葬包含文化因素非常复杂，既有本地旧有文化的延续，也有平城时期前段河西、东北、青齐，甚至南朝不同文化流入之后的墓葬特点，形成了该区域相对原始的文化圈，而与平城后期及迁洛之后仿效“晋制”的汉化墓葬有明显差异，但墓葬中的汉文化因素贯穿始终，砖室墓随葬品中的漆器、丝织品、钱币、铜镜等常见，同时在形制、纹饰等方面延续早期风格。这些特点只体现出汉化的迟滞现象，与部分史学家所认为的镇民自主“反汉化”相悖。

边镇墓葬在北魏时期具有明显的地域特征，部分地面保留使用陶器和石块以标识，墓葬方向多样性明显，墓室结构中高等级墓葬仍使用土坑墓，偏洞室墓显示墓主的特殊身份，墓葬使用殉牲，随葬品的陶器保留戳刺纹的原始因素，陶俑手工捏制，个别墓主随葬大量金器并带下颌托等，充分体现了不同民族的墓葬特点，呈现出多元文化的并存和融合，与平城、洛阳地区迅速汉化，特殊葬俗锐减的墓葬对比，显示出较多汉化迟滞现象，与北魏平城早期的墓葬类似。这些特征的形成，是由边镇特殊的军镇管理制度造成相对守旧的生活方式和较为封闭的活动空间，统帅和镇民族属众多人员构成复杂，远离汉化核心区域而没有强制统一汉化等多种因素共同作用的结果。

边镇墓葬从实物角度证明了该区域文化滞后一直存在，且与北魏其他区域的差距越来越大，这种差异造成北魏后期六镇统帅边民逐渐被边缘化，并影响到其生存状态，最终导致六镇起义的爆发。因此说，边镇墓葬的多民族文化特征，反映北魏汉化过程中存在的滞后问题，体现了民族融合的多样性和曲折过程，也证明魏孝文帝只有进行彻底的汉化改革，促进各民族对汉文化的主动认同和融合，才能更好地稳固其统治，并推动华夏化进程。

拓跋鲜卑最初生存于大兴安岭“大鲜卑山”，狩猎为业，呼伦贝尔一带墓葬保留大量骨弓弭、木箭杆是其生业的反映。其后历经路途遥远、时间漫长的“九难八阻”，一路南下西迁至匈奴故地，世为君长，随牲畜迁徙统广漠之野。内蒙古发掘的相当于汉晋时期鲜卑墓葬包含了游牧民族的不同文化因素。随着势力逐渐强大，在中原王朝汉文化影响下，拓跋鲜卑于内蒙古和林格尔的盛乐开始建立大代统治政权，又经历一个多世纪的发展，北魏将国都迁至平城，后东征西伐，灭掉东南的北燕、西南的大夏、西边的北凉，将各地人口掠夺至京师，北魏经济主体变为农业，统治迅速封建化。北魏前期发展必然有大量旧有文化的保留，体现于墓葬中则是早期原始甚至野蛮葬俗的延续，其中人殉是其典型。随着与周边文化的交流，当时的帝后及高等级人群接受了藏匿尸骸希望永存的思想观念，出现“潜埋虚葬”的葬俗，至今未能确定北魏金陵位置可能与此有关。人殉和“潜埋虚葬”体现当时少数人群的特殊地位。

北魏社会形势的发展，不同文化的并存与融汇，决定了其人员结构的复杂性和族属的多元性。在北魏众多种族人群中，有一类不用木棺的尸床葬独具特色。尸床葬在北魏时期延续时间长，分布范围广，说明该人群具有极大的流动性。尸床葬在河西的汉晋十六国墓葬中找到源头，北魏平凉州后在平城及周边开始零星出现，但在同一墓区中规格较高。北魏迁洛后向关陇、河洛等地传播，形成家族墓地。到北魏晚期，其中的高等级人群开始转而使用石葬具，以房形石椁、围屏石榻为代表。通过对部分墓志进行分析，推测尸床葬的使用者可能为不同时期来自西域的粟特人。

今内蒙古中南部阴山一线的东西狭长地带，是北魏最初的国都和统治核心地区，迁都平城洛阳之后变成北部边疆，北魏后期的汉化改革对该地区的影响微乎其微。北魏边镇一直采取军镇与部落酋长相结合的管理模式，形成相对封闭而滞后的文化圈，使得不同人群的文化得以保留。仅有少部分墓葬地面有堆石和放置陶器现象。墓葬方向以北向为主，其次为西向，坐北朝南者极少。墓葬形制主要为土圹墓，也有部分砖室墓，其中竖穴土坑墓和竖穴墓道券顶梯形砖室墓均为其早期特征，长斜坡墓道土洞墓和砖室墓受到汉文化影响。葬具中的尸床葬为特例，由多块木板以亚腰榫拼接的圭首棺盖梯形木棺可能源于河西，而以立柱为框架的插板木棺或为鲜卑遗存。部分墓葬从完整动物或以头、蹄代替整体的殉牲演变为只有部分动物骨骼的墓内祭奠功能，反映拓跋鲜卑为主的游牧民族特点。墓葬的随葬品能够明显区分出大致三个来源：中原主体的汉文化，拓跋鲜卑、匈奴、高车等草原游牧文化，通过贸易传播而来的中亚嚈哒、月氏等文化。整体上看，边镇墓葬普遍存在汉化滞后现象，体现北魏墓葬中不同文化的延续与演变。

通过对北魏前期人殉、“潜埋虚葬”葬俗、北魏特殊人群尸床葬、北疆边镇墓葬的研究，充分反映了北魏不同时期墓葬文化的多元性、部分葬俗的延续性、多种墓葬文化共存的包容性、不同地域墓葬汉化的差异性，从墓葬的角度多方面阐释北魏民族融合的典型特征。

第三章
北魏墓葬规制

北魏葬礼之制，文献中有踪迹可循最早至太祖。《魏书》记载，昭成帝第三子秦明王翰："建国十年卒，太祖即位，追赠秦王，谥曰明。"翰子卫王仪曾谋为逆，天赐六年（409年），"遂赐死，葬以庶人礼"。常山王遵为昭成之孙，"天赐四年（407年），坐醉乱失礼于太原公主，赐死，葬以庶人礼"[1]。可见道武帝时，已有追封赠谥，葬礼亦有王庶之别。后世葬礼种类增多。南安王余被宗爱所杀，"高宗葬以王礼，谥曰隐"[2]。高肇被杀，"削除职爵，葬以士礼"[3]。孝文帝曾令幽皇后冯氏在其崩后，"可赐自尽别宫，葬以后礼"，宣武皇后高氏殡葬皆以尼礼[4]，反映北魏葬制存在不同等级，但之间差异无载。考古发掘的纪年墓及出土的大量墓志，为探讨北魏墓葬规制提供了可靠资料。

第一节　北魏纪年墓等级规制

北魏作为拓跋鲜卑建立而汉化的政权，其墓葬特征体现多民族丧葬文化的差异与融合。以往对于北魏墓葬的研究，以宿白先生关于鲜卑遗迹三篇系

1 （北齐）魏收：《魏书》卷一五《昭成子孙传》，中华书局，1974年，第370、372、375页。
2 （北齐）魏收：《魏书》卷一八《太武五王·南安王余传》，中华书局，1974年，第435页。
3 （北齐）魏收：《魏书》卷八三（下）《外戚（下）·高肇传》，中华书局，1974年，第1831页。
4 （北齐）魏收：《魏书》卷一三《皇后传》，中华书局，1974年，第334、337页。

列论文中最先提出[1]，其对于遗迹三个区域的划分亦大致反映墓葬发展的三个阶段，即早期鲜卑墓葬特征[2]、平城墓葬分期与文化因素[3]、洛阳墓葬的汉化影响[4]，各个阶段的研究分别取得卓著成果。后两个阶段被称为北魏平城时代和北魏洛阳时代，强调以迁洛为汉化分界。随着考古材料的不断增多，纪年墓的积累相对增加。纪年墓包含信息丰富，墓葬年代和墓主身份比较明确，为探讨北魏中后期墓葬等级、丧葬制度提供了直接证据[5]。从纪年墓可以看出，北魏墓葬汉化并非以迁洛为界，而是保持前后规制的一致性，同时体现不同地域不同人群在遵循制度之下仍部分保留其固有丧葬习俗。

经考古发掘的北魏墓葬有4000余座，且实际发现数量远超该数，但发掘墓葬中纪年墓相对较少，信息较完整者74座[6]（见后文表3-1），最早为太延元年（435年）破多罗太夫人墓，最晚是永熙三年（534年）李仲胤夫妇墓。纪年墓主要集中于北魏中后期两个国都平城和洛阳，同时，陕西、河北、北京、山东、辽宁、内蒙古、山西和河南的其他地方也有发现。现根据墓葬的地面封土与陵园建筑、墓道及过洞天井、墓室结构、随葬品组合、墓主身份

---

1 宿白：《东北、内蒙古地区的鲜卑遗迹——鲜卑遗迹辑录之一》，《文物》1977年第5期；宿白：《盛乐、平城一带的拓跋鲜卑——北魏遗迹——鲜卑遗迹辑录之二》，《文物》1977年第11期；宿白：《北魏洛阳城和北邙陵墓——鲜卑遗迹辑录之三》，《文物》1978年第7期。

2 魏坚：《内蒙古地区鲜卑墓葬的发现与研究》，科学出版社，2004年；孙危：《鲜卑考古学文化研究》，科学出版社，2007年；韦正：《鲜卑墓葬研究》，《考古学报》2009年第3期；倪润安：《朝阳地区北魏墓葬研究》，《边疆考古研究（第22辑）》，科学出版社，2017年。

3 倪润安：《北魏盛乐时代至平城时代墓葬的发现与研究》，《文物世界》2009年第6期；韦正：《大同南郊北魏墓群研究》，《考古》2011年第6期；倪润安：《北魏平城时代平城地区墓葬文化的来源》，《首都师范大学学报》（社会科学版）2011年第6期；倪润安：《北魏平城时代平城墓葬的文化转型》，《考古学报》2014年第1期；倪润安：《关陇与平城之间北魏墓葬文化的互动》，《史志学刊》2016年第2期。

4 师焕英：《从平城到洛阳》，山西大学硕士学位论文，2007年；倪润安：《北魏洛阳时代墓葬文化分析》，《故宫博物院院刊》2010年第4期；杨玥：《洛阳地区北魏鲜卑、汉人墓葬的比较分析》，《北方民族考古》（第1辑），科学出版社，2014年。

5 该部分内容后以论文形式发表，刘连香：《北魏中后期纪年墓等级规制研究》，《考古学报》2022年第1期。

6 本文所用纪年墓资料包括有明确纪年的墓葬58座，基本确认的帝后陵7座，根据墓主和墓葬相关信息研究出大致时间范围的4座。诸纪年墓引用资料只在首次出现时注释，后文不再出注。

等，综合探讨北魏中后期百年间[1]的墓葬等级规制，分析不同等级墓葬特点及形成原因，为非纪年墓葬的研究提供参照。

一、地面封土与陵园建筑

墓葬主要由地面封土与建筑、地下墓室两部分构成，在墓主下葬时，因地面结构能够直接被外人看到，必然更加严格地遵守当时的规制要求。但因年代久远，封土和建筑大部分破坏严重，有些已经不存。目前所见北魏纪年墓中，仅18座保留封土或发现封土遗迹，帝后陵包括封土和陵园建筑，保存稍好。

（一）帝后陵封土与陵园建筑

1. 文明太后永固陵和孝文帝预建万年堂

文成帝文明皇后冯氏为生于长安的长乐信都汉人，“太后性聪达，自入宫掖，粗学书计。及登尊极，省决万机”[2]。其实际从献文帝即位的和平六年（465年）开始执政，直至太和十四年（490年）驾崩，前后25年间，大量借鉴汉制以改革拓跋旧俗，如同姓不婚等，对北魏政治产生重大影响。丧葬改革从其对自身陵地的选择可见一斑，之前皇后崩后与皇帝一起葬云中金陵，文明皇后却一改远祔山陵之制，生前选定方山为终老之所，早早预建寿陵。

陵区位于山西大同北西寺儿梁山，永固陵始建于太和五年（481年），太和八年（484年）完工，文明太后太和十四年（490年）入葬。一般认为孝文

1　本文所指的北魏历史前、中、后三期分别为：道武帝登国元年（386年）称帝建立北魏至太武帝太延五年（439年）统一北方为前期，至孝文帝迁都洛阳的太和十八年（494年）为中期，至北魏分裂的永熙三年（534年）为后期。

2　（北齐）魏收：《魏书》卷一三《文成文明皇后冯氏传》，中华书局，1974年，第328页。

帝虚宫万年堂与永固陵同时预建，位于永固陵北里余。两墓属于一个陵区，南北长4000、东西平均宽1000米。周围无垣墙，陵前有双阙，另有永固堂、思远佛寺、斋堂、灵泉池等建筑十余处。其中思远佛寺遗址已被发掘，包括两层平台、踏道、山门、塔基、佛殿、僧房等（图3-1）[1]。永固陵封土为圆

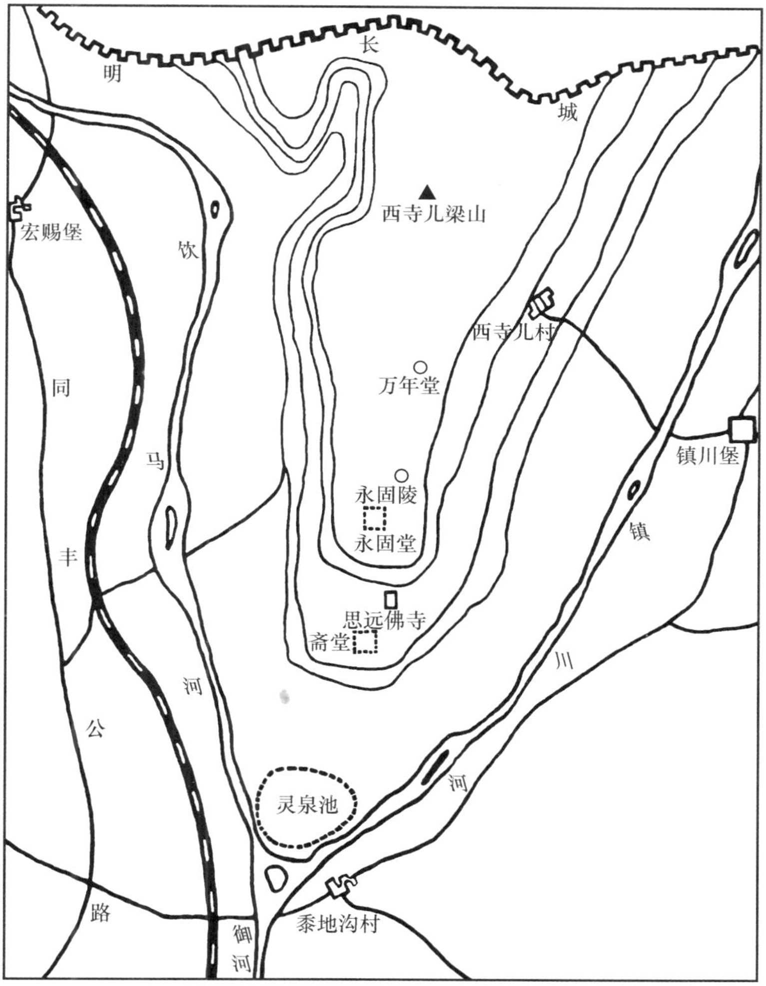

图3-1 永固陵和万年堂陵区遗址分布示意图

1 大同市博物馆：《大同北魏方山思远佛寺遗址发掘报告》，《文物》2007年第4期，图一。

形，发掘时高22.87米，基底呈方形，南北宽117、东西长124米。万年堂规模略小，封土呈圆形，高约13米，基底方形，边长约60米[1]。

2. 孝文帝长陵和文昭皇后陵

孝文帝太和二十三年（499年）葬于河南洛阳孟津瀍河以西，官庄村东的大冢长陵，西北106米的小冢为神龟二年（519年）改葬的文昭皇后陵，两冢属于一个陵区。经勘探，陵园平面近方形，东西长443、南北宽390米。四周有夯土垣墙，宽2—3.8米，墙外挖壕沟，南墙正中开陵门。陵园内发现建筑基址3处，形制较小，可能与祭祀有关。二陵封土平面呈圆形，长陵现存最大直径103、高约21米。外侧边缘应与1条环形夯土沟重合。封土南侧以墓道为轴线发现对称石墩和方坑，原树神道石刻。文昭皇后陵封土现存直径42、高约15米，没有明显的神道遗迹[2]。

3. 宣武帝景陵

宣武帝延昌四年（515年）葬于河南洛阳市西北瀍河以西冢头村景陵，北距长陵5千米。墓冢封土平面略呈圆形，直径105—110米，1991年调查时高21米，未发现陵园及其他建筑遗迹，在墓道延长线西侧发现神道石刻武士像1躯，高3米余[3]。

4. 孝明帝定陵

孝明帝武泰元年（528年）葬，陵墓位于河南洛阳瀍河以东，孟津后沟村北的玉冢，距离长陵13千米。经勘探，陵园遗址平面近方形，南北长约400、东西宽约380米。四周夯土垣墙宽约2米，垣墙东、南、西三面各发现门址

1　大同市博物馆、山西省文物工作委员会：《大同方山北魏永固陵》，《文物》1978年第7期。

2　洛阳市第二文物工作队：《北魏孝文帝长陵的调查和钻探——“洛阳邙山陵墓群考古调查与勘测”项目工作报告》，《文物》2005年第7期。

3　中国社会科学院考古研究所洛阳汉魏城队、洛阳古墓博物馆：《北魏宣武帝景陵发掘报告》，《考古》1994年第9期。

1处，墙外有壕沟。地面原始封土平面呈圆形，直径105米，与环形夯土沟重合。现存封土直径94、高约16米（图3-2）[1]。

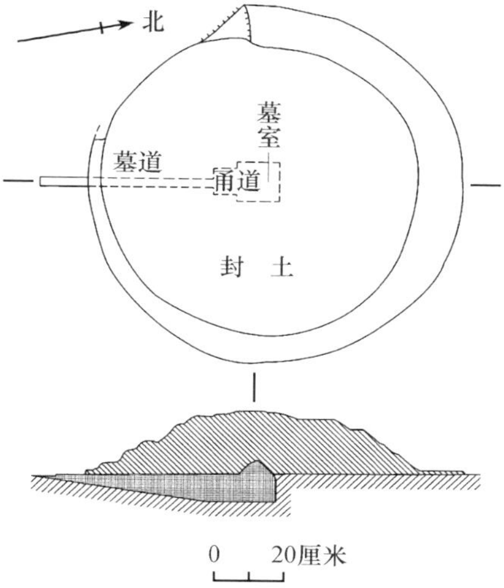

图3-2　孝明帝定陵（玉冢）钻探平、剖面图

（二）其他墓葬封土

其他纪年墓仅4座封土信息稍详，山西大同元淑墓地面封土高大，当地称“青疙瘩”，未夯打，基底平面呈长方形，南北长79、东西宽63、最高3.7米，在2.5米处为墓室顶[2]。河北吴桥县正光六年（525年）封龙墓地面封土呈方形，边长40、高6米[3]。河南洛阳孝昌元年（525年）清河王元怿墓封土平面近圆形，四周取土破坏严重，现存直径55.7、高约15米[4]。河南洛阳孝昌二年（526年）元乂墓封土夯筑，平面呈圆形，20世纪70年代调查时直径35、高约20米[5]，2005年文物普查信息为直径34—40、高14米[6]。

另有8座墓葬保留有封土遗迹：山西大同太安三年（457年）尉迟定州墓[7]，地面原有封土，形状尺寸不详。山西朔州怀仁丹扬王墓（推测为476—

1　洛阳市文物考古研究院：《洛阳孟津后沟玉冢调查勘探报告》，《洛阳考古》2014年第3期，图3-2为该简报图三稍作修改。

2　大同市博物馆：《大同东郊北魏元淑墓》，《文物》1989年第8期。

3　卢瑞芳、刘汉芹：《河北吴桥北魏封龙墓及其相关问题》，《文物春秋》2005年第3期。

4　洛阳市文物考古研究院：《邙山陵墓群考古调查与勘探第一阶段考古报告》，文物出版社，2018年，第94页。

5　洛阳博物馆：《河南洛阳北魏元乂墓调查》，《文物》1974年第12期。

6　洛阳市文物考古研究院：《邙山陵墓群考古调查与勘探第一阶段考古报告》，文物出版社，2018年，第95页。

7　大同市考古研究所：《山西大同阳高北魏尉迟定州墓发掘简报》，《文物》2011年第12期。

486年），墓顶发现明显夯土层痕迹，推测封土曾经为夯筑[1]。河南孟州永平四年（511年）司马悦墓，原地面有两丈余高的封土，被村民逐渐削取，发掘时高不足3米[2]。河北河间延昌四年（515年）邢伟墓为当地4座古墓丘之一，俗称“四大明山”[3]。山东德州神龟二年（519年）高道悦墓，当地称其坟丘为后山[4]。河北景县正光二年（521年）封魔奴墓属封氏墓群，地面封土高大[5]。河北无极县正光六年（525年）甄凯及父母墓属甄氏墓群，原有墓葬36座，墓冢大的长宽均约40米，小的10余米，当地称为“圪瘩”，也称虚粮冢、诳敌处[6]。河北赞皇永熙三年（534年）李仲胤夫妇墓，地表尚存少量封土[7]。

对于北魏陵墓封土的规模，太和十四年（490年）孝文帝针对文明太后葬永固陵时曾下诏文，“坟不得过三十余步”“复广为六十步”[8]。按照一步为六尺计，北魏一尺有前、中、后三个标准，分别为27.88、27.97、29.59厘米[9]，则六十步长度为100.37—106.52米。文献记载文昭皇后“迁灵榇于长陵兆西北六十步”[10]，勘探长度106米，与文献一致。文明太后及孝文、宣武、孝明诸帝陵封土直径（边长）在105米以上，最大边长124米，与诏书的复广之度吻合。万年堂、文昭皇后陵低于以上尺寸，封土分别为60米和42米，遵

1　怀仁县文物管理所：《山西怀仁北魏丹扬王墓及花纹砖》，《文物》2010年第5期。

2　尚振明：《孟县出土北魏司马悦墓志》，《文物》1981年第12期。

3　孟昭林：《记后魏邢伟墓出土物及邢蛮墓的发现》，《考古》1959年第4期。

4　赖非：《北魏高道悦墓地调查及其墓志补释》，《德州考古文集》，百花洲文艺出版社，2000年，第1页。

5　张季：《河北景县封氏墓群调查记》，《考古通讯》1957年第3期。

6　孟昭林：《无极甄氏诸墓的发现及其有关问题》，《文物》1959年第1期。

7　中国社会科学院考古研究所河北工作队：《河北赞皇县北魏李仲胤夫妇墓发掘简报》，《考古》2015年第8期。

8　（北齐）魏收：《魏书》卷一三《皇后传·文成文明皇后冯氏传》，中华书局，1974年，第330页。

9　卢嘉锡总主编，丘光明等：《中国科学技术史·度量衡卷》，科学出版社，2001年，第283页。

10　（北齐）魏收：《魏书》卷一三《皇后传·孝文昭皇后高氏传》，中华书局，1974年，第336页。

从三十余步之次等标准。从以上可见，北魏帝后陵园有园邑陵户奉守[1]，设有门阙、垣墙或其他建筑，迁洛之后树神道石刻。

王公贵族和高级官员的坟茔封土原则上以三十余步为限，元淑因葬于北魏稳定时期，且在旧都平城，规模相对较大。北魏末年的清河王元怿、江阳王元乂均属厚葬，封土分别为56米和40米，可能受到帝都葬制的严格限制。由此推测北魏时期陵墓初建时地面应普遍都有封土，封土的大小、高度应与墓主的身份等级相关。洛阳邙山陵墓区当前仍有一些封土墓即为明证，考古发掘封土与陵园建筑极少则是年久破坏所致。

从以上纪年墓的封土形状看，表面均为圆形，但地面基址则有方圆之分，平城的永固陵、万年堂、元淑墓、河北封龙墓的封土基址均为方形或长方形，洛阳长陵、文昭皇后陵、景陵、定陵、元怿墓、元乂墓的基址均为圆形，其中封龙墓与元怿墓为同年所葬，且已迁洛近30年，却一方一圆，说明封土形状并非因迁洛改制而统一，而是有其地域差异，洛阳陵墓的圆形封土可能受到东汉以来形制的影响，北方地区则保留其当地特征。

二、墓道及过洞天井

北魏纪年墓中有57座反映墓道相关信息，其中2座墓葬无墓道，占纪年墓总数的75%以上。墓道多为长斜坡式土圹，极个别为竖穴土圹。部分墓道用砖石加固，少数带过洞和天井，根据墓道尺寸、构筑情况等，将其分为四等。

第一等10座。长斜坡式墓道开阔，不带过洞和天井，两壁经过加固，部分砖石垒砌，一般长30米以上，宽超过2米，共有10座墓。

---

1 （北齐）魏收：《魏书》卷一三《皇后传·高宗乳母常氏传》，中华书局，1974年，第327页。其中记载和平元年崩，“葬于广宁磨笄山……置守陵二百家，树碑颂德”。《魏书》卷八三（下）《外戚·胡国珍传》，中华书局，1974年第1834页载：“灵太后临朝，追其母京兆郡君为秦太上君，以坟瘗卑局，更增广，为起茔域门阙碑表，权置园邑三十户，立长、丞奉守。”

文明太后永固陵墓道延伸至封土外缘，根据封土南北长117米，墓室建于封土之下中心，墓室长17.6米，除去甬道、墓门等，推测墓道长40米左右，北端近墓门处两壁垒砌石墙避免坍塌，长5.9、宽5.1米。万年堂虽然封土较小，但墓室边长仅比永固陵小1米，甬道长10余米，推测墓道长度可能有30米。洛阳孝文帝长陵墓道长34、宽3.5米。文昭皇后陵墓道延长至封土外14米，长约24、宽2.5米。宣武帝景陵墓道长40.6、宽2.68米，南段36.1米为直接下挖的生土壁，两壁上下用草拌泥抹平，北段4.5米两壁和地面砌砖。孝明帝定陵墓道长48、宽2.9米[1]。河南洛阳衡山路北魏墓推测为节闵帝陵，墓道长39.7、宽2.9米，接近墓门处墓道两壁发现为修补坍塌所用壁桩柱洞（图3-3）[2]。山西大同元淑墓，墓道长22.75、宽2.4米。南段的上部1.8米为土壁，下部砌砖，北段上下均为砖砌。河南洛阳元怿墓钻探残长19.2、宽2.1米，勘探报告显示与文昭皇后陵总长以及墓室大小类似，文昭皇后陵甬道6.6米，元怿墓甬道长2.9米[3]，推测元怿墓道长约28米。洛阳元乂墓道长30、宽3米。

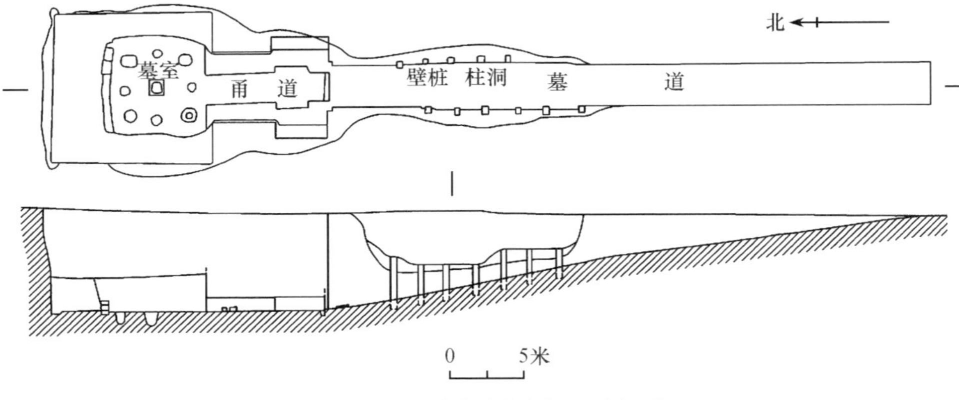

图3-3　洛阳衡山路北魏墓平、剖面图

1　洛阳市文物考古研究院：《邙山陵墓群考古调查与勘测第一阶段考古报告》，文物出版社，2018年，第195页。

2　洛阳市文物考古研究院：《洛阳涧西衡山路北魏墓发掘简报》，《文物》2016年第7期，图3-3为该简报图二稍做修改。

3　洛阳市文物考古研究院：《邙山陵墓群考古调查与勘测第一阶段考古报告》，文物出版社，2018年，第94、167、195页。

以上10座墓的墓道规格为北魏最高等级，除了7座帝后陵，还包括元淑、元怿、元乂三位皇室成员，其中元淑墓的墓道稍短，仅22米，但宽2.4米，高于其他一般墓道。该等级墓道开挖规整，两壁和地面经抹平、铺沙等处理，部分砌砖石或树壁柱加固。

第二等8座。墓道为狭长的斜坡式，长20—30米，宽一般为1.2—1.4米，部分带有2个或1个过洞和天井。

典型墓葬有以下6座：山西大同宋绍祖墓，墓道长30.11、宽1.14米，有2个过洞和天井（图3-4）[1]；山西大同司马金龙墓，墓道长28.1、宽1.58米[2]；山西朔州丹扬王墓，墓道长约30米；陕西西安邵真墓，墓道长29.1、宽0.95米[3]；山西运城薛怀吉墓，墓道长26米，有1个过洞和天井[4]；河南洛阳元暐墓，墓道长27、宽1.25米，有2个过洞和天井[5]。

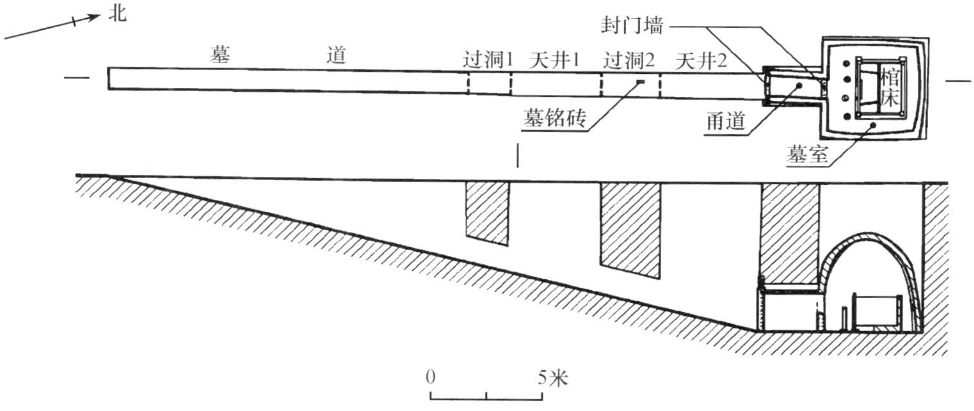

图3-4 大同宋绍祖墓平、剖面图

1 山西省考古研究所、大同市考古研究所：《大同市北魏宋绍祖墓发掘简报》，《文物》2001年第7期，图3-4为该简报图二稍作修改。

2 山西省大同市博物馆、山西省文物工作委员会：《山西大同石家寨北魏司马金龙墓》，《文物》1972年第3期。

3 陕西省文物管理委员会：《西安任家口M229号北魏墓清理简报》，《文物参考资料》1955年第12期。

4 山西省考古研究所等：《北朝考古的重要发现——山西万荣发现北魏汾州刺史薛怀吉墓》，《中国文物报》2018年7月13日第8版。

5 黄明兰：《西晋裴祗和北魏元暐两墓拾零》，《文物》1982年第1期。

此外，陕西西安韦彧墓的墓道、甬道、墓室等全长50米，墓道为二层台阶式，最下层开口宽1.4米，没有过洞、天井，实际墓道长度可能有40余米。该墓夫妇二人葬年不同：韦彧葬于北魏孝昌二年（526年），夫人柳氏葬于西魏大统十六年（550年）[1]，相差二十四年，墓葬的外部形态应为西魏最后埋葬时形成。韦彧下葬时的墓道状况不详，与陕西邵真墓对比，或可能属于该类型。大同封和突墓土圹墓道被破坏，残存砖砌墓道长5.1、宽1.46米[2]，推测同为此类型。

以上8座墓葬中，有3座墓道带过洞和天井，其中2座有2个过洞和天井。比较特殊的是邵真墓和韦彧墓，前者墓道长近30、宽不足1米，极为狭长。韦彧墓的墓道开口为二层台阶，为曹魏西晋时期墓道典型特征之孑遗，对于探讨当地墓葬发展具有重要价值。

第三等24座。墓道斜坡式，长10—20米，宽1.2米左右，部分带有过洞和天井，共有墓葬24座。

山西7座，其中大同5座。破多罗太夫人墓，墓道长10.1、宽1.4米[3]；尉迟定州墓，墓道长10、宽0.8米；梁拔胡墓有1个过洞和1个天井，加墓道长约15、宽1.2米[4]；崔令珍妻韩法容墓，墓道长11.4、宽1米[5]；杨众庆墓M35，墓道长15米以上，宽1米左右，有无过洞、天井不详[6]；山西侯马李诜墓有1个过洞和天井，长14.47米[7]；山西侯马虒祁裴经墓M1007带2个过洞和2个天井，

1 田小利等：《长安发现北朝韦彧夫妇合葬墓》，《中国文物报》1999年11月14日第1版。

2 大同市博物馆：《大同市小站村花圪塔台北魏墓清理简报》，《文物》1983年第8期。

3 大同市考古研究所：《山西大同沙岭北魏壁画墓发掘简报》，《文物》2006年第10期。

4 山西省考古研究所、大同市考古研究所：《山西大同南郊仝家湾北魏墓（M7、M9）发掘简报》，《文物》2015年第12期。

5 大同市考古研究所：《山西大同恒安街北魏墓（11DHAM13）发掘简报》，《文物》2015年第1期。

6 大同市考古研究所：《山西大同七里村北魏墓群发掘简报》，《文物》2006年第10期。

7 杨富斗：《山西曲沃县秦村发现的北魏墓》，《考古》1959年第1期。

墓道长19.43、宽0.8米[1]。

陕西6座。朱元伯墓，墓道长14.8、宽0.9米[2]；王都墓，墓道长10、宽0.92—1.1米[3]；杨舒墓，墓道长17.84、宽1.4米[4]；韦鲜玉墓有1个过洞和天井，墓道长10、宽1.1米[5]；韦辉和墓有1个过洞和天井，墓道长13.1、宽1.16米；韦乾墓有1个过洞和天井，墓道长15.1、宽1.04米[6]。

河南洛阳6座。元冏墓道长15、宽1.4米[7]；吕达墓，墓道长17.2、宽1.2米[8]；染华墓道被破坏，有1个过洞和天井，墓道残长10.4、宽1.22米[9]；元邵墓有1个过洞和天井，墓道长10.35、宽1.45米[10]；曹连墓有1个过洞和天井，墓道长14.74、宽0.8米[11]；元祉墓有1个过洞和天井，墓道长13.8、宽1.2米[12]。

其他地区5座。河北赞皇李翼夫妇墓，墓道长19.5、宽1.68米[13]；李仲胤夫妇墓，墓道长17.2、宽1.53米；辽宁张略墓，墓道长近20、宽1.2米[14]；内蒙古姚齐姬墓，墓道长10.8米[15]；宁夏固原南郊M3戴双受夫妻合葬墓，墓道

1　山西省考古研究院：《山西侯马虒祁北魏墓（M1007）发掘简报》，《文物》2021年第2期。

2　西北大学文化遗产学院、西安市文物保护考古研究院：《西安市东郊东小寨村两座北魏墓葬发掘简报》，《文博》2018年第5期。

3　西安市文物保护考古研究院、北京联合大学：《西安市灞桥区江村北魏王氏家族墓地发掘简报》，《文博》2019年第1期。

4　崔汉林、夏振英：《陕西华阴北魏杨舒墓发掘简报》，《文博》1985年第2期。

5　陕西省考古研究院：《西安南郊韦曲北塬北朝墓发掘简报》，《考古与文物》2015年第5期。

6　西安市文物保护考古所：《西安南郊北魏北周墓发掘简报》，《文物》2009年第5期。

7　310国道孟津考古队：《洛阳孟津邙山西晋北魏墓发掘报告》，《华夏考古》1993年第1期。

8　洛阳市文物工作队：《河南洛阳市吉利区两座北魏墓的发掘》，《考古》2011年第9期。

9　偃师商城博物馆：《河南偃师两座北魏墓发掘简报》，《考古》1993年第5期。

10　洛阳博物馆：《洛阳北魏元邵墓》，《考古》1973年第4期。

11　洛阳市文物考古研究院：《洛阳北魏曹连石棺墓》，科学出版社，2019年。

12　洛阳市文物考古研究院：《洛阳北魏元祉墓发掘简报》，《洛阳考古》2017年第3期。

13　中国社会科学院考古研究所河北工作队：《河北赞皇县北魏李翼夫妇墓》，《考古》2015年第12期。

14　辽宁省文物考古研究所、朝阳市博物馆：《朝阳市发现的几座北魏墓》，《辽海文物学刊》1995年第1期。

15　郑隆：《内蒙古包头市北魏姚齐姬墓》，《考古》1988年第9期。

斜坡长10.4、宽1.2—1.3米[1]。

该类型24座墓葬中，9座墓道带过洞天井，其中1座带2个过洞和天井，另外8座带1个。陕西、山西部分墓葬的墓道较窄，最窄仅为0.8米。

第四等15座：13座墓道促狭，长度在10米以下，宽1米左右。其中9座墓葬的墓道为斜坡式，4座为竖穴式，另有2座无墓道。

斜坡式墓道9座：山西大同贾宝墓，墓道残长5.7、上口宽1.06、下口宽1.08米[2]；河南洛阳董富妻郭氏墓，墓道长5.4、宽0.8米[3]；正始五年墓，墓道长7、宽1.16米[4]；河南洛阳郭定兴墓带有1个过洞和天井，总长8.8、宽1.3米[5]；河南洛阳元遵墓，墓道长9.6、宽1.2米[6]；河南洛阳吕仁墓，墓道长8.2、宽1米[7]；河南三门峡刘安囤墓85YM51，墓道长5.35、宽0.64米；河南三门峡□道仁墓85YM32，墓道长3.1、宽0.47米；河南三门峡张洛墓90JM13，墓道残长1.3、宽0.84米[8]。

竖穴式墓道4座。河南洛阳元睿墓，墓道长4.5、宽1.6米（图3-5）[9]；河南洛阳邴勖墓，墓道长5.3、宽0.8米[10]；河南洛阳侯掌墓，墓道长2.24、宽1.2米[11]；河南孟州司马悦墓，发掘简报中显示墓道长2.06、宽1.23米，从文字描

1　宁夏回族自治区文物考古研究所：《固原南郊北魏墓发掘简报》，《中原文物》2020年第5期。

2　大同市考古研究所：《山西大同北魏贾宝墓发掘简报》，《文物》2021年第6期。

3　洛阳市第二文物工作队：《北魏董富妻郭氏墓》，《中原文物》1996年第2期。

4　中国社会科学院考古研究所河南二队：《河南偃师县杏园村的四座北魏墓》，《考古》1991年第9期。

5　洛阳市第二文物工作队：《洛阳纱厂西路北魏HM555发掘简报》，《文物》2002 年第9期。

6　洛阳市文物考古研究院：《北魏淮南王元遵墓发掘简报》，《洛阳考古》2013年第2期。

7　洛阳市文物工作队：《河南洛阳市吉利区两座北魏墓的发掘》，《考古》2011年第9期。

8　三门峡市文物考古研究所：《河南三门峡市北朝和隋代墓葬清理简报》，《华夏考古》2009年第4期。

9　中国社会科学院考古研究所河南二队：《河南偃师县杏园村的四座北魏墓》，《考古》1991年第9期，图一。

10　偃师市文物旅游局、洛阳市文物考古研究院：《洛阳偃师两座北魏墓发掘简报》，《中原文物》2019年第6期。

11　洛阳市文物工作队：《洛阳孟津晋墓、北魏墓发掘简报》，《文物》1991年第8期。

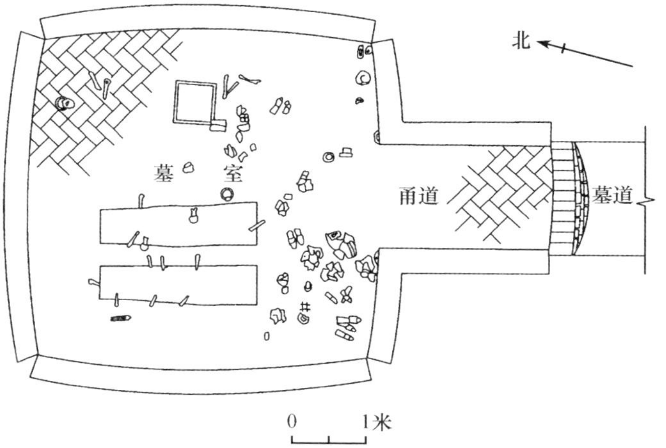

图3-5　河南洛阳元睿墓平面图

述看，实际可能没有清理完毕。

无墓道2座。北京房山区岩上村发掘的2座北魏墓均为竖穴砖石混构，没有墓道。

以上15座墓葬多在河南地区，尤以洛阳为主，其中1座带1个过洞和天井。9座斜坡墓道的长度相对较窄长，长宽比基本为7∶1，最窄为三门峡□道仁墓，宽仅0.47米。4座竖穴墓道的长宽比基本为2∶1。北京的2座为竖穴墓。

北魏纪年墓葬的墓道长度和构筑方式差异明显，主要为斜坡式墓道，最高等级墓道长而宽阔，两壁经加固，不带过洞和天井。第二等级墓道狭长，部分带有2个或1个过洞和天井。第三等级亦狭长，部分有1个过洞和天井。最低等级墓道短而窄，个别有1个过洞和天井，甚至没有墓道。整体上看，陕西地区的斜坡墓道普遍窄而狭长，洛阳地区则相对偏短，可能为迁都洛阳之后对于墓道长度有一定限制，国都执行较为严格所致。另外，洛阳及附近发现的3座墓葬为竖穴式墓道，北京发掘的2座为竖穴墓，都是较为少见的早期墓葬特征。

三、墓室结构

北魏纪年墓中，有10座为多室墓和双室墓，64座为单室墓，其中孝文帝长陵、文昭皇后陵、韦县令墓[1]、寇猛墓[2]、崔猷墓M15[3]、封魔奴墓、韩贿夫人高氏墓[4]、甄凯及其父母墓（前后双室）[5]、祖氏墓[6]这9座墓葬的墓室尺寸不详。北魏双室和多室墓的墓主棺椁往往置于面积最大的后室或主室，尺寸基本与单室墓的墓室相当，其他墓室（前室、侧室、耳室）或放置随葬品，或埋葬迁葬、祔葬者。由此，考察墓室结构时，取其墓室最大者与单室墓对比。

对于北魏墓室尺寸，参照孝文帝太和十四年诏令："又山陵之节，亦有成命，内则方丈……室中可二丈。"[7] 根据北魏一尺为27.88—29.59厘米计算，墓室中二丈为边长5.6—5.9米，面积基本为31—35平方米。内侧方丈即墓室边长一丈，2.8—3米，面积约8平方米。根据墓室大小和结构，将北魏纪年墓划分为四种类型。

第一类11座，墓室砖石构筑，室中二丈，即单室最大面积在31平方米以上，其中多室和双室墓4座。

多室和双室墓均在平城，属于平城时期。永固陵为砖砌前后双室，后室43.71平方米，使用石墓门、石券门框。万年堂与永固陵各方面均类似，仅墓室

1　1998年发掘，之前称太安五年墓，见于田晓利：《长安瑰宝》（第1辑），世界图书出版西安公司，2002年，第8、9页；相关信息由长安博物馆穆晓军馆长提供，特此致谢。

2　侯鸿钧：《洛阳西车站发现北魏墓一座》，《文物参考资料》1957年第2期。

3　淄博市博物馆、临淄区文管所：《临淄北朝崔氏墓地第二次清理简报》，《考古》1985年第3期。

4　河北省博物馆、文物管理处：《河北曲阳发现北魏墓》，《考古》1972年第5期。

5　河北无极县甄凯墓为砖构前后双室，尺寸不详。根据甄凯墓志记载："良（甄凯）之诸兄奉安公、夫人之宅兆，仰遵先旨，厝良于墓后别室。"即该墓前室为其父母棺椁所在的主墓室，后室为年仅14岁的甄凯墓室。这种布局与双室墓中后室作为主墓室、祔葬墓中子女葬于侧室或耳室不同。

6　张季：《河北景县封氏墓群调查记》，《考古通讯》1957年第3期。

7　（北齐）魏收：《魏书》卷一三《皇后传·文成文明皇后冯氏传》，中华书局，1974年，第330页。

略小，后室32.32平方米。司马金龙墓为砖砌三室墓，由前室、后室和耳室组成，其中后室面积最大，达36.78平方米。丹扬王墓为砖砌多室墓，包括前、后室及前室左右两侧室，前后室尺寸相同，为34.81平方米，墓室有壁画。

单室墓包括迁洛之后的3座帝陵和洛阳时期的4座王公贵族墓。景陵为砖砌单室，使用石墓门，墓室无壁画，墓室外土圹面积达149平方米，墓室南北6.73、东西6.92米，面积为46.6平方米（图3-6）[1]。孝明帝定陵经勘探为砖券单室墓，墓室土圹144平方米。节闵帝陵经发掘，墓室土圹114.5平方米，砖砌墓室内圹东西长7.1、南北宽6.8米，面积为48.3平方米。

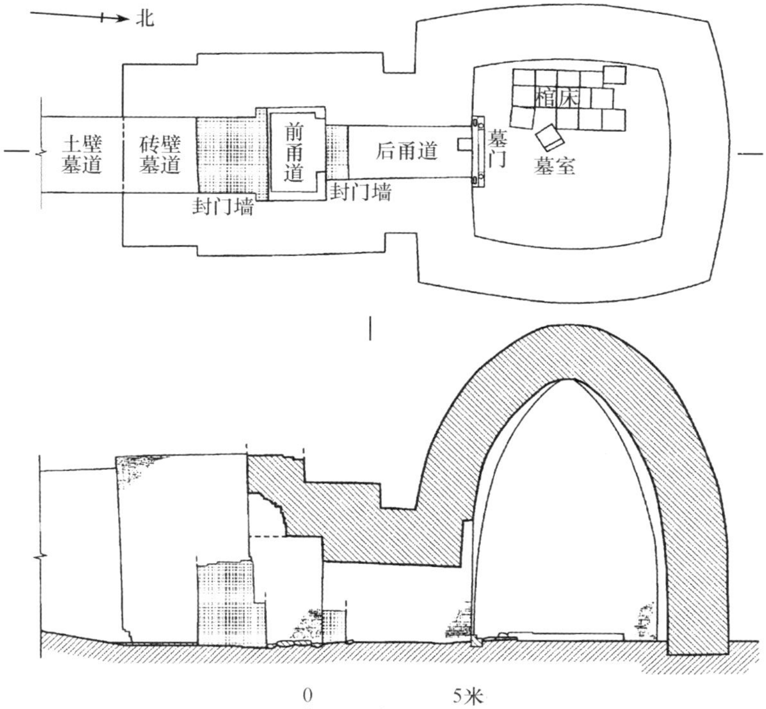

图3-6　宣武帝景陵墓室结构平、剖面图

1　中国社会科学院考古研究所洛阳汉魏城队、洛阳古墓博物馆：《北魏宣武帝景陵发掘报告》，《考古》1994年第9期，图五。

此外，元淑墓为砖砌，东西最宽6.75、南北5.7米，面积38平方米。司马悦墓砖砌，墓室边长6.75米，面积45.6平方米。元怿墓砖筑，墓室边长5.5米，面积30.3平方米，有壁画，使用石墓门。元乂墓砖砌，墓室南北长7.5、东西宽7米[1]，墓壁有壁画，东西两壁各有一假耳室。此4人均葬于北魏洛阳时期，且身份较为特殊，元淑是目前所见迁洛之后皇室成员中葬于平城之级别最高者；司马悦被叛贼所害后首级献于南朝，北魏赎回，以高规格礼制将尸首葬于祖籍；元怿为孝文帝第四子，深得灵太后宠重，被元乂、刘腾所害，灵太后返政后平反厚葬；元乂是灵太后妹夫，因篡政被灵太后赐死，加封厚葬。

该类型11座墓葬的墓室大部分二丈有余，但最大不到二丈半，符合当时规制。5座帝陵均使用石墓门，墓室无壁画，墓室的土圹巨大，主要用于砖砌墓壁，景陵砖壁厚达2.09米，保证了墓室的坚固性。6座王公墓葬中，3座有壁画，虽然室内面积较大，甚至接近帝陵，但土圹较小，砖砌墓壁较薄，墓葬的整体规模比帝陵小很多。

第二类20座，墓室面积介于室内二丈和方丈之间，18—30平方米，其中17座砖石构筑，3座土洞。

双室墓1座。山东德州高道悦墓为砖砌圆形双室，后室19.63平方米，砖砌棺床上有2具人骨，墓志置于后室甬道，前室放置随葬品，两室均彩饰花卉，这一特征延续了平城时期最高等级的墓葬布局。

多室墓1座。山西运城薛怀吉墓为砖构多室，包括一主室、甬道北侧左右耳室、墓室东侧耳室，使用石墓门。墓主棺椁在主室，面积27平方米，甬道的小耳室放置随葬品，因盗扰严重，墓室东壁耳室性质不详。

单室墓共有18座，其中砖构墓14座，石构墓1座，土洞墓3座。砖室墓包

1　该数据来自洛阳博物馆：《河南洛阳北魏元乂墓调查》，《文物》1974年第12期。但据参与景陵发掘的相关人员认为该数据很可能有误，元乂墓的墓室面积应小于景陵。

括贾宝墓，墓室26.46平方米，甬道砖砌；宋绍祖墓，17.5平方米，墓室有壁画；杨众庆墓19.77平方米；封和突墓约20平方米；元冏墓27平方米；邢伟墓20.3平方米；裴经墓22.14平方米；元睿墓19.4平方米；杨舒墓19.4平方米；吕达墓26平方米；封龙墓20平方米；元遵墓25平方米；贾思伯墓20.3平方米，有壁画[1]；李仲胤夫妇墓22平方米，甬道两壁等有白灰墙皮，未见壁画。1座石构墓为崔鸿墓，面积26.4平方米，使用石墓门[2]。3座土洞墓为：染华墓23.4平方米；元祉墓18.9平方米，有石墓门；赵广者墓20.3平方米[3]。

该类型20座墓的墓室面积差别不大，仅薛怀吉、崔鸿、元祉3座明确使用石墓门，宋绍祖墓、高道悦墓、贾思伯墓3座墓室有壁画。地域范围除了平城、洛阳外，还包括周边的陕西、山西部分地区、河北、山东等。山东临淄崔鸿墓为石构，体现了其地域特征。3座土洞墓均为洛阳晚期，反映社会变革对于墓葬的影响。

第三类21座，室内方丈，即墓室面积约8平方米以上。其中多室、双室各1座，单室墓19座。

多室墓为山西侯马李诜墓，砖构多室墓，一主室两耳室，主室面积约7平方米，室内棺床上有2具人骨，应为夫妻。左右耳室内各有一堆散乱人骨，属于迁葬。

双室墓为陕西西安韦彧墓，土洞墓，包括主室和南壁东侧一东西向侧室，主室面积约9平方米，有壁画。根据墓志可知，应为韦彧及夫人柳氏墓，侧室所葬应为其次子韦晔。

1　寿光县博物馆：《山东寿光北魏贾思伯墓》，《考古》1992年第8期。

2　山东省文物考古研究所：《临淄北朝崔氏墓》，《考古学报》1984年第2期。

3　该墓发掘资料见于洛阳市文物考古研究院：《洛阳孟津朱仓北魏墓》，《文物》2012年第12期，M60墓中出土墓志盖，与之前洛阳孟津出土的赵广者墓志应为一合，墓志信息分别见于齐运通：《洛阳新获七朝墓志》，中华书局，2012年，第34页；赵君平、赵文成：《河洛墓刻拾零》（上），北京图书出版社，2007年，第36页。

以上2座墓均为多人葬，李诜墓应为家族墓，韦彧墓的侧室属于祔葬性质。

单室墓共有19座。砖室墓有7座：破多罗太夫人墓9.78平方米，有壁画；尉迟定州墓土圹15.58平方米，室内8.96平方米，有石墓门；梁拔胡墓10.2平方米，有壁画；姚齐姬墓9.5平方米；戴双受夫妻合葬墓土圹17.13平方米，墓内13.3平方米；邵真墓9平方米；王真保墓9平方米[1]。石构墓1座：张略墓9平方米，有石门。土洞墓11座：辛祥墓15.4平方米[2]；郭定兴墓13.3平方米；邴勖墓8.85平方米；侯掌墓9.3平方米；元暐墓11平方米，墓室有壁画；元邵墓15.6平方米；曹连墓11.2平方米；吕仁墓12平方米；王温墓8.4平方米，墓室有壁画[3]；韦辉和墓15.84平方米；韦乾墓13.4平方米。

该等级墓葬比较明显的变化是砖、石墓9座，比土洞墓12座少，土洞墓主要集中于洛阳。该等级墓葬中，尉迟定州墓、张略墓使用石墓门，破多罗太夫人墓、梁拔胡墓、韦彧墓、元暐墓、王温墓带壁画。

第四类13座，墓室面积最小，即不到方丈，小于8平方米，1座砖室墓，2座砖石混构，其余均为土洞墓。

多室墓仅1座，为河南三门峡张洛墓，土洞式，由东、西、北3个小龛组成，墓室不规整，通长4.1、最宽1.8米，最大的北龛仅2平方米左右，葬1人。西侧龛葬2人，头朝北，东侧室葬3人，头朝南[4]。该墓为级别很低的多人合葬墓。

单室墓12座，2座砖石混构墓黄鉴、黄氏墓，均为梯形，长2.88—3.2、

---

1 秦明智、任步云：《甘肃张家川发现大赵神平二年墓》，《文物》1975年第6期。

2 代尊德：《太原北魏辛祥墓》，《考古学集刊》（第1辑），中国社会科学出版社，1981年，第197—202页。

3 洛阳市文物工作队：《洛阳孟津北陈村北魏壁画墓》，《文物》1995年第8期。

4 三门峡市文物考古研究所：《河南三门峡市北朝和隋代墓葬清理简报》，《华夏考古》2009年第4期。

宽1.16—1.63米，面积为5平方米左右[1]。土洞墓10座：叱干渴侯墓M70约6平方米[2]；崔令珍妻韩法容墓为刀形，5.4平方米；朱元伯墓4.6平方米；董富妻郭氏墓4.34平方米；正始五年墓7.08平方米；王都墓5.5平方米；刘安囤墓3平方米；韦鲜玉墓6.9平方米；□道仁墓1.95平方米；李翼夫妇墓7.3平方米。

该等级墓室中以土洞墓为主，且没有一座使用石墓门，墓室都没有壁画，说明此类面积小的墓葬都较简单。

北魏墓室结构中，以帝后陵为主的砖筑墓级别最高，面积为室内二丈以上，构筑坚固，使用石墓门，无壁画，部分为多室或前后双室。其次是室内二丈至方丈之间的单室砖石墓，部分使用石墓门或绘有壁画，北魏末年洛阳有少量土洞墓，多室和双室墓较少。再次为室内方丈的土洞墓和砖石墓，少数多室和双室，壁画数量增加，但极少使用石墓门。最后为面积方丈以下的单室土洞墓，无壁画和石墓门。极少数砖构，一座多室为家族墓。

北魏中后期多室、双室和单室墓并存的现象，体现了魏晋以来墓室逐渐简化的发展演化过程，即从多室减少到前后双室再到单室，有些原来的侧室缩小变为耳室，北魏末年元乂墓的两个假耳室即是其反映。比较特殊的是，墓室等级偏低的多室或双室墓，包括陕西韦彧墓、山西侯马李诜墓、河南三门峡张洛墓、河北无极甄凯墓均为家族墓或祔葬墓，而级别较高的多室和双室却是单人葬或夫妻合葬墓，说明魏晋的家族墓形式主要在都城之外的下级民众中有所保留。

1　孙勐等：《岩上墓葬区考古发掘报告》，《北京段考古发掘报告集（南水北调中线一期工程文物保护项目第1号）》，科学出版社，2008年。

2　大同市考古研究所：《山西大同迎宾大道北魏墓群》，《文物》2006年第10期。

四、随葬品组合

北魏墓葬随葬器物，参照文明太后永固陵："其幽房大小，棺椁质约，不设明器。至于素帐、缦茵、瓷瓦之物，亦皆不置。此则遵先志，从册令，俱奉遗事。"[1]该文主要涉及棺椁、帐茵、明器、瓷瓦之物四个方面，既是文明太后先志，也是册令所限范围。虽然诏书言不设不置，但考古发掘永固陵出土随葬品却显示与诏书不符。由此，将现有纪年墓随葬品对应以上四个方面。使用石棺床、石棺椁、漆棺以及漆屏风者，应该为当时棺中上品。墓葬中所见与帐茵有关的物品主要是帐构、帐础之类。明器包括牛车、鞍马俑，羊、猪、狗、鸡等动物俑，灶井、碓、磨、仓、厕及劳作乐舞俑，还有北魏中晚期常见的镇墓兽、武士俑、仪仗俑等。瓷瓦之物不限于瓷器和陶器，也应包含其他金属类、石质类等一切实用器物，甚至与死者关系更为密切的铜镜、铁刀、各种饰物、印章等。以上四类随葬物品的种类、数量、质地共同构成了一座墓葬的随葬品整体情况。

北魏纪年墓中，孝文帝万年堂、长陵、文昭皇后陵、孝明帝定陵、丹扬王墓、封龙墓、元怿墓这7座墓随葬品不详或极少。其余67座虽然大部分被盗，有些仅存少量残器，但现有资料仍反映一定规律。根据随葬品种类，结合质量并参考数量，将其划分为四种组合关系。

组合一4座。四类随葬品齐全或有其中三类，但出现其他种类，且质量高、数量多。

永固陵未见棺椁，但发现了可能属于漆棺的漆残片。石雕武士俑、石镇墓兽、铜马残件为明器。壶、罐、盆、碗等陶器残片，香炉、双耳罐等瓷器残片、铜簪2件、骨簪4件、料环等饰物，均为瓷瓦之物。铁箭镞、铁矛头等

1 （北齐）魏收：《魏书》卷一三《皇后传·文成文明皇后冯氏传》，中华书局，1974年，第330页。

为实用武器，非一般常见随葬品。

景陵有石棺床，旁边有石帐础，均素面，符合简朴质约的要求，而材质和体量本身已经显示其厚葬属性。陵前有体量巨大的神道石人，墓内有陶动物残片，均属明器。瓷器中有龙柄盘口壶、龙柄鸡首壶等12件，釉陶器1件，陶器20件，器类丰富，有罐、盆、钵、砚、杯、碗、盏托等，均为瓷瓦之物。另有铁箭镞7件。

节闵帝陵被毁严重，出土器物极少且残损。漆皮残片可能属于漆棺或漆器。陶俑群、牛车、鞍马、动物俑为明器。瓷器有龙柄鸡首壶等，陶器数量和种类繁多，砚、碗、盏、耳杯、盆、案、灯、盒等，另有铜带扣、铁镜、铁刀、金币1枚、玉棒1件、银片1片、铅饰1件等，都是瓷瓦等实用之物。该墓出土陶质扁长方内折器物具有特殊意义[1]。

司马金龙墓出土带有精美雕刻花纹的石棺床和造型复杂的石帐础（图3-7）[2]，色彩鲜艳的五块漆屏风为帐茵之属。镇墓仪仗俑群、牛车、鞍马、动物及灶、井等明器达367件。此外，木俑、木伞盖等木器和漆器，青瓷唾盂，铁锅、铁马镫、铁剪及石墓志等实用器物丰富。

图3-7 司马金龙墓石帐础

以上4座墓中，只有司马金龙墓非帝陵，反映平城时期部分重臣的随葬品组合与帝后陵类似，可能在数量、质量方面略逊，尤其是镇墓仪仗俑群的使

1 该墓出土的陶器类似内折的书卷，发掘简报认为是陶册，即哀册，与墓主身份有关。范杨认为是陶制布帛明器，是财富的象征。范杨：《洛阳衡山路北魏大墓出土陶帛明器考》，《中原文物》2018年第5期。

2 山西省大同市博物馆、山西省文物工作委员会：《山西大同石家寨北魏司马金龙墓》，《文物》1972年第3期。

用方面更应该有严格的限制。

组合二22座。墓葬中在葬具、帐茵、明器、实用器四种中有三类，个别虽仅有两类，但质量很高或数量很多。

平城时期仅3座：破多罗太夫人墓有大量带图案和文字的漆皮，应为精美漆棺。出土铜帐钩、铜泡钉、铜牌饰、银圆饰等，属于帐茵之类。釉陶壶和漆耳杯为瓷瓦之物，未见明器。贾宝墓在墓室内设置前廊后室的单间房形结构的木堂，梁架上施彩绘，前廊木柱下有石柱础。木堂内为木榻，不用木棺。明器有木雕镇墓俑、镇墓兽、釉陶俑。实用器包括小型墓碑，通高45.4厘米的雕刻精美的石灯，直径达63厘米的大漆盘及漆碗、漆耳杯，铜带扣、铜铃、彩绘陶壶及陶罐等。宋绍祖墓使用石棺床和三开间石椁（图3-8）[1]。镇墓兽和仪仗俑群、牛车、鞍马、动物俑、灶、井等模型均为明器，数量达170多件。陶小碟、漆盘、石供案、墓铭砖、银质手镯、琥珀饰件、石灰枕、铁镜等实用器物质量很高。

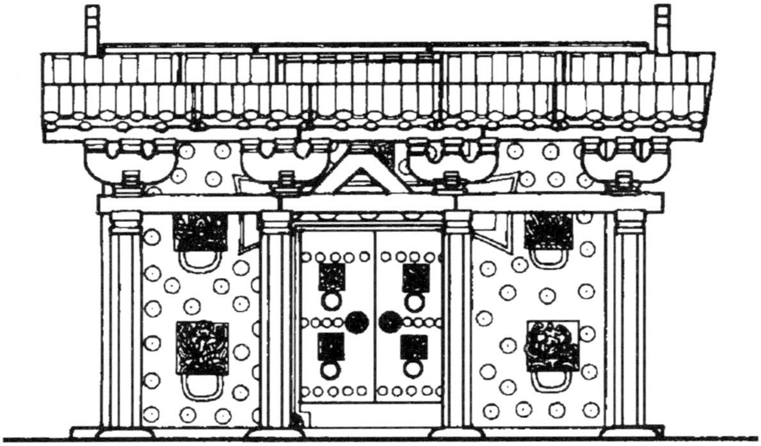

图3-8　宋绍祖墓石椁正面图

1　山西省考古研究所、大同市考古研究所：《大同市北魏宋绍祖墓发掘简报》，《文物》2001年第7期，图八。

洛阳时期19座。元淑墓有砖砌棺床，棺椁上有小铜箍、铁棺钉、棺环、合页等。瓷瓦之器数十件且质地丰富，如陶壶、陶砚、陶钵、陶勺、陶器盖，木鸠、木梳，铜钱、骨器、竹条、石盏托、石墓志等。其中木架可能是木牛车模型的前档，属于明器。杨舒墓有砖砌棺床和木棺椁，各类器物38件，有牛车、动物俑、人物俑、仓灶等明器，瓷器2件，陶器32件，还有铁镜、石枕、石墓志等。高道悦墓砖砌棺床，出土器物以陶俑类最多，其他有青瓷壶、青瓷碗、陶瓶、铜灯、石墓志等实用器。韩贿夫人高氏墓随葬器物37件，陶俑群、牛车、动物俑为明器，铜鐎斗、瓶、碗等7件，另有金钗、石墓志等，实用器数量和质量较高。吕达墓器物60件，陶俑群、牛车、动物俑、灶磨明器等30余件，还有铜瓶、铁镜、石砚、墓志、瓷唾盂等。贾思伯墓随葬陶器上百件，类型有陶俑群、牛车、鞍马、动物俑、灶磨明器等，烧制温度低，难以取出。瓷器、石墓志等为实用器。元乂墓各类陶俑数百件，以文武俑、陶马体量最大，各墓所出陶俑也以此墓最多，第二次又出土60余件，石墓志盖满雕花纹，明器和瓷瓦之物质量和数量均佳。韦彧墓随葬器物共350多件，其中一部分带北魏特征的镇墓俑、仪仗俑、辟雍砚、石墓志等属于韦彧。其他属于西魏时下葬的夫人柳氏及次子韦晔。 薛怀吉墓使用石椁1副，随葬器物380件（套），以陶俑群、明器为主，瓷器有执壶、瓷碗等，其他包括铜簪、铜扣、铜钱及玛瑙珠、石墓志等。元暐墓有石棺1副，陶俑、陶器2筐，以及石墓志。元邵墓出土陶俑115件，包括镇墓武士俑群、牛车、动物俑、灶碓明器，青瓷罐、鸡首壶、陶罐、九枝铁灯、石墓志等实用器。曹连墓有石棺、陶器、银簪、钱币、墓志。王真保墓收集出土物20余件，铜帐钩5件，铜镜、铜壶、铜釜甑、铁刀、铁灶、陶器、银碗、石墓志等。元祉墓石块铺设棺床，线刻花纹石墓门，各类随葬器物253件（组），镇墓兽、牛车、动物俑、灶碓明器等质地较差，还有瓷碗、铜鐎斗、铜钱、石墓志等实用器。王温墓随葬器物87件，有铁帐钩。镇墓兽、牛车动物俑、灶碓明器。

还有陶器、铁券、石墓志等。韦辉和墓随葬器物86件，还有陶镇墓兽、牛车、动物俑群、灶磨明器、瓷鸡首壶、唾盂，陶器、石墓志等。韦乾墓随葬器物138件，有镇墓兽、牛车、鞍马、动物俑群、灶碓类明器，还有青瓷鸡首壶、罐，陶器，石墓志。李翼夫妇墓随葬器物38件，有陶俑、牛车、鞍马、动物俑、灶磨类明器，陶器、釉陶辟雍砚等，还有瓷唾盂、碗，铜瓶、铜洗、银钗、石磨、铁镜，石墓志。李仲胤夫妇墓30多件，出土步摇残片、蚌饰、铜镜、铁镜，铜盆、瓶、唾壶、盖杯、奁，陶碗、壶，瓷碗、石墓志。

以上墓葬的随葬器物中，元淑、杨舒、曹连、李仲胤墓被盗，不确定是否随葬俑群。破多罗太夫人、王真保、李翼墓未见俑群。

组合三27座。有两类随葬品，质量一般，且数量较少，或仅一类随葬品，数量稍多，质量较高。

平城时期4座。尉迟定州墓有石棺床和石椁，下颌托、铜耳环、釉陶器、陶器等，数量偏少。韦县令墓出土执盾武士俑、镇墓兽、甲马、牛车、女俑、褐釉陶器及刻字砖。崔令珍妻韩法容墓出土陶器3件，刻字砖2块，精美的金耳坠（图3-9）[1]，各种珠子的项链、铁镜、云母片等。杨众庆墓出土铅帐钩6件，手工捏制陶俑数件，陶猪、陶灯各1件，刻字砖4块。

图3-9　崔令珍妻韩法容墓出土金耳坠

洛阳时期墓葬23座，其中12座随葬俑群。元睿墓有各类器物43件，镇墓兽和俑群，牛车和灶类明器，瓷器4件，铜簪类小件，石墓志。邴勖墓被盗，俑群有镇墓俑、人物俑、动物

1　大同市考古研究所：《山西大同恒安街北魏墓（11DHAM13）发掘简报》，《文物》2015年第1期，图版。

俑，模型明器包括灶、磨、井等，另有陶罐、陶壶、石墓志等实用器。邵真墓近30件，陶俑、明器较少，还有漆器、石墓志。郭定兴墓器物44件，有陶俑群、陶明器、石墓志。侯掌墓随葬品59件，除石墓志外均为陶器，有俑群、牛车动物俑、灶碓等明器，罐、壶类陶器。甄凯及父母墓有陶俑、陶车明器、碗2件、玉猪1对、石墓志。元遵墓仅有少量残件，分属俑群、动物俑明器、陶盒、陶罐，还有青瓷碗、石墓志。崔鸿墓器物30余件，主要是陶俑群、牛车、鞍马、动物俑、灶碓明器、石墓志。染华墓器物63件，陶俑群、牛车、鞍马、动物俑、灶磨明器、陶器、瓷器3件及石墓志。赵广者墓有陶俑群、陶器、瓷器、铜鐎斗铜盂、石墓志。吕仁墓器物40余件（套），陶俑群、牛车、鞍马、动物俑、碓磨明器、陶器、瓷罐、铜饰件、石墓志。祖氏墓有陶俑群、青瓷莲花尊、玻璃碗、石墓志。

洛阳时期6座墓被盗严重，有可能随葬俑群。封和突墓有铁花棺饰片、棺环、棺钉，有多件精美银器，陶瓷器残片、石灯3件、碑形石墓志。寇猛墓有骨梳1件，铜器残片12片，瓷器、陶器残片，石墓志。元冏墓有青、白瓷器及残片，石墓志。崔猷墓有泥俑，铜印、铜鐎斗、瓷器14件，石墓志。邢伟墓有瓷器2件，陶盘、碗24件，金器有戒指2枚、发叉3件、镯子2件，金属器残件1件，石墓志。辛祥墓有瓷龙柄鸡首壶，瓷盏托和盏4件，铜镜、铜尺、银镊子等，石灯4件，石墓志及盖3件。

洛阳时期有5座未见俑群。李诜墓有铜镯、铜环各1对，陶灶1件，刻字砖1块，牛、马、羊、猪、狗、鸡及牵马人等砖雕10余件，墓砖有模印花纹。司马悦墓仅出土10件瓷碗、1件瓷唾盂、石墓志和2件陶器。裴经墓使用双重木棺，内棺带棺环，随葬品包括铜鐎斗、铜钵、瓷唾盂、瓷碗、大小漆盘、釉陶壶、陶灯、砖墓志等。戴双受夫妻合葬墓，有砖砌棺床，因盗扰严重，仅出土陶壶、陶罐各1件，波斯银币2枚、银钗1件、骨管1件、漆木杖1根、刻铭砖2块。封魔奴墓有大量铜器，包括印章3枚，很多青瓷碗，另有玻璃碗、玛瑙珠、石墓志等。

此类型随葬品组合的墓葬中，尉迟定州、杨众庆、崔令珍妻韩法容、李诜、司马悦、裴经、戴双受夫妻、封魔奴8座墓未见镇墓兽和俑群。

组合四14座。仅有一类随葬品且数量较少，无俑类。

平城时期7座。梁拔胡墓有铜铺首、泡钉、棺环，随葬器物仅有釉陶器3件，陶罐1件。叱干渴侯墓有3件陶器和2块刻字砖。张略墓出土铁甲片和石质碑形墓志。朱元伯墓有陶罐2件、泥币23枚、刻字砖1块。董富妻郭氏墓有陶壶1件、铜戈1件、刻字砖2块。黄鉴、黄氏墓有陶壶1件、刻铭砖2块，另有几件铁铺首衔环。

洛阳时期7座。姚齐姬墓有陶壶1件、刻字砖1块，有动物骨骼殉葬。正始五年墓有陶罐2件，陶碗、陶瓶各1件，铜镜残片1小块。王都墓有刻铭残砖1块。刘安囤墓仅有刻字砖半块（图3-10）[1]。韦鲜玉墓有陶壶3件、青瓷器盖1件、刻字砖1块，质地较硬，刻字规整，涂朱。□道仁墓有刻字砖2块、五铢钱5枚。张洛墓只有刻字砖2块。

图3-10　刘安囤墓刻铭砖

以上四种类型随葬品组合中，是否随葬镇墓兽、镇墓俑和仪仗俑具有特殊意义，组合一均有俑群，组合四均无俑群，差异明显。第二、三种组合中，大部分随葬俑群，但有9座墓属于特例。破多罗太夫人、崔令珍妻韩法容2墓为夫人墓，一般不随葬陶俑群，但到北魏末年灵太后执政时期，设置女官，赐封

1　三门峡市文物考古研究所：《河南三门峡市北朝和隋代墓葬清理简报》，《华夏考古》2009年第4期，图九。

郡君，这种级别很高的夫人墓随葬俑群，如韩贿夫人高氏墓、祖氏墓即属此类。尉迟定州墓、杨众庆墓属于平城时期，李诜墓为迁洛初期，因时代稍早且墓主地位较低，不随葬俑群。王真保为略阳白马胡，墓志记载其因刺史山阳公举荐被孝文帝策授广武将军成都侯，当时秦益二州刺史为吕罗汉，太和六年（482年）卒[1]，推测王真保很可能卒葬于平城时期，爵为虚封，地位不高，不随葬俑群。所谓司徒、太原王为北魏末年叛魏的大赵望坟追赠。封魔奴为渤海封氏，幼年因伯父谋乱入宫为宦人，太和七年（483年）卒时虽官品很高，但实际身份很低，故太和八年（484年）葬于平城桑干河之南，不随葬俑群。正光二年（521年）改葬河北景县时，距离其卒葬已近40年。司马悦被叛军杀害后首级传至南朝，李翼死于河阴之难，二人墓未被盗，明确无俑群，或许与死因有关。

由此可见，北魏墓葬中棺椁的质量与随葬品的数量、种类成正比，且是否随葬陶俑群具有特殊含义，平城时期限制较为严格，只有地位较高的男性官员才能使用。迁洛之后，尤其是北魏末年时这种限制被打破，女官、高级宦官亦随葬俑群，但死于非命的高级官员不用。大量地位很低的地方官吏和平民随葬品极少。

五、墓主身份

北魏纪年墓中大部分墓主身份和社会地位比较明确，其判定依据主要是墓中文字材料所载职官，即墓主生前任职和死后赠官判断。北魏官制前后经历数次变更，《魏书·官氏志》记载，道武帝天赐元年（404年）采用九品官制，但北魏前期官制至今难以厘清。至孝文帝太和十五年（491年）定官品，官职体系结构才明晰。高祖首创将九品析分出不同阶次，九品均加从品，变为十八阶，每阶再分上、中、下三级，故官品共有五十四级。此次所定官制

1　（北齐）魏收：《魏书》卷五一《吕罗汉传》，中华书局，1974年，第1138页。

被后世称为前《职令》。太和十九年（495年）又行《品令》，刊定清浊，创流外七品制。太和二十三年（499年）复议官制，再颁后《职令》，简化之前官阶，九品仍保留正、从之差的十八阶，一至三品不设级，四品以下各阶分上、下两级，形成九品十八阶三十级。

北魏延续汉晋皇帝下诏为去世官员赠官封爵加谥之制，体现死后哀荣当属赠官。封爵因涉及子孙承袭，卒后追加者少见。谥号仅分美、平、恶三等，北魏基本无恶谥。北魏赠官包括中央官、将军号、地方长官三类，很多属于散官虚授，但反映品级之差。赠官高于卒时官阶为北魏常例，且所赠官阶一般不超过二级[1]。但一些权贵和高级官员，赠官可至三级，因“王事”或其他原因超赠达四级以上，北魏末年尤甚。从北魏纪年墓可见，赠官主要显示丧礼典仪越升，对墓葬规制的影响有限，特别是统治集团高层即三品以上官员墓葬规格，由其生前任职而非赠官决定。现根据墓主职官和爵号差异，大致将其分为四个层级。

（一）北魏帝后

包括文明太后、孝文帝、文昭皇后、宣武帝、孝明帝及推测为节闵帝。这几位皇帝和皇后所处社会状况差异较大，其中文明太后因实际掌握朝政并控制孝文帝，其陵墓与孝文帝、宣武帝、孝明帝各方面较为接近。孝文帝预建万年堂小于文明太后永固陵，节闵帝因被废地位降低，文昭皇后陵墓与其身份地位相符。总体而言，帝后无疑是北魏时期地位最高者。

（二）三品以上官员

在我国封建官僚体系中，官至三品已属于统治集团的核心成员，三品是贵胄区别于一般官员的重要界线。晋代三品以上官职与北魏前《职令》的从

1　〔日〕洼添庆文：《关于北魏的赠官》，《文史哲》1993年第3期。

二品中、后《职令》三品以上的官职相吻合，北魏流外七品中最高等级为三品，后《职令》三品以上不分上下之级，说明三品及以上属于高门阀阅。部分官员死后所受赠官或封爵升至三品，与实职三品之间差异明显，反映赠终庸滥。北魏墓葬等级规制由实职决定。北魏纪年墓中实职三品以上官员所占比例较高，共有26人，主要为洛阳时期，北魏末年因帝位更迭频繁，至有违典超授。

平城时期4人，均在大同。太延元年（435年）的破多罗太夫人墓，漆皮上题记侍中、主客尚书、领太子少保、平西大将军等职，对比前《职令》，六卿为二品上；四平将军加大者为二品中。题记云夫人祔葬，其夫已先亡，墓中夫妇并坐壁画显示二人合葬，若官品属破多罗之夫，应为薨后赠官，按一般赠官不超二级计，实职亦在三品以上。若从“太夫人”语境分析，似乎是担任以上职官的破多罗之子为父母建墓，官品当为其子实职。

太和元年（477年）宋绍祖墓砖志记载其官至幽州刺史，幽州为上州[1]，后《职令》上州刺史为三品；爵封敦煌公，为二等。据考证，宋绍祖为敦煌宋繇一族，太武帝平河西后入魏，宋繇子孙中无人位高及公。史书中李宝封敦煌公，太安五年（459年）薨后由李茂袭爵至太和十六年（492年），故推测宋绍祖敦煌公爵应为死后所赠[2]，生前实职或亦至三品。

司马金龙葬于太和八年（484年），墓表所题结衔为使持节、侍中、镇西大将军、吏部尚书、羽真、司空、冀州刺史、琅琊康王，由其妻姬辰墓铭所载其官和《魏书·司马楚之传》中所记可知，司马金龙生前已袭一品王爵，最高中央官吏部尚书为从一品下，军号镇西大将军为从一品上，地方长官朔州刺史当时可能为上州。薨后赠中央官司空为一品中，军号大将军为一品

1　北魏诸州根据人口户数分上、中、下不同等级，见〔日〕洼添庆文著，赵立新等译：《魏晋南北朝官僚制研究》第五章“北魏州的等级”，复旦大学出版社，2017年，第129—158页。

2　罗新、叶炜：《新出魏晋南北朝墓志疏证》，中华书局，2004年，第50页。

上，均为超赠，地方长官改为冀州刺史，仍为上州，未变。

丹扬王墓墓主不详，推测可能是代人叔孙建[1]或南朝北投的刘昶[2]，其王爵可确定至一品。

以上平城时期4位人物均非皇室，说明该时期拓跋鲜卑墓葬尚未使用文字纪墓。4人中仅司马金龙史书有传，且使用碑形石墓志，宋绍祖墓为砖志，破多罗太夫人墓为漆皮题字，丹扬王墓为墓砖模印文字，形式各异。

洛阳时期22人，包括皇室元姓、贵胄显要和特殊人物。

皇室8人，1人葬于平城，7人葬洛阳。

大同永平元年（508年）所葬的元淑，北魏宗室镇守旧都要职，《北史·魏诸宗室传》记载简略，石碑形墓志上“魏元公之墓志”显示公爵，从一品。志文首题官职可识别者平北将军为三品，卒官平城镇将，类于上州刺史之三品。赠镇东将军从二品，都督相州诸军事，仅前《职令》中有都督三州、一州诸军事的品阶，分别为二品上和从二品下，相州刺史为三品。

洛阳元冏葬于永平四年（511年），任职辅国将军为从三品，汲郡太守为四品下，袭爵阳平王为一品。赠征虏将军为从三品，东豫州刺史，为下州四品下，王如故。元冏赠官与任职品级相同。元怿葬于孝昌元年（525年），为孝文帝第四子，封清河王，生前职官最高至司徒、太傅领太尉，均为一品。被害，灵太后反正后追崇太师、丞相、大将军，仍为一品，但位置排序居最前。墓志宽99厘米，达3尺3寸，远超文昭皇后墓志，为灵太后直接操持之特例。元遵卒于孝昌元年（525年），淮南王为一品，任散骑常侍从三品，都督定州诸军事为从二品下，定州刺史为上州三品。赠征西将军为二品，雍州刺史为三品。元乂因专政并囚禁灵太后，于孝昌二年（526年）先废为民，后被

1 （清）李长华修，（清）姜利仁纂，（清）马蕃续纂：《怀仁县新志·艺文上》，艺文志续刻（第9卷），载石声扬文《丹阳王墓并序》；李梅田：《丹扬王墓考辨》，《文物》2011年第12期。

2 倪润安：《怀仁丹扬王墓补考》，《考古与文物》2012年第1期。

赐死，所任职中最高领军将军从二品，卫将军和尚书令均为二品，骠骑大将军和仪同三司从一品。以灵太后妹夫之故，追赠原职，地方长官为三品冀州刺史。其父元继表让爵土，追授为公，从一品。元暐武泰元年（528年）被萧宝寅所害，南平王为一品，任平西将军、银青光禄大夫、秦州刺史均为三品，都督秦州诸军事从二品下，假镇西将军从二品。褒德纪勋，礼崇加数，赠卫大将军为二品，尚书右仆射从二品，都督雍岐南豳三州诸军事为二品上；雍州刺史为上州三品。元邵卒于建义元年（528年）河阴之难，生前袭常山郡王为一品，任散骑常侍从三品、平南将军三品，中军将军从二品，卫将军二品，河南尹三品。赠侍中三品，司徒公一品，骠骑大将军从一品，定州刺史三品。元祉葬于永安三年（530年），任职最高骠骑、车骑大将军、仪同三司均从一品，平原郡王为一品。赠太保、司徒公均为一品，都督冀定沧瀛四州诸军事，高于前《职令》二品上的都督三州诸军事，冀州刺史三品。

贵胄9人，均为当时汉人世族高门。

河南洛阳2人。曹连葬于永安元年（528年），实任冠军将军从三品，中散大夫四品下，均为散官。卒赠安西将军为三品，凉州刺史属下州，仍四品下。墓志很小，长37、宽29.5厘米。王温葬于太昌元年（532年），任征虏将军为从三品，后军将军、安东将军、银青光禄大夫均为三品。赠抚军将军为从二品，瀛州刺史为三品，简公散爵从一品。

河北2人。无极甄凯正光六年（525年）祔葬，甄凯为处士，但其所祔父甄琛卒赠司徒为一品，文穆公爵从一品，墓葬应按其父官职修建。赞皇李仲胤，《魏书·李灵传》有载，任职最高谏议大夫从四品下，尚书左丞从四品上，爵李侯从二品。葬于正始四年（507年），赠镇远将军四品下、光州刺史为中州从三品下，永熙三年（534年）与夫人邢氏合葬。

山东3人。德州高道悦太和十八年（494年）被太子所害，最高职官太子中庶子为四品上，卒赠散骑常侍从三品，营州刺史为中州，从三品，爵散侯从二品，为超赠。神龟二年（519年）夫人李氏卒，迁高道悦与夫人合葬，并刊墓志[1]。寿光孝昌元年（525年）下葬的贾思伯，《魏书》有传，史书与墓志内容相符。历任官职复杂，中央官的廷尉卿、太常、殿中尚书及左将军、安东将军等将军号均为三品。被赠官尚书右仆射、镇东将军均为从二品，青州刺史三品，文贞公散爵从一品。孝昌二年（526年）所葬的崔鸿，最高任散骑常侍从三品，黄门侍郎四品上。赠镇东将军从二品，督青州诸军事从二品下，度支尚书品级从《魏书·崔亮传》散骑常侍迁度支尚书领御史中尉，推测三者同级从三品，青州刺史为三品，文贞侯为从二品。

山西1人。万荣县孝昌二年（526年）所葬的薛怀吉，《魏书·薛安都传》记载任弘农太守前为骠骑将军二品，墓志未载，或有误。志传言镇远将军、益州刺史均四品下，征虏将军、汾州刺史三品下，最高右将军、后将军为三品。赠平北将军、并州刺史，仍为三品，同于任职品级。

陕西西安1人。孝昌二年（526年）所葬的韦彧，最高任散骑常侍、征虏将军均从三品。赠太常卿、尚书为三品，都督雍州诸军事为从二品下，抚军将军为从二品，豫、雍二州刺史高于上州刺史三品，文烈公散爵从一品。

特殊人物5人，身份分别为宦官、女官和地方政权赠官。

宦官2人。河北景县封魔奴为宦官，改葬于正光二年（521年），墓中出土铜印3方，分别刻"高城侯印""冠军将军""怀州刺史"，与墓志记载生前任职相同，给事中三品，冠军将军从三品，散侯从二品。赠平东将军、冀州刺史为三品，勃海郡公从一品。河南洛阳赵广者卒于普泰元年（531年），任大长秋卿从三品，亦为宦官。其他任职有散骑常侍从三品，征南将军二品，金紫光禄大夫从二品。赠都督相州诸军事从二品下，征东将军二品，相州刺史三品。其为宦官身份却任职高品，或因帝位更迭之功，反映当时特殊

1 秦公：《释北魏高道悦墓志》，《文物》1979年第9期；赖非：《北魏高道悦墓地调查及其墓志补释》，《德州考古文集》，百花洲文艺出版社，2000年。

的社会现实。

女官2人。河北曲阳正光五年（524年）所葬韩贿夫人高氏，韩贿赠官征虏将军、营州刺史、长岑侯，爵从二品。高氏父高飏，弟高肇、高显，妹文昭皇后，侄女宣武帝高皇后。景明三年（502年），宣武皇帝以夫人皇姨之重，封辽东郡君。又以椒帏任要，授内侍中。北魏“后置女职，以典内事。内司视尚书令、仆。作司、大监、女侍中三官，视二品”[1]。高氏生前封授二品，高于其夫，单独埋葬。河北景县夫人祖氏墓，可能为北魏末年，出土墓志盖，被封郡君，与高氏类似。北魏末年灵太后执政时女职地位提高，二位夫人被封郡君为其典型。

地方政权赠官1人。甘肃张家川大赵神平二年（529年）王真保，卒葬于孝文帝至宣武帝时期，时授广武将军从四品下，城（成）都侯从二品，可能为赠爵。至万俟丑奴建立地方大赵政权，望坟追封：另有大都督西道诸军事、骠骑大将军、司徒公、天水郡开国公、太原王，若对应北魏职令，高至从一品和一品，全为虚授高品，墓志为后补刻，置于墓门券顶之上。

上所提及的三品以上高官普遍墓葬规格较高，平城至洛阳孝文、宣武时期等级相对严格。灵太后执政之后至北魏末年则职官品级虚高，甚至宦官、女官超居高位，“河阴之难”对被害文武百官的追封加赠导致其后赠官品阶泛滥，墓葬规格因墓主身份不同而有所差异。

（三）中、低级官员及世家旧族

墓主生前任职四品及以下官员和部分世家大族中，部分赠官至三品，应属中级官；其余品级为低级官，另有具有一定社会地位的世家旧族，共29人。

中级官员10人。

平城时期2人。山西大同和平二年（461年）的梁拔胡墓道题记：散骑常

1　（北齐）魏收：《魏书》卷一三《皇后传》，中华书局，1974年，第321页。

侍为二品下侍官，选部之下字缺，职事不详。爵安乐子，天赐元年（408年）减五等爵诏，子为四品，爵位较低而官品较高。一般一人所任官职、军号、爵位相差不大，同为和平二年（461年）的《南巡碑》中载，“散骑常侍安南将军［尚］书羽真南郡公毛法仁”[1]，其官爵基本为二品，推测梁拔胡散骑常侍为赠官。山西大同杨众庆墓砖记载略阳清水人，仇池投化客，任职最高为建威将军，从四品中，爵灵开子，为四品。赠冠军将军从三品，秦州刺史属上州，为三品，爵清水靖侯为三品。杨众庆所赠将军号、地方长官和爵位均至三品。

洛阳时期8人。河南洛阳寇猛卒于正始三年（506年），见于《魏书·恩倖传》，内容与墓志一致，本官步兵校尉为从五品，最高武卫将军从三品。赠平北将军三品，燕州刺史为下州四品下。河南温县司马悦镇守豫州，永平四年（511年）被害，《魏书·司马楚之传》、墓志均载任职豫州刺史，属中州，从三品，爵封渔阳县开国子，为四品下。赠平东将军、青州刺史，均为三品，属超赠。陕西西安熙平二年（517年）杨舒，任伏波将军从五品上，参太尉高阳王府事，始蕃王咨议参军事为五品下。赠镇远将军四品下，华州刺史为中州，从三品。杨舒超赠或因该阶段杨播一族权势正盛。山西太原神龟三年（520年）所葬辛祥，《魏书·辛绍先传》和墓志一致，最后任职义阳太守，义阳缘边新附，地居险远，故郡县户口有时而阙[2]，为下郡从五品下。征虏安定王府长史，即二蕃王元燮属官五品上。九年后的永安二年（529年）赠冠军将军，为从三品，南青州刺史为下州四品下。河南洛阳正光元年（520年）邴勖，建威将军长安镇将郃陵子，所袭子爵与将军号同阶，均为从四品下，镇将同于上州刺史，为三品。太武帝时已有雍州，但长安镇将延续至很晚，官职应为追赠。河南洛阳吕达卒于正光五年（524年），墓室东南角墓志

1　张庆捷：《北魏文成帝〈南巡碑〉碑文考证》，《考古》1998年第4期。

2　（北齐）魏收：《魏书》卷一〇六（中）《地形志（中）》，中华书局，1974年，第2593页。

无任职，志文首题威远将军从五品下，积射将军七品上，宫舆令品级不详，若与公车令相类，低至从八品上。墓道出吕通墓志云“赠吊之礼，有国常准”。诏赠辅国将军从三品，博陵太守若上郡四品下。两志因赠官而尺寸有异，后者或按等级规格。陕西西安永熙三年（534年）下葬的韦乾，以军勋超迁谏议大夫，从四品下，赠前将军，三品，都督雍州诸军事从二品下，雍州刺史三品，为超赠。河北赞皇李翼卒于建义元年（528年）的河阴之难，永熙三年（534年）迁葬，实任建威将军从四品下，尚书右主客郎中六品下。赠平北将军三品，散骑常侍从三品，定州刺史属上州三品，谥忠孝惠侯从二品，可能为赠爵。

以上人物因世族、军功或投化客等特殊身份而超赠至三品，墓葬规格明显低于任职三品的高官显贵。

下级官员共16人。

平城时期3人。山西大同太安三年（457年）所葬的尉迟定州墓，石椁封门题字类似买地券，称“步胡豆和民莫堤”，“步胡豆和”应为郡县地名的鲜卑语音译，即墓主为该地庶民。莫堤为北魏早期官名，《南齐书·魏虏传》载：“莫堤，比刺史。”但不确定二者是品级还是职掌类比。由申洪之墓志东宫莫堤、郭定兴墓志库部莫堤考证，莫堤可能为侍郎[1]，最高至四品。北魏庶民多与小官并称，亦见莫堤品级不高。

辽宁朝阳皇兴二年（468年）所葬的张略，任职从凌江将军、万平男，至安弥侯常侍、□南公中尉，都应为西凉所封，为王国属官。最后千人军将或为北魏所任，《魏书》见二人任此职：尧暄为千人军将，高宗以其恭谨，擢为中散[2]。说明地位低于中散，太和改制前中散大夫为四品上。尉拨击贼有

1　殷宪、刘俊喜：《北魏尉迟定州墓石椁封门石铭文》，《文物》2011年第12期。

2　（北齐）魏收：《魏书》卷四二《尧暄传》，中华书局，1974年，第954页。

功，赐介休男，从讨和龙，迁虎贲帅，转千人军将[1]。减五等爵后子为四品，男爵更低，可见千人军将为不高于四品的下级官职。

陕西西安韦曲墓砖刻“太安五年陕县令韦”。北魏前期官职无县令品级，后《职令》上、中、下县令分别为六、七、八品下。韦县令可能为上县六品下。

洛阳时期13人。

山西3人。侯马太和二十三年（499年）李诜墓，墓门外填土中发现刻字砖，记录买地内容，墓主征平郡曲沃县故民，任职安邑令，为六七八品下的低级官。正始元年（504年）封和突墓，小碑形墓志，墓主任屯骑校尉五品下，散爵昌国子从四品下，赠建威将军从四品下，洛州刺史为下州，四品下。熙平元年（516年）裴经墓，砖志，墓主任司徒府铠曹参军，属二公诸曹参军事六品上，襄威将军从六品上，宜阳、猗氏二县令，高于上县六品下。

河南洛阳5人。熙平元年（516年）所葬的元睿为北魏皇族，最后任职司空从事中郎，五品。赠平远将军四品，恭子散爵从四品下，洛州刺史属下州四品下。正光三年（522年）郭定兴墓，墓志仅见河涧太守，推测为赠官，郡分上、中、下三等，太守分别对应四、五、六品下。正光五年（524年）所葬的侯掌，任奉朝请为从七品下散官，燕州治中从事史品级不详，司州治中从事史从四品下，燕州为下州，品级最高五品，未见卒后赠官。孝昌二年（526年）所葬的染华，任镇远将军四品下，射声校尉五品下，赠乐陵太守，最高上郡四品下。普泰二年（532年）所葬的吕仁，任宁远将军为武散官五品上，未见赠官。

陕西2人。正光元年（52年）邵真墓，墓志首题阿阳令假安定太守，最高下郡太守上县令，为六品下。志文无历职，春秋九十九，推测因高年受

1 （北齐）魏收：《魏书》卷三〇《尉拨传》，中华书局，1974年，第729页。

赠。永熙二年（533年）所葬的韦辉和，员外散骑侍郎，为增补虚职散官七品上。

河北2人。河间延昌四年（515年）所葬的邢伟，任员外散骑侍郎七品上，最高加轻车将军从五品下。赠博陵太守，最高上郡四品下。正光六年（525年）所葬的封龙，最高镇远将军四品下，中部太守品级不详，最高上郡与将军号同级，无赠官。

山东临淄1人。延昌元年（512年）所葬的崔猷，最高任明威将军六品上，赠员外散骑常侍五品上。

世族3人。

太和元年（477年）贾宝墓，墓志书“凉州武威郡姑臧县民”，凉州贾氏为当地著姓，见于史者如贾彝一支贾润等，其墓室规模较大，墓内使用木堂等，随葬品的规格较高，推测应为汉人世族。

山西大同崔令珍妻韩法容，推测为太和年以后。出土刻铭砖，随葬品丰富，其中项饰和金耳饰造型工艺精美，镶嵌宝石、珍珠，另有云母片和铜饰片。崔、韩似为汉人姓氏，刀形土洞墓为河北北部晋墓之典型[1]。墓主可能为清河崔氏一族。

陕西西安永安二年（529年）去世的韦鲜玉为雍州主簿韦敬元长女，其父州主簿低于司州主簿从七品下，但韦氏为世家大族，北魏时仍为高门。

（四）平民

考古发掘中该类墓葬数量众多，大部分因无准确年代和墓主信息而未引起足够重视，纪年墓中12位墓主代表北魏社会中绝大多数的普通民众。

平城时期5人。大同天安元年（466年）叱干渴侯墓，在墓道和墓室内分

1　大同市考古研究所：《山西大同恒安街北魏墓（11DHAM13）发掘简报》，《文物》2015年第1期。

别出土墓铭砖1块，刻“长安人”“长安人京兆郡长安县民”，无官职爵号。北京房山黄鉴墓、黄氏墓分别出土刻铭砖，所刻文字为“涿黄鉴铭。皇兴三年五月廿五日死”“太和十一年七月八日涿□民黄□年□□葬□”。二人均为涿县人，分别葬于皇兴三年（469年）、太和十一年（487年）。陕西西安小寨村墓葬，墓道填土中有青灰色刻铭砖1块，刻：“朱元伯太和七年。”字体不规整。河南洛阳市西南墓葬，墓道口有刻铭砖2块，分别刻“太和十二年二月三十日”“太原郡狼孟县董富妻郭暮（墓）”，砖上有烧制时留下的清晰手印。

洛阳时期7人。内蒙古包头姚齐姬墓，墓门顶端填土中有墓志砖1块，阴刻文字两行，大字“廉凉州妻姚齐姬墓”，小字“太和廿三年岁次己卯七月廿八日记”，显示墓主为女性，砖文字体规整，分布匀称。河南洛阳偃师墓葬M4031，仅出土陶器4件和铜镜残块1件，其中陶罐、陶瓶上有镇墓文，文字漫漶不清，可识“正始五年”等字（图3-11）[1]。陕西西安灞桥区M36，墓室中部有刻铭残砖1块，刻“永平四年四月十九日蓝田□民王都铭记”，

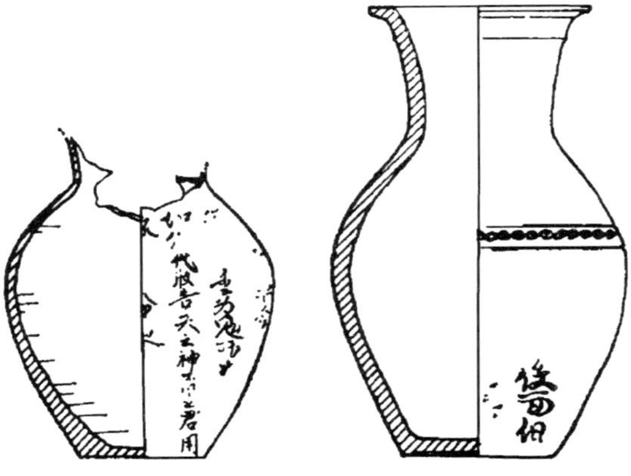

图3-11　正始五年墓出土陶罐、陶瓶

1　中国社会科学院考古研究所河南二队：《河南偃师县杏园村的四座北魏墓》，《考古》1991年第9期。

字体随意，大小不均。宁夏固原南郊戴双受夫妻合葬墓，墓道填土中出土2块扣合刻铭砖，分别刻“□□平二年岁次丁酉三月九日戴□福母冢”“唯大代熙平元年岁次丙申二月廿四日凉州槃和郡民戴双受之墓”，据考，槃和郡应为番禾郡，在今甘肃永昌，后迁徙至高平，即宁夏固原[1]。河南三门峡85YM51墓主头下枕墓志砖半块，上刻“建义元年九月十日刘安囤铭”，砖面粗糙，字体随意。85YM32三人葬，墓门口出土纪年砖2块，一块刻“普泰二年闰□□十八日□家县民……息道仁……”字样。90JM13有3个墓室，埋葬6人，墓门口出土刻铭砖2块，一块刻“太昌元年六月廿一日张洛铭”[2]。

以上北魏纪年墓的墓主集中于各级官员，任职三品以上高等级官员墓葬数量最多，与中、低级官及世家旧族墓之和近似，说明北魏中后期墓主人官职地位越高，墓中出现墓志刻铭等反映其身份的可能性越大，众多普通平民墓没有墓主和纪年信息，纪年墓中平民墓数量很少。现有资料显示，北魏中期级别较高的墓葬和平民墓均使用刻铭砖，到北魏后期，中高级墓一般使用石墓志，仅长安和洛阳地区极少数平民墓仍使用刻铭砖。

纪年墓的地面封土、墓道规模、墓室结构、随葬品组合和墓主身份基本一致，说明当时已经形成比较统一的墓葬规制，并从太武帝中期一直延续至北魏分裂。虽然地面封土数量较少，但并不违背这一规律。不同时期和不同地点墓葬之间略有差异，体现制度的严格程度和地方区域特征的保留状况，并在整体上服从于等级规制。

北魏墓葬中最高等级为帝后陵，从文明太后陵开始，帝陵地面有高大的圆形封土，平城时期封土的基底为方形，洛阳时期呈圆形，边长或直径为110米左右。陵墓坐北朝南，有神道，迁洛之后设置神道石刻。封土周围有门阙

1　宁夏回族自治区文物考古研究所：《固原南郊北魏墓发掘简报》，《中原文物》2020年第5期。

2　三门峡市文物考古研究所：《河南三门峡市北朝和隋代墓葬清理简报》，《华夏考古》2009年第4期。

等陵园建筑，封土之下的中部为砖砌墓室，南侧为长斜坡墓道，延伸至封土边缘甚至封土外，墓道长约40、宽约3米，没有过洞和天井，墓道两壁经过加固，有的用砖石垒砌，甬道设石墓门及拱形门框。墓室土圹极大，约110平方米，内室砖砌，墓壁厚达2米有余。平城时期为前后双室，迁洛后单室，室内面积40余平方米，无壁画。墓内棺椁体量巨大，帐茵等实用之物齐备，随葬瓷瓦之类及明器。皇后陵、孝文帝预建万年堂与帝陵形制类似而规模略小，封土似乎比帝陵小了一半，但墓道、墓室等规模仅略小二分，仍符合墓内二丈之制。

第二等级为王公贵族和高级官员墓，部分规格接近甚至略高于皇后陵，地面封土约40米，斜坡墓道，部分带有2个或1个过洞和天井。墓室面积18—30平方米，基本为砖构，极少数土洞。墓道规模、墓室结构和随葬品方面，平城时期与洛阳时期有所区别，而洛阳时期其他地方与都城亦有不同。平城时期仅发现于平城，墓道长30米左右，墓室砖砌，有多室或前后双室，部分带壁画。葬具使用石质或漆棺椁，部分出土帐钩或帐础。随葬实用品丰富，明器和仪仗、侍卫、生活俑众多。以宋绍祖墓、司马金龙墓、丹扬王墓为代表。洛阳时期都城洛阳制度较为严格，墓道稍短，为20余米。墓室均为单室，个别为土洞墓，部分有壁画。葬具多为木棺，石质和漆棺椁少见，随葬品以陶质明器和陶俑为主。典型代表如元冏墓、元怿墓、元祉墓等。洛阳时期都城之外的其他地区墓葬规模比洛阳稍大，如平城元淑墓，地面封土边长六七十米，墓室面积38平方米。部分地区仍有多室或双室墓，高道悦墓为砖砌双室，薛怀吉墓为多室。洛阳时期对于异姓贵族的封爵相对严格，如高道悦、崔鸿、李翼、李仲胤等赠官至三品，墓葬规制同于国都王公，爵为侯。

第三等级为中下级官员及世家旧族墓，地面封土规模不详，墓道多斜坡式，长度为10—20米，宽1.2米左右，部分带有2个或1个过洞和天井，极个别为竖穴式。墓室面积为8平方米以上，土洞墓增加，葬具基本为木棺，随葬品质量一般，数量较少。平城时期多出刻铭砖和实用器。洛阳时期使用砖石墓志、陶明器、陶俑群，陶俑数量整体偏少。都城之外仍存在多室和双室墓现象。

最后一等为平民墓。地面封土不存，墓道促狭，长度在10米以下，宽1米左右。基本为土洞墓，墓室面积狭小，仅几平方米，葬具可能为木棺或无棺。随葬品很少，仅有数件陶器，无石刻墓志，仍使用刻铭砖，部分存在多人合葬现象。该等级墓葬应该数量最多，且在各地都存在，可能因随葬品极少且无墓主和纪年信息而没有得到重视。

表3-1　北魏纪年墓及等级信息表

序号	墓主	时间	地点	封土	墓道	墓室	随葬品	身份等级
1	破多罗太夫人	435	山西大同	×	3	3	2	3
2	尉迟定州	457	山西大同	√	3	3	3	3
3	韦县令	459	陕西西安	×	√	√	3	3
4	梁拔胡	461	山西大同	×	3	3	4	3
5	叱干渴侯	466	山西大同	×	√	4	4	4
6	张略	468	辽宁朝阳	×	3	3	4	3
7	黄鉴	469	北京房山	×	×	4	4	4
8	宋绍祖	477	山西大同	×	2	2	2	2
9	贾宝	477	山西大同	×	4	2	2	3
10	崔令珍妻韩法容	477后	山西大同	×	3	4	3	3
11	朱元伯	483	陕西西安	×	3	4	4	4
12	司马金龙	484	山西大同	×	2	1	1	2
13	杨众庆	484	山西大同	×	3	2	3	3
14	文明太后	484	山西大同	1	1	1	1	1
15	孝文帝平城时期	484	山西大同	2	1	1	×	1
16	丹扬王	476—486	山西大同	√	2	1	×	2
17	黄氏	487	北京房山	×	×	4	4	4
18	董富妻郭氏	488	河南洛阳	×	4	4	4	4
19	孝文帝洛阳时期	499.5	河南洛阳	1	1	√	×	1

续表

序号	墓主	时间	地点	封土	墓道	墓室	随葬品	身份等级
20	姚齐姬	499.7	内蒙古包头	×	3	3	4	4
21	李诜	499.12	山西侯马	×	3	3	3	3
22	封和突	504	山西大同	×	2	2	3	3
23	寇猛	506	河南洛阳	×	×	√	3	2
24	正始五年墓墓主	508.6	河南洛阳	×	4	4	4	4
25	元淑	508.12	山西大同	2	1	1	2	2
26	司马悦	511.2	河南孟州	√	4	1	3	2
27	元冏	511.2	河南洛阳	×	3	2	3	2
28	王都	511.4	陕西西安	×	3	4	4	4
29	崔猷	512	山东临淄	×	×	√	3	3
30	宣武帝	515	河南洛阳	1	1	1	1	1
31	邢伟	515	河北河间	√	×	2	3	3
32	裴经	516.1	山西侯马	×	3	2	3	3
33	元睿	516	河南洛阳	×	4	2	3	3
34	戴双受夫妻	517.3.9	宁夏固原	×	3	3	3	4
35	杨舒	517.9.2	陕西华阴	×	3	2	2	3
36	文昭皇后	519	河南洛阳	2	1	√	√	1
37	高道悦	519	山东德州	√	√	2	2	2
38	辛祥	520.4	山西太原	×	√	3	3	3
39	邵真	520.11	陕西西安	×	2	3	3	3
40	郦勖	520	河南洛阳	×	4	3	3	3
41	封魔奴	521	河北景县	√	√	√	3	2
42	郭定兴	522	河南洛阳	×	4	3	3	3
43	侯掌	524.4	河南洛阳	×	4	3	3	3
44	韩贿夫人高氏	524.11	河北曲阳	×	×	√	2	2
45	吕达	524.11	河南洛阳	×	3	2	2	2
46	甄凯	525.1	河北无极	√	×	√	3	2
47	封龙	525.3	河北吴桥	2	×	2	√	3
48	元怿	525.11	河南洛阳	2	1	1	√	2

续表

序号	墓主	时间	地点	封土	墓道	墓室	随葬品	身份等级
49	元遵	525.11	河南洛阳	×	4	2	3	2
50	贾思伯	525.11	山东寿光	×	×	2	2	2
51	元乂	526.7	河南洛阳	2	1	1	2	2
52	崔鸿	526.9	山东临淄	×	√	2	3	2
53	染华	526.11	河南洛阳	×	3	2	3	3
54	韦彧	526.12	陕西西安	×	2	3	2	2
55	薛怀吉	526	山西运城	×	2	2	2	2
56	孝明帝	528.3	河南洛阳	1	1	1	×	1
57	元暐	528.3	河南洛阳	×	2	3	2	2
58	元邵	528.7	河南洛阳	×	3	3	2	2
59	刘安囤	528.9	河南三门峡	×	4	4	4	4
60	曹连	528.1	河南洛阳	×	4	3	√	2
61	王真保	529.11	甘肃张家川	×	√	3	2	2
62	韦鲜玉	529.12	陕西西安	×	3	4	4	3
63	元祉	530	河南洛阳	×	3	2	2	2
64	赵广者	531	河南洛阳	×	√	2	3	2
65	吕仁	532.1	河南洛阳	×	4	3	3	3
66	□道仁	532.闰2	河南三门峡	×	4	4	4	4
67	节闵帝	532.5	河南洛阳	×	1	1	1	1
68	王温	532.11	河南洛阳	×	√	3	2	2
69	张洛	533.6	河南三门峡	×	4	4	4	4
70	韦乾	534.1	陕西西安	×	3	3	2	3
71	韦辉和	534.1	陕西西安	×	3	3	2	3
72	李翼夫妇	534.2	河北赞皇	×	3	4	2	2
73	李仲胤夫妇	534.2	河北赞皇	√	3	2	2	2
74	祖氏	魏	河北景县	×	√	√	3	2

注：表中√表示发现相关信息，但不详细；×表示资料中未记录或未发现相关信息；身份等级统一用数字表示，便于对应；表中时间一栏，将北魏年号纪年换算为公元纪年，由于存在同年多人的情况，故加上出土墓志等材料中所述的详细年月日信息，以便于排序。

从表3-1中可看出，北魏中后期74座纪年墓主要集中于国都平城和洛阳，其他发现于周边地区。纪年墓的墓主和年代信息相对准确，在地面封土、墓道结构、墓室规模、随葬品种类等方面体现出明显的等级差异，为探讨当时的规制提供了可靠证据。不同等级墓葬在封土基底形状、墓道长度、多室墓的使用及随葬俑群等方面亦存在地域或时代差异。目前发现的北魏墓葬数量众多，以上纪年墓反映了北魏中后期墓葬等级规制的整体状况，说明当时墓葬遵循严格的等级限制，同时保留部分区域特征。墓葬的等级划分及不同等级的典型特点为其他非纪年墓的研究提供了重要参照。

第二节　迁洛之初陵墓区规划

北魏墓葬规制的强化与统一，以迁都洛阳为重大转折点。孝文帝最大功绩即迁洛并汉化，二者基本同时兼顾，其具体实施都经过了周密规划和部署，利用最合适的时机获得最大成效，其中比较典型的事例是孝文帝对外戚舅族冯熙、冯诞父子丧葬的处理，为其之后陵墓区选择及强制迁洛奠定了基础，不仅直接促进了拓跋鲜卑的深入汉化，亦成为北魏洛阳时代墓葬规制的典范。

一、迁都前外戚葬洛

北魏迁都、改制前后经历数年。史籍记载太和十七年九月“庚午，幸洛阳，周巡故宫基迹”“丁丑，戎服执鞭，御马而出。群臣稽颡于马前，请停南伐，帝乃止。仍定迁都之计。冬十月戊寅朔，幸金墉城。诏征司空穆亮与尚书李冲、将作大匠董爵经始洛京”。太和十八年（494年）二月“甲辰，诏天下，喻以迁都之意”。三月“壬辰，帝临太极殿，谕在代群臣以迁移之略”[1]。

1　（北齐）魏收：《魏书》卷七（下）《高祖孝文帝纪（下）》，中华书局，1974年，第173、174页。

孝文帝在对汉晋旧都洛阳进行整修的同时，仍亲率将士南伐，其间，舅族冯熙薨于平城，冯熙之子冯诞薨于南征途中。孝文帝乘此时机，新开魏京之墓，以特殊礼遇将冯氏父子葬于洛阳。

冯熙、冯诞分别是文明太后的兄长和侄子，冯熙又有四个女儿为孝文帝的皇后和昭仪，以二人为代表的冯氏家族是北魏后期势力最强大的外戚集团。父子在太和十九年（495年）正月和二月分别卒于平城和钟离，孝文帝为冯熙亲作志铭，又亲为冯诞作碑文及挽歌，词皆穷美尽哀。两人墓志[1]分别在2007、2008年冬出土于河南洛阳孟津与偃师交界处。两人卒于异地却均葬于洛阳，新开茔域并非冯氏家族的个人选择，而是魏孝文帝以外戚为首强制迁洛之人不得北葬等系列汉化政策的开端，冯熙、冯诞墓地的选择推动了北魏迁都洛阳之初陵墓区的规划。

冯熙墓志首题："太师京兆郡开国冯武公墓志铭。"（图3-12）志文凡19行，满行19字。志石长72、宽72、厚23.5厘米。墓志基本完整。太和十九年（495年）正月廿四日卒，十二月廿六日葬。2007年冬出土，很快被洛阳王氏收藏。墓志内容主要包括以下方面：

墓志题名说明其官至太师，为京兆郡开国公，谥号为冯武公。志文首先叙述冯熙名讳，名熙，字晋国，之后上追冯氏为毕公高之后，籍贯长乐信都。最显著的包括冯熙作为北燕冯跋皇帝之孙、燕宣王之子的前世出身，景穆帝的驸马、文明太后兄长、献文帝舅舅、孝文帝岳父的现世地位。之后是对冯熙一生功业的记录，皆为溢美扬善之辞。墓志明确冯熙于太和十九年（495年）正月二十四日在旧都平城因病而薨，时年58岁。至该年十二月葬于新都洛阳之北的邙岭。最后为四字一句的墓铭，以华美词章概括性地夸耀墓主家族及其本人，也包含人们对逝者追忆、对时光易逝的感慨及亲朋悲痛之情。

1　赵君平、赵文成：《秦晋豫新出墓志蒐佚》，国家图书馆出版社，2012年，第13、14页。

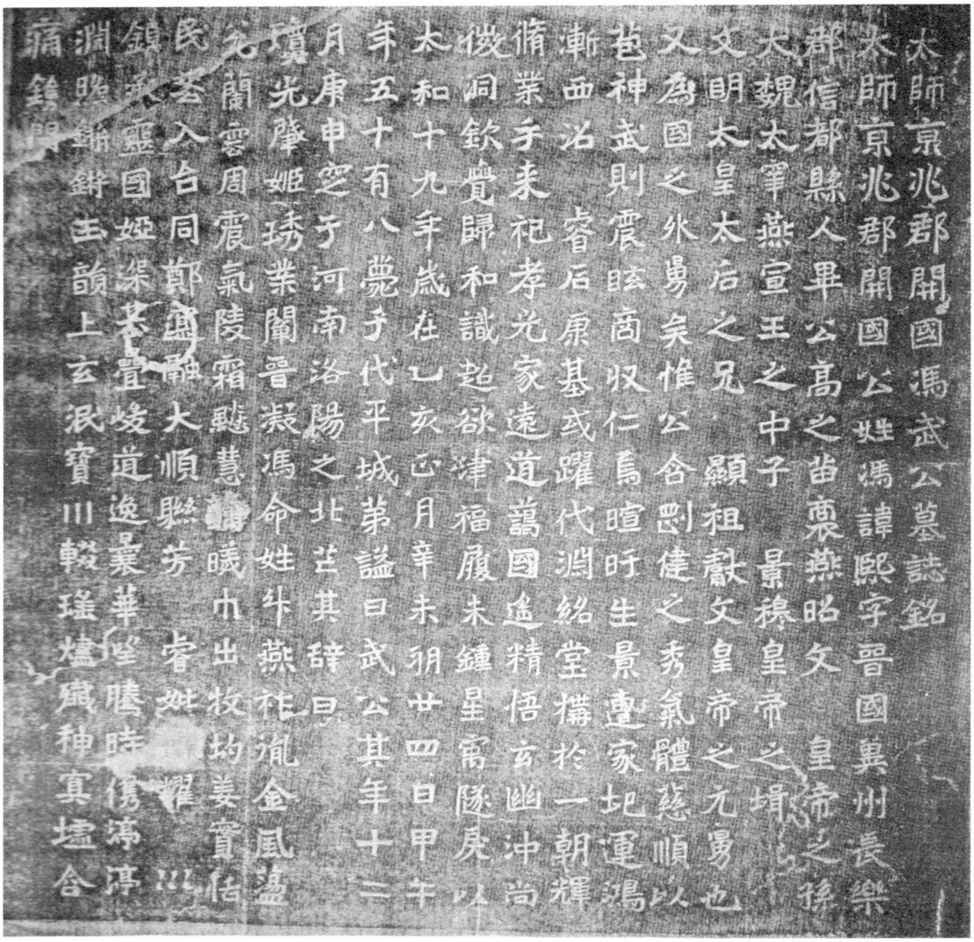

图3-12　冯熙墓志拓本

冯诞墓志，共17行，满行17字，长61.5、宽60.5厘米。2008年冬出土，旋归某氏。墓志右侧中间有一弧形缺损，志文中间部分字残。墓志首先说明冯诞薨逝时间也为太和十九年（495年），其后文字损毁，推断应为二月。其后为受赠职官，包括侍中、都督中外诸军事、车骑大将军等。冯诞为冯熙嫡长子，尚公主，身为驸马公，深得孝文帝所重，曾任太子太师，随帝南征，行军至钟离得病，薨于征伐途中。墓志文记录其字“思正”，薨时年仅29

岁。三月二十五日灵柩至洛阳，高祖下诏追赠，其使持节、假黄钺、大司马领司徒均级别较高。相关葬制典策一应物品都参照晋齐王攸的规格，谥号元懿。五月四日葬于洛阳城东北的乾脯山北坡。墓志文言冯诞原籍长乐信都，但明确“今实河南洛阳”，此为其后北迁之人墓志文之常例。

墓志文强调冯诞生前之荣：母为博陵长公主，其本人也年少尚主，妹妹为孝文帝皇后。亡后孝文帝亲自作碑文和挽歌之辞，词句穷美尽哀，事过其厚。墓志文相对简略，最后无铭句（图3-13）。

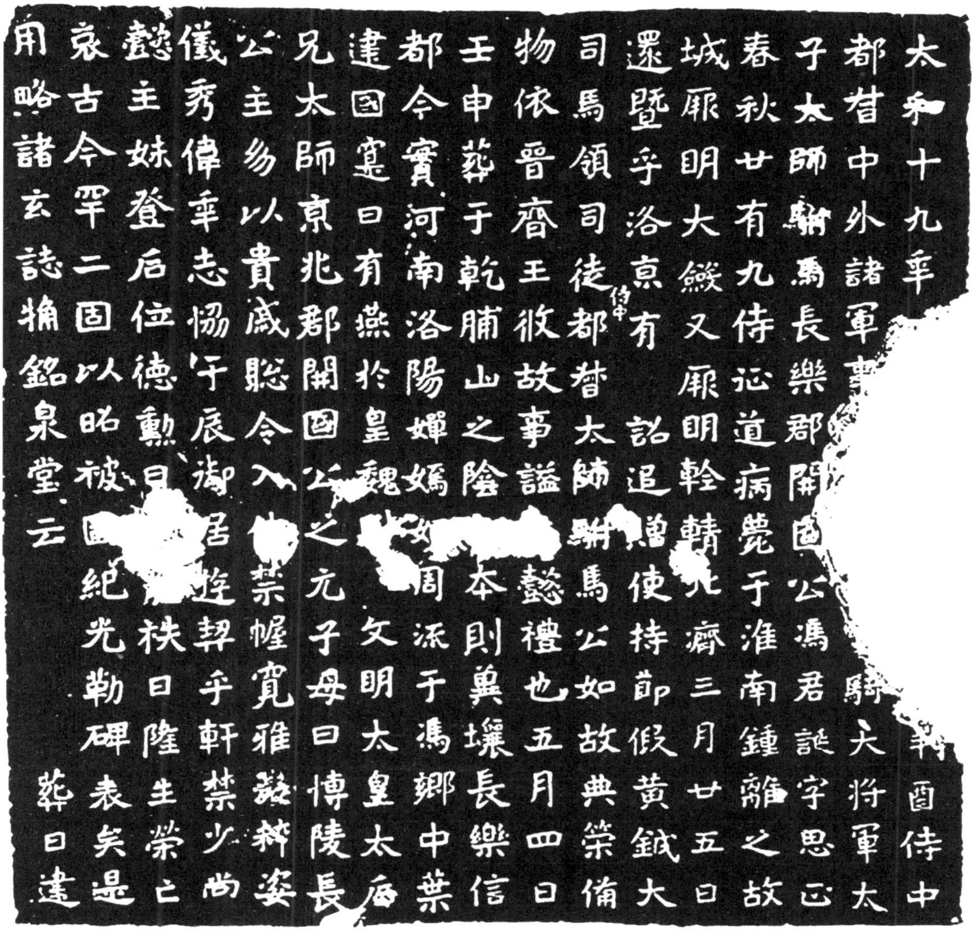

图3-13　冯诞墓志拓本

冯熙、冯诞父子二人墓志文内容多属实，尤其是二人官职、爵封，均为当时实职和死后所赠，没有言及曾被封王之经历，推测或即孝文帝所作，严格执行五等爵诏。

冯熙、冯诞父子身为皇亲姻戚，国之贵胄，宠隆非常，正史有传。冯熙名讳，《北史》[1]和墓志均载“字晋国”，《魏书》记载“字晋昌”，以墓志为准。冯熙墓志记载：“冀州长乐郡信都县人，毕公高之苗裔。燕昭文皇帝之孙，大魏太宰燕宣王之中子。”对于冯氏先祖，往往自认周文王毕公之后。冯熙所称燕昭文皇帝，实指北燕王弘，父冯朗。“祖弘，北燕王。太武平辽海，熙父朗内徒，官至秦雍二州刺史、辽西郡公，坐事诛。文明太后临朝，追赠假黄钺、太宰、燕宣王，立庙长安。”[2]

拓跋氏与冯氏多世姻亲，婚姻关系复杂，甚至出现辈分之差。墓志言：“景穆皇帝之婿，文明太皇太后之兄，显祖献文皇帝之元舅也。又为国之外舅矣。”从下图（图3-14）皇帝和冯熙家族姻亲[3]可见其辈分关系。

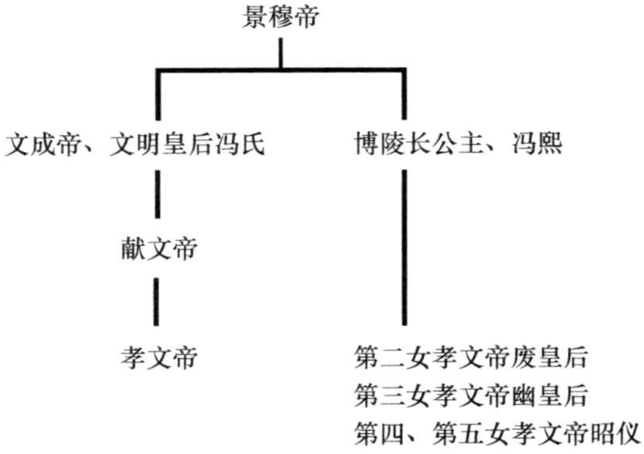

图3-14　皇室与冯熙家族姻亲关系

1　（唐）李延寿：《北史》卷八〇《冯熙传》，中华书局，1974年，第2676页。

2　（唐）李延寿：《北史》卷八〇《冯熙传》，中华书局，1974年，第2676页。

3　洛阳市文物局：《洛阳出土北魏墓志选编》，科学出版社，2001年，第81、312页，乐安王妃冯季华墓志铭。

由于冯熙尚景穆帝之女博陵长公主，故为景穆帝之婿。冯熙之妹为文成帝文明皇后，至孝文帝时为文明太皇太后，冯熙即为献文帝之舅。按照辈分，冯熙子女应与献文帝兄弟姊妹联姻，但因献文帝早崩，文明太后对孝文帝有抚育之重恩，并欲家世贵宠，遂简冯熙之女俱入掖庭，于是冯熙之女二为孝文帝皇后，二为孝文帝昭仪[1]，故冯熙又为国之外舅。

冯诞之字，《魏书》《魏故乐安王妃冯氏（季华）墓志铭》记载“字思政”[2]，《北史》[3]和冯诞墓志文则记“字思正”，二字相通。冯“诞与高祖同岁，幼侍书学，仍蒙亲待”“高祖宠诞，每与诞同舆而载，同案而食，同席坐卧。彭城王勰、北海王详，虽直禁中，然亲近不及”[4]。

墓志和史料均显示冯氏父子在当时的社会地位，冯熙以多重姻亲位居外戚之首，冯诞和孝文同庚，与皇帝关系亲密非常。正是这种特殊的地位和关系，被孝文帝选作迁葬洛阳的第一目标，由此为迁洛改制做好铺垫。从辈分和薨卒时间看，冯熙在先，但比较而言，冯诞葬洛从地理和地位两方面更易于掌控，故冯诞先葬，其墓志显示也是目前所见北魏迁洛之初最早的墓葬。

冯诞在太和十八年（494年）随孝文帝南伐，第二年因病薨于钟离，对于冯诞薨丧时日，史书记载甚详，太和十九年二月：“辛酉，车驾发钟离，将临江水。司徒冯诞薨。”[5]“十九年，至钟离，诞遇疾不能侍从……是日，去钟离五十里许。昏时，告诞薨问，高祖哀不自胜。时崔慧景、裴叔业军在中淮，去所次不过百里。高祖乃轻驾西还，从者数千人。夜至诞薨所，抚尸哀

1　（北齐）魏收：《魏书》卷八三（上）《冯熙传》，中华书局，1974年，第1820页，记载：“高祖前后纳熙三女，二为后，一为左昭仪。”乐安王妃冯季华墓志记载：“第二、第三姊并为孝文皇帝后。第四、第五姊并为孝文皇帝昭仪。”

2　（北齐）魏收：《魏书》卷八三（上）《冯熙传》，中华书局，1974年，第1820页。

3　（唐）李延寿：《北史》卷八〇《冯熙传附》，中华书局，1974年，第2679页。

4　（北齐）魏收：《魏书》卷八三（上）《冯熙传附》，中华书局，1974年，第1821页。

5　（北齐）魏收：《魏书》卷七（下）《高祖孝文帝纪（下）》，中华书局，1974年，第176页；（唐）李延寿：《北史》卷三《魏本纪（三）》，中华书局，1974年，第113页。

恸，若丧至戚，达旦声泪不绝。从者亦迭举音。明告萧鸾钟离戍主萧惠休。惠休遣其太守奉慰。诏求棺于城中。”[1]墓志首行冯诞薨日残缺，从后文“辛酉”可知，与史书相符，应为太和十九（495年）年二月辛酉，因二月庚子朔，辛酉为二十二日[2]。对于冯诞薨于钟离、孝文帝亲返凭吊之事，在杨播墓志中亦有涉及：“十九年从驾渡淮，径至寿春。三月，车驾进诸钟离。司徒冯诞薨于留营。帝乃回旆北渡，留君为殿。”[3]由于杨播葬于熙平元年（516年），且墓志由后人所撰，故时间略有出入。冯诞葬，“帝又亲为作碑文及挽歌，词皆穷美尽哀，事过其厚”[4]。丧葬过其厚，从冯诞谥号亦可见一斑。孝文之世，一般赠谥为单字，至冯诞薨，有司奏谥，诏曰：“案谥法：善行仁德曰‘元’，柔克有光曰‘懿’。昔贞惠兼美，受三谥之荣；忠武双徽，锡两号之茂。式准前迹，宜契具瞻。既自少绸缪，知之惟朕。案行定名，谥曰元懿。”[5]显示孝文帝对于冯诞丧葬礼仪之特例。冯诞墓碑不见，墓志所载应与碑文相近。墓志记录冯诞薨时春秋二十九，“三月廿五日还，暨乎洛京”，五月四日葬。

孝文帝之所以要将冯诞葬于洛阳，实为其迁洛改制之目的。冯诞在太和十九年（495年）二月薨于钟离故城时，洛阳作为新都尚在营建，旧都平城官民尚未南迁。

冯诞薨后，孝文帝下诏棺柩送至洛阳，并具体规定车仪、葬事分别由徐州、洛阳备设：“及敛迭举，高祖以所服衣帢充襚，亲自临视，撤乐去膳。宣敕六军，止临江之驾。高祖亲北度，恸哭极哀。诏侍臣一人兼大鸿胪，送柩至京。礼物辆仪，徐州备造；陵兆葬事，下洛候设。丧至洛阳，车驾犹在

1 （北齐）魏收：《魏书》卷八三（上）《冯熙传附》，中华书局，1974年，第1821、1822页。
2 陈垣：《二十史朔闰表》，中华书局，1999年，第71页。
3 杜葆仁、夏振英：《华阴潼关出土的北魏杨氏墓志考证》，《考古与文物》1984年第5期。
4 （北齐）魏收：《魏书》卷八三（上）《冯熙传附》，中华书局，1974年，第1822页。
5 （北齐）魏收：《魏书》卷八三（上）《冯熙传附》，中华书局，1974年，第1822页。

钟离。诏留守赐赙物布帛五千匹、谷五千斛，以供葬事。”之后按照晋代大司马、齐王攸故事，对冯诞加以殊礼，备锡九命，车驾还京，“遂亲临诞墓，停车而哭”[1]。

冯诞丧葬之隆盛，孝文帝极尽至礼，不仅因二人情深意切，更是为了显示葬于洛阳之规格，实为孝文帝迁都改制之始。一月之后，太和十九年（495年）六月“丙辰，诏迁洛之民，死葬河南，不得还北。于是代人南迁者，悉为河南洛阳人”“九月庚午，六宫及文武尽迁洛阳”[2]。

相较于冯诞葬洛，其父冯熙迁葬洛阳更加复杂。墓志记载冯熙薨于平城，时间是太和十九年（495年）正月二十四日，其年十二月庚申窆于洛阳北邙。对于冯熙薨卒时间，史书记载为：“三月戊寅，幸邵阳。戊子，太师冯熙薨”“夏四月庚子，车驾幸彭城。辛丑，帝为太师冯熙举哀于行在所。”[3]“三月戊子，太师冯熙薨。”[4]史书之所以与墓志所载有月余之差，或因当时高祖车驾在淮南，正月末冯熙薨，待丧表至南征军中时已至三月。此时冯熙之子冯诞已薨，且柩车已前往新都洛阳，故孝文帝下诏冯熙及博陵长公主亦迁葬至洛：“十九年，（冯熙）薨于代。车驾在淮南，留台表闻，还至徐州乃举哀。为制缌服，诏有司豫辨凶仪，并开魏京之墓，令公主之柩俱向伊洛。凡所营送，皆公家为备。又敕代给彩帛前后六千匹，以供凶用。皇后诣代都赴哭，太子恂亦赴代哭吊。将葬，赠假黄钺、侍中、都督十州诸军事、大司马、太尉，冀州刺史，加黄屋左纛，备九锡，前后部羽葆鼓吹，皆依晋太宰、安平献王故事。有司奏谥，诏曰：可以威强恢远曰‘武’，奉谥于公……葬日，送临墓所，亲作志铭。”[5]

1　（北齐）魏收：《魏书》卷八三（上）《冯熙传》，中华书局，1974年，第1822页。
2　（北齐）魏收：《魏书》卷七（下）《高祖孝文帝纪（下）》，中华书局，1974年，第178页。
3　（北齐）魏收：《魏书》卷七（下）《高祖孝文帝纪（下）》，中华书局，1974年，第176、177页。
4　（唐）李延寿：《北史》卷三《魏本纪（三）·高祖孝文帝纪》，中华书局，1974年，第113页。
5　（北齐）魏收：《魏书》卷八三（上）《冯熙传》，中华书局，1974年，第1820页。

如果严格按照六月葬事诏令，冯熙既非迁洛之人，亦非薨于河南，不在葬于洛阳之列，尤其博陵长公主已经葬于平城，更不属于迁葬范围。同时的丧事处理有别：太和十九年广川王元谐薨，王妃已薨于代京，有司上奏关于广川王葬地，诏曰："迁洛之人，自兹厥后，悉可归骸芒岭，皆不得就茔恒、代。其有夫先葬北，妇今丧在南，妇人从夫，宜还代葬……其有妻坟于恒、代，夫死于洛，不得以尊就卑……若不在葬限，身在代丧，葬之彼此，皆得任之。其户属恒、燕，身官京洛，去留之宜，亦从所择。其属诸州者，各得任意。"[1]对于冯熙夫妇，孝文帝仍诏令葬洛，当时引起较大争议："高祖南征，（拓跋）丕表乞少留，思更图后举。会司徒冯诞薨，诏六军反旆。丕又以熙薨于代都，表求銮驾亲临。诏曰：'今洛邑肇构，跂望成劳，开辟暨今，岂有以天子之重，远赴舅国之丧？朕纵欲为孝，其如大孝何？纵欲为义，其如大义何？天下至重，君臣道悬，岂宜苟相诱引，陷君不德？令、仆已下可付法官贬之。'"[2]太和十九年（495年），陆"睿表请车驾还代，亲临太师冯熙之葬，坐削夺都督三州诸军事"[3]。

孝文帝以强硬手段将冯熙和博陵长公主迁葬至洛，与其所下诏书基本同步，都是为了九月迁洛的后宫文武百官将要面临的丧葬事宜。因平城路途遥远，加之需要发博陵长公主旧墓，故冯熙葬时晚于其子冯诞，时间为同年十二月庚申。

将冯氏父子丧葬与北魏迁洛之初孝文改制时间合并，排列顺序如下：

太和十九年（495年）正月，冯熙薨于平城。二月，冯诞薨于钟离。三月，孝文帝得知冯熙丧讯，同月，冯诞棺柩发往洛阳。四月，孝文帝在彭城行在所为冯熙举哀。五月四日，冯诞葬于洛阳。六月，孝文帝下诏北人南迁

---

1 （唐）李延寿：《北史》卷一九《广川王略传》，中华书局，1974年，第685页。

2 （北齐）魏收：《魏书》卷一四《武卫将军谓传附》，中华书局，1974年，第360、361页。

3 （北齐）魏收：《魏书》卷四〇《陆俟传附》，中华书局，1974年，第912页。

葬洛。九月，六宫百官迁洛。十二月，冯熙和博陵长公主葬洛。

由上可见，冯熙父子分别由平城和钟离长途护柩葬于洛阳，是孝文迁洛之初丧葬改制的重要体现，二人厚葬的成功完成对于之后其他汉化制度的推行具有决定意义。

二、葬地与汉晋陵区

冯熙、冯诞墓志均出土于河南洛阳孟津与偃师交界处，具体地址不详。冯熙墓志记载："窆于河南洛阳之北邙。"洛阳北邙地域狭长，从新安经孟津至偃师东，黄河之阴的山岭地带均称为邙山或北邙。墓志看不出其具体方位。史籍记载冯熙："柩至洛七里涧，高祖服衰往迎，叩灵悲恸而拜焉。"[1]七里涧位于汉魏洛阳城之东，《河南志》"七里涧"条："在马市东，与鹿苑相接。涧有石梁，即旅人桥也。《洛阳记》曰：城东有石桥以跨七里涧。"[2]《洛阳记》为西晋陆机所撰："三市，大市名。金市在大城中，马市在城东，□阳市在城南。"[3]由孝文帝至位于汉魏洛阳城之东的七里涧迎哭冯熙棺柩可知，冯熙墓地大概应位于洛阳城之东。

冯诞墓志曰："葬于乾脯山之阴。"陆机《洛阳记》云："乾脯山在洛阳北去三十里，于上曝肉因以为名。"[4]由上可知，乾脯山应位于汉魏洛阳城之北30里。在汉魏洛阳故城西北，今有"三十里铺"之村名，由该村向东，经刘坡南向东至邙岭，基本在一条直线上，此亦即可证，该条直线距离汉魏故城之北基本都是30里。该线之南与今连霍高速公路基本平行，沿线为东西横长的山岭地带，大致范围为北界从西边的孟津张盘、上古，偃师的刘坡、西蔡庄、东蔡庄、邙岭镇，并继续向东延伸；南面以连霍高速公路所在的山

1　（北齐）魏收：《魏书》卷八三（上）《冯熙传》，中华书局，1974年，第1820页。
2　（清）徐松辑，高敏点校：《河南志》，中华书局，1994年，第79页。
3　（北宋）李昉等：《太平御览》卷八二七《"市"》，中华书局影印，2000年，第3688页。
4　（唐）虞世南辑：《北堂书钞》卷一四四《脯·脯山》，中国书店影印，1989年，第611页。

谷与首阳山相隔，此山谷以南应为首阳山，以北为乾脯山。

郭缘生《述征记》曰："北邙东则乾脯山，山西南晋文帝崇阳陵，陵西武帝峻阳陵。邙之东北宣帝高原陵、景帝峻平陵。邙之南，则惠帝陵也。"[1]乾脯山西南晋文帝崇阳陵、陵西武帝峻阳陵均已经过考古勘察得到确认[2]，崇阳陵（枕头山墓地）位于偃师城关镇后杜楼村北1.5千米处的山坡上。峻阳陵在崇阳陵之西，位于偃师首阳山镇南蔡庄村北2.5千米的山坡上。由此可以确认乾脯山确为上述范围。

偃师杏园村之南曾陆续清理了4座北魏墓，其中YDⅡM914出土了洛州刺史元睿墓志："以熙平元年三月戊辰朔十七日甲申迁葬于乾脯山之南原，西去洛城廿五里。"[3]杏园村位于偃师邙岭之南，由此可证乾脯山即在杏园之北。也可旁证上文《述征记》所载乾脯山与西晋五陵位置之可信。冯诞先葬于乾脯山之阴，即山之北坡，其父母冯熙夫妇十二月迁葬时，应该与其子葬于同一墓地。

在偃师邙岭乡刘坡村小庙内，保存一通唐咸通八年（867年）十一月九日冯玄德等人为其十二世祖所立《后魏昌黎冯王新庙碑》[4]，碑文记载："（元熙）凡出俸于诸州镇建佛图精舍，合七十二处。今之庙地，旧建北邙寺，乃其一也。今佛图基址，尚存其寺碑文""将葬……孝文为撰志铭，缞服亲临墓所。以前魏书修载其事，但不言封树之处及庙立之由，墓与庙当不相远也。"《偃师县志》记载："后魏冯熙墓，在县西三十里""在凤凰山上刘家坡保内，今有碑。又云，人以为冯异，非也。熙三世后戚，以功封昌黎

1　（南朝梁）萧统编，（唐）李善等注：《文选》卷三八《傅季友·为宋公至洛阳谒五陵表注》，中华书局影印，1977年，第534页。

2　中国社会科学院考古研究所洛阳汉魏故城工作队：《西晋帝陵勘察记》，《考古》1984年第12期。

3　中国社会科学院考古研究所河南二队：《河南偃师县杏园村的四座北魏墓》，《考古》1991年第9期。

4　黄明兰、朱亮：《洛阳名碑集释》，朝华出版社，2003年，第231页。

王，为洛州刺史，有功德于民，故庙祀之。”[1]今偃师西邙岭乡刘坡村西1千米上谷村南邙阜称为凤凰山，或为冯王山之谐音，上有冯王冢，即冯熙墓。有人认为冯熙墓志“在长陵以东、凤凰山西峰的瀍西兆域出土”，并据此认为乾脯山地点应在以上范围，此说有误[2]。

近年冯熙另一子信都伯冯顺公冯聿墓志出土，冯聿为孝文帝废后同产兄，“正始三年（506年）三月廿日薨于京师”“十一月廿九日窆于乾脯山之阳”[3]，说明冯聿也是归葬冯氏家族墓地，与冯熙、冯诞墓地相距不远。

目前已见北魏墓志中，明确记载葬于乾脯山的墓志已达10余方，有的写作旦甫山、葛甫山，都是“乾脯山”之音转。除了冯氏家族之外，其他如郭氏、杨氏、李氏、张氏等墓地也葬于乾脯山附近。

由以上材料可证，冯熙、冯诞等冯氏家族墓地位于汉魏洛阳故城东北的乾脯山，该区域在北魏时期一直是比较重要的墓葬区。冯诞卒时孝文帝尚在南征，其下诏由洛阳备设墓地葬事。洛阳留守可能根据北邙地势为冯诞在乾脯山之阴选定兆域。该地望实为西晋陵域，乾脯山与邙山东西相连，晋五陵分别位于二山两侧，除了山南坡已经确认的文帝崇阳陵、武帝峻阳陵外，西侧还有惠帝太阳陵。山北坡的宣帝高原陵、景帝峻平陵应该距离冯诞墓地更近。在距离西晋帝陵区很近的首阳山之东为魏文帝曹丕首阳陵[4]。城北稍偏西三十里铺附近为东汉帝陵北兆域范围，今仍存高大封土大汉冢、二汉冢、三汉冢，北魏时东汉帝陵标志显著。由此可知，在北魏洛阳城稍近的邙山岭上，已经没有足够的空间作为北魏陵区，尤其冯氏父子所在的乾脯山处于西晋陵区、曹魏陵区的夹缝中，地方促狭，更不可能再建帝陵。

1　（清）孙星衍，（清）汤毓倬原纂，偃师市志编纂委员会点校：《偃师县志：清乾隆五十四年》，卷四《陵庙记》，中州古籍出版社，2002年，第67页。

2　李风暴：《〈冯熙墓志〉考评》，《中国书法》2010年第6期。

3　宫万瑜：《邙洛近年出土冯聿、源模、张懋三方北魏墓志略考》，《中原文物》2012年第5期。

4　洛阳市地方史志编纂委员会：《洛阳市志·文物志》，中州古籍出版社，1995年，第82页。

孝文帝迁洛之后的陵墓区规划范围，只能将视野放宽，选择距离北魏洛阳城更远的瀍河两岸。

三、陵墓区规划与完善

太和十九年（495年）九月宫人及文武百官迁洛之时，孝文帝未至而立，富于春秋，且已在平城的方山永固陵东北里余营建寿宫万年堂，应该不会急于在洛阳规划陵区。但此时他所面临的紧急事情是必须选址安葬文昭皇后。据文献记载："后自代如洛阳，暴薨于汲郡之共县，或云昭仪遣人贼后也。"[1]后宫及文武百官迁洛始于太和十九年（495年）九月，文昭皇后暴薨于迁洛途中，应该即在此时。为了在至洛后尽快埋葬文昭皇后，同时面临大量移民入洛之后会出现的丧葬问题，孝文帝才开始考虑规划洛阳帝陵区域。文献中关于保护、祭祀汉晋帝陵的记载或即当时选择陵域时所为。

太和十九年（495年）九月"丁亥，诏曰：诸有旧墓铭记见存，昭然为时人所知者，三公及位从公者，去墓三十步；尚书令仆、九列，十五步；黄门、五校，十步：各不听垦殖"。太和二十年（496年）五月"丙戌，初营方泽于河阴，遣使者以太牢祭汉光武及明、章三帝陵，又诏汉、魏、晋诸帝陵各禁方百步不得樵苏践蹋"[2]。由诏令汉晋帝陵及诸旧墓不得垦殖樵践，说明当时对洛阳周围陵墓的位置还比较清楚。

据《文昭皇太后（高照容）山陵志并序》记载："以太和二十年……更时，薨于洛宫……时以军国……旧茔……神龟二年祔高祖长陵之右。"[3]该山陵志出土于长陵西北的小冢内，属于长陵区，却是神龟二年（519年）迁葬之墓。因山陵志残损严重，志文中的太和二十年（496年）当指第一次下葬的终

---

1 （北齐）魏收：《魏书》卷一三《孝文昭皇后高氏传》，中华书局，1974年，第335页。

2 （北齐）魏收：《魏书》卷七（下）《高祖孝文帝纪（下）》，中华书局，1974年，第178、179页。

3 罗新、叶炜：《新出魏晋南北朝墓志疏证》，中华书局，2004年，第89页。

宁陵。“后先葬城西长陵东南，陵制卑局。因就起山陵，号终宁陵，置邑户五百家。”据宣武帝诏书言，当时“夙世沦晖，孤茔弗祔。先帝孝感自衷，迁奉未遂”[1]。由此可见，文昭皇后在迁洛途中薨后，至洛葬于终宁陵，推测为洛阳城北盘龙冢[2]，当时属于孤茔，且陵制卑局，位置在长陵东南，并不在长陵茔域之内。但从文昭皇后墓地所在，说明孝文帝已经将陵域初步选定在城西较远的瀍河一带。

“及迁洛阳，（孝文帝）乃自表瀍西以为山园之所。”[3]该位置的确定应该在太和二十年（496年）文昭皇后葬后至该年十一月之间，因为十一月时，元桢已葬于长陵兆域。

太和二十年（496年）八月二日，南安王桢薨于邺，十一月廿六日窆于邙山[4]。其墓志在“民国十五年阴历六月二十六日，洛阳城北高沟村东南出土，无冢”[5]。元桢是景穆皇帝第十一子，为孝文帝之从祖，是目前发现埋葬时间最早的皇室成员，出土地高沟村即在孝文帝长陵之东、瀍河西岸，距离长陵较近。另有2方亦出土于高沟村。元偃墓志载“葬于太和二十二年十二月二日”[6]，志文简略，考诸史书，可能为景穆帝之孙，济阴王小新成子，为孝文帝之从叔。元简墓志，“葬于太和二十三年三月”[7]，为文成五王之一的齐郡王，孝文帝之第五叔。尽管孝文帝已在太和二十年（496年）春正月丁卯诏改拓跋姓为元氏，但元桢墓志中并未称其元姓，及至元偃墓志才始直呼元偃。

1　（北齐）魏收：《魏书》卷一三《孝文昭皇后高氏传》，中华书局，1974年，第335、336页。

2　陈长安：《洛阳北魏定陵、终宁陵考》，《中原文物》1987年特刊。

3　（北齐）魏收：《魏书》卷一三《文成文明皇后冯氏传》，中华书局，1974年，第330页。

4　北京图书馆金石组：《北京图书馆藏中国历代石刻拓本汇编》（第三册），中州古籍出版社，1989年，第30页。

5　郭培育、郭培智：《洛阳出土石刻时地记》，大象出版社，2005年，第10页下。

6　北京图书馆金石组：《北京图书馆藏中国历代石刻拓本汇编》（第三册），中州古籍出版社，1989年，第35页。

7　北京图书馆金石组：《北京图书馆藏中国历代石刻拓本汇编》（第三册），中州古籍出版社，1989年，第37页。

元简墓志中甚至已经自称“太保齐郡王姓元，讳简，字叔亮，司州河南郡洛阳县都乡洛阳里人”，严格遵从孝文改制。

3方墓志所载丧葬时间均早于高祖，孝文帝太和二十三年：“夏四月丙午朔，帝崩于谷塘原之行宫，时年三十三。秘讳至鲁阳发丧，还京师。上谥曰孝文皇帝，庙曰高祖。五月丙申，葬长陵。”[1]在帝陵区域之内埋葬的3座墓葬的墓主，一位为孝文从祖，两位为叔叔，均为其长辈，墓葬位置均在长陵之左，在长陵东侧，居于上位，说明他们的墓葬都是经过规划之后作为长陵的陪葬墓，反映出当时长陵位置已经选定，甚至可能已经开始修造。

由此可见，长陵兆域规划可能始于太和二十年（496年）大量北人南迁至洛、文昭皇后急需安葬之时，最迟在元桢埋葬的太和二十年（496年）十一月已经完成。

当时长陵的规划并不十分完善，在孝文帝葬后，景穆帝之孙、南安王第二子元彬太和二十三年（499年）十一月廿日祔于先陵，墓志洛阳城北瀍水西岸老仓凹村出土[2]。景穆帝之孙、京兆康王第四子元定景明元年（500年）十一月十九日葬，墓志于“洛阳城北高沟村出土，无冢[3]。说明在孝文帝刚葬于长陵前后时，景穆帝子孙仍葬于瀍水西岸。

另外，太和二十三年（499年）十二月廿六日埋葬的韩显宗墓志于清光绪十七年（1891年）在洛阳城西北水口村出土[4]，距离景陵较近，说明在孝文帝最初规划陵墓区时，并没有完整地划定帝陵的区域，也没有为其子孙预留出陵域。宣武帝时才限定瀍河两岸区域之内不得别葬皇室之外他族。瀍水西岸成为帝陵区域，皇室宗族亦不得葬入。

至孝明帝时，瀍西陵域之限稍松，文成帝之孙，太保齐郡顺王之世子

1 （北齐）魏收：《魏书》卷七（下）《高祖孝文帝纪（下）》，中华书局，1974年，第185页。
2 郭培育、郭培智：《洛阳出土石刻时地记》，大象出版社，2005年，第11页上。
3 郭培育、郭培智：《洛阳出土石刻时地记》，大象出版社，2005年，第11页下。
4 郭培育、郭培智：《洛阳出土石刻时地记》，大象出版社，2005年，第11页上。

元祐神龟二年（519年）二月廿三日迁窆于河南洛阳北邙之旧茔。正光三年（522年）元祐妃常季繁薨，正光四年（523年）二月廿七日启齐王之墓而合葬。元祐墓志“清末洛阳城北高沟村西出土，无冢，与妃常季繁墓志，同时同地出土[1]。

综而观之，冯诞因侍驾南征薨于钟离，孝文帝利用距离洛阳较近的便利地理优势，先将冯诞厚葬于洛阳。遂发出迁洛之人死葬不得还北诏令。冯熙、冯诞父子葬于洛阳，实为孝文帝迁洛改制之发端。高祖为了扩大霸业，欲以洛阳为统治核心，为了彻底打击反对迁洛的代北旧臣，孝文帝以外戚冯熙父子丧葬为首，采取强硬措施，下诏葬于洛阳，直接限定了以后迁洛者葬地，不仅是孝文帝迁都改制的标志，更是之后数项改制政令推行的基础，对于诸制实施具有决定性意义。

冯熙父子所葬之乾脯山，为北魏迁洛之初的最早新开墓区，仅为冯氏家族墓地，并不在孝文帝规划的帝陵范围内。洛阳北魏陵区的规划以文昭皇后的埋葬为标志，百官迁洛之后，孝文帝以瀍河以西作为帝陵区，最初在陵区内尚可埋葬皇室成员陪葬墓。及至孝文帝葬后，长陵区内不再有其他墓葬，但尚未划定其子孙陵区，至宣武帝景陵之后，陵区的划定才逐渐完成和完善。

第三节　北魏洛阳墓葬典型特征

北魏是由拓跋鲜卑建立和多民族构成的封建政权，太和十八年（494年）孝文帝迁都洛阳进行汉化改革，使北魏在统治区域、政治经济、思想文化等方面达到鼎盛，史称“太和之风”，成为中华民族共同体形成中的典型标志。洛阳北魏墓葬形制和随葬品呈现出不同文化因素在汉化主导下的相互融合，充分

1　郭培育、郭培智：《洛阳出土石刻时地记》，大象出版社，2005年，第20页下。

体现殊风异俗的和谐统一，以实物佐证了北魏后期的“太和之风”[1]。

“太和之风”在文献中多次提及，如“世宗承圣考德业，天下想望风化，垂拱无为，边徼稽服。而宽以摄下，从容不断，太和之风替矣”[2]。“世宗优游而治，宽政遂往，太和之风，颇以陵替。”[3]“肃宗已降，魏道衰羸，太和之风，仍世凋落，以至于海内倾圮，纲纪泯然。”[4]由此可见，太和之风本指孝文帝执政尤其迁洛后政治昌明、万民归附的社会形态，宣武帝期间延续，到孝明帝、胡太后执政时结束。考古发掘和调查的洛阳帝陵、墓葬及随葬品是社会现实“太和之风”在墓葬中的直观反映。

一、洛阳北魏墓葬发现

洛阳北魏墓葬以北魏洛阳时代[5]为主，主要埋葬于北魏洛阳城西北、北面及东面的孟津、偃师地区。目前经考古发掘或勘探的北魏墓超过120座[6]，纪年或墓主人较为明确者26座，包括最高级别的孝文帝及文昭皇后、宣武帝、孝明帝、孝庄帝诸帝陵5座，皇室成员元冏、元睿、元怿、元遵、元乂、元暐、元邵、元祉墓8座，另有董富之妻郭氏、王昙慈、寇猛、邴勖、郭定兴、侯掌、吕达、吕仁、染华、曹连、赵广者、王温及正始五年墓13座。其中只有董富之妻郭氏墓[7]葬于迁洛之前。

1 该部分内容以论文形式发表，刘连香：《洛阳北魏墓葬的“太和之风”与民族文化交融》，《中央民族大学学报》（哲学社会科学版）2023年第3期。

2 （北齐）魏收：《魏书》卷八《世宗宣武帝纪》，中华书局，1974年，第215页。

3 （北齐）魏收：《魏书》卷八八《良吏传》，中华书局，1974年，第1899页。

4 （北齐）魏收：《魏书》卷一〇八《礼志一》，中华书局，1974年，第2733页。

5 北魏洛阳时代指从国都由平城迁至洛阳的太和十八年（494年）开始，到永熙三年（534年）分裂为东西魏结束，此概念由李凭提出，与北魏平城时代相对应，反映北魏前后两个阶段的明显差异。李凭：《从平城时代到洛阳时代——论述北魏王朝的发展历程》，《黄河文化论坛》（第九辑），中国戏剧出版社，2003年。

6 偃师商城博物馆：《河南偃师南蔡庄北魏墓》，《考古》1991年第9期。该墓双室砖棺，出土陶母狗、陶母猪，均侧卧哺乳数只幼崽，此造型主要见于北齐和隋墓，推测非北魏墓，故不统计。

7 洛阳市第二文物工作队：《北魏董富妻郭氏墓》，《中原文物》1996年第2期。

其他材料相对完整的北魏墓主要有河南洛阳涧西北朝墓葬中的M77、M94[1]，涧西衡山路M926推测为节闵帝陵[2]，衡山路北魏墓HM621[3]；孟津邙山与元冏墓同时发掘M14、M15、M18[4]，孟津朱仓东端M1—M7共7座[5]，孟津朱仓赵广者墓等23座[6]，孟津朱仓村东北部3座家族墓[7]，孟津南陈M35及附近1千米范围内的50余座[8]；偃师杏园北魏墓M926、M1101[9]，与染华墓同时发掘的偃师联体砖厂二号墓[10]，偃师前杜楼石棺墓[11]，与邴勖墓同时发掘的偃师M5[12]；还有黄河北岸吉利济涧M2503[13]。

洛阳出土北魏墓志近400方[14]，绝大部分为盗掘，根据志文内容可知，只有1方埋葬于北魏迁洛之前。

以上墓葬和墓志信息充分说明北魏迁都之后墓葬发生了重大改变，其墓葬形制、葬具和随葬品等丰富的实物材料是当时统治制度和思想观念在物质文化方面的重要体现。

1　河南省文化局文物工作队：《一九五五年洛阳涧西区北朝及隋唐墓葬发掘报告》，《考古学报》1959年第2期。

2　洛阳市文物考古研究院：《洛阳涧西衡山路北魏墓发掘简报》，《文物》2016年第7期。简报推测为节闵帝陵，笔者认为证据不足，从地面不见封土，前甬道为横长方形，墓室有壁画、随葬品中部分陶器的汉晋特征突出，建造与被毁时间等方面推测，或可能为孝文、宣武时期高级贵族墓葬。

3　洛阳市第二文物工作队：《洛阳衡山路北魏墓发掘简报》，《文物》2009年第3期。

4　310国道孟津考古队：《洛阳孟津邙山西晋北魏墓发掘报告》，《华夏考古》1993年第1期。

5　李继鹏：《孟津县朱仓东端东汉北魏墓葬》，《中国考古学年鉴2010》，文物出版社，2011年，第295页。

6　洛阳市文物考古研究院：《洛阳孟津朱仓北魏墓》，《文物》2012年第12期。

7　洛阳市考古研究院2022年度项目汇报会公布资料，洛阳网新闻，2023年2月12日。

8　洛阳市文物考古研究院：《洛阳孟津南陈北魏墓发掘简报》，《洛阳考古》2014年第1期。

9　中国社会科学院考古研究所河南二队：《河南偃师县杏园村的四座北魏墓》，《考古》1991年第9期。

10　偃师商城博物馆：《河南偃师两座北魏墓发掘简报》，《考古》1993年第5期。

11　洛阳市第二文物工作队：《偃师前杜楼北魏石棺墓发掘简报》，《文物》2006年第12期。

12　偃师市文物旅游局、洛阳市文物考古研究院：《洛阳偃师两座北魏墓发掘简报》，《中原文物》2019年第6期。

13　洛阳市文物考古研究院：《洛阳吉利济涧北魏墓发掘简报》，《文物》2015年第4期。

14　刘连香：《民族史视野下的北魏墓志研究》，文物出版社，2017年，第15页。

二、墓葬形制的统一与差异

洛阳作为北魏都城，其墓葬形制与平城、盛乐的最大差异在于更多地呈现出了汉文化因素，其中既包括洛阳作为汉魏晋国都的延续，也存在孝文帝迁洛之后强制汉化的作用。

（一）墓向及墓上地面布局

帝陵的墓葬形制是当时丧葬制度的标杆，也是国家意识形态和经济实力的直接反映。洛阳已经确认的北魏帝陵包括孝文帝及文昭皇后长陵、宣武帝景陵、孝明帝定陵、孝庄帝静陵，主要位于瀍河以西，只有定陵在瀍河以东。

洛阳北魏五陵墓向均坐北朝南，方位与目前已经勘探的洛阳东汉帝陵[1]、西晋峻阳陵和枕头山崇阳陵[2]方位一致（表3-2），说明北魏陵墓方位选择与都城宫殿一样，直接继承汉文化传统。

帝后陵地表封土高大，改变了西晋“不坟不树”的传统，延续东汉帝陵形制。长陵大冢封土现存最大直径103、高约21米；小冢封土现存直径42、高约15米[3]。景陵封土直径105—110、现存高24米[4]。定陵封土直径约94、高约16米[5]。静陵封土直径约30、高约15米[6]。五陵夯筑封土基底平面均为圆形，与其形成对比的是平城方山永固陵、万年堂、元淑墓及河北封龙墓，后几座封土基底均为方形，圆形封土基底体现了洛阳风格。

---

1 洛阳市文物考古研究院：《邙山陵墓群考古调查与勘探第一阶段考古报告》，文物出版社，2018年，第174页。

2 中国社会科学院考古研究所洛阳汉魏故城工作队：《西晋帝陵勘察记》，《考古》1984年第12期。

3 洛阳市第二文物工作队：《北魏孝文帝长陵的调查和钻探——“洛阳邙山陵墓群考古调查与勘测”项目工作报告》，《文物》2005年第7期。

4 中国社会科学院考古研究所洛阳汉魏城队、洛阳古墓博物馆：《北魏宣武帝景陵发掘报告》，《考古》1994年第9期。

5 洛阳市文物考古研究院：《洛阳孟津后沟玉冢调查勘探报告》，《洛阳考古》2014年第3期。

6 黄明兰：《洛阳北魏景陵位置的确定和静陵位置的推测》，《文物》1978年第7期。

表3-2　洛阳北魏帝陵与东汉帝陵形制对比

<table>
<tr><td rowspan="1">东汉帝陵</td><td colspan="1">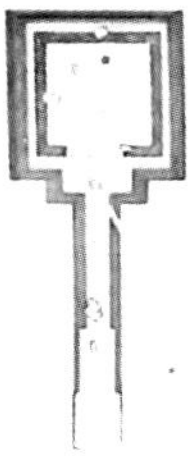
大汉冢</td><td colspan="2">
二汉冢</td><td colspan="1">
朱仓M722</td><td colspan="1">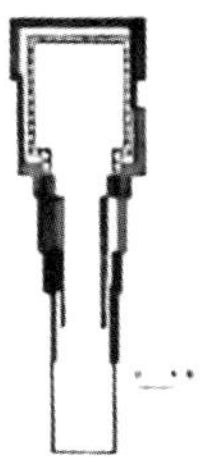
朱仓M707</td><td colspan="1">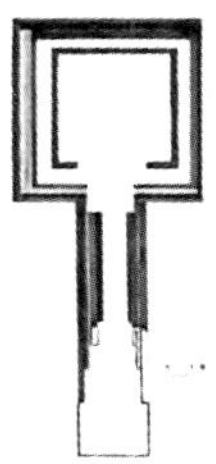
刘家井大冢</td></tr>
<tr><td>北魏帝陵</td><td colspan="2">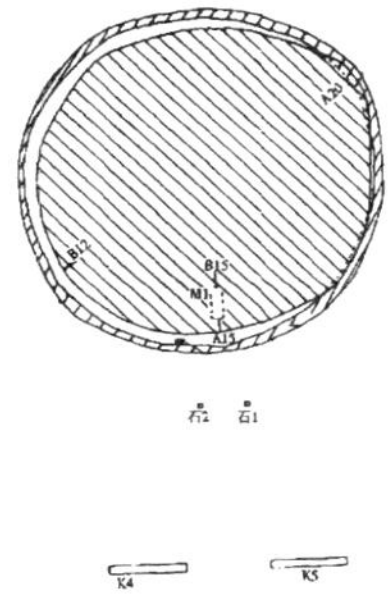
长陵</td><td colspan="2">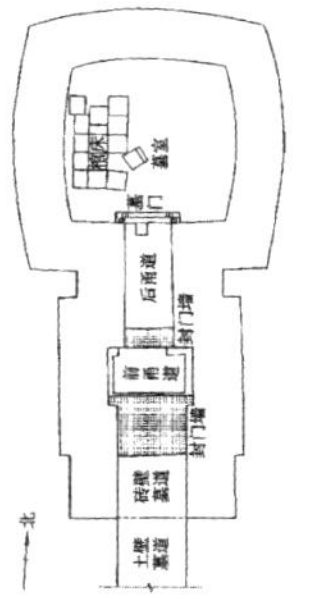
景陵</td><td colspan="2">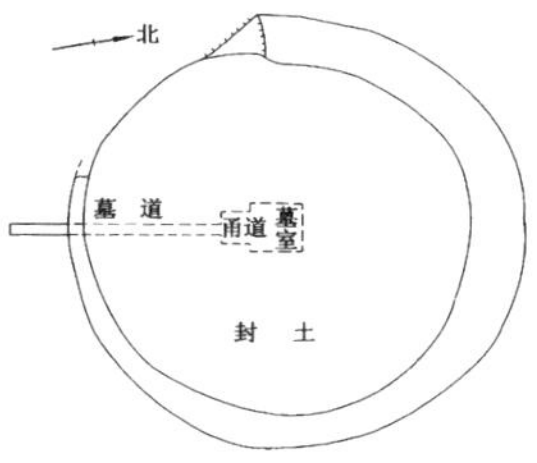
定陵</td></tr>
</table>

陵前设神道石刻，对称布局。长陵大冢封土之南21米处发现2个对称石墩，再向南46米处有2个对称长方形竖穴方坑[1]，石墩和方坑之间为神道。景陵墓冢南10米、墓道延长线西侧发现拄剑石人1躯，头部缺失，残高2.89米[2]。邙山红山乡上寨村南大冢推测为孝庄帝静陵，冢前约12米处挖出石人1件，高3.14米，头戴冠，身着夹领短襦，双手于胸前拄剑，同出另有1石人头，面部特征与石人相同[3]（图3-15）。北魏帝陵前树立神道石人，在我国陵墓制度方面具有特殊意义。东汉时期帝陵未见神道石刻，北京石景山幽州书

1　洛阳市第二文物工作队：《北魏孝文帝长陵的调查和钻探——“洛阳邙山陵墓群考古调查与勘测”项目工作报告》，《文物》2005年第7期。

2　中国社会科学院考古研究所洛阳汉魏城队、洛阳古墓博物馆：《北魏宣武帝景陵发掘报告》，《考古》1994年第9期。

3　黄明兰：《洛阳北魏景陵位置的确定和静陵位置的推测》，《文物》1978年第7期。

佐秦君神道石柱、山东历城琅琊相刘君石柱在西晋韩寿墓和南朝帝王陵墓前得以继承。帝陵神道石人至唐代再次出现，文武左右对称树立在宋代形成定制。北魏帝陵石人在平城方山永固陵已经出现，但置于墓内且体量较小，墓室出土1件站立武士，手握剑，头部残缺，残高0.57米，另有石刻武士腿部残块[1]，说明其应属于2件。到洛阳时代应形成了规制，高级贵族不允许使用石人，而以壁画或武士俑代替，河南洛阳元怿墓甬道两侧壁画各绘2位拄剑武士，完整两幅，分别高达1.74、1.83米，面朝墓门（图3-16）[2]，与神道石人造型接近，应同样具有镇守陵墓之功能。

图3-15　洛阳静陵神道石人

图3-16　洛阳元怿墓甬道武士图

1　大同市博物馆、山西省文物工作委员会：《大同方山北魏永固陵》，《文物》1978年第7期。
2　徐婵菲：《洛阳北魏元怿墓壁画》，《文物》2002年第2期。

帝陵封土外围为方形或长方形陵园垣墙和壕沟。长陵四面为夯土垣墙，墙中间开一门，南墙和西墙上发现垣门遗迹，墙外有垣壕，墙内大小二冢为帝后同茔异穴，两冢东南均发现建筑遗迹，可能为祭祀遗存。景陵陵园呈方形，边长440米[1]。定陵封土周围勘探出长方形陵园遗迹，西、南两面发现夯筑垣墙，墙内外均有砖瓦和白灰墙皮堆积，东、北垣墙被破坏，垣墙外四面环绕壕沟，东、南、西三面开垣门。东汉帝陵未发现陵园垣墙和环壕，西晋文帝崇阳陵周围的东、北、西三面均发现垣墙残段，围成北窄南宽的梯形。洛阳北魏帝陵可能受到西晋帝陵影响。

已经发掘的百余座洛阳北魏墓葬上至王侯，下及普通平民，其墓葬方向绝大部分南向，目前仅见2座西向，分别为正始五年墓为270°，孟津朱仓遗址区北魏墓群M51为277°，与平城时期大量西向墓葬对比，洛阳时期墓葬方向已经基本统一为南向。这些墓葬中，部分墓葬至今地面仍见封土，如元怿墓周围已被取土破坏的情况下，封土直径尚达55.7、高约15米[2]；20世纪70年代元乂墓封土直径为35、高20米[3]。孟津朱仓遗址区墓群南侧至今仍保留部分北魏时期墓葬封冢。如今所见北魏墓葬大部分地面封土不存，主要因封土规模本身较小，年久破坏。一般墓葬未见墓园遗迹和神道石刻。

（二）墓室与墓道

洛阳北魏墓葬无论帝陵、高等级官员贵族墓，还是普通平民墓均为单室，至今未发现同时期其他地方仍然存在的双室或多室墓，仅吉利济涧墓南壁东侧有一个长0.5、高和深均为0.18米的小龛。元乂墓的东西两壁各有1个假耳室。帝陵和大型砖室墓葬为明坑，即在地面向下挖出土坑，在坑内砖砌

1　严辉、刘斌：《洛阳衡山路北魏大墓研究札记》，《洛阳考古》2016年第4期。

2　洛阳市文物考古研究院：《邙山陵墓群考古调查与勘探第一阶段考古报告》，文物出版社，2018年，第94页。

3　洛阳博物馆：《河南洛阳北魏元乂墓调查》，《文物》1974年第12期。

穹隆顶墓室后用土填埋。

墓葬以弧边方形为主，部分呈梯形，如郭定兴墓、赵广者墓等，均前宽后窄。孟津朱仓北魏墓群发现12座、朱仓东端发现7座刀形土洞小型墓值得关注，墓道偏向墓室东侧，与墓室东壁为一条直线，墓室西侧宽于墓门，呈前宽后窄的斜梯形。从平城时期大同南郊北魏墓群中发现11座[1]同样类型的墓葬来判断，其年代可能偏早。洛阳涧西小型墓墓室狭小，该地发掘北朝及隋唐小型墓葬40座，一半以上为北朝时期，其中M77、M94出土永安五铢，为北魏墓，均为仅可容身的梯形， M94长1.57、宽0.44米，可能为洛阳当地原居民的墓葬。

墓室构筑分为砖室、土洞和土坑。帝陵全部为砖室墓，其他砖室墓包括涧西衡山路大墓、王昙慈、寇猛、元冏、元睿、吕达、元怿、元遵、元乂、孟津邙山M18、孟津南陈M35、孟津朱仓北魏墓群M4和M11、偃师杏园M926、偃师联体砖厂二号墓、偃师北魏墓M5等共21座。从纪年墓可以看出，洛阳墓室构筑从"河阴之难"开始发生重大转折，皇室成员和高级贵族如元暐、元邵、元祉、曹连、王温等人身份显赫，其墓葬即使规模很大，但也都变为土洞墓。其主要原因是"河阴之难"开始至分裂为东西魏的6年之间，社会陷入巨大动荡，帝位更迭频繁：19岁孝明帝—1个月公主—3岁元钊—孝庄帝元子攸—长广王元晔—节闵帝（前废帝）元恭—安定王（后废帝）元朗—孝武帝（出帝）元修。不同政权之间相互杀伐导致大量男性非正常死亡，"河阴之难"文武百官2000余人被射杀，弘农杨氏一门百余口被害，尔朱氏家族几乎被灭尽等。社会变化在墓葬的其他因素中亦得到反映。

墓室构筑及装饰体现汉文化传统，吉利济涧村土洞墓的墓室顶部土雕建筑屋顶，是中原汉移民在河西魏晋十六国期间墓葬形制的回流。北魏迁洛后

1　山西大学历史文化学院、山西省考古研究所、大同市博物馆：《大同南郊北魏墓群》，科学出版社，2006年，第360—385页。

十年已有墓葬出现壁画，如王昙慈、元怿、王温、涧西衡山路大墓等，吉利济涧墓有白灰面。而元乂墓（图3-17）[1]和偃师前杜楼石棺墓顶的星象图在汉文化主题中具有重要价值。

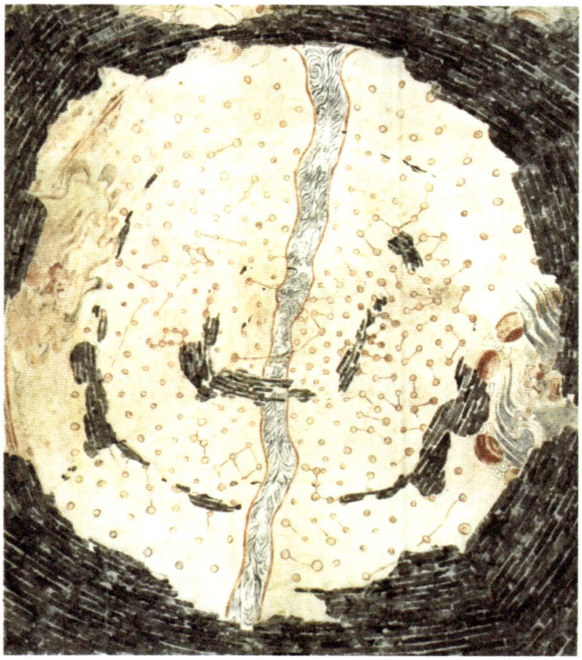

图3-17 元乂墓顶星象图

墓道分为斜坡式和竖井式，以前者为主。帝后陵均为开阔的长斜坡墓道，两边不见西晋时期的多级内收阶梯，也没有过洞天井。一般墓葬斜坡式有的带过洞天井，如元暐墓、偃师杏园M1101带2个过洞天井；郭定兴、染华、元邵、曹连、元祉、孟津邙山M14和M15、孟津朱仓北魏墓群M57、偃师前杜楼石棺墓等墓均带1个过洞天井，郭定兴墓道底部两侧为斜坡式，中间有阶梯。竖井墓道偏少，中型墓有5座，分别是郦勖墓及同时发掘的M5、

1 洛阳博物馆：《河南洛阳北魏元乂墓调查》，《文物》1974年第12期。

侯掌墓、元睿墓及同墓地的M926。孟津朱仓东端7座刀形土洞墓为竖井式墓道，涧西北朝墓无墓道，两处墓地可能均属于级别最低的平民。

墓室、墓道的规模和材质与墓主人的身份地位密切相关，整体上受当时社会的直接影响，砖室墓的使用是“太和之风”的典型标志。帝陵没有过洞天井，推测墓道是否带过洞天井及其个数则更多出于实际挖墓时的需要。

三、葬具方位及形制

（一）葬具位置与头向

洛阳北魏墓葬大部分被盗扰，葬具保存较少，从现存信息看出，宣武帝景陵在墓室西侧设石棺床，葬具置于其上。其他绝大部分墓葬，包括最低级的平民墓都与其类似，葬具放置于墓室靠西位置，墓主头向朝墓门。

墓主头向朝西者在洛阳仅见3例，偃师杏园M4031正始五年墓西向，在墓室北壁下有木棺一具，即葬具置于墓室右侧，墓主头朝墓门。孟津朱仓北魏墓群M51墓葬西向，从随葬品放在墓室西南角推测，其葬具亦在墓室右侧。以上两墓均因墓向朝西，墓主亦西向。孟津朱仓北魏墓群M11南向，在墓室北部砖砌长方形须弥式棺床，内填土，墓主头西足东，该形制在平城非常普遍。

拓跋鲜卑以西为尊，平城时期墓葬西向仍占很高比例，在墓道改朝南之后，很多墓葬在后壁放置葬具，墓主头向仍保持朝西。洛阳北魏墓葬则普遍变为墓向和墓主头向均朝南，反映国都汉化深入和“太和之风”的巨大影响力。

（二）葬具形制

洛阳北魏墓葬所用葬具主要为木棺，等级较高者盛行使用石棺、石室、石棺床，地位低下的平民墓使用砖砌棺甚至无棺。景陵因被盗严重，仅可见使用石棺床，棺具不存，其余帝陵葬具不详。洛阳最复杂的葬具为宁懋石室，为仿木构建筑样式，外壁线刻孝子图像及榜题[1]。石棺见于元暐墓、曹连墓、偃师前杜楼北魏墓，洛阳博物馆、洛阳古墓博物馆均收藏有北魏石棺、石棺床。2022年，孟津朱仓东北3座北朝墓分别用围屏石榻和石棺。“河阴之难”后，高等级墓葬的葬具变化明显，元邵墓棺床为前宽后窄的梯形土台，平原王元祉墓棺床为3排石板[2]。

目前所见洛阳北魏墓葬的石棺、木棺甚至无棺土坑、棺灰痕迹及部分石棺床，基本都为前宽后窄的梯形（宁懋石室为房形）。梯形棺为鲜卑文化的传统葬具形制，元暐为北魏皇室南平王，元邵为孝文帝孙、清河王元怿子，常山王，二人石棺梯形为正常。但洛阳北魏墓葬均使用该形制，尤其汉人也用梯形棺，则体现出鲜卑文化的重要影响。典型例子如曹连为汉人曹操之后，其石棺为前端高宽、尾部低窄的梯形（图3-18）[3]。洛阳涧西M77砖棺墓

图3-18　曹连墓梯形石棺

1　郭建邦：《北魏宁懋石室和墓志》，《中原文物》1980年第2期。
2　洛阳市文物考古研究院：《北魏洛阳元祉墓发掘简报》，《洛阳考古》2017年第3期。
3　洛阳市文物考古研究院：《洛阳北魏曹连石棺墓》，科学出版社，2019年，第29页。

平面为梯形，在地面开出长2、宽0.4—0.62、深1.16米的竖穴，以小砖绕土圹顺向砌筑2—4层砖壁，上以二砖架出“人”字顶，高30—40厘米，无木棺，其可能为洛阳本土汉人小型墓。北魏洛阳墓葬普遍接受梯形棺，并持续至今，充分体现中华民族共同体形成中的多元融合。

四、随葬品的规制与多元

北魏洛阳时代由于进行了强制汉化，其随葬品中部分因素呈现出高度一致性和等级差异性，但墓葬私密性较强，不同民族文化因素仍在墓葬中得以保留，有些属于传统习俗的延续，有些则是有意而为，具有特殊寓意。

（一）随葬品及统一规制

洛阳北魏墓葬随葬品丰富，其中墓志、牛车、鞍马及仪仗俑群在随葬品中具有等级和身份标识，反映了当时的社会结构与差异。

汉文化中东汉盛行的墓碑因魏晋简葬制度要求而形制变小，并从墓上移到墓内。如司马金龙墓出土石刻，形制仍为带有底座的圆首小碑形，内容称为墓表（图3-19），与河西地区墓表形制一致。北魏迁洛之后汉化，完全接受了刊石不朽观念，将西晋墓中树立的小碑改为方形平置，并增加盝顶志盖成为定制，墓志尺寸显示墓主人身份等级[1]。目前全国已经出土的北魏墓志约580方（盒），其中96%以上为迁洛之后。墓志出土地点分布具有明显的规律，主要以国都为中心，洛阳出土墓志占73%。北魏末年墓志尺寸变大，内容增多，元祉墓志边长82厘米，志文内容达1674字。元显俊墓志及志盖为非常少见的龟形（图3-20、图3-21）[2]，是方形盝顶墓志的变体。

1 赵超：《试谈北魏墓志的等级制度》，《中原文物》2002年第1期。
2 南京博物院：《琅琊王：从东晋到北魏》，译林出版社，2018年，第183、184页，图片。

图3-19　司马金龙墓墓表

图3-20　元显俊墓志

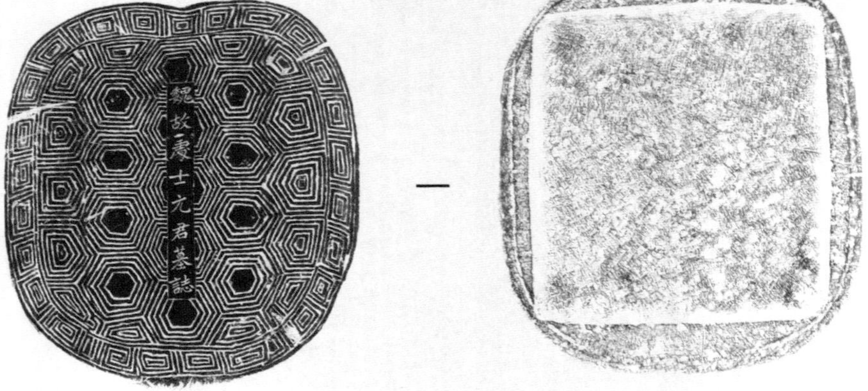

志盖拓片

志身拓片

图3-21　元显俊墓志及志盖拓本

牛车、鞍马、仪仗俑群继承了西晋传统，墓葬中有无俑群代表了墓主的身份和等级。从纪年墓材料可以看出，俑群的随葬制度比较严格，一般只有高等级男性官员随葬镇墓俑、武士俑、仪仗俑。女性或地位较低的普通墓葬不随葬俑群，如王昙慈为京兆王元瑜育母，墓葬规模较大，但没有发现随葬陶俑[1]。到灵太后执政时期，高等级宦官、女官随葬俑群，反映统治制度的变化。孟津朱仓M60为宦官赵广者之墓，出土俑头戴小冠，为仪仗俑之典型。北魏末年社会混乱，经济凋敝，俑群质量也明显变差，烧造温度低，且体量变小。

（二）随葬品中的多元文化

洛阳北魏墓葬随葬品中对于标识身份等级的墓志和仪仗俑群有严格的制度规定，其他则反映丧家不同埋葬习俗，其中来自不同文化的各种因素共存于一座墓内，体现了多民族的相互融合。

1. 汉晋文化因素

随葬品中部分器物承继汉晋典型特征，如涧西衡山路大墓出土圆形子母口陶盒、圆角长方形带双耳陶盘、陶耳杯；侯掌墓出土子母口圆盒7件，陶案为圆形浅盘状，案面施白衣[2]。元邵墓出土九枝铁灯；孟津朱仓北魏墓M1出土龙首柄铜鐎斗，形制与福建屏山M1出土类似，该墓判断为南朝刘宋时期[3]，墓中还有铁剪1件，与汉墓中所出相同。以上器物均常见于汉晋墓葬。

正始五年墓出土小口罐上有朱书镇墓文。邴勖墓出土朱书陶罐，形制为北魏典型特征，肩、腹部各有一条纹带，但器表朱书文字有正光元年年号，是汉晋十六国时期镇墓瓶的延续。

1　洛阳市文物考古研究院：《洛阳定鼎北路北魏王昙慈墓发掘简报》，《华夏考古》2022年第1期。
2　洛阳市文物工作队：《洛阳孟津晋墓、北魏墓发掘简报》，《文物》1991年第8期。
3　福建省博物馆：《福州屏山南朝墓》，《考古》1985年第1期。

涧西M77随葬1枚永安五铢，1枚剪轮铜币，分别为口含和手握；M94随葬1枚永安五铢，为口含，体现了汉文化的丧葬传统。

北魏洛阳墓葬出土大量瓷器，有青瓷罐、碗、碟、鸡首壶、盘口壶等不同组合，如景陵、元邵墓、偃师前杜楼石棺墓、偃师联体砖厂M2、吉利吕达墓、杨机墓等。这些瓷器釉色均匀，质量较高，一般认为是典型的南朝器物。但也有学者对比后提出其与南朝的差异，认为可能属于北方窑口烧制[1]。吉利济涧墓出土的青瓷碗等制作粗糙，内壁满釉，外壁半釉，与北魏洛阳城大市出土青瓷碗等类似[2]。偃师前杜楼石棺墓出土的白瓷碗，可能为洛阳本地烧造的民窑产品，有人提出可能与巩义白河窑有关[3]。

图3-22 杨机墓出土牵手俑

2. 鲜卑等北方和西域民族因素

北魏高等级墓葬随葬俑群，部分陶俑具有典型的北方特征，以头戴风帽、身披裘衣的武士俑和衣服左衽的舞蹈俑、左衽小冠俑最为典型。此类陶俑不仅存在于皇室成员之墓中，如洛阳元邵墓骑马击鼓俑、彩绘女舞俑等为左衽[4]；元祉墓披裘俑、左衽俑、牵手俑也见于非鲜卑墓葬，如杨机墓出土披裘俑、牵手俑和双髻女舞俑（图3-22）

1 魏女：《西安北魏韦氏纪年墓出土瓷器及相关问题探讨》，《考古与文物》2010年第3期。

2 中国社会科学院考古研究所洛阳汉魏城队：《北魏洛阳城内出土的瓷器与釉陶器》，《考古》1991年第12期。

3 赵志文、刘兰华：《河南巩义白河窑址发现北魏青瓷、白瓷和唐青花瓷器》，《中国文物报》2008年2月6日第2版。

4 洛阳博物馆：《洛阳北魏元邵墓》，《考古》1973年第4期。

皆为左衽[1]。偃师前杜楼石棺墓、洛阳衡山路北魏墓M621出土小冠文官俑的宽袖袍也均为左衽。随葬陶俑群中有一组女性构成，分别执箕、抱盆、抱壶、抱婴、踏碓等，被称为劳作俑或女仆俑，多为坐姿，部分螺髻，身披帛于胸前交叉。邴勖墓及同地的M5中出土仪仗俑为模制，劳作俑为手制。郭定兴墓出土3件女俑前胸袒露，衣裙褪至腿部，圆滚的腹部凸显孕妇特征[2]。

吉利济涧北魏墓出土铜鍑1件，外壁布满烟炱，下底用卵石修补，应为实用器，为北方游牧民族的典型器物。

墓葬出土矮领罐多件刻划水波纹，如王温墓、赵广者墓、元睿墓、郭定兴墓、邴勖墓均见，染华墓出土矮领罐变成弦纹。偃师杏园村M1101出土形制相同的5件矮领罐。衡山路M621出土矮领罐外施白陶衣，器形较小。此类矮领罐与平城墓葬常见的细颈壶和陶罐差异明显，其上刻划水波纹有匈奴文化的痕迹。

洛阳偃师北魏墓M926中，“银下颚托1件（M926：5）。发现在头部的下颌处，已腐朽过甚，无法采集”[3]。下颌托的传播路线一般认为是新疆—大同—两京—三峡和南方，洛阳发现下颌托仅此一处，反映一种特有的葬俗。

3. 外来因素

洛阳衡山路北魏大墓出土拜占庭帝国时期阿纳斯塔修斯一世金币1枚，铸造时间为491—518年，外轮有修剪痕迹。中古时期北方很多墓葬中出土波斯银币、东罗马金币，部分修剪或穿孔，可能为配饰，部分随葬于墓中作为口含或手握。洛阳吕达墓出土金戒指1枚，外圈饰一周联珠纹，青金石戒面上刻

1　洛阳博物馆：《洛阳北魏杨机墓出土文物》，《文物》2007年第11期。

2　洛阳市第二文物工作队：《洛阳纱厂西路北魏HM555发掘简报》，《文物》2002年第9期。

3　中国社会科学院考古研究所河南二队：《河南偃师县杏园村的四座北魏墓》，《考古》1991年第9期。

一舞蹈人物（图3-23）[1]，具有典型西域特征。

佛教用具包括铜瓶、铜盂等，部分器物装饰的莲花纹也与佛教密切相关。吕达墓出土铜净瓶（图3-24）和铜盂组合，陶灯底座为莲花纹。偃师杏园村北魏墓M1101、M926各出土1件铜盂，郭定兴墓出土陶瓶、陶盂，侯掌墓、王温墓出土的陶瓶与铜瓶、铜盂形制类似。赵广者墓出土黑瓷盂。孟津南陈北魏墓出土青瓷莲花纹盏。

洛阳出土胡人俑较多，其中元邵墓、王温墓各出土1件呈正在休息状的俑，被称为昆仑奴（图3-25）。站立式较为常见，元邵墓、元祉墓、郭定兴墓等均有出土，侯掌墓出土4件，形制类似，深目高鼻，络腮胡，身穿圆领长袍，腰间束带。衡山路M621出土站立俑，头戴毡帽，右手上举，手心抚衣，左手持物下垂，与元祉墓造型一致。比较特殊的是孟津南陈北魏墓M35胡人俑，穿长袍，腰系带，右衽（图3-26）。

图3-23　吕达墓出土金戒指

图3-24　吕达墓出土铜净瓶

1　洛阳市文物工作队：《河南洛阳市吉利区两座北魏墓的发掘》，《考古》2011年第9期。

图3-25　元邵墓出土昆仑奴

图3-26　北魏墓出土胡人俑

五、墓葬特征形成原因

（一）孝文帝的统一规划

北魏孝文帝的迁洛汉化是一次历史性变革，在其完整的改革体系中包括丧葬理念和埋葬地点的重大改变，孝文帝为确定洛阳陵墓区进行了统筹规划，前文已论，通过强制后族冯熙、冯诞父子先葬洛阳的方式，作为北魏汉化的第一步。显示北迁之人葬洛之决心。

宗室之丧确定京籍葬限。北魏正式迁都以孝文帝奉迁神主、宗室护卫至洛开始，宗室成员文成五王之后广川王谐，到洛仅半年即丧，“太和十九年五月，广川王谐薨”[1]。身为宗室丧于洛阳第一人，又为高祖从弟，其丧葬礼仪成为北魏新制的风向标。孝文帝亲行再临礼，并针对有司所奏广川王葬地问题，下诏国都葬制：“迁洛之人，自兹厥后，悉可归骸邙岭，皆不得就茔恒代。”[2]诏书明确各种具体葬限，第一，丈夫先葬平城，妇人丧于洛阳，妇人葬地有两种选择，可以以卑从尊，归葬平城；也可以迁葬父墓就母，即在洛阳合葬。第二，妻子先葬平城，丈夫丧于洛阳，丈夫必须葬于洛阳，妻子可以迁葬至洛与丈夫合葬，也可以夫妻异地分别葬于洛阳和平城。对于留守平城、其他诸州以及户籍属于恒燕，但在洛阳为官者，不在葬限，听任自行选择和决定埋葬地点。

嫔妃权葬与帝陵选择确定了陵墓区域。太和十九年“九月庚午，六宫及文武尽迁洛阳”[3]。当时高祖左昭仪冯熙之女冯氏（幽皇后）宠盛，有母养第二皇子恪即宣武帝之意，遂于六宫迁洛途中至汲郡共县时，遣人贼害恪母昭仪高照容。高氏为高飏之女，高祖初年始随父从高丽入魏，地位较低，故被

1 （北齐）魏收：《魏书》卷一〇五《天象志（二）》，中华书局，1974年，第2368页。
2 （北齐）魏收：《魏书》卷二〇《广川王略传》，中华书局，1974年，第527页。
3 （北齐）魏收：《魏书》卷七（下）《高祖孝文帝纪（下）》，中华书局，1974年，第178页。

冯氏为夺皇子而加害，谥号“文昭贵人”，宣武帝登基后追谥文昭皇后。太和二十年（496年）葬于洛阳邙山盘龙冢，墓地促狭，孤茔弗祔[1]。该区域在文昭皇后迁葬长陵后，变为宫人和臣僚墓地，出土的傅姆王遗女、女尚书王僧男墓志均载葬于终宁陵北阿，假节东夏州刺史公孙猗墓志迁葬终宁陵[2]。当时高昭仪虽生皇子恪、怀、长乐公主，但魏室已确立孝文帝长子恂为太子，余子未贵，母亦不显，加之事出仓促，葬地应为权宜之举，未纳于帝陵区，但大致方位在北魏墓葬区域范围。

孝文帝“及迁洛阳，乃自表瀍西以为山园之所，而方山虚宫至今犹存，号曰‘万年堂’”[3]。其选定洛阳瀍河以西为陵地时间不详，但其从祖南安王桢墓志出土于瀍河以西长陵附近高沟村，或即长陵确定之后的有意安排。南安王桢是孝文帝迁都改制的强力支持者，太和二十年（496年）八月二日薨于邺，十一月二十六日葬于邙山。其墓地高沟村还发现了孝文帝两位从叔墓志：太和二十二年十二月二日葬始平公元偃、太和二十三年三月葬齐郡王元简[4]，均早于太和二十三年（499年）五月高祖下葬时间，说明这些皇族墓地是经过孝文帝规划的长陵陪葬墓。

孝文帝之所以选择洛阳城西北瀍西为陵区，是由当时洛阳的区域环境所决定的，洛阳城东靠首阳山，山南北两坡为曹魏和西晋帝陵的交错区，最早埋葬的冯熙、冯诞家族墓地位于首阳山北坡。城北和东南分别为东汉帝陵北兆域和南兆域，城南紧邻洛河，北魏的陵墓区只能避开以上东汉、曹魏、西晋陵区，选择城西北狭长的洛阳盆地瀍河两岸。文昭贵人高照容所葬终宁陵虽为权宜之选，但已经被纳入北魏墓葬区范围。随着孝文帝长陵位置的确

1　（北齐）魏收：《魏书》卷一三《孝文昭皇后高氏传》，中华书局，1974年，第335页。
2　赵万里：《汉魏南北朝墓志集释》，科学出版社，1956年，第314、316、579页。
3　（北齐）魏收：《魏书》卷一三《文成文明皇后冯氏传》，中华书局，1974年，第330页。
4　郭培育、郭培智：《洛阳出土石刻时地记》，大象出版社，2005年，第10页。

定，瀍河以西遂成为帝陵区，其后的宣武帝景陵、孝庄帝静陵均位于该区域，瀍河以东除孝明帝定陵外，均为文武百官墓葬区。

（二）汉鲜思想观念消长

对于迁都原因，孝文帝有着清醒认识："居平城，虽富有四海，文轨未一。此间用武之地，非可文治，移风易俗，信为甚难。崤、函帝宅，河、洛王里，因兹大举，光宅中原……""伊洛中区，均天下所据，陛下制御华夏，辑平九服。"[1]由此可见，孝文帝汉化改革重点是制定礼制，加强文治，其"太和之风"最明显的功绩亦在于此，具体表现为九州百郡随处可见的移风革俗之美、浮虎还珠之政。

孝文帝的汉化不仅是其当时接触到的汉文化，还有对于两汉相关制度的上追与沿用。孝文帝驾崩，彭城王"（元）协上高祖谥议：'……宜上尊号为孝文皇帝，庙曰高祖，陵曰长陵。'世宗从之"[2]。

北魏迁洛之后，孝文丧葬礼仪上追汉制的天子三临丧礼及三年之丧。太和十九年（495年），广川王谐薨，孝文帝曾行三临之礼。太和二十年（496年）二月，"壬寅，诏自非金革，听终三年丧"[3]。说明此前北魏不实行三年之丧的礼制，此时因战争亦不执行。太和二十一年（497年）七月，"甲寅，帝亲为群臣讲丧服于清徽堂"[4]。太和二十二年（498年）"九月己亥，帝以萧鸾死，礼不伐丧，乃诏反旆"[5]。神龟元年八月："诏曰：'顷年以来，戎车频动，服制未终，夺哀从役。罔极之痛弗申，鞠育之恩靡报，非所谓敦崇至道者也。自今虽金革之事，皆不得请起居丧。'"[6]高祖欲遵循的汉代丧葬

1 （北齐）魏收：《魏书》卷一九（中）《任城王云传》，中华书局，1974年，第464页。
2 （北齐）魏收：《魏书》卷二一（下）《彭城王协传》，中华书局，1974年，第577页。
3 （北齐）魏收：《魏书》卷七（下）《高祖孝文帝纪（下）》，中华书局，1974年，第179页。
4 （北齐）魏收：《魏书》卷七（下）《高祖孝文帝纪（下）》，中华书局，1974年，第182页。
5 （北齐）魏收：《魏书》卷七（下）《高祖孝文帝纪（下）》，中华书局，1974年，第184页。
6 （北齐）魏收：《魏书》卷九《肃宗孝明帝纪》，中华书局，1974年，第228页。

礼制至孝明帝初年仍因战争而未完全执行。

长陵茔域的建造及文昭皇后的迁入亦遵循汉礼：高照容为孝文帝昭仪，太和十九年（495年）迁洛途中被害，第二年权葬盘龙冢。孝文帝太和二十三年（499年）四月薨，五月葬长陵大冢。宣武帝“六月，戊辰，魏追尊皇妣高氏为文昭皇后，配飨高祖，增修旧冢，号终宁陵”[1]。增广陵园，由术艺江式书谥册。景明元年（500年），7岁皇弟恍夭，葬于文昭皇后陵东。“迁奉未遂，永言哀恨。” 孝明帝“更上尊号称太皇太后，以同汉晋之典”，神龟二年（519年），“文昭迁灵榇于长陵兆西北六十步”[2]，葬长陵小冢。北魏长陵帝后同茔异穴遵循汉代礼制，所异者西汉帝陵在西，后陵在东，北魏长陵帝陵在东南，后陵居西北。宣武帝追尊皇妣曰文昭皇后：“废吕尊薄，礼伸汉代。”即借用西汉高祖死后吕氏控制惠帝专政及文帝与母薄氏执政之过程。宣武帝在位时未能迁葬其母，或因孝文帝幽皇后冯氏葬于长陵茔内。

以上孝文帝、宣武帝执政时期的大量汉化措施并非一帆风顺，平城及北方的旧势力从未停止抗争，洛阳墓葬中仍然保留的大量游牧民族文化因素即是其反映，而宣武帝景陵墓室涂黑则体现了统治者本身的文化理念。

景陵墓室保存完整，发掘简报强调：“在所有墓壁、墓顶表层砖的外露面上，全都涂了一层均匀、黝黑、光亮的颜色，从色调上强调了这一特定建筑的性格特征。” 墓室顶部和四壁涂成光亮的黑色，而没有使用壁画，应该与鲜卑尚黑有关，是鲜卑因素的有意保留。鲜卑尚黑在文献中多有记载：太和十五年（491年），魏孝文帝改变之前的秦制土德，“皇魏承晋为水德”，服色尚黑。北魏“轺车建龙旗，尚黑”。太和十九年（495年）孝文帝南征，“军中有黑毡行殿”[3]，即皇帝所用军帐为黑毡覆盖。魏末孝武帝继位仪式：

1 （北宋）司马光等：《资治通鉴》卷一四二《齐纪八东昏侯（上）》，中华书局，1976年，第4443页。

2 （北齐）魏收：《魏书》卷一三《孝文昭皇后高氏传》，中华书局，1974年，第336页。

3 （南朝梁）萧子显：《南齐书》卷五七《魏虏传》，中华书局，1972年，第985、994页。

“用代都旧制，以黑毡蒙七人……帝于毡上西向拜天讫，自东阳、云龙门入。”[1]继帝位使用黑毡后世仍有沿用[2]，帝陵墓室涂为黑色应为代北旧制的延续。

河阴之难之所以能够顺利实施，是利用了拓跋鲜卑的传统祭天习俗。灵太后害死孝明帝后扶植幼帝，尔朱荣发兵向洛，拥立孝庄帝。建义元年（528年）四月十三日，命文武百官到河阴迎驾，先将灵太后和幼主沉河，人们以为尔朱荣除掉灵太后，归皇权于王室的目的已达到，也就顺从其指挥，在骑兵押解下从孝庄帝行宫向西至河阴陶渚。百官对于骑兵相从之所以不设防，是因为鲜卑祭天有骑驰绕坛仪式：“魏旧制，每岁祀天于西郊，魏主与公卿从二千余骑，戎服绕坛，谓之踏坛。”[3]这些骑兵到陶渚后直接围射朝臣，当场死亡2000余人，连孝庄帝之兄无上王亦不能幸免。

（三）人员构成复杂

洛阳是东汉曹魏西晋国都，从十六国开始，不同人群轮番居此，北魏迁都后又带来了平城官员及眷属，洛阳居民不同民族相融一体。从出土墓志即可看到，当时的人员构成非常复杂。

鲜卑就有慕容鲜卑，如慕容纂，绵枝辽右，为燕文明，六世大宗，历奉三主；乙弗鲜卑城阳王妃乙氏；宇文鲜卑有大单于之后宇文永、宇文善、宇文延等；乞伏鲜卑乞伏宝、乞伏晔、乞伏高月。匈奴之后包括赫连悦：夫人匈奴人刘尼之女，为铁弗刘氏，原独孤氏；沮渠愍：凉州武威太守，其先沙州刺史，河西王蒙逊之苗胄；麹氏：元寿妃麹氏，祖任职于沮渠。

另有一些西北的不同民族，如吐谷浑玑：其先吐谷浑国主柴之曾孙，至

1 （唐）李延寿：《北史》卷五《魏本纪第五》，中华书局，1974年，第170页。
2 罗新：《黑毡上的北魏皇帝》（修订本），上海三联书店，2022年。
3 （北宋）司马光等：《资治通鉴》卷一三七《齐纪三》，中华书局，1976年，第4320页。

其祖头颓率众归朝。氐人河西吕氏：吕达（吕通）、吕仁，与后凉吕光有关。仇池氏杨见于邴勖夫人为杨盛女，盛仇池公；平城杨众庆即为仇池归化客，也是仇池氏杨。西域人群包括车师人车伯生、车显；鄯善人鄯月光、鄯乾；于阗人文成皇帝于夫人等。文献中的相关记载范围更加广泛。

以上不同人群虽在孝文帝汉化统一制度之下，但墓葬仍部分保留其旧有风俗和特征。

洛阳北魏墓葬在墓葬方向和墓主头向朝南、单一墓室、使用梯形棺、墓志固定为方形和盝顶形志盖、墓志和仪仗俑群具有等级差异等方面呈现出高度统一性。墓室内部则各种文化因素杂糅，如景陵墓室涂黑，个别墓顶土雕房屋形，随葬铜鍑、铜净瓶，使用下颌托、口含及手握钱币，陶罐朱书镇墓文，仪仗俑服饰有风帽裘衣左衽，出土大量胡人俑等。洛阳墓葬的这些特点正是孝文帝“太和之风”在丧葬方面的具体反映，体现北魏洛阳时代以孝文帝崇尚华典汉化为主导，各种人群在其统治下的胡风国俗仍杂相糅乱，汉鲜势力不断消长，最终形成不同传统彼此交融却和谐统一的社会形态。“太和之风”下的洛阳北魏墓葬因素，如梯形木棺、方形盝顶盖墓志、神道石人等成为固定形制，纳入汉文化传统体系，对后世产生了重大影响。

第四节　北魏后期宗族与家族墓葬

北魏迁洛之后，墓葬制度改革主要参照汉魏之后的相关礼仪，有宗经师古的周礼痕迹，表现其尊礼从儒的特点，更多为适用变通之内容。中原王朝的丧葬礼制与汉代之前对比，已经发生了重大改变，周代礼仪中倡导丧葬维护宗法观念[1]的思想逐渐消失，其“尊尊”中原来的家、族、国三个层级，依据嫡庶、身份差异强调父统、宗子、国君的尊崇地位，也慢慢变成家、国二

1　王国维：《殷周制度论》，《王国维集》（4），中国社会科学出版社，2008年，第125页。

元体系为主，宗子地位大大下降，比较典型的变化如同宗的庶子可以出继、兄弟之子相为后等，甚至出现了以异姓养子为后的现象，违背礼制强调宗法观念之传统。北魏迁洛之后，部分统治阶层，尤其是拓跋皇室，为了加强皇权，避免爵禄之利的争斗和矛盾，强调嫡子、嫡孙在爵位继承中的地位。同时为削弱宗族与其他公侯势力，祭祀以五服为限，对于无后世绝者，以功受赏异姓之爵除，皇室以旁亲或兄弟继祀亦不及五世。对于普通民众，则更加注重血缘关系远近的“亲亲”之情，强调以情制礼，体现当时家庭观念的重要性。洛阳发现的广川王国相关墓葬和石窟造像材料是宗族墓葬的代表，河阴之难受害者墓葬是家族墓葬的典型，它们充分反映了北魏后期丧葬礼制的变化。

一、宗族墓葬

北魏后期反映宗族发展及消亡过程中的墓葬规制，以广川王国较为典型，根据历史文献，结合出土墓志及石窟寺造像题记，体现宗族王爵继承朝例和继承者葬地之制。

（一）王国衰微

广川王国的第一代王为贺兰汗，洛阳龙门石窟古阳洞的窟顶，D87造像题记内容显示是侯太妃为亡夫贺兰汗造像。其仅有一子，即第二代王元谐，夫妇均英年早亡。孝文帝迁洛之后制定“三临”之礼，即亲临元谐之丧。元谐薨时一子尚幼，由祖母侯氏抚养，即第三代广川王。龙门石窟古阳洞窟顶的造像及题记反映了第三代王的相关信息。

在石窟南侧近西壁，最大龛为D99，高136、宽83、深14厘米，圆拱形龛楣刻九童子执垂蔓相互交叉。主尊交脚弥勒已残，舟形背光，头戴宝冠，圆形头光装饰坐佛。两侧各一菩萨，站立，头戴高冠，披帛交叉于身前，双手合十。座前左右两护法石狮（图3-27）[1]。龛下阴刻题记，编号2273，为景明四年十月七日广川王祖母侯太妃为幼孙祈愿之内容[2]，其中“未来空宗妙果”“昏愚未悟咸发菩提”等显示弥勒上生信仰。

图3-27　龙门石窟古阳洞D99龛造像与题记

在D99龛右侧最下的D97龛，高33厘米，左侧稍偏上D101龛，高25厘米，两龛下题记分别为编号2281：“国学官令臣平乾虎为太妃、广川王敬造

1　刘景龙：《古阳洞：龙门石窟第1443窟》（第一册），科学出版社，2001年，第199页。

2　北京图书馆金石组：《北京图书馆藏中国历代石刻拓本汇编》第三册，中州古籍出版社，1989年，第66页。

图3-28　龙门石窟古阳洞D101龛造像题记拓本

释迦牟尼像一区。”[1]2274：“国常侍臣王神秀为太妃、广川王敬造释迦牟尼像。”（图3-28）[2]

以上广川王太妃侯氏均造弥勒佛，广川王国令臣平乾虎、王神秀都造释迦牟尼像，这种细微不同或可反映当时佛教信仰的阶层差异。

在D99龛右侧的D96龛，题记2276，为“国典卫”三字。左侧D100龛，题记2275，仅“太妃”二字[3]。

D99龛上像下文，左右两边共有小龛9个，右5左4，尺寸接近，大部分高23—25厘米，造型相同，均刻一佛二菩萨，主像结跏趺坐，高肉髻，着袒右肩袈裟，施禅定印。左右菩萨站立，戴高冠，双手合十于胸前。右侧上三龛D93、D94、D95无题记。第四龛D96题“国典卫”，第五龛D97为平乾虎造像。左上第一龛D100题“太妃”，第二龛D101为王神秀造像。下两龛D102、D103无题记。从整体上看，九小龛应属于同一时期所开，其中四龛有题记，无纪年。平乾虎和王神秀题记中的侯太妃、广川王与D99龛题记中的二人相同，根据诸小龛排列及与D99龛相对位置可以判定，D96龛的“国典卫”应为广川王国属官，与平乾虎为国学官令、王神秀为国常侍类似。D100龛下的“太妃”也应为侯太妃。由此推测九小龛刊刻时间与D99龛（景明四年，503年）接近。

1　刘景龙、李玉昆：《龙门石窟碑刻题记汇录》（下），中国大百科全书出版社，1998年，第503、2281页。

2　胡海帆、汤燕：《1996～2012北京大学图书馆新藏金石拓本菁华》，北京大学出版社，2012年，第74页。

3　刘景龙：《古阳洞：龙门石窟第1443窟》（第二册），科学出版社，2001年，第193页；刘景龙：《古阳洞：龙门石窟第1443窟》（第三册），科学出版社，2001年，第77页。

另外，在D99龛顶有一小龛D98，造型与左右两侧小龛略异，所刻一佛二菩萨的主尊均着通肩式袈裟，二菩萨模糊，右侧题记G054："比丘惠迁为忘（亡）母造像一区。"[1]说明该龛与广川王及九小龛无关，从其位于D99顶部判定，时代应晚于D99。

广川王国造像D99与两侧小龛布局采取以大龛为中心、旁边小龛相附的形式，大龛与小龛之间关系密切，很可能为同时开凿，属于一个广川王国统治集团。由此判定其他尺寸与造型接近、位置相邻、分布规律的数个小龛，亦属同一家庭或家族。如第D99龛左侧的D104至D107四小龛上下两排整齐排列，大小相似，均刻高肉髻坐佛，着褒衣博带式袈裟、僧祇支，施禅定印。四龛题记编号分别为2286、2283、2284、2285，其中2283："今游祖韩富女共造释迦牟尼佛一区。"2285："今游祖为亡父母造释迦牟尼佛一区。"[2]可见都属今游祖家开凿，所造同为释迦牟尼像。北壁第N264龛题记1967："黑瓮生兄弟三人为亡父母造石像一区。"题记1968："黑瓮生为亡妻并息虎子造石像一区。"[3]也是黑瓮生一家敬造。根据造像特征和题记，厘清大龛与其旁边小龛或者相邻而造型一致的窟龛之间的关系，对于研究当时造像的整体布局，探讨不同窟龛的年代早晚具有重要价值。

以上景明四年（503年）侯太妃为幼孙造像，即指当时的第三代广川王。题记未书王名和年寿，第二代王谐太和十九年（495年）薨时妃已亡，至此八年，则第三代王最小9岁。题记中"孤育幼孙，以绍蕃国"示其仍未成年。侯太妃为其造像的真正目的有三愿，即孙息延年、神志速就、胤嗣繁昌，但可能当时都未实现，具有明确的现实意义。

1　刘景龙：《古阳洞：龙门石窟第1443窟》（第三册），科学出版社，2001年，第92页，G054。

2　刘景龙、李玉昆：《龙门石窟碑刻题记汇录》（下），中国大百科全书出版社，1998年，第503、504、2283、2285页。

3　刘景龙、李玉昆：《龙门石窟碑刻题记汇录》（下），中国大百科全书出版社，1998年，第459、1967、1968页。

史书对第三代王的记录极简，谐薨“子灵道，袭。卒，谥悼王”[1]。元焕墓志对其记载较为详细，其所承继之父名灵遵，赠官为冠军将军、青州刺史，谥号广川哀王。所继之母亲为河南宇文氏，外祖父字伯升，赠官镇东府长史，爵为悬氏侯。二者差异在于其名是灵道还是灵遵。因墓志由当时人所写，且为墓主至亲，名讳不会有误，史书概字形相似而误。正光三年（522年）李孝伯上书云：“……广川王遵、太原公元大曹等，并以勋重先朝，世绝继祀，或以傍亲，或听弟袭。”[2]此之广川王遵，即灵遵，与墓志相符，所任冠军将军、青州刺史为从三品。

墓志载：“永平元年，宣武皇帝旨绍广川哀王焉……去彼所天，来纂大国。”该年灵遵薨，元焕承继王爵，距第二代王谐薨十三年，即使谐薨时灵遵仅一两岁，至此已十四五岁，故有夫人河南宇文氏，属迁洛北族，父伯升任镇东府长史、悬氏侯，疑为元氏侯，或因皇室改元姓而避讳称“悬”，今河北元氏县有元氏城，两汉属常山，魏属殷州赵郡[3]。神麚中李熙赐爵元氏子，高宗时赵辟恶为元氏侯[4]。因元灵遵已属皇曾孙绍王，俸禄、地位下降，且少孤势弱，仅姻侯女。

第三代王灵遵年幼而父母早丧，由祖母抚育，广川王府实际为侯太妃掌管，造像由祖母主持，王神秀、平乾虎造像顺序亦为太妃、广川王。王神秀和平乾虎为王国属官，不见于史。北魏诸王可置王官，太和十一年（487年）高允病，“王官往还，慰问相属”[5]。中山王睿“置王官二十二人，中书侍郎郑羲为傅，郎中令以下皆当时名士”[6]。广川王已经式微，其王官地位较低，

---

1 （北齐）魏收：《魏书》卷二〇《文成五王传》，中华书局，1974年，第528页。

2 （北齐）魏收：《魏书》卷五三《李孝伯传》，中华书局，1974年，第1174页。

3 （北齐）魏收：《魏书》卷一〇六（上）《地形志（上）》，中华书局，1974年，第2471页。

4 （北齐）魏收：《魏书》卷三六《李顺传》，中华书局，1974年，第847页；（北齐）魏收：《魏书》卷五一《吕罗汉传》，中华书局，1974年，第1137页。

5 （北齐）魏收：《魏书》卷四八《高允传》，中华书局，1974年，第1090页。

6 （北齐）魏收：《魏书》卷九三《恩幸・王叡传》，中华书局，1974年，第1988页。

王神秀任国常侍，王、公国常侍属于从八品。平乾虎任国学官令，史不载，概与从第九品的皇子学官令[1]相当。二人造像龛高仅二三十厘米，位于D99龛两侧，体现其等级差异。广川王本为孝文帝叔父，为北魏立下赫赫战功，但第二代王及王妃均英年早逝，至景明年间，广川王国仅由老祖母和幼孙支撑，其地位大大下降。这种情形从侯太妃为亡夫和幼孙所造佛像所在位置亦可体现。

古阳洞内高11.2米，主尊位于西壁，南北两壁整齐排列上、中、下三层大龛，最著名的为两壁上层除北壁最西一龛外的七大龛，高242—258、宽150—188、深40—65厘米，七龛均供奉一佛二菩萨，释迦牟尼佛结跏趺坐，施禅定印，着袒右肩式袈裟，基本延续云冈一期的造型特征。七龛造像分别为：北壁从洞口向里，N304为太和□二年比丘慧成为亡父始平公造像，N234是魏灵藏、薛法绍等造释迦像，无纪年，N228是仇池杨大眼为孝文帝造像，无纪年；南壁从洞口向里，S57无题记，S66是景明四年（503年）比丘法生为孝文帝并北海王母子造像，S111无题记，S106为孙秋生等二百人造像，无纪年；上层北壁最西龛与中层南北两壁供奉一佛二弟子二菩萨像，仅北壁洞口第1龛题记清晰，为熙平二年齐郡王元祐造像，明显晚于上层七龛[2]。

古阳洞内早期造像龛布局与题记显示，南北两壁上层位置较好，视觉合理，造像者均地位特殊，资费充裕，或为当时权贵，如辅国将军杨大眼；或在当地为官，如魏灵藏是管理龙门的陆浑县功曹；或是石窟比丘，如慧成负责石窟开凿。造像时间相对偏早，所造为释迦牟尼像。侯太妃造像时，两壁上层已经占满。但从中层较晚的元祐熙平二年（517年）造像题记可知，中下层还应有空间，而侯太妃选择窟顶或与其社会地位有关。因窟顶最大的三龛

1　（北齐）魏收：《魏书》卷一一三《官氏志》，中华书局，1974年，第3002、3003页。
2　刘景龙：《古阳洞：龙门石窟第1443窟》（第一册），科学出版社，2001年，第32、127页。

除两个为侯太妃所造外，偏北面的D45龛是北海王高太妃为孙保造像，均属王太妃。对于高达11米余的洞窟而言，窟顶造像仰观效果远不及两壁，却正因位置高而保存完好，同治年的龙门十品、康有为的《广艺舟双楫》所列龙门二十品中，两处广川王题记均居其中[1]。

元焕志文记录第三代广川王谥曰哀，史书云谥曰悼，两字均为平谥。“悼”有三解：肆行劳祀，年中早夭，恐惧从处。“哀”有两解，早孤短折，恭仁短折。苏洵曰：“哀，亦悼尔。然悼者，悼其不幸而已。哀者，有所怀思，深切之称也。故未中身夭曰悼，恭仁短折曰哀，早孤短折所以为哀者，以其重不幸也。”[2]灵遵年幼甚至神志不达，祖母勤于信佛造像，可谓肆行劳祀而早夭，故薨后谥悼。圣上念及宗室败落，怜其早孤短折之双重不幸，改谥为哀。

（二）旁支袭爵朝例

第三代广川王元灵遵早夭无子，宣武帝为继祀，特允旁支袭爵，遂有第四代广川王。龙门石窟造像题记中不涉第四代，墓志详细客观地记载元焕承袭王爵之经历。

元焕本为献文帝的曾孙，赵郡王的次孙，相州刺史次子。永平元年（508年）时，因广川哀王薨后无嗣，宣武帝下旨，由元焕绍其王爵。墓志最后分别叙述其本祖、父名讳官职，祖母、母、王妃姓氏、外族仕途等。再言其继承的广川王一系曾祖至父母历代信息[3]。由此对比赵郡王与广川王关系如下：

1　刘景龙、李玉昆：《龙门石窟碑刻题记汇录》（下），中国大百科全书出版社，1998年，第521、2337页。

2　汪受宽：《谥法研究》，上海古籍出版社，1995年，第406、378页。

3　北京图书馆金石组：《北京图书馆藏中国历代石刻拓本汇编》（第五册），中州古籍出版社，1989年，第7页。

文成帝——献文帝————孝文帝———宣武帝
——赵郡王幹——元谌——元焕
——元谧
文成帝——广川王贺略汗——广川王谐——灵遵——元焕

墓志中的部分内容与文献可相互对应，如其祖、父均史书有传。祖赵郡王幹[1]贪淫不遵典法，娉故中散代郡穆明乐女，穆氏表谧母赵等悖礼愆常，说明王妃为穆氏，墓志中祖亲南安谯氏不见于史，从南安谯纵反叛称王[2]说明为当地著姓，谯氏虽非正室，但因是谌生母而被称祖亲，反映当时记录家族延续注重血缘。父谌[3]性平和，年长不得为世子，可证当时世子确立并非严格实行长子继承制。可能基于对元谌的同情，宣武帝遂以其次子焕袭广川王爵。谌后历任要职，元焕之母勃海高氏，其父信息史书无载，职官可能为追赠。元焕妃河南穆氏，父纂，荆州长史，史书载纂为穆崇之后，父长城[4]。墓志亦出土，父名长成[5]。穆氏世为魏室姻亲，穆纂父尚主，为驸马都尉，纂女适广川王，说明两姓婚姻关系密切。

元焕孝昌元年（525年）七月四日寝疾薨，年廿一，逆推其生于正始二年（505年），受旨袭广川王爵时仅4岁，薨卒地为广川王国第。元焕谥“孝”之释义，元协上高祖谥议言：“谨案谥法，协时肇享曰‘孝’，五宗安之曰‘孝’。”[6]元焕当取后者。元焕本赵郡王之后，承广川王爵，说明北魏王、

1 （北齐）魏收：《魏书》卷二一（上）《献文六王·赵郡王幹传》，中华书局，1974年，第543页。
2 （北齐）魏收：《魏书》卷九五《羌姚苌传》，中华书局，1974年，第2084页。
3 （北齐）魏收：《魏书》卷二一（上）《献文六王·赵郡王幹传》，中华书局，1974年，第544页。
4 （北齐）魏收：《魏书》卷二七《穆崇传》，中华书局，1974年，第664页。
5 赵万里：《汉魏南北朝墓志集释》（第三册），科学出版社，1956年，第553页，图版233。
6 （北齐）魏收：《魏书》卷二一（下）《献文六王·彭城王协传》，中华书局，1974年，第577页。

公等爵位绍袭之制，皇子封王，可延至五宗，至第五代王薨除国。若前世勋重而后代绝嗣，可由旁亲或兄弟承继。广川王国素人丁羸弱，传至三代无后，以赵郡王孙元焕继祀，焕二十一又亡，墓志不载焕子，或无后，广川王国仅传四代遂绝。

（三）继子归葬

继承广川王爵的元焕于21岁薨，其墓志行文先写本祖的详细信息，包括祖父职官、封爵，祖亲即祖母姓氏和父职，父官任职，母亲姓氏和外祖官爵，王妃姓氏和父职。之后写继曾祖和曾祖亲、继祖和祖亲、继父和继亲相关官爵姓氏等。从墓志内容看，元焕的丧葬可能由其本家操办，墓志文也应该由其家族成员而作，但其埋葬却并没有回归有血缘关系的原始家族。

因元焕袭爵的广川王国仅传三代，第一代可能葬于平城，第二代谐、第三代灵遵墓均未发现，不知地点。墓志记载元焕孝昌元年（525年）冬十一月八日葬于西陵之阴，没有具体地点。元焕墓志："民国十五年（1926年）阴历四月二十八日，洛阳城北张阳村西北姚凹村东出土，无冢。地在元悌、元怀、元诲三墓冢之西一里许。同时出土陶器数百件。"[1]

元焕本祖宗族目前发现墓志8方，分别为元谧、元谧妃冯会，元谭、元谭妻司马氏，元譿、元谳、元毓、元昉。元谧、元谭、元譿、元谳四人为其叔，均为赵郡王幹子，元毓、元昉为元谧子，是其堂弟。根据墓志所记，元焕薨时，其二叔夫妇、三叔妻、四叔共4人已经卒葬，以葬年先后分别为：熙平元年（516年）岐州刺史赵郡王元谧故妃冯会，窆于中乡谷城里[2]。其次为赵郡王的承继者元谧，字道安，因受到其父赵郡王的宠爱而立为世子，继

1　郭培育、郭培智：《洛阳出土石刻时地记》，大象出版社，2005年，第28页下。

2　北京图书馆金石组：《北京图书馆藏中国历代石刻拓本汇编》（第四册），中州古籍出版社，1989年，第32页。

承赵郡王爵，薨后赠官至使持节、征南将军、侍中、司州牧。谥号贞景。正光五年（524年）闰二月三日葬[1]。夫妻二人同穴合葬，民国十九年（1930年）时地面亦无封土，阴历六月十六日被盗，墓志同时出土，地点位于洛阳城西北，在东陡沟村东北的李家凹村南。冯会墓志与宁懋石棺后被卖往国外[2]。献文皇帝孙、赵郡王第三子大宗正卿元谭妻司马氏，正光四年（523年）三月二十三日葬于洛阳之西山，瀍水之东[3]。其夫后薨与其合葬，民国十六年（1927年）夏，夫妇墓志同时出土于洛阳城北安驾沟村西南[4]。大魏故假节镇远将军恒州刺史谥曰宣公元譿，字安国，是赵郡王幹的第五子，神龟三年（520年）三月十四日在洛阳薨，卒时年仅31岁，卜窆于洛阳之西山，瀍涧之东[5]。民国九年（1920年）洛阳城北安驾沟村西大道旁小冢内出土[6]。

由以上可见，元焕本祖至少有两处墓地：最早埋葬的元谧妃冯会及其后来合葬的元谧葬于瀍河以西的东陡沟村，其他均葬于瀍河以东的安驾沟村，包括建义元年（528年）被害于河阴之难的元谧长子，赵郡王元幹之孙宣恭赵王元毓，墓志内容显示，他是祖献文皇帝曾孙，使持节、车骑大将军、都督中外诸军事、特进、司州牧灵王之孙，侍中使持节征南将军司州牧贞景王长子，16岁，袭爵赵郡王。19岁，释巾通直散骑常侍。20岁，建义元年四月十三日薨于洛阳。追赠使持节卫大将军仪同三司冀州刺史，王如故。建义元

1　北京图书馆金石组：《北京图书馆藏中国历代石刻拓本汇编》（第四册），中州古籍出版社，1989年，第158页。

2　郭培育、郭培智：《洛阳出土石刻时地记》，大象出版社，2005年，第18页下、26页上。

3　北京图书馆金石组：《北京图书馆藏中国历代石刻拓本汇编》（第四册），中州古籍出版社，1989年，第139页。

4　郭培育、郭培智：《洛阳出土石刻时地记》，大象出版社，2005年，第25页上。

5　北京图书馆金石组：《北京图书馆藏中国历代石刻拓本汇编》（第四册），中州古籍出版社，1989年，第84页。

6　郭培育、郭培智：《洛阳出土石刻时地记》，大象出版社，2005年，第22页上。

年（528年）七月卅日窆于西陵之兆[1]。赵郡王一支后世均葬于瀍河以东的安驾沟村附近，可能因瀍河以西为帝陵之所，不许宗族和其他人再葬。

元焕所葬之地在瀍河以东，但在更偏北的张阳村，与其祖茔安驾沟村相距较远，不属于同一墓域，说明其继承广川王爵之后，没有再归葬本祖之茔兆，可能与第二代、第三代广川王同葬。

综而观之，通过对广川王国相关内容的考证，反映了北魏后期宗族势力衰落后的丧葬礼制。从墓志记载和龙门石窟古阳洞窟顶的造像及题记可知，广川王国所刻11龛7处题记，说明造像布局具有一定规律性，当时石窟寺佛教造像已经形成家族或家庭集团，北魏时期皇室对于宗族势力的维护已经大大减弱，广川王国因人丁寡弱而国力衰微，其造像规模、位置与其社会地位、经济财力等密切相关，反映了社会等级差异。通过对广川王国这一宗族的微观考证，发现四代广川王分别揭示了不同史实：第一代侯太妃亡夫贺兰汗或译为贺略汗，其以贺兰部为名，非为贺兰可汗，但从其名字反映北魏早期皇室对不同部族的掌控；第二代谐薨于太和十九年（495年），孝文帝为此制定“三临”之礼，其丧葬成为孝文帝遵循古礼以汉化、迁洛者不得北葬之发端；第三代灵遵由祖母侯太妃为其造像祈愿，现实功利的心理需求强于佛教信仰，但并未遂其所愿，却早夭无后绝嗣，宣武帝特许以旁支继承王爵以延续祠祭，体现当时王爵封废朝例；第四代元焕仍以21岁无子而薨，广川王国遂废。元焕墓志虽然详述其本祖名讳职官，但埋葬时并没有归其本家祖茔，可能葬于第二、三代广川王茔域。广川王国是北魏迁洛之后拓跋鲜卑统治集团中的皇室宗族典型，几代广川王所历事件反映当时汉化礼制，元焕薨后归葬所继宗族是北魏后期维护宗族制度尚存的表现。

---

1 北京图书馆金石组：《北京图书馆藏中国历代石刻拓本汇编》（第五册），中州古籍出版社，1989年，第106页。

二、家族墓葬

北魏末年尔朱荣为了彻底摧毁北魏皇室统治势力，在国都洛阳城北的黄河南岸，纵胡骑乱兵屠戮百官朝士，致使衣冠涂地，宗戚俱尽，共射杀文武百官二千余人，史称河阴之变（难），在中国古代帝位更迭历史上暴虐至极。这一特殊事件对北魏政治社会等方面影响已多有研究[1]，而关于当时被害群体身份地位、遇难之后丧葬制度未有涉及。通过全面勾稽，目前信息可考者，历史文献所载共98人，有墓志出土的受害者43人[2]。其中墓志是非常难得的史料。逝者中以皇室孝文帝、献文帝之子孙诸王等级最高，其他以禁卫武官及内侍文官为主。通过对北魏河阴之难逝者的丧葬研究，从微观上反映其与家族墓地的关系，分析拓跋鲜卑在迁都30年，经历全面汉化后的埋葬观念，为深入研究不同民族文化的保留、融汇与变革提供直接证据，对于探讨丧葬礼制演变具有重要价值。

（一）河阴之变受害人概况

河阴之变因尔朱荣试图取代北魏皇权而起，结果一朝文武被害，直接导致帝位更迭，并造成其后政局动荡。此类人为灾难本身在中国历史上甚为罕见，史书对被害人群略有记载，比较重要的是，目前受害人群体中部分墓志已经出土，为研究当时丧葬提供了可信依据。

对于河阴之变被害人数，史书记载有两说：二千（余）人和一千三百

1　吴少珉：《试论北魏“河阴之变”》，《史学月刊》1983年第1期；宋大川、夏连保：《北魏河阴之变述论》，《晋阳学刊》1991年第5期；郑建民：《尔朱集团和北魏末期的政局》，华东师范大学硕士学位论文，2008年；牛晓育：《浅析河阴之变》，湖南师范大学硕士学位论文，2012年；黄学超：《河阴之变后北魏洛阳城的佛寺与乡里》，《中原文化研究》2014年第3期；张国刚：《河阴之变》，《月读》2017年第2期。

2　本文涉及墓志来源和出土地点，以表格附于后，正文不再逐一标注。因大部分墓志被多次重复收录，现仅选一种作为参考，详细参见拙著，刘连香：《民族史视野下的北魏墓志研究》，文物出版社，2017年。

人。前者见于四处，分别是"（害）公卿以下二千余人"[1]"害王公以下二千"[2]"又害丞相、高阳王雍已下王公卿士二千人"[3]"杀百官王公卿士二千余人……时又有朝士百余人后至，仍于堤东被围，遂临以白刃"[4]。一千三百人仅一见："因纵兵乱害，王公卿士皆敛手就戮，死者千三百余人。"[5]根据前文已有二千余人被害，又有百余人后至，推测"千三百人"可能为"二千三百人"之误，即遗漏了"二"字。整体看，此难被害二千余人较为可信。

如此之众文武百官受害，基本摧毁了北魏元姓皇室的统治机构。这么多人中，身份可考者目前仅见98人，相对于被害二千余人之庞大群体，其所占比例虽不足5%，但因逝者诸方面的相似性及墓志出土的偶然性，故大致能够代表其整体状况。

98人中有墓志出土者43人（表3-3），史书记载70人（表3-4），二者重叠15人，个别人信息极为简单。

表3-3 河阴之变受害者及家族墓志来源简表[6]

逝者	家族成员	葬年	公元年	墓志来源	墓志出土地来源
元邵		建义元年七月五日	528	洛阳博物馆：《洛阳北魏元邵墓》，《考古》1973年第4期	洛阳博物馆：《洛阳北魏元邵墓》，《考古》1973年第4期
	元怿	孝昌元年十一月二十日	525	洛阳博物馆：《洛阳北魏元邵墓》，《考古》1973年第4期	洛阳博物馆：《洛阳北魏元邵墓》，《考古》1973年第4期

1 （北齐）魏收：《魏书》卷一〇《孝庄帝纪》，中华书局，1974年，第256页。

2 （北齐）魏收：《魏书》卷一〇五《天象志（四）》，中华书局，1974年，第2442页。

3 （唐）李延寿：《北史》卷五《魏本纪·孝庄帝纪》，中华书局，1974年，第161页。

4 （唐）李延寿：《北史》卷四八《尔朱荣传》，中华书局，1974年，第1753页。

5 （北齐）魏收：《魏书》卷七四《尔朱荣传》，中华书局，1974年，第1648页。

6 表格中两书使用缩写。北图藏拓指北京图书馆金石组：《北京图书馆藏中国历代石刻拓本汇编》，中州古籍出版社，1989年；时地记指郭培育、郭培智：《洛阳出土石刻时地记》，大象出版社，2005年。

续表

逝者	家族成员	葬年	公元年	墓志来源	墓志出土地来源
元悌		建义元年六月十六日	528	北图藏拓第五册，第85、86页	时地记，第35页上
	元怀	熙平二年八月廿日	517	北图藏拓第四册，第46页	时地记，第19页下
	元诲	普泰元年三月廿七日	531	北图藏拓第五册，第145页	时地记，第42页下
	元宝月	孝昌元年十二月三日	525	北图藏拓第五册，第14页	时地记，第29页下
元子正		建义元年八月廿四日	528	北图藏拓第五册，第108页	时地记，第38页下
	元协	永平元年十一月六日	508	北图藏拓第三册，第118页	时地记，第14页下
	元协妃李媛华	正光五年八月六日	524	北图藏拓第四册，第170页	时地记，第27页上
	元子直	正光五年八月六日	524	北图藏拓第四册，第169页	时地记，第27页上
	元文	太昌元年十一月十九日	532	北图藏拓第五册，第171页	时地记，第44页下
元谭		建义元年七月六日	528	北图藏拓第五册，第91页	时地记，第35页下
元瓛		建义元年七月十七日	528	洛阳市文物局：《洛阳出土北魏墓志选编》，科学出版社，2001年，第131、369页	出土地不详
元毓		建义元年七月三十日	528	北图藏拓第五册，第106页	时地记，第38页上
元昉		建义元年七月三十日	528	北图藏拓第五册，第105页	时地记，第38页下
	元谧	正光五年闰二月三日	524	北图藏拓第四册，第158页	时地记，第26页上
	元谧妃冯会	熙平元年八月二日	516	北图藏拓第四册，第32页	时地记，第18页下

续表

逝者	家族成员	葬年	公元年	墓志来源	墓志出土地来源
	元譿	正光元年十一月十四日	520	北图藏拓第四册，第84页	时地记，第22页上
	元谭妻司马氏	正光四年三月廿三日	523	北图藏拓第四册，第139页	时地记，第25页上
	元焕	孝昌元年十一月八日	525	北图藏拓第五册，第7、8页	时地记，第28页下
元端		建义元年七月十七日	528	北图藏拓第五册，第97页	时地记，第37页上
	元端妻冯氏	永安二年八月十一日	529	北图藏拓第五册，第123页	时地记，第40页下
元子永		永安元年十一月廿日	528	北图藏拓第五册，第113页	时地记，第39页下
元礼之		永安元年十一月廿日	528	北图藏拓第五册，第115页	时地记，第39页下
	元简	太和二十三年三月	499	北图藏拓第三册，第37页	时地记，第10页下
	元简妃常氏			北图藏拓第三册，第38页	时地记，第10页下
	元祐	神龟二年二月廿三日	519	北图藏拓第四册，第61页	时地记，第20页下
	元祐妃常季繁	正光四年二月廿七日	523	北图藏拓第四册，第136页	时地记，第25页上
	元演	延昌二年三月七日	513	北图藏拓第四册，第9页	时地记，第17页上
	元子豫	孝昌三年三月十日	527	洛阳市文物管理局：《洛阳出土少数民族墓志汇编》，河南美术出版社，2011年，第76页	洛阳市文物管理局：《洛阳出土少数民族墓志汇编》，河南美术出版社，2011年，第76页
元钦		永安元年十一月八日	528	北图藏拓第五册，第112页	时地记，第39页下

续表

逝者	家族成员	葬年	公元年	墓志来源	墓志出土地来源
元诞业		永安元年十一月八日	528	洛阳市文物局：《洛阳出土北魏墓志选编》，科学出版社，2001年，第141、381页	出土地不详
元昂		永安元年十一月八日	528	齐运通：《洛阳新获七朝墓志》，中华书局，2012年，第27页	墓志文
元道隆		永安元年十一月十八日	528	洛阳市第二文物工作队：《洛阳新获墓志续编》，科学出版社，2008年，第9页	出土地不详
	元冏	永平四年二月十八日	511	310国道孟津考古队：《洛阳孟津邙山西晋北魏墓发掘报告》，《华夏考古》1993年第1期	310国道孟津考古队：《洛阳孟津邙山西晋北魏墓发掘报告》，《华夏考古》1993年第1期
	新成妃李氏	熙平二年十一月廿八日	517	北图藏拓第四册，第50页	时地记，第20页上
	元飏	延昌三年十一月四日	514	北图藏拓第四册，第21页	时地记，第17页下
	元飏妻王氏	延昌二年十二月四日	513	北图藏拓第四册，第15页	时地记，第16页下
	元璨	正光五年十一月三日	524	北图藏拓第四册，第172页	时地记，第27页上
	元崇业	正光五年十一月十四日	524	北图藏拓第四册，第174页	时地记，第27页下
元液		永安三年二月十三日	530	北图藏拓第五册，第136页	时地记，第42页上
	元泰安	景明元年十一月十九日	500	北图藏拓第三册，第47页	时地记，第11页下
	元荣宗	景明元年十一月十九日	500	洛阳市文物局：《洛阳出土北魏墓志选编》，科学出版社，2001年，第7、222页	出土地不详

续表

逝者	家族成员	葬年	公元年	墓志来源	墓志出土地来源
	元遥	神龟二年八月	519	北图藏拓第四册，第47页	时地记，第19页下
	元遥妻梁氏	神龟二年八月	519	北图藏拓第四册，第70页	时地记，第21页上
	元灵曜	正光四年三月廿三日	523	北图藏拓第四册，第140页	时地记，第25页下
	元斌	正光四年十一月廿七日	523	北图藏拓第四册，第155页	时地记，第26页上
	元袭	太昌元年十一月十九日	532	北图藏第拓五册，第175页	时地记，第45页上
	元瑗			北图藏拓第五册，第204页	时地记，第46页下
	元晔	孝昌三年二月廿七日	527	洛阳市文物局：《洛阳出土北魏墓志选编》，科学出版社，2001年，第112、351页	时地记，第33页上
元瞻		建义元年七月六日	528	北图藏拓第五册，第89页	时地记，第35页下
元彝		建义元年七月六日	528	北图藏拓第五册，第90页	时地记，第36页上
元顺		建义元年七月五日	528	北图藏拓第五册，第87页	时地记，第35页上
	元澄妃李氏	景明二年十一月十九日	501	赵万里：《汉魏南北朝墓志集释》，科学出版社，1956年，图版125	时地记，第11页下
	元澄	神龟二年十二月七日后	519后	赵超：《汉魏南北朝墓志汇编》，天津古籍出版社，2012年，第507页	时地记，第36页上
	元嵩	正始四年七月十六日	507	北图藏拓第三册，第104页	时地记，第13页下
	东魏元澄妃冯令华	东魏武定五年十一月十六日	547	北图藏拓第六册，第145页	北图藏拓第六册，第145页
元略		建义元年七月十八日	528	北图藏拓第五册，第101页	时地记，第37页下

续表

逝者	家族成员	葬年	公元年	墓志来源	墓志出土地来源
元廞		建义元年七月十八日	528	北图藏拓第五册，第103页	时地记，第38页上
元湛		建义元年七月十八日	528	北图藏拓第五册，第102页	时地记，第37页下
	南安王桢	太和二十年十一月廿六日	496	北图藏拓第三册，第30页	时地记，第10页下
	章武王元彬	太和二十三年十一月廿日	499	北图藏拓第三册，第42页	时地记，第11页上
	元熙	孝昌元年十一月廿日	525	北图藏拓第五册，第12页	时地记，第29页上
	元暐	孝昌元年十一月廿日	525	北图藏拓第五册，第9页	时地记，第29页上
	元义华	孝昌元年十一月廿日	525	中国文物研究所、陕西省古籍整理办公室：《新中国出土墓志·陕西》（下），文物出版社，2000年，第1页	出土地不详
	元纂	孝昌元年十一月廿日	525	北图藏拓第五册，第13页	时地记，第28页下
	元诱	孝昌元年十一月廿日	525	北图藏拓第五册，第11页	时地记，第29页上
	元诱命妇冯氏	景明四年八月	503	北图藏拓第三册，第64页	时地记，第12页上
	元诱继室薛伯徽	孝昌元年十一月廿日	525	北图藏拓第五册，第10页	时地记，第29页上
	元肃	永熙二年二月廿六日	533	北图藏拓第五册，第183页	时地记，第45页上
	元融	孝昌三年二月廿七日	527	北图藏拓第五册，第60页	时地记，第33页上
	元融妃穆氏	永平二年四月一日	509	赵力光：《鸳鸯七志斋藏石》，三秦出版社，1995年，第25页	时地记，第15页上

续表

逝者	家族成员	葬年	公元年	墓志来源	墓志出土地来源
	元湛妻薛慧命	武泰元年二月十七日	528	北图藏拓第五册，第77页	时地记，第34页上
	元举字景升	武泰元年二月廿一日	528	北图藏拓第五册，第79页	时地记，第34页上
元汎略		孝昌三年六月十三日	527	齐运通：《洛阳新获七朝墓志》，中华书局，2012年，第22页	出土地不详
元周安		建义元年九月七日	528	北图藏拓第五册，第109页	时地记，第39页上
	元寿安	孝昌二年十月十九日	526	北图藏拓第五册，第41页	时地记，第31页上
	元固	孝昌三年十一月二日	527	北图藏拓第五册，第70页	时地记，第33页下
	元始和	正始二年十一月十八日	505	北图藏拓第三册，第87页	时地记，第12页下
	北周元寿安妃卢兰	大象二年十一月廿日	580	北图藏拓第八册，第200页	时地记，第49页上
元均之		建义元年七月六日	528	北图藏拓第五册，第88页	时地记，第35页下
元肴		建义元年七月十七日	528	北图藏拓第五册，第100页	时地记，第36页上
	元绪	正始四年十月三十日	507	北图藏拓第三册，第109页	时地记，第14页上
	元悦	永平四年十一月十七日	511	北图藏拓第三册，第145页	时地记，第15页下
	元悦妃冯季华	正光五年十一月十四日	524	北图藏拓第四册，第173页	时地记，第27页下
	元仙	正光四年二月廿七日	523	北图藏拓第四册，第134页	时地记，第24页下
	元尚之	正光四年十一月廿七日	523	北图藏拓第四册，第154页	时地记，第25页下

续表

逝者	家族成员	葬年	公元年	墓志来源	墓志出土地来源
	元敷	正光四年二月廿七日	523	北图藏拓第四册，第138页	时地记，第24页下
	元腾	神龟二年十一月九日	519	北图藏拓第四册，第74页	时地记，第21页下
	元腾次女元华光	孝昌元年九月廿四日	525	北图藏拓第五册，第5页	时地记，第28页上
	元晫	正光元年十一月十四日	520	洛阳市文物局：《洛阳出土北魏墓志选编》，科学出版社，2001年，第54、291页	出土地不详
	元隐	正光五年三月十一日	524	洛阳市文物局：《洛阳出土北魏墓志选编》，科学出版社，2001年，第73、306页	出土地不详
	元悫	孝昌元年十二月二日	525	洛阳市文物局：《洛阳出土北魏墓志选编》，科学出版社，2001年，第93、327页	出土地不详
	元朗	孝昌二年闰十一月十九日	526	北图藏拓第五册，第53页	时地记，第32页上
	元则	孝昌二年闰十一月七日	526	赵万里：《汉魏南北朝墓志集释》，科学出版社，1956年，图版87	时地记，第32页上
	元公妻陆孟晖	永安三年二月十五日	530	赵万里：《汉魏南北朝墓志集释》，科学出版社，1956年，图版93	时地记，第42页上
	元弼字思辅	普泰元年八月十一日	531	北图藏拓第五册，第149页	时地记，第43页上
	元恩	永安二年十一月十九日	529	北图藏拓第五册，第131页	时地记，第42页下
元馗字道明		永安二年三月九日	529	北图藏拓第五册，第119页	时地记，第40页上
	元鉴	正始四年三月廿六日	507	北图藏拓第三册，第100页	时地记，第13页下

续表

逝者	家族成员	葬年	公元年	墓志来源	墓志出土地来源
	元鉴妃吐谷浑氏	建义元年八月十一日	528	北图藏拓第五册，第107页	时地记，第38页下
元维		永安二年三月九日	529	北图藏拓第五册，第118页	时地记，第40页上
	元遵	孝昌元年十一月廿日	525	洛阳市文物考古研究所：《北魏淮南王元遵墓发掘简报》，《洛阳考古》2013年第2期	洛阳市文物考古研究所：《北魏淮南王元遵墓发掘简报》，《洛阳考古》2013年第2期
	元禹	太昌元年十一月十九日	532	赵文成、赵君平：《秦晋豫新出墓志蒐佚续编》，国家图书馆出版社，2015年，第79页	出土地不详
	元广	熙平元年十一月廿二日	516	北图藏拓第四册，第39页	时地记，第19页上
元悛		建义元年七月十二日	528	北图藏拓第五册，第93页	时地记，第36页下
元愔		建义元年七月十二日	528	北图藏拓第五册，第94页	时地记，第36页下
元信		建义元年七月十二日	528	北图藏拓第五册，第92页	时地记，第36页下
元诞		建义元年七月十七日	528	北图藏拓第五册，第98页	时地记，第37页上
	元侔	永平四年十一月五日	511	北图藏拓第三册，第144页	时地记，第15页下
	元晖	神龟三年三月	520	北图藏拓第四册，第76页	时地记，第21页下
	元昭	正光五年三月十一日	524	北图藏拓第四册，第160页	时地记，第26页下
	元德	永平二年十一月十一日	509	赵超：《汉魏南北朝墓志汇编》，天津古籍出版社，2012年，第56页	时地记，第15页上

续表

逝者	家族成员	葬年	公元年	墓志来源	墓志出土地来源
	元保洛	永平四年二月廿六日	511	北图藏拓第三册，第136页	时地记，第15页下
	元引	正光四年二月廿七日	523	北图藏拓第四册，第133页	时地记，第25页上
	元进	熙平元年十一月廿二日	516	齐运通：《洛阳新获七朝墓志》，中华书局，2012年，第11页	出土地不详
	元瓂	正光五年十一月三日	524	洛阳市文物管理局：《洛阳出土少数民族墓志汇编》，河南美术出版社，2011年，第57页	出土地不详
元显字进		建义元年八月廿四日	528	赵文成、赵君平：《秦晋豫新出墓志蒐佚续编》，国家图书馆出版社，2015年，第71页	出土地不详
穆景胄		建义元年五月五日	528	赵君平、赵文成：《河洛墓刻拾零》，北京图书馆出版社，2007年，第34页	赵君平、赵文成：《河洛墓刻拾零》，北京图书馆出版社，2007年，第34页
	穆亮	景明三年六月廿九日	502	北图藏拓第三册，第58页	时地记，第12页上
	穆妻尉太妃	神龟三年六月卅日	520	北图藏拓第四册，第82页	时地记，第22页上
	穆绍	普泰元年十月廿四日	531	北图藏拓第五册，第153页	时地记，第43页上
	穆彦	永安二年十二月廿六日	529	北图藏拓第五册，第133、134页	时地记，第42页上
	穆彦妻元洛神	武泰元年四月十八日卒	528	北图藏拓第五册，第82页	时地记，第34页下
	穆纂	正光二年二月廿八日	521	北图藏拓第四册，第101页	时地记，第23页上

续表

逝者	家族成员	葬年	公元年	墓志来源	墓志出土地来源
	东魏穆子岩	东魏武定八年五月十三日	550	北图藏拓第六册，第176页	北图藏拓第六册，第176页
张彦		建义元年七月五日	528	赵君平、赵文成：《秦晋豫新出墓志蒐佚》，国家图书馆出版社，2012年，第30页	出土地不详
陆绍		建义元年七月十七日	528	北图藏拓第五册，第99页	时地记，第37页上
王诵		建义元年七月廿七日	528	北图藏拓第五册，第104页	时地记，第38页上
	王诵妻宁陵公主	永平三年正月八日薨	510	北图藏拓第三册，第129页	时地记，第15页上
	王诵妻元氏	熙平二年八月廿日	517	北图藏拓第四册，第45页	时地记，第19页下
	王绍	延昌四年闰十月	515	北图藏拓第四册，第28页	时地记，第18页上
	王翊	永安二年二月廿七日	529	北图藏拓第五册，第117页	时地记，第40页上
杨济		武泰元年八月廿五日	528	洛阳市第二文物工作队：《洛阳新获墓志续编》，科学出版社，2008年，第8页	出土地不详
	东魏杨机	东魏天平二年三月廿七	535	洛阳博物馆：《洛阳北魏杨机墓出土文物》，《文物》2007年第11期	洛阳博物馆：《洛阳北魏杨机墓出土文物》，《文物》2007年第11期
王导		永安元年十月廿二日	528	赵文成、赵君平：《秦晋豫新出墓志蒐佚续编》，国家图书馆出版社，2015年，第73页	出土地不详
唐耀		永安元年十一月廿日	528	北图藏拓第五册，第111页	时地记，第39页上

续表

逝者	家族成员	葬年	公元年	墓志来源	墓志出土地来源
李略		永安元年十二月十三日	528	胡海帆、汤燕：《1996～2012北京大学图书馆新藏金石拓本菁华》，北京大学出版社，2012年，第97页	胡海帆、汤燕：《1996～2012北京大学图书馆新藏金石拓本菁华》，北京大学出版社，2012年，第97页
	李达及妻张氏	孝昌三年五月十日	527	赵君平：《邙洛碑志三百种》，中华书局，2004年，第19页	墓志文
杨暐		太昌元年	532	罗新、叶炜：《新出魏晋南北朝墓志疏证》，中华书局，2004年，第141页	罗新、叶炜：《新出魏晋南北朝墓志疏证》，中华书局，2004年，第141页
	杨仲礼	太昌元年十一月十九日	532	赵文成、赵君平：《秦晋豫新出墓志蒐佚续编》，国家图书馆出版社，2015年，第83页	出土地不详
裴悬		最晚东魏天平二年十一月六日	535	罗新、叶炜：《新出魏晋南北朝墓志疏证》，中华书局，2004年，第197页	墓志文
	裴良	北齐武平二年二月六日	571	李学文：《山西襄汾出土东魏天平二年裴良墓志》，《文物》1990年第12期	罗新、叶炜：《新出魏晋南北朝墓志疏证》中华书局，2004年，第197页
崔鹔		东魏天平四年二月十九日	537	山东省文物考古研究所：《临淄北朝崔氏墓》，《考古学报》1984年第2期	山东省文物考古研究所：《临淄北朝崔氏墓》，《考古学报》1984年第2期
	崔猷	延昌元年十一月廿八日	512	山东省文物考古研究所：《临淄北朝崔氏墓》，《考古学报》1984年第2期	山东省文物考古研究所：《临淄北朝崔氏墓》，《考古学报》1984年第2期

续表

逝者	家族成员	葬年	公元年	墓志来源	墓志出土地来源
	崔鸿	孝昌二年九月十七日	526	山东省文物考古研究所：《临淄北朝崔氏墓》，《考古学报》1984年第2期	山东省文物考古研究所：《临淄北朝崔氏墓》，《考古学报》1984年第2期
	崔鸿妻张玉怜	天平四年二月	537	山东省文物考古研究所：《临淄北朝崔氏墓》，《考古学报》1984年第2期	山东省文物考古研究所：《临淄北朝崔氏墓》，《考古学报》1984年第2期

表3-4　史书所记河阴之变受害人简表

序号	家族	逝者	文献来源	遇害情况
1		灵太后胡氏	《魏书》卷一三《宣武灵皇后胡氏传》	太后及幼主并沉于河。太后妹冯翊君收瘗于双灵佛寺。出帝时，始葬以后礼而追加谥
2		幼主元钊	《魏书》卷一〇《孝庄帝纪》	乃害灵太后及幼主
3	孝庄帝兄弟	无上王元劭	《魏书》卷二一（下）《彭城王协传》	（协）嫡子劭，字子讷，袭封。庄帝即位，尊为无上王。寻遇害河阴
4		始平王元子正	《魏书》卷二一（下）《彭城王协传》	劭弟子正……肃宗初，封霸城县公……庄帝即位，除尚书令，封始平王。与兄劭俱遇害
5	孝文帝后	广平王元悌	《魏书》卷一〇《孝庄帝纪》	又害丞相高阳王雍……广平王悌
6		常山王元邵	《魏书》卷一〇《孝庄帝纪》	又害丞相高阳王雍……常山王邵
7	献文帝后	高阳王元雍	《魏书》卷二一（上）《高阳王雍传》	孝庄初，尔朱荣欲害朝士，遂云雍将谋逆，于河阴遇害
8		元泰	《魏书》卷二一（上）《高阳王雍传》	嫡子泰，字昌……与雍同时遇害
9		元端	《魏书》卷二一（上）《高阳王雍传》	泰兄端，字宣雅……与雍俱遇害
10		元睿	《魏书》卷二一（上）《高阳王雍传》	泰弟睿，字子哲……封济北郡王。与雍俱遇害
11		赵郡王元毓	《魏书》卷二一（上）《赵郡王干传》	字子春，袭。庄帝初，河阴遇害
12		元谳	《魏书》卷二一（上）《赵郡王干传》	庄帝初，河阴遇害

续表

序号	家族	逝者	文献来源	遇害情况
13	文成帝后	齐郡王元温	《魏书》卷一〇《孝庄帝纪》	又害丞相高阳王雍……齐郡王温（文成五王之一元简之孙、元祐子）
14	景穆帝后	元钦	《魏书》卷一九（上）《阳平王新成传》	封钜平县公。于河阴遇害
15		元恒	《魏书》卷一九（上）《京兆王子推传》	恒，字景安……表求改名芝……后于河阴遇害
16		元泛	《魏书》卷一九（上）《汝阴王天赐传》	泛，字普安……封东燕县男。于河阴遇害
17		任城王元彝	《魏书》卷一九（中）《任城王云传》	庄帝初，河阴遇害
18		元顺	《魏书》卷一九（中）《任城王云传》	尔朱荣之奉庄帝，召百官悉至河阴……闻害衣冠，遂便出走，为陵户鲜于康奴所害……特赠绢百匹
19		元略	《魏书》卷一九（下）《南安王桢传》	荣入洛也，见害于河阴……谥曰文贞
20		中山王元叔仁	《魏书》卷一九（下）《南安王桢传》	孝庄初，遇害于河阴
21		元义兴	《魏书》卷一九（下）《南安王桢传》	孝庄初，于河阴遇害
22		元湛	《魏书》卷一九（下）《章武王太洛传》	字镇兴……庄帝初，遇害河阴
23		北平王元超	《魏书》卷一九（下）《安定王休传》	子超，字化生……改封北平王……后复本封。尔朱荣之入洛，超避难洛南，遇寇见害
24	道武帝后	元法寿	《魏书》卷一六《阳平王熙传》	建义初，于河阴遇害
25		元庆始	《魏书》卷一六《阳平王熙传》	（法寿）子庆始……与父同时见害
26		元谦	《魏书》卷一六《河南王曜传》	谦，字思义，袭爵……庄帝初，于河阴遇害
27		封回	《魏书》卷三二《封懿传》	庄帝初，遇害于河阴

续表

序号	家族	逝者	文献来源	遇害情况
28	王慧龙家族	王遵业	《魏书》卷三八《王慧龙传》	及尔朱荣入洛，兄弟在父丧中，以于庄帝有从姨兄弟之亲，相率奉迎，俱见害河阴
29		王广业	《北史》卷三五《王慧龙传》	遵业弟广业……卒于太中大夫
30		王延业	《北史》卷三五《王慧龙传》	广业弟延业，博学多闻，颇有才藻，位中书郎。河阴之役，遂亡骸骨
31		王季和	《北史》卷三五《王慧龙传》	自慧龙入国，三世一身，至琼始有四子……延业弟季和
32	凉王李暠家族	李瑾	《魏书》卷三九《李宝传》	庄帝初，于河阴遇害
33		李暧	《魏书》卷三九《李宝传》	暧，字仁明。孝庄初，于河阴遇害
34		李昞	《魏书》卷三九《李宝传》	昞，字仁曜……孝庄初，与兄暧同时遇害
35		李晧	《北史》卷一〇〇《凉武昭王李暠传》	仁曜弟晧，字仁昭……亦遇害河阴
36		李义慎（顺）	《魏书》卷三九《李宝传》	义慎，司空属……庄帝初，并于河阴遇害
37		李义远	《北史》卷一〇〇《凉武昭王李暠传》	第四弟义远……庄帝初，并于河阴遇害
38		李遐	《魏书》卷三九《李宝传》	遐字智远……出为河内太守……遐既闻荣推奉庄帝，遂开门谒候，仍从驾南渡。及河阴，为乱兵所害
39		李延孝	《北史》卷一〇〇《凉武昭王李暠传》	休纂弟延孝……于河阴遇害
40	陆俟家族	陆士宗	《魏书》卷四〇《陆俟传》	士宗，字仲彦……建义初，并于河阴遇害
41		陆士述	《魏书》卷四〇《陆俟传》	士宗弟士述，字幼文……建义初，并于河阴遇害
42		陆希悦	《魏书》卷四〇《陆俟传》	遇害于河阴

续表

序号	家族	逝者	文献来源	遇害情况
43		源纂	《魏书》卷四一《源贺传》	纂，字灵秀……建义初，遇害河阴
44		宇文庆安	《魏书》卷四四《宇文福传》	庆安……河阴遇害
45		裴询	《魏书》卷四五《裴骏传》	会尔朱荣入洛，于河阴遇害……谥曰贞烈
46		李翼	《魏书》卷四九《李灵传》	字景业……建义初，遇害河阴
47		崔忻	《魏书》卷四九《崔鉴传》	字伯悦……庄帝初，遇害于河阴
48		李玚	《魏书》卷五三《李孝伯传》	建义初，于河阴遇害
49		郑季明	《魏书》卷五六《郑羲传》	武泰中，潜通尔朱荣，谋奉庄帝。及在河阳，遂为乱兵所害
50		杨炜（暐）	《魏书》卷五八《杨播传》	炜，字延季……庄帝初，遇害于河阴
51		王诵	《魏书》卷六三《王肃传》	孝庄初，于河阴遇害……谥曰文宣
52		李神轨	《魏书》卷六六《李崇传》	寻与百官候驾于河阴，仍遇害焉……谥曰烈
53		崔士泰	《魏书》卷六六《崔亮传》	建义初，遇害于河阴……谥曰文肃
54		崔励	《魏书》卷六七《崔光传》	建义初，遇害河阴
55		高（长）云	《魏书》卷六八《高聪传》	子长（子）云，字彦鸿……建义初，于河阴遇害
56	裴延俊家族	裴延俊	《魏书》卷六九《裴延俊传》	庄帝初，于河阴遇害
57		裴元直	《魏书》卷六九《裴延俊传》	子元直，尚书郎中。元直弟敬猷，员外常侍。兄弟并有学尚，与父同时遇害
58		裴敬猷	《魏书》卷六九《裴延俊传》	元直弟敬猷，员外常侍……敬猷妻，丞相、高阳王雍外孙，超赠尚书仆射
59	袁翻家族	袁翻	《魏书》卷六九《袁翻传》	建义初，遇害于河阴
60		袁升	《魏书》卷六九《袁翻传》	弟升……亦于河阴见害

续表

序号	家族	逝者	文献来源	遇害情况
61		柳谐	《魏书》卷七一《裴叔业传》	谐……建义初，于河阴遇害
62		范绍	《魏书》卷七九《范绍传》	庄帝初，遇害河阴
63		李奂	《魏书》卷八一《山伟传》	外兵郎李奂……等四人，皆于河阴遇害
64		冯穆	《魏书》卷八三（上）《冯熙传》	字孝和，袭熙爵。避皇子愉封，改扶风郡公。尚高祖女顺阳长公主，拜驸马都尉……遇害河阴
65		崔暹	《魏书》卷八九《酷吏·崔暹传》	建义初，遇害于河阴……追封武津县公
66	王睿家族	王忻	《魏书》卷九三《恩幸·王睿传》	建义初，河阴遇害……谥曰穆
67		王诞	《魏书》卷九三《恩幸·王睿传》	忻弟诞，字永安……亦于河阴遇害
68		萧彦	《魏书》卷九四《阉官·张宗之传》	彦于河阴遇害
69		王温	《魏书》卷九四《阉官·王温传》	改封武阳县开国侯，邑如故。建义初，于河阴遇害
70		卢仲宣	《北史》卷三〇《卢观传》	观弟仲宣，小名金……魏孝庄帝初，遇害河阴

43方墓志中魏室元姓达32方，诸帝之后多有发现：献文之后，包括孝文帝子孙有8人；文成帝之后2人；景穆十二王中见5王，其子孙有13人；明元帝之后2人；道武帝之后2人；昭成帝之后4人；平文帝之后1人。只有平文帝之后元显未见其直系家族墓志，其余均有同一家族其他成员墓志可以对比。其他姓氏11人，分属不同姓氏和家族，其中张彦、陆绍、王导、唐耀4人未见家族墓志。根据当时朝士总人数对比，皇室元姓不可能为其他所有姓氏官员的近3倍。墓志之所以出现这一情况，一方面，由于墓志的出土具有很大的偶然性，如昭成帝之后家族墓地被发现，同时出土4方墓志；另一方面，可能北魏墓志的使用受到更多因素影响。

史书所记河阴被害者相对级别较高，元姓26人，其他44人，相对符合当时文武百官的人员构成实际。史书与墓志的最大区别在于：帝室仅记录道武帝之后的诸王族系，等级最高为孝文帝、献文帝之后、灵太后、幼帝、孝庄帝兄弟及诸王等12人，然后是人数相对较多的景穆十二王之后10人。其他姓氏各级官员一般集中出现于传记所附家族成员中：如西凉王李暠家族中达8人；王遵业兄弟4人；陆俟、裴延俊家族分别3人；袁翻、王睿家族各2人。这种记录虽然不能代表全部被害人，但从侧面反映当时北魏官僚体系中门阀士族所占比例极高。

该事件表面是针对孝明帝暴崩、灵太后扶植幼帝执政而发生的，实际是尔朱荣欲取代帝位，其首先屠杀的是与帝室血缘关系最近者，即孝文帝子孙及当时实力最强的以高阳王元雍为首的献文帝之后，其次才是魏室元姓疏族成员和其他文武朝士，以上墓志和史书记载均反映这一状况。史书之所以仅记道武帝之后，因太和年间孝文帝将太祖由平文帝改为道武帝，平文、昭成等帝之后地位大大下降，但在北魏后期权力机构中仍占有一定地位，墓志即为其证。比较特殊的是，被害于河阴者中，史书和墓志均未见到太武五王之后，传记所载其临洮王、广阳王子孙蕃息尚昌。

目前所知河阴受害者中，尽管所任官职详略有异，但从总体上看，以武官或兼任文武者为主，大多数曾任或多次叠任负责皇帝、皇宫和京师安全的禁卫武官，或明确与皇帝关系密切的内侍文官，甚至98人中除了2人职位不详外，仅有2人历任京外之职。而有众多武官的两千余人之所以敛手被害，主要因为尔朱荣首先在行宫扶植孝庄帝，并令百官朝拜，次日以祭天为名，将朝士集中到河阴，由胡骑四面合围而射杀，故一朝涂地。

（二）河阴之变受害人葬制

河阴之变后二千余人的安葬是当时国都洛阳紧急而又困难的一件要事。一方面出于对冤死者的尊敬，在得到诏令后应当实行厚葬以尽哀荣。另一方面，在当时社会严重动荡、尔朱荣把持朝政的现实状况之下，生者对自身安危的恐惧及经济凋敝后的财力权衡，葬事又不可能奢华。从现有材料或可反映其部分礼俗。

1. 葬仪与葬期

葬仪应包括送葬场面和墓制规格两部分，以体现等级和尊卑差异。河阴之变受害者中仅见到孝庄帝之弟始平王元子正一人有送葬规模，史料记载为：鸾辂、九旒、黄屋左纛、前后部羽葆鼓吹、虎贲班剑一百人。墓志稍简单：加黄屋、左纛、虎贲班剑一百人。实际包含车、兵旗、乘舆之伞盖和装饰旌幡、前后仪仗和吹奏队列、护卫军士等。其规格均为天子王侯等级，在当时应仅次于其兄由无上王被尊为帝的元邵。其他人之送葬仪轨均不见于文献和墓志记载。

北魏史料中对于墓室尺寸和封土高矮没有明确标准，目前所见被害于河阴之变有墓志者43人中，元邵墓经考古发掘，但之前已被盗严重。其父元怿墓进行过简单调查。东魏迁葬的崔鹔墓经过发掘，同时有其家族墓数座。

元邵墓[1]为方向朝南带斜坡墓道的土圹洞室墓。墓室略呈方形，长4、宽3.9米，四壁略外弧，顶部呈四角攒尖状。棺床位于墓室右部，为前宽后窄的梯形。墓志置于拱顶甬道内。墓门用小砖封闭。墓道位于墓室南面稍偏东，长10.35、宽1.45米，有天井1个。墓内出土泥质青灰陶俑115件，动物模型明器6件，镇墓兽2件，碗、盘、灯、盒等9件。墓志方形，边长97厘米。

---

1 洛阳博物馆：《洛阳北魏元邵墓》，《考古》1973年第4期。

元怿墓[1]为方向朝南带墓道的砖室墓。墓室略呈方形，边长约9米，四壁略外弧，小砖垒砌，墓顶坍塌。甬道为砖砌拱券顶，中间有石门，将甬道分出前后两部分。墓室和甬道均绘有壁画。出土墓志长95.5、宽100厘米。

对比元怿、元邵父子二人墓葬，发现元邵墓的墓室尺寸不到其父墓的一半，墓室没有使用当时已经非常普遍的砖室墓，而是土圹墓，墓室内没有壁画，棺床为土台，墓门仅以小砖封堵，所出随葬品以陶器为主。只有墓志尺寸较大，与其父接近。但因父子二人地位悬殊较大，并受到埋葬时社会背景的影响，不能就此证明河阴之变后丧葬简化。

崔鹔及其家族墓[2]位于山东临淄大武乡窝托村南，均为石构圆形或椭圆形单室墓，带有墓道，墓葬方向以西北为主，个别朝西。目前共清理墓葬19座，出土墓志7方（合），时代从北魏、东魏至北齐。崔鹔墓为东魏天平二年（535年）迁葬，墓室结构与其他类似，右侧有一耳室，墓内仅出土墓志一方，置于墓室左侧，没有其他随葬品。但是否有其他随葬品似乎不能成为其迁葬或薄葬的依据，因为在其家族墓中另有二号墓、十八号墓、十九号墓亦未发现随葬品。该家族墓反映了北朝时期的地方特色，同时亦包含北魏文化因素，如崔猷墓志年代最早，为长方形，之后均为方形，有的带有盝顶志盖。

因其他受害者材料缺乏，无法探讨整体葬仪规制。

葬期是体现丧葬礼仪的重要因素，周礼的三年之丧多次变化，汉代已有二十七月、二十五月等之争，后简化为以月代年，即三月而葬。

历史文献中所载河阴之变受害者中，只有灵太后言及葬事："太后及幼主并沉于河。太后妹冯翊君收瘗于双灵佛寺。出帝时，始葬以后礼而追加

1　徐婵菲：《洛阳北魏元怿墓壁画》，《文物》2002年第2期。

2　山东省文物考古研究所：《临淄北朝崔氏墓》，《考古学报》1984年第2期；淄博市博物馆、临淄区文管所：《临淄北朝崔氏墓地第二次清理简报》，《考古》1985年第3期。

谥。”[1]中大通四年（532年）“冬，十一月……己酉，以汝南王悦为侍中、大司马。魏葬灵太后胡氏”[2]。可见，灵太后被沉黄河之后，由其妹即元叉[3]之妻先瘗埋于佛寺，至四年半之后的太昌元年（532年）十一月十九日，方以皇后之礼追谥重葬。文献中对于其余文武百官均不言具体安葬事宜，故不知葬期。

目前所见43人墓志中，除4人较为特殊外，39人墓志均详细记载埋葬日期。

最早的穆景胄墓志记载，“建义元年岁次实沉五月丁巳朔粤五日窆于邙山”，被害后仅二十二天埋葬，不足一月。但因卒日为四月十三日，葬日在五月，似乎亦符合逾月而葬之说。

其次为元悌，二月葬。

最多集中在卒后三月即七月葬，达21人之多，在明确葬日者中超过一半。其中七月五日3人：元邵、元顺、张彦。六日4人：元彝、元谭、元瞻、元均之。十二日3人：元信、元悛、元愔。十七日5人：元端、元诞、元宥、元谳、陆绍。十八日3人：元略、元湛、元廞。二十七日王诵，三十日元昉、元毓。

之后八月至十二月共13人。八月葬3人：元子正、元显、杨济。九月元周安，十月王导。十一月7人：唐耀，元钦、元昂、元诞业葬于同日，元道隆，元礼之、元子永同日葬。十二月李略1人。

以上36人均于被害当年安葬。元尴、元维于次年三月葬，距离薨卒不足一年。仅元液1人于卒后二十个月，即永安三年（530年）二月葬。

以下4人墓志较为特殊：

元汎略墓志最后的孝昌三年（527年）六月十三日时间有误，疑为墓志出土后所刻，葬日不详。

---

1 （北齐）魏收：《魏书》卷一三《宣武灵皇后胡氏传》，中华书局，1974年，第340页。

2 （北宋）司马光等：《资治通鉴》卷一五五《梁纪十一·高祖武皇帝纪》，中华书局，1976年，第4827页。

3 元叉，《魏书》卷一六：“叉，继长子，字伯俊，小名夜叉。”墓志：“公讳乂，字伯俊。”

裴恳相关信息出现于其父裴良墓志盖右侧刹面，为天平二年（535年）十一月六日裴良葬于绛县其父裴宝欢墓地时所刻，推测裴恳在河阴之变后权葬洛阳，至其父裴良薨后随父迁葬于其祖墓地，初葬时间不详。

杨暐墓志最后记载“太昌元年迁葬于华阴之旧茔”，且书体与前文有异，推测杨暐河阴之变后先葬于洛阳杨氏家族墓地，墓志刊刻于尔朱氏掌权之时。普泰元年（531年）六月二十八日、七月四日，尔朱氏在华阴和洛阳分别屠戮杨氏一族，次年即太昌元年（532年）十一月六日集中葬于华阴，杨暐亦同时迁葬，先葬洛阳时间未知。

崔鹔墓志记载其武泰元年（528年）四月十四日终于京师，即卒于河阴之变，但直至天平四年（537年）二月十九日窆于先君旧兆，对于之前权殡或已葬不载。从其家族墓志看，其迁葬时间与其嫂崔鸿妻张玉怜葬时为同月，推测其家族成员在下葬张玉怜前后，将崔鹔从他处迁回祖茔。

从以上诸人葬期看，因河阴之变发生第三天尔朱荣已上表追赠，逝者都是在孝庄帝下诏后开始埋葬，应当是由墓主家人自由选择的埋葬日期。所有43人中，穆景胄葬期不足一月，这一现象在之前亦存在，河阴受害者家族墓志章武王元融妃穆氏永平二年（509年）三月十二日薨，四月一日葬，虽仅十八天，亦逾月。穆氏家族中，穆纂正光二年（521年）二月十八日卒，廿八日窆景陵之右，仅十天。元腾次女金城郡君元华光比较特殊，其丈夫、二子早逝，遂归宗，孝昌元年（525年）九月十六日卒，廿四日葬，仅八天。尽管此数例不能代表当时整体状况，但从中可见当时葬期短者均为拓跋鲜卑人，且以穆氏比较集中。

河阴受害者其余葬期均在一月之后，最多则集中在三月而葬。依据周礼“天子七日而殡，七月而葬。诸侯五日而殡，五月而葬。大夫、士、庶人三日而殡，三月而葬。三年之丧，自天子达庶人”[1]。“日月未满而葬曰渴，言谓欲速葬无思也。过时而不葬曰慢，谓慢傲不念早安神也。”[2]晋皇甫谧《笃终论》言：“先时而葬者，谓之得葬；后时而葬者，谓之怠丧。”[3]此礼制实际并未严格遵循，西汉“孝文皇帝定约礼之制。孝文帝崩，遗诏薄葬，以日易月，凡三十六日释服，后以为故事”[4]。北魏文明太后驾崩，孝文帝与群臣曾就葬期与除服进行多次交锋，但都认为逾月即葬符合礼制，“五帝已前，丧期无数，三代相因，礼制始立，名虽虚置，行之者寡”“三年之丧有缺”“以二汉已降，逮于魏晋，葬不过逾月，服不淹三旬”“臣等伏寻金册遗旨，逾月而葬，葬而即吉”[5]。可见北魏时基本继承汉晋，逾月下葬。

河阴之难受害人最多集中于薨后三月，可能上追周礼中大夫至庶人之制。当然，亦有部分人非逾月或三月葬。整体上看，除个别后期迁葬外，基本都葬于尔朱荣掌权时期，永安三年（530年）九月“戊戌，帝杀荣、天穆于明光殿”[6]“及庄帝杀尔朱荣，遇祸于河阴者，其家率相吊贺”[7]。因之前已有封赠，尔朱荣被杀后，逝者家人仅吊贺，并未改葬。

逝者中灵太后、杨暐均迁葬于太昌元年（532年），即出帝时期，显示出帝对这一事件态度的变化。出帝刚登基改元，“齐献武王上言，建义之家枉为尔朱氏籍殁者，悉皆蠲免”“六月丁卯，改谥武怀皇帝曰孝庄”。十有一月己酉，“葬灵太后胡氏”[8]。在出帝当时的政策下，杨氏亦于该年十一月迁葬被尔朱氏所害者至弘农祖茔。

1 （清）孙希旦：《礼记集解》卷一三《王制第五之二》，中华书局，1989年，第340页。

2 （汉）刘熙：《释名》卷八《释丧制第二十七》，《丛书集成初编》，中华书局，1985年，第136页。

3 （明）顾炎武著，张京华校释：《日知录校释》卷一八《停丧》，岳麓书院，2011年，第644页。

4 （南朝宋）范晔撰，（唐）李贤等注：《后汉书》卷四六《陈宠子忠传》，中华书局，1965年，第1561页。

5 （北齐）魏收：《魏书》卷一〇八《礼志（三）》，中华书局，1974年，第2778页。

6 （北齐）魏收：《魏书》卷一〇《孝庄帝纪》，中华书局，1974年，第265页。

7 （唐）李延寿：《北史》卷五六《魏收传》，中华书局，1974年，第2025页。

8 （北齐）魏收：《魏书》卷一一《出帝平阳王修纪》，中华书局，1974年，第282、284、286页。

2. 葬地

史书中所记河阴之变受害人均不载葬地，而大部分墓志记录墓主埋葬地点，部分可以与出土地相互对照。以下墓志资料按照当时与孝明帝血缘远近分别叙述。

（1）孝文帝、献文帝、文成帝之后葬地

孝文帝之后仅见常山王元邵和广平王元悌。

元邵为孝文帝子清河王元怿第二子，元怿被元叉、刘腾所害，灵太后反政后追封并厚葬于洛阳老城北瀍河西岸。元邵葬于瀍河以东，隔河与西南的父墓相望，墓地在盘龙冢村南半里，西距瀍河约3里，父子属于一个墓域。与其墓地相邻为京兆王元愉及其子元宝月墓地。

元悌为孝文五王中广平王元怀子，墓地在长陵和瀍河以东的张杨（阳）村西北。元怀为正常死亡，元悌与其父元怀、兄元诲葬于一处，父子三人墓志分别于同地出土，墓葬东西并列，名曰三冢槐，元怀墓最东，中间为元诲冢，西则元悌冢。

献文帝之后包括彭城王、赵郡灵王和高阳王三支系。

彭城王元协子始平王元子正，即孝庄帝元子攸之弟。彭城王一支出土墓志包括元协及妃李媛华、陈留王元子直、元子直子元文，出土地点基本属于一个家族墓地，大致范围在南陈庄西、南陈庄北及附近。唯有薨于河阴之变的元子正葬于南陈庄西南至少10千米之外的瀍河以西，在华山路与310国道交叉口东南角的东陡沟，其北方为景陵，西面为静陵，西北为推测的节闵帝陵，说明元子正并没有归葬祖茔，而是葬于瀍河以西墓域。该区域后来成为北魏末年的帝陵区。

赵郡王一支有4人被害于河阴。元谭、元谳为兄弟，分别为赵郡王干第三、第四子。元毓、元昉为灵王之孙，贞景王元谧的元子、少子。根据史书记载并结合墓志，将该支族系排列如下：

献文帝—赵郡王幹—赵王谌————次子广川王焕
—贞景王谧：妃冯会—宣恭王毓
—元懿公昉
—三子谭：妻司马氏
—四子谳
—五子譓

4人中除了元谳墓志出土地点不详外，其余3志均出土于安驾沟村北，该墓区有之前已葬的元譓墓和元谭夫人墓，元谭薨后与夫人合葬。但贞景王元谧及妃冯会墓地在瀍河以西的东陡沟村东北，其子元毓、元昉均未附葬其父母墓域，而是与其他家族成员葬在一个墓区。4人葬日不同，且先兄后弟、先叔后侄，并不符合卑前尊后之原则。该族两辈4人有3人明确葬于家族墓地。

高阳王元雍是河阴被害人中最主要的焦点人物，元雍与其三子元端、元泰、元睿同时被害，目前仅见到元端墓志，出土地点位于定陵东北的后沟村，远离瀍河东岸其他诸王墓地，其夫人冯氏在元端葬后次年薨卒，与元端合葬，墓志亦已出土。

文成帝之后有齐郡王元简之孙元子永、元礼之兄弟二人被害，2人墓志于北陈庄村西南岭出土，书体相似，当出自一人之手，卒后葬于同地。志文中不载其父名讳，因疾未仕。齐郡王一支族系排列如下：

文成帝—齐郡王简：妃常氏—演
—？　　—子永
—礼之
—齐郡王祐：妃常季繁
—河间王若…………—河间王琛—子豫

该家族成员中已出土墓志另有齐郡王元简、元简妃常氏，齐郡王元祐、元祐妃常季繁，4方均出土于瀍河以西的高沟村，距离长陵较近。其他有元简子元演，河间王琛子元子豫，2方墓志出土于瀍水以东的张杨村西北一带，与元子永、元礼之属于一处墓地。可见，元子永、元礼之葬于家族墓地，但不是等级最高的高沟村区域。

（2）景穆帝之后葬地

景穆十二王中已发现五王之后共13人墓志记载被害河阴。

阳平王新成之后4人，元钦为新成季子，元诞业为元钦子。元昂、元道隆均为新成之孙，与元诞业为从祖兄弟。根据史料和墓志，排列阳平王一支族系如下：

景穆帝—阳平王新成：妃李氏—阳平惠王颐—阳平恭王冏—阳平王宗胤
—广陵康公衍—元子璨
—文烈公振——元子道隆
—西郡公———昂
—宗师————长子崇业
—六子飏：妻王氏
—季子钦———元子诞业

4人之中，元道隆葬地仅言西陵，元诞业无载，墓志出土地不详。但元钦、元诞业为父子，且与元昂同日而葬祖茔，推测应在一处。阳平王家族中墓志基本出土于张杨村西南、西北、北部范围内：太妃李氏、元飏及妻王氏、元钦、元璨墓志均出土于张杨村北或西北部，元冏墓在朝阳村北、张杨村西南。元昂葬于阳平王墓次。由此可见，该范围应为阳平王家族墓地，河阴之变逝者亦归葬祖茔。

京兆康王子推之后中元液被害于河阴。该家族墓志出土较多，根据墓志和史料，将京兆康王族系排列如下：

景穆帝—京兆康王子推—西河王太兴——穆王昴————悰
　　　　　　　　　　　　　　　——汝阳文献王暹—汝阳王晔
　　　　　　　　—遥：妻梁氏
　　　　　　　　—恒（芝）
　　　　　　　　—四子泰安———长子荣宗
　　　　　　　　　　　　　———二子灵曜
　　　　　　　　　　　　　———子斌
　　　　　　　　—坦————————液字灵和
　　　　　　　　—洛州刺史武公—袭
　　　　　　　　　　　　　　　—瑗
　　　　　　　　—昌乐公————长子晔

京兆王直系袭爵的太兴子孙中在洛阳未发现墓志，怀疑可能在长陵附近。太兴子孙中元悰、元晬葬于邺城。四子泰安曾袭河间王，葬于高沟村。其他墓志基本在后海资村即朝阳村附近，包括元遥及妻梁氏、泰安子元灵曜、元斌、元袭、元瑗、元晔等。元液墓志出土于张杨村与瓦店村之间。可见在瀍河两岸，西至高沟、南至朝阳、东北至瓦店这一区域应为京兆王家族墓地，元液遇害后归葬祖茔。

任城王一支中有任城王云三子元瞻、云之孙元澄之子元彝、元顺三人被害。叔侄生前秉性各异，元瞻：“颇爱书史，而贪暴好杀。（元）澄深耻忿之，绝其往来。”[1]元彝为任城王元澄第四子，为继室冯氏所生，因冯氏为冯熙之女、高祖冯皇后之妹，地位较高，故元彝袭爵，“及元叉专权，而彝耻于托附，故不得显职”[2]。元顺为元彝之兄，卒时家徒四壁，为当时河阴逝者中唯一受赠绢百匹者。3人河阴遇害后均归葬祖茔。根据已出土墓志，任城王族系主要包括：

景穆帝—任城王云—任城王澄：妃李氏、妃冯令华—任城王彝
—顺
—王翊夫人元氏
—二子嵩
—三子瞻
—五女邢公继室元纯陀

任城王家族墓地位于洛阳谷水之北，即今柿园村西，该墓区约在民国二十一年（1932年）阴历六月上、中旬及七月下旬被盗，郭玉堂记载：村西两大墓，一为元澄墓，一为元彝墓。墓地中诸墓排列相对位置为：在柿园村西半里处，南北有两个大冢，南侧大冢为元澄墓，大冢西三十步为其前妃李氏墓；北侧大冢为元澄四子元彝墓，元彝墓西为元顺墓，元顺墓西北为元澄弟元嵩墓，元嵩墓东数十步为嵩弟元瞻墓。由此可见，在任城王家族墓地

1　（北齐）魏收：《魏书》卷一九（中）《任城王云传附》，中华书局，1974年，第489页。
2　（北齐）魏收：《魏书》卷一九（中）《任城王云传附》，中华书局，1974年，第480页。

中，元澄兄弟三人墓地呈倒“品”字形分布，世子据南，二兄弟平行在其北侧。而二兄弟中，兄在右，弟在左。元澄与其二子元顺、元彝墓亦呈倒“品”字形，父据南，二子平行在其北，但兄弟二人左右之序不详。

南安王支系被害者包括元略、元廞、元湛三人，墓志均载为南安惠王之孙，元略、元廞为中山献武王之子，甚至二人皆言为第四子，且同日薨，卒时年龄都是43。由史书记载可知，景穆帝子元桢为南安王，元桢五子，世子元英为中山献武王。元英五子：元攸、元熙、元诱、元略、元纂。以此，元略言中山献武王第四子属实。史书同时记载：“熙异母弟义兴，出后叔父并洛。”[1]此之义兴即元廞，与元略为异母兄弟，二人虽同年生，可能元廞长于元略，从年龄排序应为第四子，但非嫡出，遂继承其叔父并洛，元略在排列行次时未将元廞列入，仅载同母兄弟，故称第四子。元湛亦言南安惠王之孙，却是章武王之子。因章武王太洛无后，由南安王第二子元彬承继，元彬子元融为章武武庄王，元湛为元彬第四子、元融之弟。

南安王一支族系墓志达16方，根据墓志和史书，南安王族系排列如下：

景穆帝——南安王桢——中山王英——攸
—中山王熙——晫
——四女义华
—诱：前妻冯氏，继室薛伯徽
—四子略
—叔并洛……—廞
—六子纂
—扶风王———鲁郡王肃

1　（北齐）魏收：《魏书》卷一九（下）《南安王桢传附》，中华书局，1974年，第508页。

—章武王太洛……章武烈王彬—武庄王融：妃穆氏
—青州刺史诤—举
—四子湛：妻薛慧命

最早的南安王桢、章武王彬薨于孝文帝之前，葬于瀍河以西。其余均葬于瀍河以东，根据郭玉堂所记，其主要出土于安驾沟村。但郭氏记载元融及妃穆氏墓志出土于郑凹村南。元融妃穆氏墓志记“附于南安王之茔”，此地当指与元桢墓地一河之隔的安驾沟村茔地，而不是元桢墓地所在的瀍河以西高沟村附近。由此推测郭氏所记元融及妃穆氏墓志的出土地郑凹村南可能有误。元略、元廞、元湛从兄弟三人同时被害于河阴，同日葬于祖茔，说明其均归葬家族墓地。

汝阴王支系中有元汎略（普安）、元周安二人遇难，均为汝阴王子，元汎略史实记载为元泛，其墓志不知具体出土地点。根据该家族出土墓志，结合史料，将汝阴王族系排列如下：

景穆帝—汝阴灵王天赐—逞，字万安——元子始和
—汎略，字普安
—五子修义，字寿安，妃卢兰
—六子固，字全安
—九子周安

该族系目前所见有两处墓地：一处为元固、元周安、元始和所葬的南陈庄村一带；另一处为元修义夫妇葬于洛阳城北马坡村，在盘龙冢东南，距离南陈庄较远。元周安归葬之地的南陈庄在长陵、瀍河以东，为帝陵陪葬墓的核心区，应属于其祖茔。

（3）明元、道武、昭成、平文诸帝之后葬地

明元帝之后元均之、元宥河阴被害，2人属明元六王之一的乐安宣王范之后。目前乐安王家族成员中有18人出土墓志。根据墓志和史料，将其族系排列如下：

明元帝—乐安宣王范—简王良——靖王绪—哀王悦：妻冯季华
——四子仙—尚之
——季子敷
——八子腾：妻程法珠—女元华光
——成公贿—庄公隐
——懿公——元子妻陆孟晖
——二子则
——景公——元子宥
——静侯——新兴王弼—恩
——昭———中子均之
—齐洛刺史—四子悫
—处士苌生—仲子朗

乐安王之后18方墓志除了元悫、元隐墓志不知出土时间外，其余均在民国时期被盗出。墓志中所记埋葬地点在长陵之东、之左或长陵东北皇宗之兆者包括元绪、元腾及夫人程法珠、元悦夫人冯季华、元悫、元均之、元隐、元恩。元悦墓志记载葬于考靖王墓左，实际元悦与夫人冯季华为同一墓室合葬，故在一处。墓志记载葬于景陵东阿、东岗或东北者有元仙、元仙子元尚之、元朗、元则。元敷墓志窆于瀍涧之滨。元宥葬于西陵。元弼迁窆于苍山之阳。以上长陵、景陵、西陵、瀍涧、苍山等只是用不同称呼代表同一地理

坐标，作为魏室皇族，其葬地必然以洛阳第一座帝陵长陵作为主要参照，所以，即使宣武帝葬于景陵之后，部分墓志仍书长陵之东。又因长陵、景陵相距稍近，且均位于瀍河西岸，属于一个大的帝陵区，故在孝明帝时期言长陵、景陵应差别不大，西陵即泛指该区域。至于瀍涧之滨、苍山之阳，则为自然地理的位置标识。从墓志的出土地点看，主要有3个村庄标志：徐家沟、安驾沟、后李村。三村均位于瀍河以东，略呈三足鼎立状，徐家沟位于西北，安驾沟位于徐家沟东偏南，两村相距约1千米。后李村则在偏西南稍远，与徐家沟相距约2千米。元均之、元尚之、元腾次女元华光墓在徐家沟、安驾沟之间。元窅、元绪、元则、元弼、元恩墓在安驾沟。元仙墓在徐家沟。元悦及夫人冯季华墓在徐家沟东南。元腾及夫人墓在徐家沟东北。元敷、元朗墓在后李村。由此可见，三村之间应为乐安王家族墓地，因位于长陵、景陵之东，与帝陵区仅以瀍河相隔，是重要的皇宗之兆。根据元恩墓志记载葬于长陵之左、出土于安驾沟可知，北魏洛阳时期墓葬的左右方位以面南为坐标，墓左即墓东。由此推断元悦葬其考靖王陵之左，则其父元绪墓似乎应在其墓西。元均之、元窅河阴之变后归葬祖茔。

道武帝之后河南王支系中元馗被害于河阴，墓志出土于前海资村（今向阳村）东南。其家族中仅出土元馗兄元鉴及妃吐谷浑氏墓志，墓葬地点在前海资村北，与元馗墓相距不远，说明元馗归葬祖茔。

道武帝之后阳平王支系中元维于河阴遇害。根据史料和墓志，该支系中部分人员族系排列如下：

道武帝—阳平王熙—长子淮南靖王他—世子吐万——淮南僖王显—淮南康王遵
　　　　　　　　　　　　　　　　　　　　　　　　　—均
　　　　　　　　　　　　　　　　　　　　　　　　　—禹
　　　　　　　　　　　　　　　—钟葵————法僧————五子维
　　　　　　—牂牁公比陵———牂牁侯天琚—长子广

此家族中元广墓志出土于姚凹村，元维墓志出土于洛阳城北后海资村（今朝阳镇）东，两地相距不远，属于同一墓域。但在北魏末年，元遵却葬至景陵之南，可能为新开茔域。元显、元均父子薨后均葬于洛阳祖茔，东魏迁邺，元均夫人杜氏卒于邺城，遂将元显、元均迁葬于邺城之西陵区。由此可见，元维河阴遇害后仍归葬祖茔。

昭成帝常山王之后有元悛、元愔、元信、元诞4人遇害河阴。根据墓志所载，常山王一支主要族系如下：

昭成—受久—常山王遵—常山康王素连—常山简王陪斤—三子昭
—五子诞
—河间简公于德—晖——逸—愔
—悛
—悝——侔
？—信
—冗从仆射遍城太守德
—中子城阳宣王忠
—乡郡太守———四子琮
—廿五宠子淑
—货毅内三郎——太拔侯—保洛
—豳州刺史———元子引
—？————————进

常山王族系人口众多，其中元忠、元淑归葬平城，属于北魏迁洛之后的极少个例。其他则葬于洛阳，从整体上分析，该支迁洛之初的家族墓地可能在长陵、瀍河以东的姚凹村东一带，元德、元保洛、元引墓志均出土于姚凹村东。元昭葬于西陵瀍涧之东，元璨祔葬皇陵之境，从地理位置推测，亦在此地的可能性更大。因常山康王素连子息至少25人，其墓地狭促不足，于是在宣武帝时期，因元晖得势，遂于距离长陵较远的瀍河源头陈凹村另开茔域，永平四年（511年）正值元晖得势，其侄元侔入葬。至神龟三年（520年）元晖葬时，曾赐东园秘器，给羽葆、班剑、鼓吹20人，羽林120人[1]，可谓哀荣尽显。河阴之变后，元晖孙辈元悛、元愔、元信3人归葬祖茔。其中元悛、元愔兄弟2人志石书体文采相同，当出自一人之手[2]。元诞应为定州刺史常山简王陪斤第五子，其兄元昭为第三子。元诞墓志不载具体埋葬地点，郭玉堂记载出土于洛阳城北的护驾庄村，与两处家族墓地均无关，可能郭氏记载有误。若郭氏正确，则元诞似乎未归葬祖茔。

平文之后河阴遇害者仅元显一人。平文原为北魏太祖，位居七庙之首，太和十五年（491年），孝文帝更道武帝为太祖[3]，平文之后悉例降爵。至孝庄时已属皇室疏族。元显父祖名讳不载，职官可能为薨后所赠。元显本人生前实职补镇远将军、兼武卫将军，均非正员，薨后追赠并州刺史，为第四品。卒时已年60，应为当时一般武将，至河阴迎驾时被害。目前未见其家族相关信息。平文之后另有元龙、元珍、元天穆、元过仁、元苌、元孟晖等墓志出土，但似乎均与元显无涉。

（4）其他姓氏逝者葬地

其他姓氏共有11人，其中张彦、陆绍、杨济、王导、唐耀均未见家族成员相关信息，其他人葬地情况如下。

穆景胄为穆崇之后，根据墓志补充其家族谱系：

1　（北齐）魏收：《魏书》卷一五《常山王遵传附》，中华书局，1974年，第380页。
2　郭培育、郭培智：《洛阳出土石刻时地记》，大象出版社，2005年，第36页下。
3　（北齐）魏收：《魏书》卷一〇八《礼志（一）》，中华书局，1974年，第2747页。

穆崇——闼拔——寿——平国妻城阳长乐公主——亮妻尉太妃——绍——子岩
——通直—景胄
——正国妻长乐公主————长成——————纂
————仁——————彦妻元洛神

穆氏家族中，穆亮及夫人尉太妃墓志出土于洛阳城东北西山岭头村西南的同一座墓中，西面为穆绍墓，在白鹿庄村东南。穆彦及夫人元洛神墓在白鹿庄村南、营庄村北。穆绍墓在穆彦墓西1里处。穆景胄墓志出土于送庄乡，说明从送庄至白鹿庄、西山头、营庄一带为穆氏家族墓地，穆景胄河阴遇害后归葬祖茔。

王诵为东晋王导之后，其祖王奂及父王融被南朝齐萧赜所害，太和十七年（493年），其叔王肃投奔北魏，得到孝文帝重用。世宗初，王诵与弟王翊、王衍等随叔王秉入魏[1]。王诵先后娶宁陵公主、继室元贵妃，且均先于诵而薨，应由王诵主持埋葬于洛阳城北20里北陈庄村东北，两墓地的位置与规模也当由王诵所决定，因宁陵公主地位高于元贵妃，至王诵薨后，由其弟王衍负责丧事，遂将王诵与宁陵合葬于大冢内，继妻元贵妃墓为距离大冢数十步的小冢。另外，在南陈庄附近还出土了王绍墓志，说明南、北陈庄一带可能是王氏家族墓地之一，因文献记载王肃薨后葬于首阳山杜预墓与覆舟山李冲墓之间。王绍、王诵身为肃子侄，均未归附肃墓。

李略墓志出土于洛阳偃师首阳山镇寨后村，其叔父李达及妻张氏于孝昌三年（527年）葬于洛阳之北葛甫山南，二者地点吻合，说明李略河阴之变后归葬李氏家族墓地。

杨暐、裴良、崔鹔三人可能都是先葬洛阳，数年后迁葬原籍祖茔。杨暐

1 （北齐）魏收：《魏书》卷六三《王肃传附》，中华书局，1974年，第1412页。

在太昌年诛灭尔朱氏之后，随其他洛阳被害诸杨姓族人一起迁葬华阴。

裴恳河阴之变卒时，其父母均健在，当时丧葬情形不详。裴良墓志[1]记载，至七年后即东魏天平二年（535年）十一月六日其父裴良薨葬时，将长子裴恳信息刊于墓志盖。因无其他资料，不见裴恳追赠职官。裴良薨后迁祔秀才君神茔之右，据考当时所葬之地绛邑为南绛，是当时裴氏家族墓地，说明裴恳最晚在其父去世之后归葬祖茔。至裴良墓在北齐武平二年（571年）又改葬临汾城东北5里汾組堆之阳时，裴恳是否再次一起迁葬亦不可知。

崔鹔墓志出土于其家族墓地，该墓区先后经过两次发掘，共清理墓葬19座，出土墓志7方（合），除崔鹔外，还包括崔鹔之兄崔鸿、崔鸿妻张玉怜，崔鸿长子崔混，崔鸿四弟崔鹍之子崔德、崔博。第二次出土崔鹔叔伯辈崔猷墓志，可见崔鹔最终归葬祖茔。

由以上墓志所载河阴之变逝者的葬地可见，43人中有11人所葬信息不确定：或因没有其他家族墓志材料，或墓志未记埋葬地点，有的出土地点不详或可能有误，分别是元谳、元端、元道隆、元汎略、元诞、元显、张彦、陆绍、杨济、王导、唐耀。有31人归葬祖茔，元悌直接葬于其父元怀墓旁，元邵与其父元怿墓属于一个墓域，但相距稍远。元谭、元毓、元昉家族墓地有两处，3人同葬于其中一处，但元毓、元昉并未附葬于其父母元谧夫妇墓域。元子永、元礼之葬于家族墓地的非最高等级墓区。元瞻、元彝、元顺均葬于祖茔，并分别依父子、兄弟有序排列。元钦、元诞业父子、元昂，元略、元廞、元湛从兄弟三人分别同日归葬祖茔。元周安归葬其家族墓地中距离长陵更近的一处，应属祖茔。元液、元均之、元甯、元馗、元维、元悛、元愔、元信、穆景胄、王诵、李略等归葬家族墓地。杨暐、裴恳、崔鹔均迁葬回原籍祖茔。这些逝者中发现数座夫妻墓，元谭夫人司马氏、元湛妻薛慧命先

1 罗新、叶炜：《新出魏晋南北朝墓志疏证》，中华书局，2004年，第197页。

逝，丈夫被害后与其夫人合葬。元端夫人后亡，亦与其夫合葬。王诵先后娶宁陵公主和继室元氏，其遇害后与地位更高的前妻宁陵合葬。目前所见只有孝庄帝之弟始平王元子正未葬家族墓地，而是另辟茔地，应与其特殊的社会身份密切相关。

河阴之变逝者虽非横卧疆场，亦属于兵死之范畴，不仅被追荣褒德，且绝大部分均归葬其家族墓地，说明北魏的埋葬观念与《周礼·春官宗伯》所记“凡死于兵者，不入兆域”[1]不符，也与隋文帝所言“代俗之徒，不达大义。至于致命戎旅，不入兆域”“何止坟茔，独在其外”[2]相悖，这一理念或可说明鲜卑与匈奴、乌桓等类似，贵兵死而耻病终，且在北魏时已经影响了很多汉人葬俗。

河阴之变是中国封建王朝帝位更迭历史上的一次重大灾难，一朝文武百官两千余人同时被害，国都一日变为丧城，当时不仅造成丧葬用具短缺，人们对政治形势的剧变充满忧惧。对于此次人为灾祸，文献记载简单，比较珍贵的是，目前发现的数十方墓志出土，较为详细地记载了当时的丧葬内容。通过对目前所见墓志和史书中所记共98位逝者的信息分析可知，当时被害者中，拓跋元姓皇宗以直接维护皇室权力者的孝文帝、献文帝子孙地位最高，景穆十二王之后人数最多，其他姓氏之百官贵胄则比较分散。绝大部分逝者任职或曾经任职于京师禁卫武官或内侍文官，以武官居多，在河阴仍敛手被害，则与尔朱荣试图取代元魏不成而无奈扶植孝庄帝的仓促变化有关。

从目前的资料显示，河阴之难受害人均逾月而葬，与北魏正常葬期一致，最多集中于薨后三月，与周礼中大夫、士、庶人三日而殡、三月而葬相符。葬地基本归葬祖茔，已婚者夫妻合葬，与周礼之兵死不入兆域相悖，可

1　（明）顾炎武著，张京华校释：《日知录校释》卷六《不入兆域》，岳麓书院，2011年，第217页。
2　（唐）魏征等：《隋书》卷二《高祖纪（下）》，中华书局，1982年，第46页。

能反映游牧民族重兵死轻病终的丧葬理念，遵循以往戎战兵死礼制，而这一观念已经影响到北魏汉人。

河阴之难受害者丧葬反映了拓跋鲜卑迁都洛阳经历汉化并统治中原王朝之后，汉文化与游牧文化在不同人群中的交融并存，体现了北魏后期民族融合，间接显示北魏末年不同文化走向的复杂性及其形成原因的多样化。

北魏随着统治区域的不断扩大和南移，封建制度也越来越完善，在丧葬方面亦有明显体现，考古发掘的70余座纪年墓能够反映出皇帝、三品以上高级官吏和贵族、中下级官吏与部分世族、普通平民之间不同等级墓葬的巨大差异。这些纪年墓最早至太武帝时期，文明太后执政后数量增加，最晚到北魏分裂。从墓葬信息可以看出，帝后陵墓均为平城后期至洛阳时期，从坐北朝南的墓葬方向、地面的巨大封土和墓前神道石刻或陵园建筑，开阔且长达40米的墓道及建造精细的墓室和丰富的随葬品，充分反映了北魏墓葬制度的最高规格。其后各个等级在以上诸方面则整体逐次降低，但也存在个别越级现象。第二、第三等级以墓道带过洞和天井，随葬品中镇墓俑、仪仗俑、生活俑和模型明器数量众多为其典型特征，且平城时期主要出现于国都平城，洛阳时期则都城之外数量增加，京外因制度没有洛阳严格而规模偏大。最后一等的平民墓葬普遍狭小，随葬品极少，多使用刻铭砖。墓葬等级不同是北魏墓葬制度的直接反映，而制度的统一和完善以孝文帝迁都洛阳之后的陵墓区规划为主要转折点，目前发现，计划迁洛之后最早葬于洛阳者为外戚冯熙、冯诞父子，从其墓志所载能够清楚地看出高祖对于迁都及之后汉化改革的整体谋划，以超规格的丧葬礼仪将舅族葬于新都，之后强制迁洛之人葬于邙山，不得北还，从丧葬上切断了与旧都平城的联系，而在洛阳通过帝陵与不同墓区的规划，建立新的统治秩序。北魏晚期的墓葬基本延续中原葬制，部分延续周礼内容，以广川王国为代表的宗族在无后或绝嗣后，皇帝特诏允许旁支继承，薨后归葬王墓，加强对其宗族势力的维护。而河阴之难被害文武官员基本归葬家族墓地，与周礼之“兵死不入兆”相违背，却与游牧民族普遍“重兵死”吻合，既保留了拓跋鲜卑的本身传统，也反映了当时家族观念的增强。北魏中后期墓葬是在融合了多元文化之后形成的统一规制。

第四章
北魏祭祀礼俗

丧葬祭祀包括停丧期间的丧期设奠，埋葬时墓内设祭，葬后墓上的墓祭，埋葬之后建立宗庙定期或不定期的祖先庙祭等。关于北魏祭祀的具体情形，不同时期遗留信息差异较大。早期仅有文献记载相关庙祭和祖先祭祀，晚期墓葬反映墓内设奠，墓志则记录丧期及庙祭等级差异。

拓跋鲜卑与其他游牧民族类似，以祭祀表现其对大自然的敬畏，导致所祀神灵数量庞大，“延兴二年，有司奏天地五郊、社稷已下及诸神，合一千七十五所，岁用牲七万五千五百。显祖深愍生命……于是群祀悉用酒脯”[1]。在这种大背景下，以敬祖佑嗣为目的的祖先祭祀成为其中的重要部分，而祭祀设尸取容貌相似者以扮夫妻，体现其祭祀中的遗风陋俗。建立代魏封建统治集团之后，为了皇权稳固和政治需要，对历代先帝的祭祀不断加强，大量杂神淫祀废绝。到北魏后期，祭祀往往与赙赗财物、封追官爵、加赠谥号并行，祭祀礼制日趋复杂，并最终建立完善的丧葬祭祀礼仪制度。

第一节　祭祀设尸之俗

所谓祭祀设尸，即以活人作为被祭祀者的替身受享馔馈的活动，被选中的人称为尸。文献记载三代祭祀天地百神、历世先祖均设有尸。之所以在祭

1　（北齐）魏收：《魏书》卷一〇八《礼志（一）》，中华书局，1974年，第2740页。

祀时选择由活人为尸接受祭拜，主要是因为神灵无形，以尸践位可使神有所依，祭者心有所系，行礼敬尊，事亡如存。中原祭祀设尸以周代宗庙祭祀礼仪较为严格，战国之后基本消失，但这种特殊的祭祀形式在北魏早期依然存在。西安碑林博物馆保存一方正光四年（523年）刊刻的孝廉奚真墓志，记载其高祖曾为帝尸，与《魏书》中的相关内容相互印证，从祭祀设尸存在时间、尸者身份、与中原差异等方面分别反映北魏早期宗庙祭祀与成丧祭祀设尸特点，对于认识中原礼仪与夷狄之俗之间的关系具有重要价值。

一、帝尸之选

北魏庙祭有尸，出土材料仅见奚真墓志，该志“民国十五年（1926年）阴历七月初十日，洛阳西北瀍水发源处田沟村南岭上出土，无冢，地在孟津县境，同时出土陶器不精”[1]。在赵万里、北京图书馆金石组、洛阳市文物局、赵超等编写的墓志拓本图录或墓志录文中多次收录[2]。该墓志略呈正方形，宽47.3、长46厘米，志文凡20行，满行20字。字形方正，结构匀称，笔势端雅宽博，为典型魏碑体（图4-1）。墓志录文如下（录文中“/”表示转行）：

魏故孝廉奚君墓志铭。/

君讳真，字景琳，河阴中练里人也。其先盖肇傒轩辕，/作蕃幽都，分柯皇魏，世庇琼荫，绵弈部民，代匡王/政。可谓芬桂千龄，松茂百世者矣！高祖大人乌筹，量/渊凝雅，若岳镇瞩，国祚经始，

1　郭培育、郭培智：《洛阳出土石刻时地记》，大象出版社，2005年，第26页上。

2　赵万里：《汉魏南北朝墓志集释》（第三册），科学出版社，1956年，第558页，图版237；北京图书馆金石组：《北京图书馆藏中国历代石刻拓本汇编》（第四册），中州古籍出版社，1989年，第156页；洛阳市文物局：《洛阳出土北魏墓志选编》，科学出版社，2001年，第70页；赵超：《汉魏南北朝墓志汇编》，天津古籍出版社，2012年，第142页。

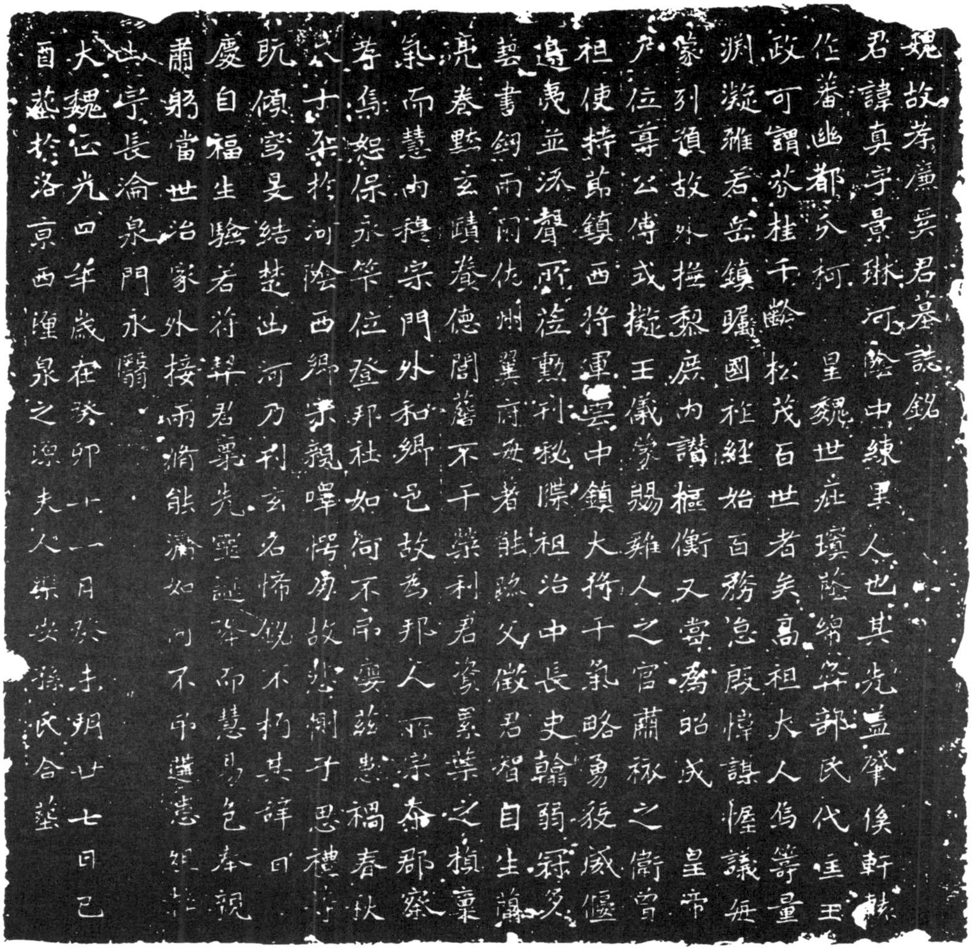

图4-1　奚真墓志拓本

百务怠般，帏谋幄议，每/蒙列预，故外抚黎庶，内赞枢衡。又尝为昭成皇帝/尸，位尊公傅，式拟王仪。蒙赐鸡人之官，肃旅之卫。曾/祖使持节镇西将军云中镇大将干，气略勇毅，威偃/边夷，并流声所莅，勋刊秘牒。祖治中长史翰，弱冠多/艺，书剑两闲，佐州翼府，每着能迹。父征君智，自生简/亮，卷默玄赜，养德闾蓍，不干荣利。君资累叶之桢，禀/气而慧，内穆宗门，外和乡邑。故为邦人所宗，本郡察/孝焉。恕保永算，位登邦社，如何不吊，瘿兹患祸。春秋/六十，卒于河阴西乡。宗亲嗥愕，朋故悲恻，子思礼等/既倾穹旻，结楚山河，乃刊玄石，俙铭不朽。其辞曰：/

庆自福生，验若符契，君禀先灵，诞降而慧。易色奉亲，/肃躬当世，治家外接，两修能济。如何不吊，遘患殂弊，/山宇长沦，泉门永翳。/

大魏正光四年岁在癸卯十一月癸未朔廿七日己/酉葬于洛京西瀍泉之源。夫人乐安孙氏合葬。

奚真墓志内容简略，基本为其历祖名讳与任职，墓主奚真地位不显，仅为孝廉。但志文明确记载其高祖“尝为昭成皇帝尸，位尊公傅”，说明奚氏先祖与帝室之间关系异常。

（一）奚氏与魏室同宗

奚真墓志记载：“其先盖肇傒轩辕，作蕃幽都，分柯皇魏，世庇琼荫，绵弈部民，代匡王政。”即奚氏自认出于轩辕，与《魏书》追述拓跋鲜卑远祖一致：“昔黄帝有子二十五人……昌意少子，受封北土，国有大鲜卑山，因以为号。其后，世为君长，统幽都之北广漠之野……其裔始均，入仕尧世……帝舜嘉之，命为田祖。”[1]二者均为攀附，此类在北魏墓志中较为常见，如阳平幽王妃李氏墓志，“鸿基肇于轩辕，宝胄启于伯阳”；于纂墓志，“轩辕降灵，寿业祏绪”；陆绍墓志，“其先盖轩辕之裔胄”；王真保墓志，“实轩辕之裔，后稷之胄”[2]等，不同姓氏均言轩辕之后，实为当时墓志撰写之套语。而拓跋元姓墓志中所认先祖却又有轩辕、神农、尧舜、高

1 （北齐）魏收：《魏书》卷一《帝纪·序纪》，中华书局，1974年，第1页。
2 赵超：《汉魏南北朝墓志汇编》，天津古籍出版社，2012年，第100、200、235、272页。

辛、姬昌等不同[1]，说明比附非实。墓志言奚氏世居幽朔之地，与拓跋氏同宗，统领部民辅佐魏室则更可信："魏氏本居朔壤，地远俗殊，赐姓命氏，其事不一……初，安帝统国，诸部有九十九姓。至献帝时，七分国人，使诸兄弟各摄领之，乃分其氏……献帝以兄为纥骨氏，后改为胡氏……弟为达奚氏，后改为奚氏……七族之兴自此始也。又命叔父之胤曰乙旃氏……凡与帝室为十姓，百世不通婚。"[2]此言达奚氏为献帝邻之弟及其统领的国人。《新唐书·宰相世系表》涉及达奚氏，言其为献帝又次兄[3]。奚真之父奚智墓志亦已出土，对达奚、拓跋之间关系记载更详："故征士奚君讳智字洪筹者，恒州樊氏㟙山浑人也，始与大魏同先，仆脍可汗之后裔，中古迁移，分领部众，遂因所居，改为达奚氏焉。逮皇业徙嵩，更新道制，敕姓奚氏。"（图4-2）[4]志文明言与魏室同先，为仆脍可汗后裔，"仆脍可汗"不可考，是否为鲜卑部落大人檀石槐之音转？奚智原为恒州樊氏㟙山浑人，此处"浑人"，应为当时东胡游牧民族之泛称，后来的吐谷浑、谷浑、独孤浑、渴烛浑[5]、可足浑[6]、乌六浑[7]等均应属此类。恒州樊氏㟙山为北魏统治之核心区域，北魏道武帝天兴年间置恒州为司州，治代都平城，领代郡、灵丘、繁峙等八郡。墓志文中的"樊氏"即繁峙郡，其下辖㟙山、繁峙二县[8]。㟙山在平城之南不远，北魏迁洛前为皇帝田猎之所，文成帝、献文帝多次畋于㟙山，

1　刘连香：《民族史视野下的北魏墓志研究》，文物出版社，2017年，第180页。

2　（北齐）魏收：《魏书》卷一一三《官氏志》，中华书局，1974年，第3005页。

3　（北宋）欧阳修、宋祁：《新唐书》卷七二（上）《宰相世系表（二上）》，中华书局，1975年，第2409页。

4　北京图书馆金石组：《北京图书馆藏中国历代石刻拓本汇编》（第三册），中州古籍出版社，1989年，第98页。

5　（北齐）魏收：《魏书》卷一一三《官氏志》，中华书局，1974年，第3008、3012、3014页。

6　罗新、叶炜：《新出魏晋南北朝墓志疏证》，中华书局，2004年，第226页。

7　邢福来、李明：《咸阳发现北周最高等级墓葬——再次证明咸阳北原为北周皇家墓葬区》，《中国文物报》2001年5月2日第1版。

8　（北齐）魏收：《魏书》卷一〇六（上）《地形志（上）·恒州》，中华书局，1974年，第2497页。

图4-2　奚智墓志拓本

高祖亦曾数幸[1]。世祖保母惠太后窦氏以母养帝躬，太平真君元年（440年）薨后葬于崞山，别立后寝庙[2]。至太和十五年（491年）经始明堂、宗庙，始

1　（北齐）魏收：《魏书》卷五《高宗文成帝纪》、卷六《显祖献文帝纪》、卷七（上）《高祖孝文帝纪（上）》，中华书局，1974年。

2　（北齐）魏收：《魏书》卷一三《太武惠太后窦氏传》，中华书局，1974年，第326页。

废其常祭，唯遣有司行事[1]。由此可见达奚氏所居之地在北魏平城时期至关重要，或于中古分领部众即由献帝兄弟居住，并因之改其部族为达奚，至孝文帝迁洛敕省姓奚。由此可见达奚姓与拓跋元姓为同宗。

奚氏为魏室宗族从其婚亲亦可证，奚智、奚真父子墓志分别记载其婚姻关系：奚智妻敦煌宋氏、妻南阳宗氏，奚真夫人乐安孙氏，两代通婚对象均与其余七族九姓无关。通过对目前所见墓志的综合研究发现，拓跋鲜卑的诸兄弟部族虽然分为八族十姓，但一直遵从百世不通婚之制[2]，说明北魏对于宗族婚姻限令执行严格。

（二）奚氏反映宗族衰落

奚真父子墓志亦载其他历祖名讳与职官，均不见于史。两志对于名讳所异者基本为鲜卑音译三字名之省，取最后一同音字或二字合一，此类差异在北魏史书与墓志中常见。曾祖内行羽真、散骑常侍、使持节镇西将军、云中镇大将内亦干，主要受任边夷，其职官之前冠以“内行羽真”，据研究，羽真非为官名与爵称，而是类官号。内行羽真可能针对帝室十姓，用于区分权力等级[3]。对于奚干捍边之功，奚智墓志记载：“为夷之俗，以为誓首，虽郅都守边，何以过也。”郅都西汉景帝时守雁门，匈奴素闻其勇，刻木为郅都偶人像，令骑驰射，因惮其威而不中，匈奴窜迹，竟郅都死不近雁门[4]。“誓首”之谓不详，以郅都喻奚干威偃边夷，或为当时周边经常进犯北魏的柔然、高车、库莫奚等对御敌守边强将的称呼或某种行为。奚干职官中部分

---

1 （北齐）魏收：《魏书》卷一〇八《礼志（一）》，中华书局，1974年，第2748页。

2 刘连香：《民族史视野下的北魏墓志研究》，文物出版社，2017年，第三章第二节“七族九姓墓志”。

3 刘凯：《北魏羽真考》，《学术月刊》2015年第2期。黄桢将“内行羽真”归入在皇帝身边服务的内侍官，与奚干守边之实不符。见黄桢：《北魏前期的官制结构：侍臣、内职与外臣》，《民族研究》2016年第3期。

4 （东汉）班固：《汉书》卷九〇《郅都传》，中华书局，1962年，第3648页。

与司马楚之重叠，楚之所任：使持节、侍中、镇西大将军、开府仪同三司、云中镇大将、朔州刺史、封琅琊王。楚之云中镇大将等为太武帝所拜，在边二十余年，和平五年（464年）薨，则其任此职应不早于太平真君年[1]，比奚干略晚，但职位高于奚干，奚干未见王公之爵。

奚真祖为兖州治中卫将军府长史步洛汗（翰），仅为佐州翼府的低级官吏，品级概与县令、郡丞相似。奚真父征君智自生简亮，不干荣利，故无任。至奚真为邦人所宗，本郡察孝，仅为孝廉，其子思礼未载职掌。奚氏本为拓跋元氏皇室宗族，最初八族十姓分领国人时与魏室同列，但奚真家族前后六世却在极短时间内地位迅速降低，由高祖谋议帷幄，曾祖镇边守固职及将军，其后四代不显。反映拓跋鲜卑势力崛起过程中，在道武帝时期发生重大变化，对宗族从依赖转为摆脱与削弱，由强干弱枝至皇权独尊，奚真一族为其演变的典型。

奚真父子均卒葬于迁洛之后，分别为正始四年（507年）和正光四年（523年），埋葬地点为洛京西瀍泉之源，墓志在同一地点分别于民国十五年（1926年）阴历七月七日和十日出土。1937年左右，郭玉堂曾记载其具体方位："洛阳城北四十里田沟村南岭出土，此地为孟津县境。"[2]今孟津城乡建置中没有田沟村之名，从距离洛阳城北40里推测，应在现孟津县城关镇一带。在《洛阳石刻出土地图》[3]中，奚智、奚真墓位于元晖、元信墓之西，元晖"迁葬于洛阳西四十里长陵西北一十里西乡瀍源里瀍涧之滨"，亦可证4方墓志出土地点比较接近，由此推测奚氏墓地应在今孟津县城近郊长华村西南，接近瀍河边。该处距离北魏帝陵核心区孝文帝长陵已达10里，处于北邙山陵墓区的北部边缘，说明奚氏作为元魏宗族，已经淡出其统治中枢。

1　（北齐）魏收：《魏书》卷三七《司马楚之传》，中华书局，1974年，第857页。
2　郭培育、郭培智：《洛阳出土石刻时地记》，大象出版社，2005年，第13页上。
3　郭培育、郭培智：《洛阳出土石刻时地记》，大象出版社，2005年，附洛阳李铭西绘图。

奚真墓志中所载其高祖乌筹“尝为昭成皇帝尸”，是目前所见北魏宗庙祭祀设尸的唯一实证。在《魏书》中有一般民众祭祀设尸的相关记载，两相对照说明中原三代盛行而战国之后消失的祭祀设尸在北魏早期再现，与周礼所记相关内容对比，具有其自身特点。

二、宗庙与众庶祭祀设尸

因宗庙为国之根本，礼乐刑政之所自出，故宗庙祭祀为仅次于天地祭祀的重要礼仪，其祭礼既为飨祖敬尊以显至孝，又可行教化叙人伦。周礼对于宗庙祭祀设尸有严格规定。从奚真墓志所记可知，北魏早期亦有宗庙设尸祭祀，但据文献所载，“大魏七庙之祭，依先朝旧事，多不亲谒”。太和六年（482年）孝文帝方思亲执祀，其祭服冠履牲牢之具，罍洗簠簋俎豆之器，百官助祭位次，乐官节奏之引，升降进退之法，始由臣下按旧章并采汉魏故事，撰其制仪[1]。对于魏初祭祀设尸之轨史书乏陈，仅据墓志所记乌筹身份与职官以推测尸选乌筹与为尸时间。

奚真墓志云：“高祖大人乌筹，量渊凝雅，若岳镇瞩，国祚经始，百务急殷，帏谋幄议，每蒙列预，故外抚黎庶，内赞枢衡。又尝为昭成皇帝尸，位尊公傅，式拟王仪。蒙赐鸡人之官，肃旅之卫。”其父奚智墓志所记略异：大人大莫弗乌洛头。两志中所言乌筹与乌洛头为同一人，应因鲜卑语之同音而译，其称号包括大人、大莫弗、蒙赐鸡人之官。“大人”当为昭成及前后时期诸部统领，因献帝时七分国人，达奚部为八族之一，其统领者即为其部大人。“大莫弗”为北魏早期官职，据贺拔允“其先与魏氏同出阴山。有如回者，魏初为大莫弗”[2]，勿吉国“渠帅曰大莫弗瞒咄”[3]，韩暨墓志中

1 （唐）杜佑：《通典》卷四九《时享》，中华书局，1988年，第1370页。
2 （唐）李延寿：《北史》卷四九《贺拔允传》，中华书局，1974年，第1795页。
3 （唐）李延寿：《北史》卷九四《勿吉传》，中华书局，1974年，第3124页。

有“契丹国大莫弗入朝”[1]等推测，大莫弗应为地位较高的部族统帅。比其地位稍低的莫弗则类于酋长，如乌洛侯国“无大君长，部落莫弗皆世为之”[2]。南室韦“渐分为二十五部，每部有余莫弗蹒咄，犹酋长也。死则子弟代之，嗣绝则择贤豪而立之”[3]。其他如高车、蠕蠕、契丹等亦均置诸莫弗。《辽史》中的莫弗纥亦同：“莫弗纥，诸部酋长称，又云莫弗贺。”[4]“鸡人之官”名称符合北魏早期拟云鸟之义官号特点，据《魏书·官氏志》：“羲、轩、昊、顼之间，龙、火、鸟、人之职，颇可知矣……帝欲法古纯质，每于制定官号，多不依周汉旧名，或取诸身，或取诸物，或以民事，皆拟远古云鸟之义。诸曹走使谓之凫鸭，取飞之迅疾；以伺察者为侯官，谓之白鹭，取其延颈远望。自余之官，义皆类此，咸有比况。”[5]鸡人之官职责为肃旅之卫，与周礼之鸡人无涉：“鸡人掌共鸡牲，辨其物。大祭祀，夜呼旦以嘂百官。”[6]此言鸡人主要是负责祭祀时供鸡牲及告知时间。以上内容可证，奚真高祖乌筹曾为达奚氏部族统帅，亦以其军力护卫拓跋氏。

由祭祀昭成帝以乌筹为尸可知，其生活于昭成至道武帝时期，墓志不载乌筹为尸具体时间，推测应在道武帝天兴二年（399年）十月之后，因魏室建立、制礼用周典、设宗庙始于道武帝：“太祖登国元年，即代王位于牛川……天兴元年，定都平城，即皇帝位……诏有司定行次，正服色……祀天之礼用周典……（二年）冬十月，平文、昭成、献明庙成。岁五祭，用二至、二分、腊，牲用太牢，常遣宗正兼太尉率祀官侍祀……又立神元、思帝、平文、昭成、献明五帝庙于宫中，岁四祭，用正、冬、腊、九月，牲用

---

1 罗新、叶炜：《新出魏晋南北朝墓志疏证》，中华书局，2004年，第602页。

2 （北齐）魏收：《魏书》卷一〇〇《乌洛侯传》，中华书局，1974年，第2224页。

3 （唐）李延寿：《北史》卷九四《南室韦传》，中华书局，1974年，第3130页。

4 （元）脱脱：《辽史》卷一一六《国语解》，中华书局，1974年，第1547页。

5 （北齐）魏收：《魏书》卷一一三《官氏志》，中华书局，1974年，第2971、2973页。

6 （清）阮元：《十三经注疏附校勘记》（四）《周礼注疏·春官宗伯》卷二〇，中华书局影印，1980年，第773页。

马、牛各一，太祖亲祀宫中。”[1]故无论太祖是在宗庙还是宫中亲祭昭成时，乌筹为其尸，均在天兴二年（399年）之后。

北魏宗庙祭祀时选择尸的标准未详，但周礼中对于充当尸者有严格的礼仪规定，《公羊传·宣公八年》何休注曰：“祭必有尸者，节神也。礼，天子以卿为尸，诸侯以大夫为尸，卿大夫以下以孙为尸。”[2]即天子宗庙之祭，以公卿大夫孙行者为尸。“天子不以公为尸，诸侯不以卿为尸，为其太尊，嫌敌君……天子诸侯虽以卿大夫为尸，皆取同姓之嫡也。”[3]具体原因为：“宗庙之尸，必以同姓，取其精气合也；必以孙之伦，昭穆同也；必以嫡不敢以贱者，依吾亲也。”[4]达奚氏本为献帝兄弟所统领部族，与拓跋氏为同宗，道武帝以达奚氏为昭成帝尸，符合同姓要求。乌筹为奚氏之大人、大莫弗，应为其部族的直接统领者，符合用嫡不用庶之规定。墓志言乌筹“位尊公傅”，可能仅为虚词，因献帝七分国人，至昭成帝时，奚氏地位应不至于公，似乎符合“天子以卿为尸”之礼。对于乌筹是否为昭成之孙辈则不可考。

史书记载魏室早期礼仪：“太和以前，国之丧葬祠礼，非十族不得与也。高祖革之，各以职司从事。”[5]达奚氏为十族之一，是当时丧葬祠礼的主要参与者，乌筹为尸亦与北魏自身礼制相符。

据周礼，“前期三日之朝，筮尸如求日之仪”[6]。即在祭祀前三天，以卜筮之法从符合条件的人中选尸，其仪式与求祭日相同。尸一旦被确定，君、

1　（北齐）魏收：《魏书》卷一〇八《礼志（一）》，中华书局，1974年，第2734、2735页。

2　（清）阮元：《十三经注疏附校勘记》（八）《春秋公羊传注疏·宣公八年》卷一五，中华书局影印，1980年，第2280页。

3　（唐）杜佑：《通典》卷四八《立尸义》，中华书局，1988年，第1354页。

4　中华书局辑刊：《四部备要》（第九册）《仪礼正义》卷三四《特牲馈食礼》，中华书局影印，1989年，第485页。

5　（北齐）魏收：《魏书》卷一一三《官氏志》，中华书局，1974年，第3006页。

6　（清）阮元：《十三经注疏附校勘记》（五）《仪礼注疏·特牲馈食礼》卷四四，中华书局影印，1980年，第1179页。

大夫、士对尸极恭敬："为君尸者，大夫士见之，则下之。君知所以为尸者，则自下之。尸必式，乘必以几。"[1]墓志言"式拟王仪"，或亦遵周之仪节。

由乌筹为昭成帝尸推测，北魏早期宗庙祭祀设尸对于尸的选择既符合周礼中以同姓卿为尸之标准，又与魏室祠礼仅十族参与相一致。

一国之法，高下相沿，皇帝于宗庙祭祀设尸，众庶亦从，但因尊卑不同，祭荐之礼亦异。对于北魏早期祭祀设尸，从高允对文成帝上谏中可见当时一般民众祭祀设尸的状况。

高允以高宗文成帝纂承平之业，而风俗仍旧，婚娶丧葬，不依古式，乃谏曰："古者祭必立尸，序其昭穆，使亡者有凭，致食飨之礼。今已葬之魂人，直求貌类者，事之如父母，燕好如夫妻，损败风化，渎乱情礼，莫此之甚。上未禁之，下不改绝，此四异也。"[2]高允向文成帝上谏，说明文成帝在位的兴安元年至和平六年（452—465年），北魏祭祀设尸现象仍很普遍，其文未及国之宗庙，应为臣民祭祀。高允言"祭必立尸"本属祭礼，当时世俗所为不合礼制，故称其为"风俗"仍旧。

从高允上谏之文可见当时北魏祭祀设尸中的部分内容与中原祭礼相合，但更多则体现了其自身特点。

第一，尸者身份。中原祭祀，周礼以孙为尸，天子、诸侯取孙之有卿、大夫爵者为尸。卿、大夫、士皆以孙之伦为尸。《礼记》多处言及此论，孔子曰："祭成丧者必有尸。尸必以孙。孙幼则使人抱之。无孙则取于同姓可也""夫祭之道，孙为王父尸""孙可以为王父尸，子不可以为父尸。"[3]均

1 （清）阮元：《十三经注疏附校勘记》（六）《礼记正义·曲礼（上）》卷三，中华书局影印，1980年，第1248页。

2 （北齐）魏收：《魏书》卷四八《高允传》，中华书局，1974年，第1075页。

3 （清）阮元：《十三经注疏附校勘记》（六）《礼记正义·曾子问》卷一九，中华书局影印，1980年，第1399页；《礼记正义·祭统》卷四八，中华书局影印，1983年，第1605页；《礼记正义·曲礼（上）》卷三，中华书局影印，1983年，第1248页。

说明祭祀要以孙为尸，以序其昭穆。“昭穆者，所以别父子、远近、长幼、亲疏之序，而无乱也。”[1]从高允上谏中可见北魏早期一般民众祭祀时择尸：“今已葬之魂，人直求貌类者”，与周礼相违背，不能体现其宗法关系，亦说明北魏游牧民族在其发展壮大过程中，其尚武之质仍然占据主导地位，至文成帝时，以血缘为核心的宗法统序犹未建立。

祭祀设尸以相貌为取尸之据，后代亦曾见之：“今（宋）蛮夷瑶洞中，有尸之遗意。每遇祭祀鬼神时，必请乡之魁悟姿美者为尸，而一乡之人，相率以拜，祭为之尸者，语话醉饱。”[2]说明宋代南方瑶族祭祀鬼神设尸时，择尸亦注重体貌而非血缘。

第二，男女别尸。周礼记载，成丧祭礼，在虞祭、卒哭、祔祭等特祭时分别设男尸、女尸，为男女别尸：“男，男尸。女，女尸。必使异姓，不使贱者。”[3]即祭祀男性丧者用男性嫡孙为尸，祭祀女性丧者以女性嫡孙之妇为尸，女尸必须是与其夫不同的姓氏，并不能由庶孙之妾即贱者为尸。尸配尊者，必使嫡。四时常祭即吉祭只有男尸，不设女尸，言某妃配，指妇人祔从于夫，同牢而食，即为男女或夫妇共尸。北魏祭祀中未言特祭还是常祭，但从孝子事尸如父母、尸则“燕好如夫妻”说明其祭祀设尸应为男女别尸，即所择之尸均与被祭者为相同性别，不存在男女共尸，与周礼不同。

第三，尸受祭之仪。中原祭祀中，仅丧祭不筵尸，练、大祥之后渐趋吉，与时享同，均筵尸。尸受祭之仪：“夏立尸而卒祭，殷坐尸，周旅酬六

1　（清）阮元：《十三经注疏附校勘记》（六）《礼记正义·祭统》卷四九，中华书局影印，1980年，第1605页。

2　（南宋）黎靖德编，王星贤点校：《朱子语类》（第六册）卷九十《礼七·祭》，中华书局，1986年，第2309页。

3　（清）阮元：《十三经注疏附校勘记》（五）《仪礼注疏·士虞礼》卷四三，中华书局影印，1980年，第1173页。

尸。”[1]即夏代时尸站立接受祭拜，商代时尸坐着受拜。到周代时尸仍坐，且多尸相互行旅酬之礼，即各举觶而众相酬。对于周礼而言，设尸祭祀时聚其宗族以教民睦，观其敬而时。故祭祀仪轨要堂上观乎室，堂下观乎上，使礼仪卒度以体现十伦。北魏祭祀不言尸受祭时坐立之细微差别，主要悖逆周礼者为“事之如父母，燕好如夫妻，损败风化，渎乱情礼，莫此之甚”。说明至少至文成帝时，其设尸祭祀仍然保留旧风，不仅完全没有祭祀时应有的思慕哀伤与虔敬庄严，反而借此时机渎情乱性，伤风败俗，与中原祭祀中尸所从礼相去甚远。且如此恶俗陋习，“上未禁之，下不改绝”。

由高允谏文可见，北魏早期民间与宗庙的祭祀设尸之间存在较大区别，从文成帝不禁民众祭祀设尸推测，道武帝时已现的以尸祀昭成之国之宗庙祭祀设尸可能依然延续。至北魏晚期神龟初年，清河王元怿议灵太后父胡国珍庙制时云：“今铭旌纪柩，设重凭神，祭必有尸，神必有庙，皆所以展事孝敬，想象平存。上自天子，下逮于士，如此四事，并同其礼。”[2]若以此言，似乎至北魏晚期，其庙祭仍设尸，但无其他材料可证。

三、北魏早期祭祀设尸溯源

以上北魏早期祭祀设尸，国之宗庙与民众之俗均见，其形式与中原三代相类。祭礼设尸源于原始信仰，且延续时间较长，晚期文献往往均言礼仪夏造殷因。《礼记·礼器》云：“夏立尸而卒祭，殷坐尸。”即认为夏代已经在祭祀时设尸，至于尸之立坐，则夏商有异。有人曾推测三星堆、金沙遗址出土的青铜人形塑像为“尸”的艺术再现[3]。此类因历史久远或无确证不足

1 （清）阮元：《十三经注疏附校勘记》（六）《礼记正义·礼器》卷二四，中华书局影印，1980年，第1439页。

2 （北齐）魏收：《魏书》卷一〇八《礼志（二）》，中华书局，1974年，第2771页。

3 幸晓峰：《三星堆、金沙遗址商周礼乐文明研究——“尸”的艺术再现》，《四川文物》2008年第2期。

信，但至少商代祭祀设尸则为史实。在商代卜辞中有很多与延尸、立尸、饮尸、祝尸、傧尸等相关，仅庚甲卜辞至少十余处都涉及筮尸内容，如，“癸巳卜，大贞：王宾尸，岁，亡尤”（《天》28）；“己巳卜，行贞：王宾雍己尸，岁酚，亡尤”（《存》20609）；贞：尸，岁牡（《明》73）；癸巳卜，即贞：尸，岁物（《外》28）；贞：尸，卯唯物（《后》下23.18）[1]。学者从“尸”的字形结构、“王傧”卜辞中傧字与祭名之间为祭祀对象、上下卜辞关系等方面判断，所卜问内容包括王祭尸、设尸行岁酚之祭以追享先王雍己有无不吉，通过卜筮来确定立尸人选等，说明商代已经在祭祀时设尸[2]。至周代，设尸以祭成为当时吉礼中的重要内容：“自周以前，天地、宗庙、社稷，一切祭享，凡皆立尸”“周代大小神祀，皆有尸也。”[3]《诗经》中的国风《采蘋》，小雅《祈父》《楚茨》《信南山》，大雅《既醉》《凫鹥》《板》，周颂《丝衣》等诗文内容所载均与祭祀设尸有关。《周礼》《礼记》《仪礼》《论语》等详细叙述祭祀设尸礼制。春秋时，尝于大公之庙祭祀，以麻婴为尸[4]。孟子亦言“弟为尸”[5]。唐李华《卜论》认为：“夫祭有尸，自虞、夏、商、周不变。战国荡古法，祭无尸。”[6]顾炎武亦云：“于祭也，有尸以像神……而春秋以后，不闻有尸之事……尸礼废而像事兴，盖在战国之时矣。”[7]杜佑认为祭祀设尸秦汉以降，中华则无。由此可知，祭祀设尸是夏商周三代时期的重要礼制之一，到战国或秦汉以后中原地区则基本消失不见。

1　葛英会：《说祭祀立尸卜辞》，《殷都学刊》2000年第1期。

2　方述鑫：《殷墟卜辞中所见的“尸”》，《考古与文物》2000年第5期。

3　（唐）杜佑：《通典》卷四八《立尸义》，中华书局，1988年，第1354、1355页。

4　（清）阮元：《十三经注疏附校勘记》（七）《春秋左传正义·襄公二十八年》卷三八，中华书局影印，1980年，第2000页。

5　（清）阮元：《十三经注疏附校勘记》（十三）《孟子注疏·告子章句（上）》卷一一，中华书局影印，1980年，第2748页。

6　罗竹风：《汉语大词典》（第4卷），汉语大辞典出版社，1989年，第 1 页。

7　（明）顾炎武著，张京华校释：《日知录校释》卷一八《像设》，岳麓书社，2011年，第623页。

春秋时仲尼曾学鸟名于郯子，既而告人曰：“吾闻之，天子失官，学在四夷，犹信”[1]。说明孔子已经意识到四夷所存，或可裨经助道。至东汉，“东夷率皆土著，喜饮酒歌舞，或冠弁衣锦，器用俎豆。所谓中国失礼，求之四夷者也”[2]。中原传统礼制中的祭祀设尸，在战国以后已不见。但夷狄之邦既存俎豆之象，亦现祭祀设尸之迹。

在云南晋宁石寨山12号墓出土的贮贝器盖上有120余人的祭祀场景，研究者认为可能是诅盟或社祭。其中在干栏式房屋下，有一人双手扶膝端坐圆几之上，面前有多位跪拜献祭者，周围有10余面铜鼓（图4-3）[3]，推测此人或应为尸，可能汉代时祭祀设尸在边远地区依然存在。唐代杜佑曾言：“古之人朴质，中华与夷狄同，有祭立尸焉……中华地中而气正，人性和而才惠，继生圣哲，渐革鄙风。今四夷诸国，地偏气犷，则多仍旧……或有是古者，

图4-3　云南晋宁石寨山出土贮贝器上祭祀中的“尸”

1　（清）阮元：《十三经注疏附校勘记》（七）《春秋左传正义·昭公十七年》卷四八，中华书局影印，1980年，第2084页。

2　（南朝宋）范晔撰，（唐）李贤等注：《后汉书》卷八五《东夷传》，中华书局，1965年，第2810页。

3　易学钟：《晋宁石寨山12号墓贮贝器上人物雕像考释》，《考古学报》1987年第4期。

犹言祭尸礼重，亦可习之，斯岂非甚滞执者乎！”[1]

从奚真墓志和高允之文可知，拓跋鲜卑至少在建魏之后的五十余年就一直存在祭祀设尸之俗。根据《魏书》，对于历代帝纪的追述可早至始祖拓跋力微定都盛乐，即与中原王朝和亲，景元二年（261年）遣子沙漠汗留魏都洛阳观风土[2]。至祭祀昭成帝时，已经与中原王朝交通百余年，对于汉人礼制比较熟悉，但其祭祀设尸之俗是否直接源于中原却难考其详。且墓志刊刻时间距离乌筹为尸已隔五代，从天兴二年（399年）至奚真薨葬的正光四年（523年），又历一百二十余年，墓志追记中未必尽与史合，或仅为粉饰旧俗，言其符合礼制。高允所述北魏当时祭祀设尸则更多体现其不重礼仪之风俗。故可言，北魏祭祀设尸是否源于中原，犹如乐律：“永嘉以后，中原丧乱，考正钟律，所未闻焉。其存于夷裔，声器而已。”[3]

拓跋鲜卑建立的北魏在其早期尚保留部分原始习俗，奚真墓志所载是目前所见唯一北魏早期宗庙祭祀设尸的典型，也是北魏历史文献之外仅有的一处祭祀设尸之实证。北魏早期帝王百姓祭祀均设尸，但其选尸以相貌为据并与生者若夫妻的行为成为其祭祀陋俗，与中原传统的设尸有巨大差异。随着北魏文化的发展，该祭俗后断绝。

第二节　追祭祖先与陵庙祭祀

拓跋鲜卑建立北魏并逐步南移中原，是为了成上治民，注重祭祀先祖、先帝以弘威颂德。目前考古已经发现太武帝时到大兴安岭嘎仙洞进行祭祀的祝文刻石等遗存，反映了北魏王朝对拓跋鲜卑自身族群起源的认可。北魏对

1　（唐）杜佑：《通典》卷四八《立尸义》，中华书局，1988年，第1355页。
2　（北齐）魏收：《魏书》卷一《帝纪·序纪》，中华书局，1974年，第3、4页。
3　（北齐）魏收：《魏书》卷一〇七（上）《律历志（上）》，中华书局，1974年，第2657页。

历代皇帝建立坛庙并进行大量祭祀，文明太后陵园的清庙，则体现祭祀对于皇权的巨大影响。

一、先帝旧墟祭祀

拓跋鲜卑对于祖先世事的记忆为口耳相传，历史文献中关于拓跋起源曾附会黄帝之后，仅是出于民族心理需求，从与汉人同宗同源的角度以获得正统地位。但其中言及发祥于大鲜卑山则有一定依据，目前在内蒙古呼伦贝尔发掘的部分墓葬与内蒙古中南部早期鲜卑墓之间的联系已成为不争事实，而嘎仙洞石刻文字的发现进一步验证了这一观点。

《魏书》对于拓跋鲜卑先祖的记载，比较明确的一条是太武帝拓跋焘太平真君年间乌洛侯朝贡事宜，当时乌洛侯使者言及其国西北有鲜卑祖庙石室，鲜卑南迁之后因路途遥远，未曾祭典，但至今仍保留如故，且当地民众经常祈请而得神验。世祖闻之，“其岁，遣中书侍郎李敞诣石室，告祭天地，以皇祖先妣配”“敞等既祭，斩桦木立之，以置牲体而还……石室南距代京可四千余里”[1]。文献还详细收录李敞祭祀的祝文内容。

此次石室祭祀，有关乌洛侯朝贡有明确时间：太平真君四年（443年）三月“壬戌，乌洛侯国遣使朝贡”[2]。乌洛侯国：“去代都四千五百余里……世祖真君四年来朝，称其国西北有国家先帝旧墟，石室南北九十步，东西四十步，高七十尺，室有神灵，民多祈请。世祖遣中书侍郎李敞告祭焉，刊祝文于室之壁而还。”[3]

世祖派遣李敞祭祖及石室旧墟所在之地，后世再无文献记录。直至20世纪70年代末，呼伦贝尔的文物工作者在经历多次踏查之后，基本确定石室应

---

1 （北齐）魏收：《魏书》卷一〇八《礼志（一）》，中华书局，1974年，第2738页。
2 （北齐）魏收：《魏书》卷四（下）《世祖太武帝纪》，中华书局，1974年，第95页。
3 （北齐）魏收：《魏书》卷一〇〇《乌洛侯传》，中华书局，1974年，第2224页。

为位于大兴安岭丛林之中的一个天然巨型洞穴嘎仙洞（图4-4）[1]。该地在呼伦贝尔鄂伦春旗阿里河镇西北20里，洞穴位于一处陡峭岩壁上，洞口呈三角形，洞内最高20余米，宽27—28米，进深达92米。1980年他们终于在洞内西侧壁上找到祭祀祝文刻石（图4-5）[2]。

嘎仙洞内的石刻文字共19行201字，比《魏书》所记的124字多77字，增加部分包括前面时间“维太平真君四年癸未岁七月廿五日”，后面“荐于皇皇帝天、皇皇后土。皇祖先可寒、皇妣先可敦配。尚飨！东作帅使念凿”。祝文内容二者相似，所异者为石刻文字包括李敞的官职前多“库六官”，参与祭祀者另有“傅㝹”，祭祀用牲除了骏足（马）、一元大武（牛）外，还有“柔毛”（羊）。叙述拓跋鲜卑祖先功勋时多了“应受多福”“庆流后胤”“阐扬玄风，增构崇堂”等，少了“德声弗彰”。其他如冲人、幽遐、

图4-4　嘎仙洞口

1　长海、庞雷：《拓跋鲜卑先祖“石室”——嘎仙洞遗址》，《大众考古》2021年第6期。

2　米文平：《鲜卑石室的发现与初步研究》，《文物》1981年第2期，图版三。

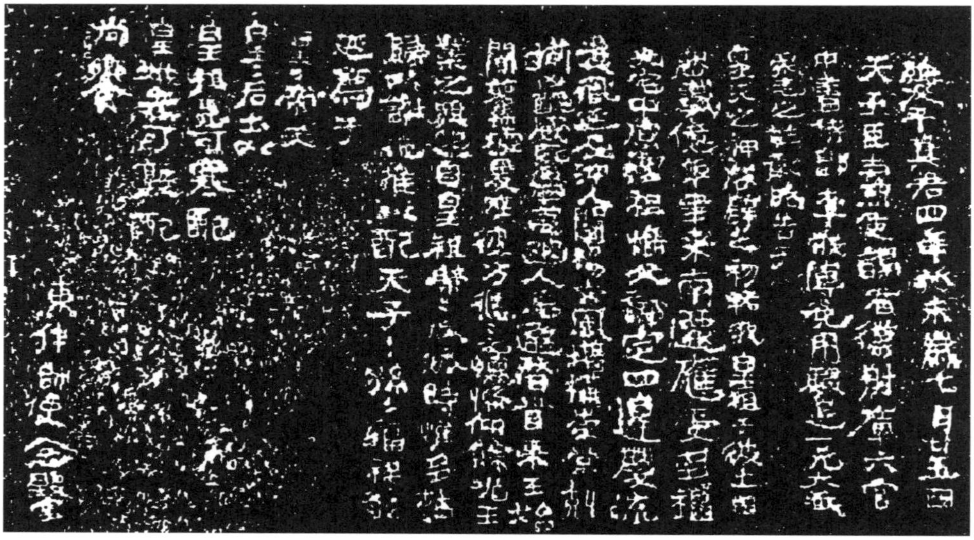

图4-5　嘎仙洞石壁祝文刻石拓本

配天等句，用词略异。对于石室记述，二者不同，文献作“具知旧庙，弗毁弗亡”，石刻为“始闻旧墟，爰在彼方”。所谓“具知”，仅指乌洛侯使者所言，实际应为始闻更确。

该石室祝文发现后，学者进行了大量研究，有人认为此次祭祀应为祭天而非祭祖[1]，也有学者对石室与拓跋鲜卑起源关系及嘎仙洞定性等进行探讨[2]。从祝文后面显示的祭祀对象看，是在祭祀皇天后土，由先皇、先后配祭，但此次祭祀的目的则是通过祭祀，把石室确认为拓跋鲜卑的祖宗之庙，因而，其实际上是派遣大臣跋山涉水4000多里去祭奠自己的祖先，并将祖先作为天地的配飨，以确定其天选的合法地位。

1　佟柱臣：《嘎仙洞拓跋焘祝文石刻考》，《历史研究》1981年第6期；刘昭棣：《嘎仙洞北魏石刻祝文再考》，《中国蒙古史学会论文选集》，1983年；陶克涛：《论嘎仙洞刻石》，《民族研究》1991年第6期；刘克桥：《嘎仙洞祝文礼制与北魏初期汉化》，《中原文物》2016年第4期。

2　李志敏：《嘎仙洞的发现与拓跋魏的发祥地问题》，《中国史研究》2002年第1期；罗新：《民族起源的想像与再想像——以嘎仙洞的两处发现为中心》，《文史》2013年第2期；刘国祥、倪润安：《嘎仙洞遗址的发现及相关问题探讨》，《文物》2014年第11期。

二、陵庙祭祀

北魏对于祖先的祭祀，历史文献主要是为皇帝所建宗庙进行祭祀的相关记载。太祖道武帝登国二年“冬十月，平文、昭成、献明庙成。岁五祭，用二至、二分、腊，牲用太牢，常遣宗正兼太尉率祀官侍祀”“又立神元、思帝、平文、昭成、献明五帝庙于宫中，岁四祭，用正冬、腊、九月，牲用马、牛各一，太祖亲祀宫中”“又于云中及盛乐神元旧都祀神元以下七帝，岁三祭，正、冬、腊，用马牛各一，祀官侍祀”[1]。以上文献可见，北魏早期对于先帝的祭祀以道武帝为始，其登基之后，为先帝建庙追祭，从三帝庙至五帝庙，再至七帝庙，用几年时间，逐步达到周礼之大夫三庙、诸侯五庙、天子七庙的等级之制，其祭祀的祖先越来越多，祭祀地点初为宗庙，后于宫中立庙，甚至到云中和盛乐旧都进行祭祀，只是岁祭的次数逐次减少，从岁五祭到岁四祭，最后为岁三祭，所用牲亦从太牢变为马、牛各一。只有宫中由皇帝亲祭，其余则皆由祀官侍祭。

至太祖崩后，对其祭祀更多，永兴四年（412年），“立太祖庙于白登山。岁一祭，具太牢，帝亲之，亦无常月”“是岁，诏郡国于太祖巡幸行宫之所，各立坛，祭以太牢，岁一祭，皆牧守侍祀。又立太祖别庙于宫中，岁四祭，用牛马羊各一”“后二年，于白登西太祖旧游之处立昭成、献明、太祖庙，常以九月、十月之交，帝亲祭，牲用马、牛、羊”“又于云中、盛乐、金陵三所，各立太庙，四时祀官侍祀”[2]。明元帝对于其父道武帝的祭祀遍及太祖行幸各地，仅极少由皇帝亲祭，余由牧守或祀官负责侍祀。该阶段为北魏初创，各种制度尚不完善，庙祭与其他各类神灵祭祀一样比较泛滥，甚至太庙都有云中、盛乐、金陵三所，祭祀用牲亦未规范，以马、牛、羊为主。

1　（北齐）魏收：《魏书》卷一〇八《礼志（一）》，中华书局，1974年，第2735页。
2　（北齐）魏收：《魏书》卷一〇八《礼志（一）》，中华书局，1974年，第2736、2737页。

魏初的庙祭除了皇帝之外，其他人亦可立庙设祠以祭祀。华阴公主为明元帝之姊，元绍之为逆时，公主有保帝之功，神瑞元年（414年）“别立其庙于太祖庙垣后，因祭荐焉”。神䴥二年（429年）“九月，立密皇太后庙于邺，后之旧乡也。置祀官太常博士、斋郎三十余人，侍祀，岁五祭”[1]。密皇后即明元帝皇后杜氏，生拓跋焘，“世祖即位，追尊号谥，配飨太庙。又立后庙于邺，刺史四时荐祀”[2]。至北魏末年的永安年，肆州驴夷县仍有“代王神祠”[3]，未详何时立，亦不确所祀代王所指。代人和跋，世领部落，道武帝时被族诛，后太武帝西巡五原回程至豺山时，忽遇风暴云雾，“群下佥言跋世居此土，祠冢犹存，其或者能致斯变”，世祖祭之[4]。

北魏早期祭祀所用动物主要是马、牛、羊，说明拓跋鲜卑仍保持其游牧民族传统，其中以马祭祀在汉文化中不存，农业民族一直将豕（猪）作为财富的象征，牛则属于非常重要的畜力，只有非常重要的祭祀才允许使用太牢之礼，即牛、豕、羊，一般仅用豕、羊两种，即少牢。北魏祭祀时使用太牢，说明部分已经转为农业，并接受汉文化相关礼仪。

随着北魏的发展和汉化的深入，皇帝祖庙发生了很多变化，其地位越来越重要，成为关乎皇权地位的标志，并最终形成七庙皇统之规制，从时间推断，很可能为文成帝驾崩之后由文明太后执政推行汉化的结果。文献所载，文成帝子献文帝延兴中预禅位京兆王，任城王进言，“父子相传，其来久矣，皇魏之兴，未之有革。皇储正统，圣德夙章”“若欲舍储，轻移宸极，恐非先圣之意”“天下是祖宗之天下，而陛下辄改神器，上乖七庙之灵”，太尉源贺亦言：“陛下今欲外选诸王，而禅位于皇叔者，臣恐春秋蒸尝，昭

---

1 （北齐）魏收：《魏书》卷一〇八《礼志（一）》，中华书局，1974年，第2737、2738页。
2 （北齐）魏收：《魏书》卷一三《皇后传》，中华书局，1974年，第326页。
3 （北齐）魏收：《魏书》卷一〇六（上）《地形志（上）》，中华书局，1974年，第2474页。
4 （北齐）魏收：《魏书》卷二八《和跋传》，中华书局，1974年，第682页。

穆有乱。”[1]源贺来自秃发南凉，罗新根据语音等研究，进一步指出源姓与北魏皇室拓跋元氏本为同族[2]。在献文帝最终禅位年仅5岁的孝文帝时，祖庙祭祀实由文明太后掌控。至太和六年（482年），孝文帝亲祀七庙，群官所议，云“大魏七庙之祭，依先朝旧事，多不亲谒”“思亲祀事，稽合古王礼之常典”。于是按旧章汉魏故事，准备祭服牲牢祭具，安排助祭位次、礼乐等程序，“上乃亲祭，其后四时常祀，皆亲之”[3]。

文明太后在大力推进汉化礼制的过程中，亦非常清楚礼制之于其合法身份为文成皇后的严格限制，对于她这种具有极强权力欲者而言，生前已经掌控国之万机，必然不甘于死后与其他皇后一样仅处于宗庙配飨之位，于是在临朝期间，决定死后不葬金陵，而是选定方山作为百年之后的安神之所，“高祖乃诏有司营建寿陵于方山，又起永固石室，将终为清庙焉。太和五年起作，八年而成，刊石立碑，颂太后功德”“高祖孝于太后，乃于永固陵东北里余，豫营寿宫，有终焉瞻望之志”“方山虚宫至今犹存，号曰‘万年堂’”[4]。

文明太后永固陵和孝文帝万年堂位于大同市东北25千米的西寺儿梁山，即方山顶上[5]，陵区规模宏大，南北长约4千米，东西平均宽约1千米，其内10余处建筑根据地势从南向北依次排列，重要建筑包括灵泉池、斋堂、思远佛寺、永固堂、永固陵、万年堂。其中永固陵、万年堂和思远佛寺已经分别进行了考古清理和发掘[6]。

1　（北齐）魏收：《魏书》卷一九（中）《景穆十二王（中）·任城王传》，中华书局，1974年，第461、462页。

2　罗新：《中古北族名号研究》，北京大学出版社，2009年，第62页。

3　（北齐）魏收：《魏书》卷一〇八《礼志（一）》，中华书局，1974年，第2740页。

4　（北齐）魏收：《魏书》卷一三《皇后·文成文明皇后冯氏传》，中华书局，1974年，第329、330页。

5　大同市博物馆、山西省文物工作委员会：《大同方山北魏永固陵》，《文物》1978年第7期。

6　大同市博物馆：《大同北魏方山思远佛寺遗址发掘报告》，《文物》2007年第4期。

从永固陵区布局可以看出，陵前建筑以佛寺为主，虽然陵墓修建时是以永固堂作为祭祀文明太后的清庙，但实际上，从孝文帝在永固陵北侧建造规模较小的万年堂、以孝文帝陵作为自己的陪葬墓、在陵前建灵泉池和思远佛寺等陵区安排，这些都是永固陵的陪衬，皆为进行陵庙祭祀而设，充分体现了文明太后对庙祭的巨大更改，虽然其崩后不能入七庙受飨，却比一般皇帝享受更高的祭祀规格，仅在太后埋葬一月之内，孝文帝三谒永固陵。

文明太后崩后，孝文帝始独揽朝政，于次年即太和十五（491年）年经始明堂，改太庙。重新议定祖宗，将之前七庙太祖从平文帝改为道武帝[1]。后世的明堂之仪，亦接受“左祖右社”的汉人礼制，宗庙已经与社稷并列，除了起到隆祖尊亲之目的，更成为维护皇权及统治势力的政治工具，宗庙制度亦变为政治的附庸。

北魏早期宗庙祭祀泛滥，从追祭祖先到各地设坛建皇帝庙，反映拓跋鲜卑崇拜神灵、重视祭祀的传统观念。随着其封建化进程加深，相关庙祭仪轨逐渐形成并规范为七庙之制。文成帝文明皇后冯氏以皇太后之名，行皇权之实，改变北魏后葬金陵之传统，生前兴建永固陵及祭祀之所清庙永固堂，在北魏历史上属于特例。孝文帝迁洛汉化不仅重视迁太庙神主，其更改七庙太祖，更使庙祭服务封建皇权达到顶峰。

第三节　北魏中期墓内祭祀

已经发掘的大量北魏平城时期的墓葬，其中出现了墓内祭祀现象，主要表现在两方面：一是在棺前或墓室前面放置案盘，其上置动物骨骼；另一种是墓内壁画或棺画中出现墓主画像。二者表现的墓内祭祀分别代表了鲜卑文化和中原文化，反映北魏丧葬观念的重要转变。

1　（北齐）魏收：《魏书》卷八四《儒林·孙惠蔚传》，中华书局，1974年，第1852页。

一、墓内祭奠

大同发掘的北魏墓葬中常见动物骨骼，个别位于墓道中，主要是动物头、蹄，但大部分位于墓室内，为动物某一部位骨骼，如肋骨、椎骨等。此类动物骨骼应根据其所在位置和场景区分为殉牲和祭牲两种。殉牲是北方游牧民族的丧葬传统，以整只动物或动物的头、蹄代替整只放置在墓道或墓室之内，在鲜卑早期墓葬中发现多例，如三道湾墓地正式发掘25座墓葬，其中5座在墓主头端靠近墓壁处放置羊头骨，数量1—3个[1]。北魏平城尉迟定州墓的墓道西向，其中发现动物头骨18个，南北各有一排，南边由外向内放置2个马头骨，6副牛头、蹄骨，即用牛头蹄代替整牛。墓道北侧由外向内以1个羊头骨和1个狗头骨为一组，并排放置4组（图4-6）[2]。

图4-6 大同尉迟定州墓墓道殉牲

1 魏坚、杜承武、李兴盛：《察右后旗三道湾墓地》，《内蒙古地区鲜卑墓葬的发现与研究》，科学出版社，2004年，第19页。

2 大同市考古研究所：《山西大同阳高北魏尉迟定州墓发掘简报》，《文物》2011年第12期。

墓葬中发现的更多动物骨骼位于墓主头部上方壁龛、墓主头端棺外或墓室前半部，在这些位置有漆或陶质案盘，动物骨骼置于盘上或耳杯中，有马、牛、羊等的肋骨或其他部位，也有鸡等家禽，有学者仍将其归入殉牲[1]，此类属于下葬后为祭奠墓主而设置的祭牲，是早期祭祀使用全牲的简化形式。北魏墓内祭祀场景的典型特征除了有案盘外，盘边往往还有陶壶、陶罐，应为装酒食之用，如大同湖东北魏墓群M4，在棺前右侧放置弧边长方形漆盘，盘上为羊椎骨和肋骨，盘旁边有一陶壶（图4-7）[2]。

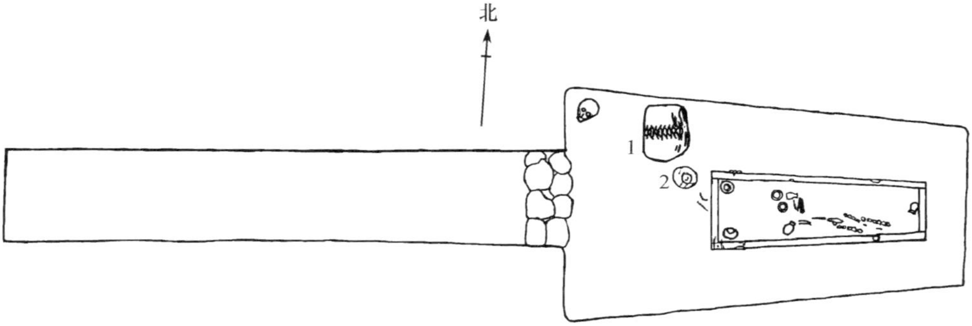

图4-7　大同湖东北魏墓群M4棺前祭祀用具（1和2分别是漆盘和陶壶）

大同南郊北魏墓群中部分墓葬保留墓主头端墓壁开小龛的传统，龛内多置随葬品和动物骨骼（图4-8）[3]。最近十年左右，大同发掘了大量北魏早中期墓葬，如东信广场北魏墓区有千余座墓，主要为北魏早期，永泰南路北魏墓群的2000多座墓葬属于北魏早中期，这些墓葬材料目前尚未公布，其对于研究拓跋鲜卑墓葬中原有的传统与习俗具有重要作用，有待以后进一步探讨。

1　张国文：《拓跋鲜卑殉牲习俗探讨》，《南方文物》2017年第2期。

2　山西省考古研究所、山西省大同市考古研究所：《山西大同湖东北魏墓群发掘简报》，《中国国家博物馆馆刊》2018年第2期。

3　山西大学历史文化学院、山西省考古研究所、大同市博物馆：《大同南郊北魏墓群》，科学出版社，2006年，第29页，图一九，A。

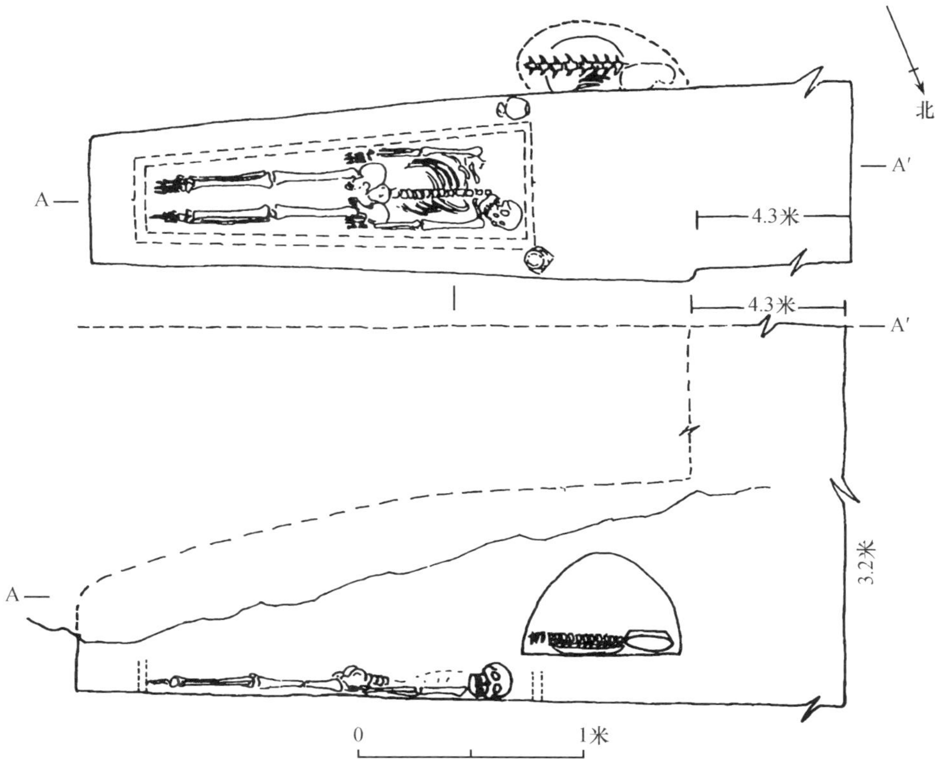

图4-8　大同南郊北魏墓群M7平、剖面图

北魏墓葬祭奠使用大漆盘、漆碗、漆耳杯等相关用具，是汉代漆器文化兴盛的孑遗，反映了中原汉晋文化传入东北、西北之后，经过魏晋十六国的延续，于北魏时期再次回流到其统治核心区域的平城地区。这种现象在大同南郊北魏墓群（图4-9）[1]、大同迎宾大道北魏墓群、大同七里村北魏墓等墓地中均有发现（图4-10）[2]。司马金龙墓中随葬的漆屏风（图4-11）[3]更是中原文化的典型，该墓资料公布后已有中外很多学者对该屏风进行过深入研究，

1　山西大学历史文化学院、山西省考古研究所、大同市博物馆：《大同南郊北魏墓群》，科学出版社，2006年，彩版一六，1。

2　大同市考古研究所：《山西大同七里村北魏墓群发掘简报》，《文物》2006年第10期。

3　南京博物院：《琅琊王：从东晋到北魏》，译林出版社，2018年，第152页。

图4-9　大同南郊北魏墓群M135出土漆器

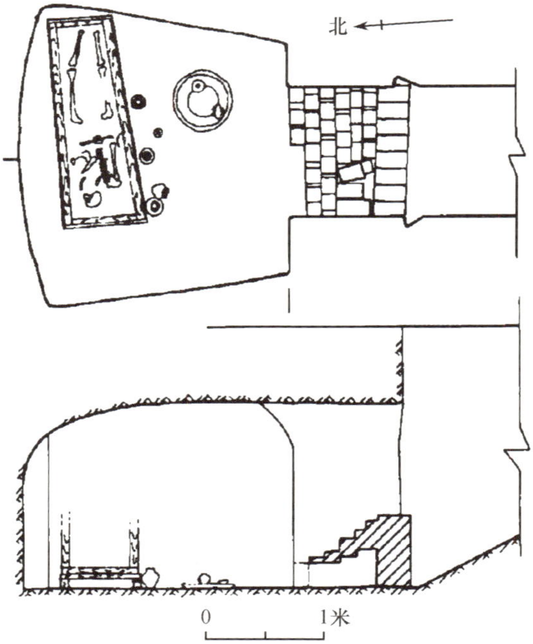

图4-10　大同七里村北魏墓群M36墓室祭奠

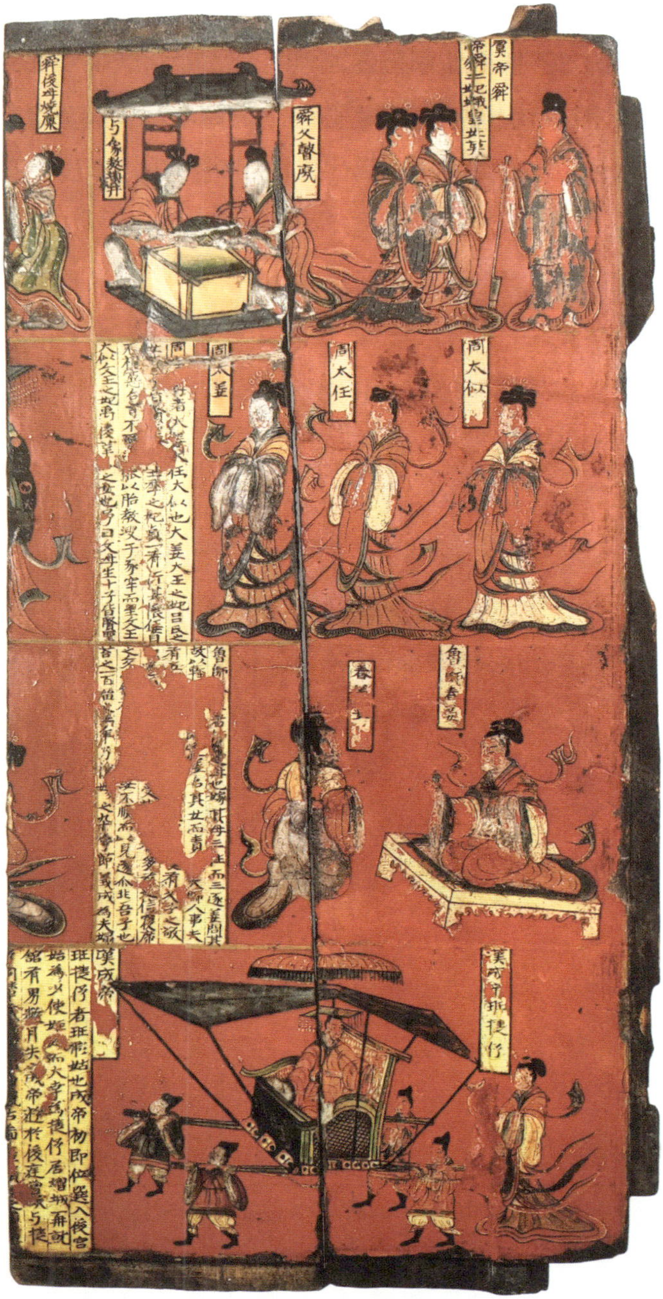

图4-11　大同司马金龙墓漆屏风

包括屏风绘画技法[1]，屏风所绘场景反映的墓主人与皇室关系及心态[2]、屏风使用传统[3]等内容。

北魏墓葬中发现的大漆盘，大部分为圆形，但也有部分为圆角长方形，两侧带双耳，如大同南郊北魏墓群M180，墓内黑色双耳漆盘与多子槅并出（图4-12）[4]，这种造型主要兴盛于西晋时期，体现北魏对于中原文化的继承与发展。与北魏时期从各地迁徙移民至国都密切相关，这些移民中包含从事各类手工业的百工伎巧，他们的到来将原来中原的漆器制作技艺回流到北魏时期的平城地区，将漆器制造技术传承下去，与同时期南方地区兴盛的瓷器制作形成了鲜明对比。

图4-12　大同南郊北魏墓群M180漆盘与多子槅

1　〔日〕古田真一著，曲翰章译：《对六朝绘画的一项美学考察——关于司马金龙墓出土的漆画屏风》，《国外社会科学》1993年第6期。

2　扬之水：《北魏司马金龙墓出土屏风发微》，《中国典籍与文化》2005年第3期。

3　郭彩萍：《司马金龙墓屏风漆画反映的传统汉文化探析》，《兰台世界》2016年第24期。

4　山西大学历史文化学院、山西省考古研究所、大同市博物馆：《大同南郊北魏墓群》，科学出版社，2006年，彩版一六，5。

二、祭祀中墓主神灵表现形式

北魏平城时期墓葬中，有多座壁画墓和木棺或石棺上出现墓主画像，应该受到中原汉文化的影响，墓主画像在墓内可能代表墓主接受祭祀。这些墓主在画像中普遍着鲜卑服，戴垂裙皂帽。有男性墓主的单独画像，部分图像上的百戏等内容具有北方典型特征（图4-13）[1]。而更多的为男女二人的夫妇并坐像（图4-14）[2]，表现帷幔之下的宴饮场景，面前置桌案，上有食具酒具，所用器具多为中原传统。

与多座墓葬壁画中的墓主画像形成对比的是，大同市城东小南头寺儿村墓葬中出土1件带龛石雕，由整块砂岩雕凿而成，通长44、宽25、高34厘米。底部为一长方形平台，中部雕一长方体盝顶、圆拱形门的空龛，龛前正中雕一长方形供桌，桌面中间稍凹，四周凸起。供桌前面装饰浅浮雕“亚”字形图案，两边各雕刻一个细颈壶。供桌两侧各有1人手捧器物似准备上供，再外是2个分别为人首和兽首的镇墓兽，镇墓兽的尾部各站立1武士（图4-15）[3]。

对于该石雕的属性，有供养[4]和驱傩[5]两种观点，且对年代判定也由北魏平城时期的太和年间上推至5世纪中期。对此，本人更认可前者，因为该石雕出土于墓葬中，其作用应该与墓主的联系更加密切，至于北魏和平年间的军傩仅见于文献记载，其用于镇邪驱恶的傩的形象则不可知。而石雕龛前的供案则明显是用于祭祀，空龛与河西敦煌佛爷庙湾西晋墓M133在前室北侧壁龛

1 山西省考古研究所、大同市考古研究所：《山西大同南郊仝家湾北魏墓（M7、M9）发掘简报》，《文物》2015年第12期。

2 王银田、刘俊喜：《大同智家堡北魏墓石椁壁画》，《文物》2001年第7期，图六。

3 山西省文物局：《山西珍贵文物档案》（13），科学出版社，2019年，第140页。

4 王银田、曹臣民：《北魏石雕三品》，《文物》2004年第6期。

5 曹彦、韦正：《大同寺儿村石雕与北魏傩仪》，《故宫博物院院刊》2022年第3期。

图4-13　大同仝家湾北魏墓M9墓主画像

图4-14　大同智家堡北魏墓石椁上的墓主画像

设供台相似（图4-16）[1]。

以上北魏时期墓室内设奠，与东汉、魏晋时期一样，既有仅以空龛虚位代表墓主神灵的形式，也有在墓内壁画或棺椁上绘制墓主画像的形式，二者相行不悖。祭奠场景、祭祀用品为中原与鲜卑文化共存，应为当时现实社会生活的直观反映。

1　甘肃省文物考古研究所：《敦煌佛爷庙湾西晋画像砖墓》，文物出版社，1998年，图版一二。

图4-15　大同寺儿村北魏墓出土石雕

图4-16　敦煌佛爷庙湾西晋墓M133壁龛祭祀场景

第四节　北魏晚期祭祀礼制

孝文帝在北魏迁洛之后采取的强制迅速汉化改革，对当时的丧葬产生了重大影响，不仅墓葬朝向趋于以坐北朝南为统一规制，而且一改魏晋以来禁止树立墓碑的薄葬之风，允许坟前立碑，墓内置墓志。其中墓志是对魏晋时期在墓内树立小型墓碑和汉代以来一直存在的墓内放置刻铭砖的继承与变通，并最终形成以方形盝顶志盖与墓志组成一盒的固定形制，对北朝及后世墓志产生了重大影响。北魏墓志具有严格的等级制度，其上刊刻墓主生平中涉及卒后所受封赠和祭祀等内容，为探讨北魏晚期的祭祀提供了重要信息。

一、封赠加谥

因目前所见北魏墓志已达500余方，且使用墓志者多具有一定身份地位，亦多受封获赠，全部分析过于复杂，故选取北魏末年河阴之难受害人群墓志作为例证，探讨其卒后所受封赠、获得谥号及与丧葬礼制的对应关系。

（一）封赠

河阴之难是北魏末年政权转移所造成的社会剧烈动荡事件，国都洛阳一日之内二千余人被害，不仅给中央王朝和无数家庭带来灭顶之灾，还因政局不稳，导致人心惶惶："人间犹或云荣欲迁都晋阳，或云欲肆兵大掠，迭相惊恐，人情骇震。京邑士子，十不一存，率皆逃窜，无敢出者。直卫空虚，官守废旷""荣启帝遣使循城劳问，于是人情遂安，朝士逃亡者，亦稍来归阙。"[1]面对当时男性死亡或逃亡，尔朱荣在入洛次日即通过孝庄帝下诏对被害人进行追赠官爵，遣使劳问，墓志和文献都反映了当时的实际状况。

1　（唐）李延寿：《北史》卷四八《尔朱荣传》，中华书局，1974年，第1755页。

1. 赠官

河阴之变发生于建义元年（528年）四月十三日，之后尔朱荣遂悔，“壬寅，太原王尔朱荣上表，请追谥无上王为皇帝。余死于河阴者，诸王、刺史赠三司，三品者令仆，五品者刺史，七品以下及民郡、镇。诸死者子孙，听立后，授封爵。诏从之”[1]。壬寅日为十五日，亦即孝庄帝十四日入宫改元第二天，即追封逝者。对于封赠等级，五品以下稍有差别：“五品之官，各赠方伯，六品已下及白身，赠以镇郡。”[2]目前所见98人中，皇室共45人，其他姓氏公卿53人，原则上都应有赠官，具体节级有差。

首先，皇室元姓赠官。

皇室情况较为复杂：灵太后、幼帝不可能追封，齐郡王元温、元诞二人未见生前之职及薨后赠官。其他赠官分为三等。

第一等，孝庄帝之兄无上王元邵所赠最高，文献记载上尊帝号，墓志言“皇上龙飞入纂，鼎胙维新。嗟小年之可哀，愍大夜之无返。爰发德音，以旌休烈。追赠侍中司徒公骠骑大将军定州刺史”，未载追帝号[3]。

第二等，诸王、刺史，赠八公。八公包括太尉、司徒、司空三司，太宰、太傅、太保三师，以及大司马、大将军。八公实职为一品，贵为台辅，赠官最高，诸王往往多职兼任。地位稍低者为仪同三司。包括十王及一王之后：①始平王子正：侍中、骠骑大将军、司徒公、领尚书令，赠相国、录尚书事。②广平王悌：大鸿胪卿，赠侍中使持节、骠骑大将军、太尉公、尚书令、冀州刺史。③常山王邵：河南尹，追赠侍中、司徒公、骠骑大将军、定州刺史。④高阳王雍：丞相、司州牧、侍中、太师、太保等，赠假黄钺相

1　（北齐）魏收：《魏书》卷一〇《孝庄帝纪》，中华书局，1974年，第256页。
2　（唐）李延寿：《北史》卷四八《尔朱荣传》，中华书局，1974年，第1755页。
3　洛阳市文物局：《洛阳出土北魏墓志选编》，科学出版社，2001年，第362页，图版184。

国。⑤济北郡王睿：光禄少卿，赠车骑大将军、司空公、雍州刺史。⑥东平王略：骠骑大将军、仪同三司、尚书令，诏赠太保、徐州刺史。⑦赵郡王毓：通直散骑常侍，薨赠卫大将军，仪同三司，冀州刺史（史书误载青州刺史）。⑧任城王彝：骁骑将军，通直散骑常侍。所赠官职首先使持节并都督青州诸军事，并仪同三司，车骑大将军及青州刺史。⑨中山王元叔仁：征虏将军、通直散骑常侍，赠卫大将军、仪同三司、并州刺史。⑩北平王元超：光禄大夫，领将作大匠，赠车骑大将军、仪同三司、岐州刺史。⑪元谦：道武七王之河南王之后，生前任前军将军与征蛮都督，薨赠散骑常侍、仪同三司、征东大将军、相州刺史。

元姓公卿赠三司及仪同三司者11人：①元泰：生任通直散骑常侍，为镇东将军、太常卿，赠官至侍中、特进骠骑大将军、太尉公、武州刺史，远超实职。②元钦：司空公，赠侍中、太师、太尉、尚书令、骠骑大将军、定州刺史。③元瞻：平东将军、雍州刺史、散骑常侍，褒赠车骑大将军、司空公，加散骑常侍、雍州刺史。④元顺：恒州刺史、护军将军、侍中，赠骠骑大将军、司空公、领尚书令、定州刺史。⑤元汎略：营州刺史、平东将军、大宗正卿，赠车骑大将军、司空公。⑥元端：本仅金紫光禄大夫、迁散骑常侍、镇军将军，赠官已可使持节并仪同三司，都督相州诸军事，至车骑大将军、相州刺史，后再次赠为司空公。⑦元恒（芝）：太常卿、中书监、侍中，赠太傅、司徒公。⑧元谭：秦州刺史，诏赠卫大将军、仪同三司、青州刺史。⑨元谳：左将军、太中大夫，赠使持节、车骑大将军仪同三司、定州刺史。⑩元廞：十州都将、辅国将军、通直散骑常侍，赠使持节中军将军、瀛州刺史，复加征东大将（军）、散骑常侍。⑪元周安：通直散骑常侍，加龙骧将军，追赠使持节、卫大将军、仪同三司、定州刺史。

皇室元姓中未见三品官赠令仆这一等。

第三等：赠刺史。因刺史有上、中、下州之分，故品级亦有第三品、从三品和第四品之别，共17人。①元馗：安西将军、北华州刺史、当州都督，诏赠使持节、征东将军、青州刺史。②元昉：给事中，策赠使持节、抚军将军、光州刺史。③元子永：员外散骑常侍，追赠使持节、镇军将军、豫州刺史。④元礼之：军主，追赠使持节、安东将军、光州刺史。⑤元诞业：襄威将军、员外散骑侍郎，追赠安东将军，首题故平（应为安）东将军齐州刺史，亦应为赠官。⑥元昂：直阁将军，赠平东将军、光州刺史。⑦元道隆：迁伏波将军、司空府录事参军，追赠辅国将军、南秦州刺史。⑧元液：假平北将军别将，赠使持节、镇东将军、冀州刺史。⑨元湛：生前仅任前将军通直散骑常侍和廷尉卿此类低职，追赠竟至使持节、征东将军、都督青州诸军事及青州刺史。⑩元均之：淮南王录事参军、行赵郡太守，赠平西将军、瓜州刺史。⑪元膂：前将军武卫将军，赠征北将军、相州刺史。⑫元维：大宗正丞，赠安西将军、凉州刺史。⑬元法寿：本官为光禄大夫，太中大夫、平东将军，赠官为车骑将军及相州刺史。⑭元庆始：本官大司农丞，赠官前将军、广州刺史。⑮元愔：员外郎，诏赠辅国将军、假节、广州刺史。⑯元信：参军事，诏赠龙骧将军、晋州刺史。⑰元显：镇远将军、前军宗士主兼武卫将军、北道大使，追赠使持节、都督并州诸军事、抚军将军、并州刺史。

另有元悛：国子学生，侍书，诏特赠龙骧将军、太常少卿。按照太和二十三年（499年）职官令，龙骧将军为从三品，太常少卿为第四品，与刺史为同一等级。

皇室元姓中未见可赠郡镇之官的低级官吏与白身。

其次，其他姓氏公卿赠官。

文武百官中元姓之外者53人，赠官与皇室元姓略异，亦为三等，但未见赠官者达8人。

第一等：赠三司、大将军、仪同三司者共15人。①王诵：给事黄门侍郎、迁镇军将军、金紫光禄大夫，追赠包括使持节、侍中、司空公、尚书左仆射，武职至骠骑大将军、都督徐州诸军事和徐州刺史。②封回：殿中尚书、右光禄大夫，赠侍中、车骑大将军、司空公、定州刺史。③李孝延：尚书、屯田郎中，赠侍中、车骑大将军、司空公、定州刺史。④裴询：豫州刺史、抚军将军、加散骑常侍兼侍中，赠侍中、车骑大将军、司空公、雍州刺史。⑤郑季明：平东将军、光禄少卿，赠骠骑大将军、尚书、左仆射、司空公、定州刺史。⑥李神轨：征东将军、武卫将军、给事黄门侍郎，赠侍中、骠骑大将军、司空公、相州刺史。⑦冯穆：员外通直散骑常侍、金紫光禄大夫，赠司空、雍州刺史。⑧崔暹：平北将军、瀛州刺史，赠司徒公、冀州刺史。⑨王温：车骑将军、左光禄大夫、光禄勋卿、侍中，赠骠骑大将军、仪同三司、雍州刺史。⑩李玚：镇远将军、岐州刺史，初赠尚书右仆射、镇东将军及殷州刺史，重赠则明显提高，至仪同三司，散骑常侍，骠骑大将军及冀州刺史。⑪杨暐：通直散骑常侍、安南将军、武卫将军南北二华州大中正，追赠使持节、都督雍州诸军事、卫将军、仪同三司、雍州刺史。⑫崔励：齐州大中正，赠侍中卫将军、仪同三司、青州刺史。⑬裴延俊：实任侍中、吏部尚书，赠仪同三司，都督雍、岐、豳三州诸军事，保留本将军、雍州刺史。⑭袁翻：都官抚军将军，赠使持节、侍中、车骑将军、仪同三司、青州刺史。⑮萧彦：齐州刺史、散骑常侍中军将军、金紫光禄大夫，赠车骑将军、仪同三司、徐州刺史。

由以上可见，其他姓氏公卿赠三司者有一部分仅为仪同三司，且不兼赠大将军。

第二等：赠令仆者2人。①李遐：河内太守，追赠散骑常侍、车骑大将军、尚书右仆射、秦州刺史。②裴敬猷，员外常侍，超赠尚书仆射。

第三等：赠刺史者28人。①穆景胄：秘书郎转司空主簿、诏引为刀剑主，赠龙骧将军、广州刺史。②张彦：奉车都尉，追赠镇远将军、广州刺史。③杨济：扬烈将军太尉府中兵参军，追赠持节、龙骧将军、肆州刺史。④王导：太中大夫兼河南尹，摄太常卿，策赠持节、安东将军、南兖州刺史。⑤唐耀：奉车都尉宁朔将军，转游击将军散品邹县男，首题故持节左将军襄州刺史邹县男，应为赠官。⑥李略：除殿中将军，迁冗从仆射，省给事中，其首题使持节龙骧将军襄州刺史应为赠官。⑦崔鹔：记室参军事护军司马，册赠使持节、冠军将军、济州刺史。⑧王遵业：著作佐郎，司徒左长史、黄门郎，赠并州刺史。⑨元广业：太尉祭酒、太中大夫，赠徐州刺史。⑩王延业：中书郎，赠齐州刺史。⑪王季和：书侍御史、并州大中正，赠华州刺史。⑫李瑾：著作佐郎加龙骧将军、通直散骑侍郎，赠冠军将军、齐州刺史。⑬李暖：尚书左外兵郎，赠安东将军、度支尚书、青州刺史。⑭李昞：员外散骑侍郎、太尉录事参军，赠散骑常侍、左将军、兖州刺史。⑮李皓：散骑侍郎，赠征虏将军、凉州刺史。⑯李义慎：司空属，赠散骑常侍、征东将军、雍州刺史。⑰李义远：国子博士，赠散骑常侍、征东将军、雍州刺史。⑱陆希悦：通直散骑常侍、平南将军、光禄大夫，赠散骑常侍、卫将军、相州刺史。⑲源纂：征虏将军、通直散骑常侍、凉州大中正，转太府少卿，赠散骑常侍、征北将军、定州刺史。⑳宇文庆安：给事中、尚书殿中郎中，加平北将军、武卫将军，赠征东将军、兖州刺史。㉑李翼：员外郎、迁尚书郎、斋帅，赠平北将军、定州刺史。㉒崔忻：员外郎、安远将军、尚书左中兵郎中兼尚书左丞，赠镇军将军、殿中尚书、冀州刺史。㉓崔士泰：龙骧将军、征蛮别将，赠都督青兖二州诸军事、镇东将军、青州刺史。㉔高长云：辅国将军、中散大夫，赠安东将军、兖州刺史。㉕裴元直：尚书郎中，赠光州刺史。㉖袁升：正员郎、通直常侍，赠左将军、齐州刺史。㉗王忻：太尉、汝南王悦记室参军，赠散骑常侍、安北将军、肆州刺史。㉘王诞：龙骧将军、正平太守，赠抚军将军、并州刺史。

未见赠官者：①陆绍：司空城扃参军。②裴恳：少征本郡功曹，孝明皇帝直后。③陆士宗：尚书左外兵郎中。④陆士述：符玺郎中。⑤柳谐：著作佐郎。⑥范绍：安北将军、并州刺史、太常卿。⑦李奂：外兵郎。⑧卢仲宣：位太尉属。

其他姓氏百官中亦不见赠郡镇之地位较低者。

赠官是河阴之变后尔朱荣试图稳定人心的一种方式，以达到恩洽存亡、有慰生死之目的。史书对于赠官记载比较简单，但由以上内容可知其具体情况非常复杂，主要表现在以下方面：

第一，普遍赠官等级较高。目前所见史书记载和有墓志出土者中，仅10人未载具体赠官，灵太后和幼帝无封赠，其他普遍级别较高，以赠三司、赠刺史者最多。甚至年仅7岁的元悛都赠至三品、四品的龙骧将军、太常少卿。对于诏书中言三品赠令仆则非常少见。而至今所见史料和出土墓志中，均未见诏书所言六品、七品及白身可赠镇郡者，一方面可能因为当时能够参与奉迎新帝者地位普遍较高；另一方面，也可能有一部分地位较低而在河阴遇难者，却因政治、经济原因史书无载，且无能力刊刻墓志。

第二，赠官节级标准不一。整体上看，一般皇室元姓诸王、公卿明显高于其他姓氏赠官。元姓中级别高者往往三司、三师、大将军多职兼赠，地位稍低者也是大将军与仪同三司并赠。其他姓氏赠仪同三司者仅赠将军，而非大将军。虽然大部分遵从诏书，但具体则因人而异，其中亦有部分赠官偏低者。按照诏书所言，生前实职为刺史者，当赠三司，但元馗生前任华州刺史，薨后仍仅赠刺史。元斎生前任职前将军、武卫将军，属于从三品，薨赠仅至刺史，并未至令仆，与诏书亦不同。赠官偏高者更多，元端为高阳王元雍子，尔朱荣害百官时以元雍谋反为借口，致其父子四人首先遇害，事后元雍一族加赠，元端先赠仪同三司大将军，又赠司空公。甚至裴敬猷因其妻为元雍外孙，还超赠尚书仆射。有些因与掌权者尔朱荣关系密切往往被超赠或多次追赠，如元廞即元义兴，因其妻赵郡李氏颇善女红，为尔朱荣妻所亲昵，先赠中军将军，复加征东大将散骑常侍。另有特殊者李玚：原任刺史，薨后初赠尚书右仆射，符合当时之等级。至四年之后的太昌中，重赠散骑常侍骠骑大将军仪同三司，亦为超赠。对于赠官之标准，之前相对比较严格，如肃宗延昌四年（515年）八月，于忠矫诏杀裴植、郭祚，“初，植与仆射郭祚、都水使者韦俊等同时见害，后祚俊事雪加赠，而植追复封爵而已。植故吏勃海刁冲上疏讼之，于是赠尚书仆射、扬州刺史，乃改葬”[1]。此例说明赠官反映实际功勋，若有不公则通过疏讼而改之。至魏末，赠官已经滥浮不尊。

第三，一官多赠情况普遍。受赠三司、大将军、仪同三司之类基本相同，其他诸州如光、广、相、雍、青、齐、并、冀、定、秦等州刺史亦随处可见。概因同时而逝者实在太多，不可能有那么多官位分别封赠。另外，尔朱荣、孝庄帝入洛次日即下诏封赠，一切均仓促而为，旧官或亡或逃，亦无法严格依制录诚朝赏，故所追存阶任仅是一种形式。最后造成的后果则为：“自兹已后，赠终叨滥，庸人贱品，动至大官，为识者所不贵。”[2]

正常情况下，皇帝对大臣的册诏封赠追褒均遵循典宪，而河阴之变受害者仅赠予普遍虚高的官位，其他封赠则极少，主要包括以下数项。

2. 封爵与食邑

对于河阴之变受害者，生前受封爵与食邑者应该比较普遍，诸王、宗室、贵胄都应在其列，但薨后所赠封爵，无论是史书还是墓志所载都很少见，近百人中仅有8人涉及，皇室元姓和其他公卿各4人，其中5人在封爵之外另有食邑，具体如下：①元泰：为高阳王元雍子，与父同时遇害，追封为高阳王。②元廞（义兴）：永安中，追封义兴燕郡王，邑五百户，寻改封巨

1　（唐）李延寿：《北史》卷四五《裴叔业传》，中华书局，1974年，第1649页。

2　（北齐）魏收：《魏书》卷七四《尔朱荣传》，中华书局，1974年，第1649页。

鹿王，又改封武邑王，由元廞墓志可知，其在河阴之变后三月即当年七月已葬，追封王爵则在永安之后。③元湛：追封渔阳王，食邑五百户。④元液：长平县开国男。⑤李遐：以侯驾之功，封卢乡县开国伯，邑三百户。⑥李孝延：进封临颍县公。⑦崔暹：追封武津县公。⑧郑季明：生前封安德县开国伯，邑七百户。武泰中，潜通尔朱荣，谋奉庄帝。及在河阳，遂为乱兵所害。事宁追封南颍川郡开国公，食邑千五百户。

以上仅有的封爵与食邑反映当时混乱之象。北魏的封爵制度有其发展演变过程，前期颁爵叙勋比较泛滥，王爵有宗室及异性勋臣，但属于虚封，没有食邑。太和十六年（492年）颁五等爵诏、例降爵等，只有太祖子孙封王爵。随后实行“五等开建”制度，按照爵等开府，并实封给数量不等的食邑。“初封之诏，有亲王二千户、始蕃一千户、二蕃五百户、三蕃三百户。”[1]同时，虚封并存，称为五等散爵，如唐耀，生前被封散品邹县男。至胡太后干政，封爵开始虚高，庄帝登基乃至猥滥，从河阴受害者薨后封赐即可印证。如元廞，因其妻与尔朱荣妻亲密，遂被追封为王。郑季明因先通尔朱荣，追封开国公，并食邑千五百户，与元端生前“以功封安德县开国公，食邑五百户”[2]，元谳“封平乡县开国男，邑二百户”[3]对比，远超之前之限。

在所见封爵中，赵郡王元毓为一特例。无子，诏以谧弟谳子置字景融为后，袭爵，及置伯谌复封赵郡，改封平昌王。此为目前所见唯一无子而立后者，符合诏书所言：诸死者子孙，听立后，授封爵。

河阴之变受害者所授封爵及食邑与赠官对比则极少，之所以出现这一情况，或许是当时仍遵循孝文帝五等爵诏之规定：诸以勋赐官爵者，子孙止袭爵而已。也就是说，死者生前实职及死后赠官，子孙均不得继承，仅是对死

---

1 （北齐）魏收：《魏书》卷七八《张普惠传》，中华书局，1974年，第1742页。
2 （北齐）魏收：《魏书》卷二一（上）《高阳王雍传》，中华书局，1974年，第558页。
3 （北齐）魏收：《魏书》卷二一（上）《赵郡王幹传》，中华书局，1974年，第545页。

者的尊崇，显示皇恩普沾，因而虚高、超赠之类常见。但死者的封爵和食邑则可以由子孙承袭，并依规定递减。此乃生者可享之实际利益，故少见。元廞、郑季明之流因依附当权势力而超得爵禄，反映了北魏末年政权混乱之象。

3. 赙赗

赙赗为皇帝所赐以供葬事之实物，以葬器、朝服、钱帛、谷物、蜡等常见。以往重臣薨逝，皇帝往往赙赗甚厚。冯诞薨于随驾南征途中，孝文帝“赐赙物布帛五千匹、谷五千斛”[1]。元协被害，宣武帝“给东园第一秘器、朝服一袭、赙钱八十万、布二千匹、蜡五百斤”[2]。至北魏末，因寇难不断，已经使财力大损，而胡太后又锐于缮佛寺、兴斋会、赉左右，使库藏耗尽。故河阴之变后，孝庄帝无力对受害者赠赙赗，从元顺所受特殊礼遇可见一斑。元顺亮直，为官谏诤，河阴为陵户所害，“家徒四壁，无物敛尸，门下通事令史王才达裂裳覆之”[3]。黄门侍郎山伟巡喻京邑时临顺丧，悲恸无已，以状言帝。庄帝敕侍中元祉曰：“宗室丧亡非一，不可周赡。元仆射清苦之节，死乃益彰，特赠绢百匹，余不得例。”[4]在被害河阴的98人中，目前仅见2人得赙赗：元钦，使鸿胪太常监护丧事，赐东垣秘器、朝服一袭；元顺赠绢百匹。与之前动辄钱过万、布帛数千相比简直微不足道，却为当时仅有特例。

4. 丧事监办

正常情况下，王公贵族、重臣薨逝，由鸿胪寺代表朝廷监护丧事，其中重要者，皇帝要在东堂举哀，甚至亲行三临之礼。但对于河阴之变这一特殊

1　（北齐）魏收：《魏书》卷八三（上）《冯熙传》，中华书局，1974年，第1822页。
2　（北齐）魏收：《魏书》卷二一（下）《彭城王协传》，中华书局，1974年，第583页。
3　（北齐）魏收：《魏书》卷一九（中）《任城王云传》，中华书局，1974年，第485页。
4　（北齐）魏收：《魏书》卷一九（中）《任城王云传》，中华书局，1974年，第485页。

时期的重大灾难，礼制人情均减削甚至废停，史料中有关逝者丧事记载极少，仅见元顺1人。首先是黄门侍郎山伟巡喻京邑时临元顺之丧，见其清苦之状，悲恸至声散。之后孝庄帝敕侍中元祉，特为元顺赠绢百匹。从墓志记载看，当时仍有部分丧家由官监丧事。如元钦墓志：使鸿胪太常监护丧事。元彝墓志：有诏震悼，乃命典臣，镌铭述盛。元显墓志：诏遣谒者王景之追赠。此3人身份非当时最高，他们能够享有官府参与丧事之礼遇，推测当时其他逝者丧事也应有一部分由鸿胪寺监办。

另有2人墓志记载当时由家人或其他官员和友人参与丧事。王诵墓志：弟衍谨序遗行，抚军将军顿丘李奖辄凭以为铭。诵弟衍字文舒，名行器艺亚于诵[1]。李奖可能为李崇之后[2]。王导墓志：小子九元等茕然在疚，友人傅灵标，文高当世，讬其为铭。

近百人中目前仅有以上6人丧事略有涉及，且由官监者2人均为皇室元姓，另2人非皇室，则由家人和友人具体负责。因资料缺如，具体情况不详。

（二）加谥

河阴之变后的文武百官所加谥号明显少于赠官。胡太后的谥号在出帝时追加，“武帝时，始葬以后礼，而追加谥曰灵”[3]。无上王元邵追谥曰孝宣皇帝，但墓志记载仅为常山郡王，谥曰文恭王。元姓诸王、公卿另有15位，谥号如下。元子正：始平郡王，谥曰文贞。元悌：广平王，首题文懿王应为谥号。赵郡王毓：谥曰宣恭。元谳：首题孝惠应为谥号。高阳王元雍：谥文穆王。元泰：谥曰文孝。元端：谥曰文。元钦：谥曰文懿。元诞业：谥曰庄。元液：谥曰贞。元恒（芝）：谥曰宣穆公。元彝：谥曰文昭。元顺：谥曰文

1 （唐）李延寿：《北史》卷四二《王肃传》，中华书局，1974年，第1541页。
2 （唐）李延寿：《北史》卷四三《李崇传》，中华书局，1974年，第1603页。
3 （唐）李延寿：《北史》卷一三《宣武灵皇后胡氏传》，中华书局，1974年，第505页。

烈。东平王略：谥曰文贞王。元脩：谥曰孝公。其他诸姓大臣只有7位有谥号。王诵：谥曰文宣。杨济：谥曰昭侯。封回：谥曰孝宣。裴询：谥曰贞烈。李神轨：谥曰烈。崔士泰：谥曰文肃。王忻：谥曰穆。

由以上谥号可见，45位皇室成员中，有18位加谥。而53位其他姓氏公卿中仅有7位可见谥号。二者数量差距远大于赠官。与明代王圻《谥法通考》中所录数字对比，北朝宗室谥168人，诸臣谥619人[1]，比例相反。

所加谥号中，只有太后胡氏所谥“灵”有褒贬两义，“《谥法》曰：‘德之精明曰灵’‘乱而不损曰灵’，若周灵王、卫灵公，是美谥也。若楚灵王、汉灵帝，是恶谥也”[2]。出帝时以后礼改葬，所加谥号取了有争议性之字。其他王公贵族均为美谥而无恶谥，用字有单字和双字两种，但单、双字谥并不代表地位高低。这种谥号已经失去了扬善露恶之目的，但这一状况并非始于孝庄帝，袁翻被害于河阴之前已言：“今之行状，皆出自其家，任其臣子自言君父之行，无复相是非之事。臣子之欲光扬君父，但苦迹之不高，行之不美，是以极辞肆意，无复限量……致号谥之加，与泛阶莫异，专以极美为称，无复贬降之名。”[3]

在所有25人谥号中，用字非常有限，仅有灵、文、贞、恭、懿、宣、孝、惠、穆、庄、昭、烈、肃13个字，“文”字出现了12次，却无一个“武”字，但部分逝者生前主要从事军事活动，如李神轨，谥曰烈。谥号未用武，并不能以此否认武官的存在，但大量谥为文，反映北魏后期重文轻武之实际状况。

1　汪受宽：《谥法研究》，上海古籍出版社，1995年，第30页。
2　汪受宽：《谥法研究》，上海古籍出版社，1995年，第337页。
3　（北齐）魏收：《魏书》卷六八《甄琛传》，中华书局，1974年，第1516页。

二、祭祀礼仪

丧葬祭祀为凶礼重要内容，包括奠祭及葬后的虞祭，文献和墓志所记内容虽未明确，但可能反映的是其祭祀等级，包括安神之虞祭和奠祭。“奠以素器，以生者有哀素之心也。”[1]因祭祀对象不同，所用牺牲的规格有所区别，牛、羊、豕三牲全备谓之太牢。仅有羊、豕而无牛为少牢。庙祭规定：“序五牲之先后贵贱，诸侯之祭牲，牛，曰太牢；大夫之祭牲，羊，曰少牢；士之祭牲，特豕，曰馈食。”卢注云：“五牲，牛羊豕犬鸡。先后，谓四时所尚也。”[2]丧祭亦应参照此等级。

（一）太牢

太牢是祭祀中用牲最高规格，皇帝祠祀远祖黄帝、尧、舜、禹、圣人孔子，甚至祭祀山川、河流等多使用太牢。北魏从太祖道武帝开始，祭祀使用太牢，登国二年（387年）十月，“平文、昭成、献明庙成。岁五祭……牲用太牢”，同时“置太社、太稷、帝社于宗庙之右……皆太牢”。太祖崩后，白登山所立太祖庙，各郡国在太祖巡幸行宫立坛，均以太牢祭[3]。

北魏晚期的丧葬祭祀自孝文帝太和十八年（494年）预迁都始，亦在南巡时亲自或遣使以太牢祀，除了祭尧、舜、禹之外，还祠祀比干墓、周文王、周武王、汉高祖庙、汉光武及明、章三帝陵、汉帝诸陵等[4]。并曾诏以太牢祭祀郭祚七世祖郭淮庙、臣将李冲。肃宗时祭刁冲以太牢。

墓志中所记能享太牢之礼者共11位，最早为羊祉，葬于熙平元年（516年），“□册即柩，赠安东将军、兖州刺史，祭以太牢。寻诏以旧□未崇，

---

1 （清）孙希旦：《礼记集解》卷一〇《檀弓下四之一》，中华书局，1989年，第256页。
2 （清）王聘珍：《大戴礼记解诂》卷五《曾子天圆第五十八》，中华书局，1983年，第101页。
3 （北齐）魏收：《魏书》卷一〇八《礼志（一）》，中华书局，1974年，第2735—2739页。
4 （北齐）魏收：《魏书》卷七（下）《高祖孝文帝纪（下）》，中华书局，1974年，第174—182页。

迁镇军将军，谥曰景”[1]。其次是元悫，葬于孝昌元年（525年），“诏赠假节中坚将军玄州刺史，帛二百匹，祭以太牢，礼也”[2]。

葬于孝昌二年（526年）者有4人：文成皇帝夫人于仙姬，“旨以太牢之祭，仪同三公之轨”（图4-17）[3]；骠骑大将军、仪同三司、尚书令、冀州刺史、江阳王元乂遇害，既而圣上追远，皇太后亲临哭吊，自薨及葬，赗赠有

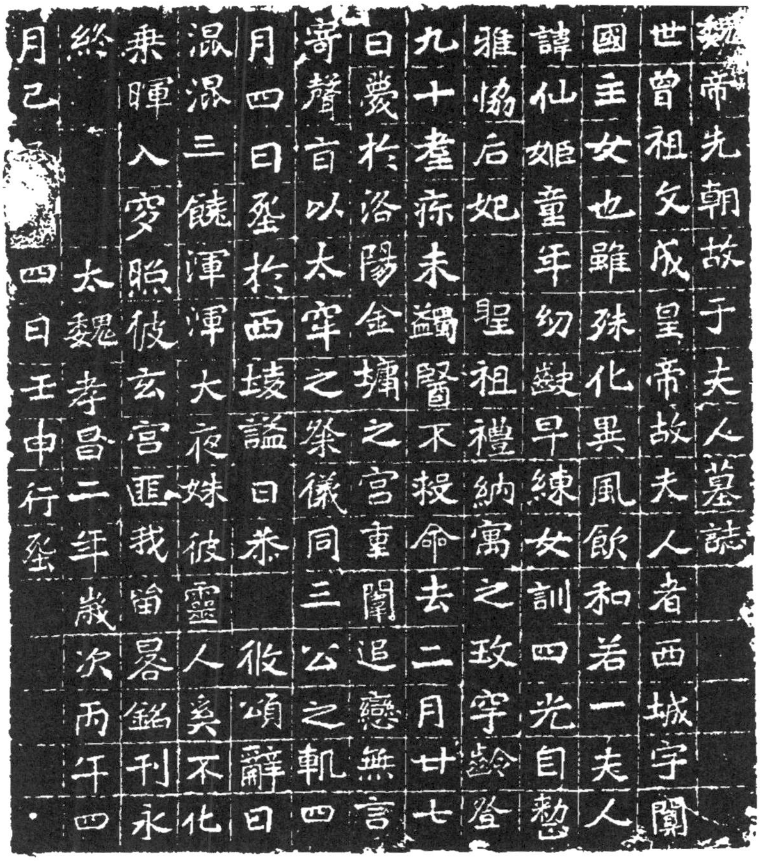
魏帝先朝故于夫人墓誌
世曾祖文成皇帝故夫人者西城宇闐
國主女也雖殊化異風飲和若一夫人
諱仙姬童年幼缺早練女訓四光自懋
雅協后妃　聖祖禮納寓之玫穿齡登
九十耋孫未[illegible]醫不救命去二月廿七
日薨於洛陽金墉之宮重闈追戀無言
奇贊旨以太牢之祭儀同三公之軌四
月四日窆於西陵謚曰恭　彼頌辭曰
混混三饒渾渾大夜姝彼靈人奚不化
乘暉入窀照彼玄宮匪我留暑銘刊永
終　太魏孝昌二年歲次丙午四
月己　四日壬申行窆

图4-17　文成帝夫人于仙姬墓志拓本

1　赖非：《齐鲁碑刻墓志研究》，齐鲁书社，2003年，第239页。
2　洛阳市文物工作队：《洛阳出土历代墓志辑绳》，中国社会科学出版社，1991年，第44页。
3　赵万里：《汉魏南北朝墓志集释》，科学出版社，1956年，第320页。

加，祠以太牢[1]；宇文善，“有诏褒庸，赠使持节车骑将军、都督翼州诸军事、冀州刺史，开国男如故。谨曰：祭以太牢，礼也”[2]；豫雍二州刺史文烈公韦彧孝昌二年（526年）葬，“谒者萧轨持节奉册，即柩祭以太牢”[3]。

元钦和王导均被害于河阴之难，同年即永安元年（528年）葬，元钦“天子悼伤，乃赠侍中太师太尉尚书令骠骑大将军定州刺史，谥曰文懿，礼也。使鸿驴太常监护丧事，赐东垣秘器、朝服一袭，祭以太牢”[4]。王导“乃策赠持节安东将军南兖州刺史，祭以太牢，礼也”[5]。

比较特殊的是甘肃张家川发掘王真保墓，大赵神平二年（北魏永安二年，529年）追赠司徒，“自魏道历终，大赵应期，寻仁恋德，望坟追赠。加使持节大都督西道诸军事骠骑大将军司徒公天水郡开国公太原王，谥曰懿。使持节即柩宣策，祭以太牢”[6]。说明当时的一个小政权亦采用祭祀之礼。

北魏末年另有葬于永兴二年（533年）西华县开国侯长孙士亮妻广平郡君宋灵妃，“皇上振悼，亲宾洒泣。诏曰……可赠广平郡君，祭以太牢，礼也”[7]。葬于永熙二年（533年）广川县开国侯元钻远，“乃诏有司，追赠使持节都督济州诸军事平南将军齐州刺史，赙钱三万，祭以太牢，谥曰武侯，礼也”[8]。

以上墓志中记载的太牢之祭，均出现于北魏晚期的孝明帝之后，若以文成帝夫人于仙姬志所言，三公方享太牢之礼，但实际有的地位较低，官爵非

1 洛阳市文物局：《洛阳出土北魏墓志选编》，科学出版社，2001年，第333页。

2 吴志浩：《北魏〈宇文善墓志〉考述》，《洛阳师范学院学报》2015年第6期。

3 周伟洲、贾麦明、穆小军：《新出土的四方北朝韦氏墓志考释》，《文博》2000年第2期。

4 北京图书馆金石组：《北京图书馆藏中国历代石刻拓本汇编》（第五册），中州古籍出版社，1989年，第112页。

5 赵文成、赵君平：《秦晋豫新出墓志蒐佚续编》，国家图书馆出版社，2015年，第73页。

6 秦明智、任步云：《甘肃张家川发现“大赵神平二年墓”》，《文物》1975年第6期。

7 北京图书馆金石组：《北京图书馆藏中国历代石刻拓本汇编》（第五册），中州古籍出版社，1989年，第177页。

8 北京图书馆金石组：《北京图书馆藏中国历代石刻拓本汇编》（第五册），中州古籍出版社，1989年，第190页。

显，如宇文善仅为开国男，西华县开国侯长孙士亮妻宋灵妃更以郡君身份特享殊礼，说明北魏末年丧祭标准已比之前宽松，可能与赠官类似，亦呈越级滥祭之状。

（二）少牢、馈食

北魏时用少牢祭祀，历史文献仅两处，泰常三年（418年）祭五帝，“牲各用牛一，有司主之。又六宗、灵星、风伯、雨师、司民、司禄、先农之坛，皆有别兆，祭有常日，牲用少牢”，太平真君“十一年十一月，世祖南征，迳恒山，祀以太牢。浮河、济，祀以少牢”[1]。由此可见，使用少牢所祭祀的诸神地位低于使用太牢的五帝，同理，河水低于山岳，反映祭祀用牲的等级之别。

墓志中记载祭以少牢者仅2人。裴敬熙平二年（517年）葬，“天子愍悼，追赠新平太守，祠以少牢”[2]。元仙身为乐安简王之子，“圣上悼贤……故赠冠军将军正平太守，谥曰贞，祭以少牢”（图4-18）[3]，葬于正光四年（523年）。两墓志也均属于孝明帝时期。

至于卿大夫和士所用的馈食之礼，文献云秦焚《诗》《书》时得以幸免，汉孔安国尚得之遗撰，北魏清河王元怿曾言：“馈食设主，著于《逸礼》。”[4]《魏书》中没有祭祀馈食的相关记载，墓志中亦不见馈食之祭。

北魏晚期丧葬中的祭祀往往与赠官、加谥、封爵、赙赗、丧事经办等方面密切相关。通过对河阴之难受害者封赠和谥号进行分析发现，河阴之难发生后，实际把控北魏皇权的尔朱荣在孝庄帝登基之初为了稳定人心，试图通

1　（北齐）魏收：《魏书》卷一〇八《礼志（一）》，中华书局，1974年，第2737、2739页。

2　胡海帆、汤燕：《1996～2012北京大学图书馆新藏金石拓本菁华》，北京大学出版社，2012年，第78页。

3　北京图书馆金石组：《北京图书馆藏中国历代石刻拓本汇编》（第四册），中州古籍出版社，1989年，第134页。

4　（北齐）魏收：《魏书》卷一〇八《礼志（二）》，中华书局，1974年，第2771页。

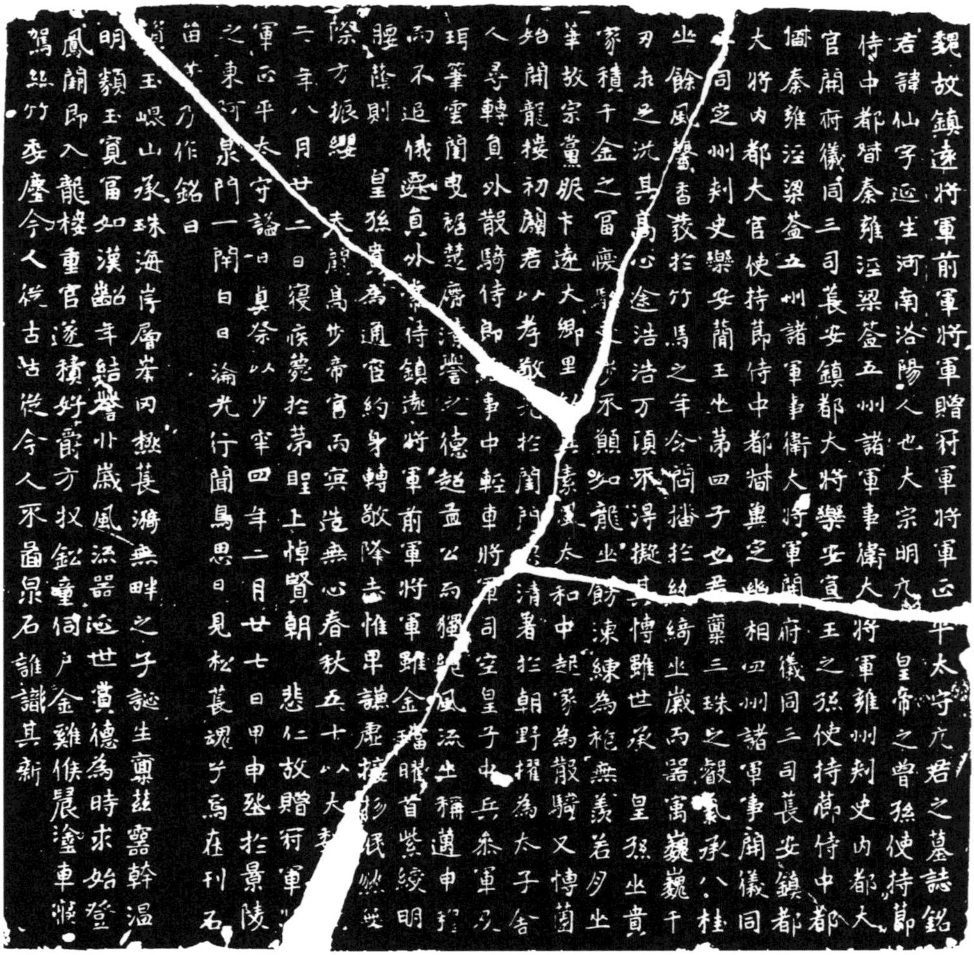

图4-18 元仙墓志拓本

过丧制以安抚民众，在薨后第三日首先上表，逝于河阴这一特殊群体虽非战死疆场，但仍将其被害定性为因社稷而亡，要求由孝庄帝颁布诏书，对河阴逝者进行追赠。正常情况之下，赠官封爵一般追加一等，而河阴之难被害者的封赠则普遍虚高，属于超赠，但能够传给子孙之爵封和食邑则很少，而丧家得到朝廷所赐钱帛实物之赙赗更是罕见。之所以出现这种特殊情况，一方面是因为当时府库空虚、经济凋敝，官府拿不出实际的爵禄食邑和赙赗钱物，只能追赠虚职和不实的溢美谥号；另一方面，尔朱荣为了弥补所犯下的滔天之罪，故对死难者进行超赠。对于所获封赠，部分有朝廷派谒者宣诏，个别级别极高的官员由鸿胪寺监护丧事。这种状况仅能对地位较低者聊以慰藉，对于绝大多数逝者家人而言，并没有得到爵禄和物质的实际补偿，也不能达到恩慰生死之目的，反而造成赠终叨滥、官阶庸乱，故不被后人所重，天下亦贱之。

北魏晚期祭祀，孝文帝主要是对华夏始祖和中原王朝历代皇帝的庙祭，丧葬祭祀所见材料均从孝明帝开始，文献和墓志所载以享用太牢之礼者最多，虽然多有皇帝之诏，但与当时的封赠类似，一些人祭以太牢不合仪轨，但得到许可行越级之礼。相对而言，祭以少牢者较少，甚至不见馈食以祭者。这种情况说明，无论是传世正史，还是墓葬出土文献，所记录内容仅为当时地位较高的极少数人。实际上，丧葬祭祀和追祭先祖，则属于上自帝王、下及百姓并同其礼的普遍行为。

北魏早期保留拓跋鲜卑祭祀泛滥的传统，不乏与中原礼制相违背的陋习恶俗，其中祠庙祭祀时以尸受飨本与三代祭祀设尸类似，却因选尸以相貌近似并行夫妻之事而渎情乱性，地下出土的一方墓志亦证实文献的隐晦之言。随着代魏王朝的建立并逐渐南进，在中原礼制统序传承的影响下，北魏开始追索拓跋鲜卑起源，在太武帝时将大兴安岭的嘎仙洞作为祖先旧墟和神庙石室进行祭拜。同时，为了加强皇权，为历代皇帝建立陵庙，并最终形成七庙之规。身为汉人的文明太后在实际执政期间对帝后陵墓制度进行了彻底改革，一改皇后崩葬金陵以配祭传统，生前在都城附近的方山建造规模宏大的陵园，欲以孝文帝陵作为陪葬，充分体现陵庙祭祀与王朝统治之间的密切关系。到北魏晚期汉化改革，基本延续了汉文化传统的丧葬礼仪，目前所见大量墓志材料可证，祭祀规格与封赠一样，都成为身份地位与社会等级的重要标志。

第五章 北魏民族发展与融合

北魏的丧葬前后发生重大变化，根据考古发掘材料，结合文献中的蛛丝马迹，其从卒丧、埋葬到祭祀，均存在从拓跋鲜卑传统旧俗向礼仪规制的转化。其间经历了以拓跋鲜卑为首的游牧民族和以汉文化为主体的中原农业文明之间的差异、共存、交汇、融合。而丧葬的发展实际上是不同人群在北魏生存和生活的具体映射，通过对识别度较高的典型族群相关材料的梳理与辨析，以还原北魏时期不同民族相互融合的复杂过程。

第一节 政治格局下的部族变迁

拓跋集团在南下西迁并最终崛起的漫长历程中，必然有众多不同部族与其生死与共，乙弗部落就是其中人数不多却易于识别的一支。乙弗跟随拓跋鲜卑，从东北狩猎森林到了漠南的游牧草场，在代北分裂后大部分辗转至青海湖周围落居，并建立乙弗勿敌国政权，仅存三十五年，后被吐谷浑所并。乙弗部落与拓跋鲜卑之间一直联系紧密，在北魏不同时期的碑刻、墓志、石窟寺与佛教造像题记中均发现有乙弗人踪迹，这些遗存反映了乙弗人的活动范围及迁徙路线，是探讨该部落分裂后的两支走向、乙弗勿敌国灭亡后不同人群归魏时间、姓氏变化体现的汉化程度、婚姻关系反映的社会地位与民族融合等方面的重要证据。

一、附魏的乙弗部落

乙弗部落以十六国时在青海湖周围建立乙弗勿敌国[1]而见于史载。前人依据传世文献，主要研究乙弗勿敌国之兴亡[2]，认为其为东胡之一支，称为乙弗鲜卑[3]，与拓跋鲜卑类似，发源地应为鲜卑山或大鲜卑山，到东汉时，与檀石槐鲜卑部落一起，共同于今内蒙古南部组成东、中、西三个军事部落联盟[4]。后燕慕容垂季舅兰汗之妻乙氏[5]，可证乙弗曾与慕容鲜卑联姻。以上观点认为乙弗鲜卑与拓跋鲜卑起源地相同。

当拓跋鲜卑建立大代政权时，乙弗鲜卑已成为其集团中的一员。道武帝因诸部乖乱避于贺兰部，乙弗部帅乙突（或即代题）曾欲行肆逆未果[6]，登国元年（386年）被迫叛走，“亡奔刘显。帝使其孙倍斤代领部落”[7]。其后乙弗部落分为两大支系：以乙弗倍斤为首的小部分支系仍继续留在代北，随着北魏而发展；另有支系为其大部分，经流离迁徙后，到了青海湖一带。随着考古的不断发现，与乙弗氏相关的石刻遗存亦渐次增多，这些材料为探讨两支乙弗部落代北分裂后的各自发展、乙弗勿敌国灭亡后不同人群的归魏时间

1　乙弗部落所建政权，称“乙弗勿敌”，如《魏书》卷一〇一《吐谷浑传》：“吐谷浑北有乙弗勿敌国，风俗与吐谷浑同。不识五谷，唯食鱼及苏子。”《通典》卷一九〇《边防六》中称“乙弗敌”：“乙弗敌，后魏闻焉，在吐谷浑北。”一般取文字之意，称“乙弗勿敌”。

2　聪喆：《乙弗勿敌国始末》，《青海社会科学》1991年第6期。

3　对于乙弗部落族源，一般根据《魏书》《北史》等记载，认为属于东部鲜卑。余太山提出“乙弗部鲜卑应与乞伏鲜卑同源”，见余太山：《嚈哒史研究》，齐鲁书社，1986年，第37页。陈连庆将乙弗归入吐谷浑，“鲜卑吐谷浑部有乙弗氏”，见陈连庆：《中国古代少数民族姓氏研究》，吉林文史出版社，1993年，第85页。唐代林宝误将前燕高句丽王乙弗利之名当作姓氏，见（唐）林宝撰，岑仲勉校记：《元和姓纂》卷一〇《乙弗》，中华书局，1994年，第1504页。马长寿早年曾认为乙弗属于高句丽，见马长寿：《乌桓与鲜卑》，上海人民出版社，1962年，第240页，后来认为乙弗氏和吐谷浑为同族，属于白部鲜卑，见马长寿：《碑铭所见前秦至隋初的关中部族》，广西师范大学出版社，2006年，第61页。

4　俄琼卓玛：《试述乙弗部鲜卑的族源及早期活动》，《青海民族大学学报》（社会科学版）2011年第3期。

5　（唐）房玄龄等：《晋书》卷一二四《慕容盛载记》，中华书局，1974年，第3099页。

6　（唐）李延寿：《北史》卷二〇《尉古真传》，中华书局，1974年，第734页。

7　（北齐）魏收：《魏书》卷二《道武帝纪》，中华书局，1974年，第21页。

和生活状况提供了新的证据，部分内容甚至突破之前对其相关历史的认知。

对于原少数留居代魏盛乐并一直归附北魏的乙弗氏，在碑志和造像碑题记中均有所反映，相关文字内容虽然简略，却是当时史实的直接记录，与历史文献相互印证，分别反映了乙弗氏在不同时期的发展。因北魏迁洛之前仍使用鲜卑语，姓氏皆为音译，故部分姓氏的用字存在差异，石刻中的乙弗姓氏有的书为“一弗”，应为当时一般称谓与写法，后统一改称“乙弗”，汉化改革后称“乙”氏。倍斤所统居魏的乙弗氏以广川公乙乌头、太原王乙浑最为知名。

（一）广川公乙乌头及其后裔

太武帝时期，北魏与吐谷浑交战，太平真君六年（445年）夏四月，“诏（封）敕文率步骑七千，征吐谷浑慕利延兄子拾归于枹罕，众少不能制。诏遣安远将军、广川公乙乌头等二军与敕文会陇右。军次武始，拾归夜遁。敕文引军入枹罕，虏拾归妻子乃其民户，分徙千家于上邽，留乌头守枹罕”[1]。枹罕属吐谷浑要地，太平真君五年（444年）太武帝派兵讨伐吐谷浑，慕利延远遁，次年再遣封敕文和乙乌头击慕利延兄子拾归，将拾归妻子及民户千家迁于上邽，由广川公乙乌头镇守枹罕。因429年乙弗勿敌国已被吐谷浑所灭，乙弗匹知成为吐谷浑渠帅，太武帝平凉州时部分乙弗氏降魏。从情理上分析，此次征伐吐谷浑，太武帝不可能让降服不久且原属吐谷浑的乙弗氏带兵援助封敕文，并在魏兵主力撤离之后镇守距离乙弗勿敌国极近的枹罕。由此推测，广川公乙乌头应该是在盛乐时已经归附拓跋魏，属于由倍斤所领的乙弗部落之后，与乙弗朗祖先类似[2]。

---

1 （北齐）魏收：《魏书》卷五一《封敕文传》，中华书局，1974年，第1135页。

2 （唐）李延寿：《北史》卷四九《乙弗朗传》，中华书局，1974年，第1810页：“其先东部人也。世为部落大人，与魏徙代，后因家上乐焉。”此上乐即盛乐，说明乙弗朗一族一直依附北魏。

在目前所见的北魏墓志中，有多方墓志文记载乙氏，其中2方涉及“太妃乙氏”，墓志内容显示均指城阳怀王元鸾妃。乙氏即乙弗氏，为孝文帝所改类似汉人的单字姓。一方为《魏故假节辅国将军东豫州刺史元公墓志铭》，墓主元显魏，为景穆皇帝曾孙，“以正光六年二月七日终于宣化里宅，春秋卌”“皇考讳鸾，字宣明，镇北将军冀州刺史城阳怀王。太妃河南乙氏，父延，故东宫中庶子”（图5-1）[1]。

第二方为《魏故使持节侍中太保大司马录尚书事司州牧城阳王墓志铭》，墓主元徽，字显顺，祖康王，父怀王。“春秋卌一，永安三年岁次庚戌十二月五日薨于洛阳之南原”“太妃河南乙氏，广川公之孙女”“弟伯，显□，征东将军徐州刺史襄城王。弟虔，显敬，通直散骑常侍安东将军银青光禄大夫广□县开国伯。”[2]

以上两墓志的墓主为兄弟，均是景穆帝曾孙。《魏书》亦载，祖康王即城阳王长寿，景穆帝十四男之一，刘椒房所生。父鸾为长寿次子，始继叔章武敬王，及兄卒，还袭父城阳王爵，正始二年（505年）薨，谥曰怀王。“徽兄显魏”“徽次兄显恭”[3]，墓志记述元显魏正光六年（525年）终，春秋卌，逆推其生于太和十年（486年）。元徽永安三年（530年）薨，春秋卌一，生年为太和十四年（490年），元显魏年长元徽4岁。元恭墓志[4]亦出土，志文未载其春秋年寿，直言“城阳怀王之第二子”。可见元徽应为元鸾第三子，但元鸾薨后，其城阳王爵不是由长子元显魏、次子元恭继承，而是由元徽所袭，从元恭墓志记其母为范阳卢氏或可解释，说明卢氏非元鸾正妻，即

1　北京图书馆金石组：《北京图书馆藏中国历代石刻拓本汇编》（第五册），中州古籍出版社，1989年，第6页。

2　北京图书馆金石组：《北京图书馆藏中国历代石刻拓本汇编》（第五册），中州古籍出版社，1989年，第174页。

3　（北齐）魏收：《魏书》卷一九（下）《城阳王长寿传》，中华书局，1974年，第509页。

4　北京图书馆金石组：《北京图书馆藏中国历代石刻拓本汇编》（第五册），中州古籍出版社，1989年，第172页。

图5-1　元显魏墓志拓本

元恭非嫡子。元徽墓志中的太妃河南乙氏才是元鸾王妃，元徽应为嫡长子。尽管元鸾长子为元显魏，其墓志亦记载太妃河南乙氏，但未袭父爵，元徽墓志中只记载其二弟，不书兄元显魏、元显恭，推测元显魏也应为庶子，其墓志中太妃乙氏非其生母。元徽墓志中记“弟伯，显□，征东将军徐州刺史襄城王”应即《魏书》中“显恭弟旭，字显和。庄帝时，封襄城郡王，邑一千户”。另一弟元虔字显敬，不见于史。此二人或与元徽同母，为太妃乙氏所生。元徽还有一弟元显俊，墓志亦出土："维大魏延昌二年岁次癸巳二月丙辰朔廿九日甲申，故处士元君墓志铭。君讳显俊""镇北将军冀州刺史城阳怀王之季子也""甫龄三五，以延昌二年正月丙戌朔十四日己亥卒于宣化里第。"[1]元显俊年仅15便早夭，正史不载，墓志未记其所从出。由此可将元鸾诸子排序如次：长子元显魏，字光都；次子元恭，字显恭或怀忠；三子元徽，字显顺；四子元伯或元旭，字显和；五子元虔，字显敬；六子元显俊。其中元徽、元显和、元显敬可能为嫡子，由乙氏所生。北魏早期嫡妾不分，引起爵禄争讼不断，后强化由长嫡承重，不守其制则治罪。如赵郡王干妃穆氏表干妾赵等悖礼愆常，尊卑义阻，世宗诏曰："妾之于女君，犹妇人事舅姑，君臣之礼，义无乖二。妾子之于君母，礼加如子之恭，何得黩我风政！可付宗正，依礼治罪。"[2]墓志文中强调怀王妃乙氏，即是其地位尊贵之明证。

太妃乙氏墓志云为"广川公之孙女"，家族谱系和名讳不载。史书中爵封广川公者两见，一为乙乌头，活动于太武帝时期；另一为皮豹子之孙皮懽喜，太和元年曾任广川公[3]，在乙乌头之后受封。由乙乌头太平真君六年（445年）活动知其正值盛年。怀王元鸾墓志[4]与《魏书》均载元鸾正始二年（505年）薨，时年38，生年为皇兴二年（468年），其妃乙氏与其年龄相仿，从时间上与乙乌头为祖孙不存在抵牾，故推测乙氏即为乙乌头孙女。

元鸾夫人乙氏"父延，故东宫中庶子"，不见于史。东宫即太子宫，中庶子为太子侍从，前职员令中属第三品中[5]，太和二十三年（499年）复次职

1　北京图书馆金石组：《北京图书馆藏中国历代石刻拓本汇编》（第四册），中州古籍出版社，1989年，第7页。

2　（北齐）魏收：《魏书》卷二一（上）《赵郡王幹传》，中华书局，1974年，第543页。

3　（北齐）魏收：《魏书》卷七（上）《高祖孝文帝纪（上）》，中华书局，1974年，第145页。

4　北京图书馆金石组：《北京图书馆藏中国历代石刻拓本汇编》（第三册），中州古籍出版社，1989年，第86页。

5　（北齐）魏收：《魏书》卷一一三《官氏志》，中华书局，1974年，第2980页。

令中为第四品上阶[1]。《魏书》所载任此职者概有三类：第一为比较可靠之皇室、大臣子弟中与太子年龄相仿者，主要是陪伴太子，如陆丽子陆定国“在襁抱，高宗幸其第，诏养宫内，至于游止常与显祖同处。年六岁，为中庶子”[2]。第二为器业位望者，负责太子识学，如高道悦为孝文帝太子恂中庶子[3]。第三为阉官，如侯刚曾为肃宗中庶子，世宗崩后亲至东宫迎肃宗至显阳殿。以上三类可能共存，肃宗行即位礼时中庶子裴俊兼吏部郎[4]。元鸾妃乙氏父乙延最终职官为东宫中庶子，所任可能属于第二类。

北魏墓志书乙弗人为乙氏，为迁洛改姓之后常例。北方民族改附汉姓早已如此，匈奴冒顿之后刘渊，“汉高祖以宗女为公主，以妻冒顿，约为兄弟，故其子孙遂冒姓刘氏”[5]。十六国南凉秃发傉檀被乞伏炽磐所灭，其子贺奔魏，魏太武帝曰：“卿与朕源同，因事分姓，今可为源氏。”[6]因北方种落繁多，魏孝文帝迁洛后仍更改部分姓氏。《魏书·官氏志》所记改姓时有的取原多字姓首字，如伊娄氏改为伊氏，丘敦氏改为丘氏。有的取原姓次字或末字，如达奚氏改为奚氏，勿忸于氏改为于氏等。部分姓氏所改与原姓无关，如普氏改为周氏，侯氏改为亥氏。另有一些改姓可能考虑当时部落与魏室之关系，如叔父之胤曰乙旃氏改为叔孙氏，拔拔氏改为长孙氏。还有的涉及姓氏含义，如和平二年（461年）《皇帝南巡之颂》碑、太和十八年（494年）《吊比干文》碑中，丘穆陵氏均写作“丘目陵”，改姓时可能因其为魏室外戚，取温和、恭敬之意，改“目”为“穆”。乙弗氏前文石刻书为“一弗”，改姓时不取“一”而用音近字“乙”，或因魏室拓跋氏改为“元”氏，取其首、大、始之意，不可能让其所属的其他姓氏用“一”，将

1　（北齐）魏收：《魏书》卷一一三《官氏志》，中华书局，1974年，第2996页。
2　（北齐）魏收：《魏书》卷四〇《陆俟传》，中华书局，1974年，第908页。
3　（北齐）魏收：《魏书》卷六二《高道悦传》，中华书局，1974年，第1401页。
4　（北齐）魏收：《魏书》卷一〇八《礼志（四）》，中华书局，1974年，第2806页。
5　（唐）房玄龄等：《晋书》卷一〇一《刘元海载记》，中华书局，1974年，第2645页。
6　（北齐）魏收：《魏书》卷四一《源贺传》，中华书局，1974年，第919页。

“一弗”改为“乙”，既与其原读音接近，也应当考虑到乙弗鲜卑与拓跋鲜卑为同宗，还与汉代已有的乙姓（如乙瑛[1]）相同。二墓志分别刊刻于北魏孝昌元年（525年）、太昌元年（532年），志文均书墓主为“乙”氏，说明在北魏时期，统治阶层一直遵循孝文所改之单姓。

（二）太原王乙浑

在山西灵丘县城东南发现的《皇帝南巡之颂》，刊于文成帝和平二年（461年）三月，在碑阴第一列五十一人内侍官中，第一人为平原王步六孤（陆丽），第二人即“侍中特［进］车骑大将军□太子太保尚书太原王一弗步□□”，另有“江乘男一弗阿伏真”[2]。因碑文泐损严重，太原王一弗之名残，由史书记载可知，文成帝时太原王应为乙浑，曾在文成帝驾崩、献文幼帝登基时，矫诏杀害大臣杨保年、贾爱仁、张天度、陆丽等，并于天安元年（466年）二月谋反伏诛[3]，故史书无传。

关于文成帝率群臣南巡、在灵丘御射并立碑，史书所载与《南巡碑》一致。而《魏书》又云：和平“三年春正月壬午，以车骑大将军、东郡公乙浑为太原王”[4]。此差异或是史书中“三年”为“二年”之误，或因和平二年（461年）南巡御射后，刻碑时间延至和平三年（462年），当时乙浑已为文成所重，遂刊刻了其新晋的太原王爵号。

对于乙浑身份，“猜测乙浑应在乙瓌内附的同时入朝，最大可能为乙瓌的兄弟辈……果如此，则乙浑属于北魏外戚家族成员……不过从后来乙浑被诛而乙乾归并未受牵连推测，他们之间的关系似乎并不密切”[5]。此说难以

1　见山东曲阜孔庙所存《汉鲁相乙瑛奏置百石卒史碑》。

2　山西省考古研究所、灵丘县文物局：《山西灵丘北魏文成帝〈南巡碑〉》，《文物》1997年第12期。

3　（北齐）魏收：《魏书》卷六《显祖献文帝纪》，中华书局，1974年，第125页。

4　（北齐）魏收：《魏书》卷五《高宗文成帝纪》，中华书局，1974年，第120页。

5　张金龙：《北魏政治史》（五），甘肃教育出版社，2008年，第179页。

成立，乙瓌一族入魏后三代尚公主，而乙浑之妻则为庶姓：“（乙）浑妻庶姓而求公主之号，屡言于（贾）秀，秀默然。浑曰：‘公事无所不从，我请公主，不应，何意？’秀慷慨大言，对曰：‘公主之称，王姬之号，尊宠之极，非庶族所宜。若假窃此号，当必自咎。秀宁死于今朝，不取笑于后日。’……”[1]若乙浑与乙瓌为同族兄弟且一起入朝，其婚姻不应差距如此。从乙浑被诛而乙瓌一族依然尊显亦可证二人非同族。

从现有资料知，乙浑在文成帝时晋升太原王，之前爵为东郡公，太武帝时官爵不详，应不高于此，有可能是盛乐时已依附魏室，由代题之孙倍斤所领的乙弗氏之后。

以上可见，留于北魏的乙弗氏地位较高，并与皇室关系紧密，乙乌头、乙浑分别位至广川公、太原王，乙乌头子乙延为太子宫侍从的三品官东宫中庶子，孙女婚配皇室怀王元鸾。丞相乙浑在文成帝时已大权在握，为了乘献文帝年幼之机独揽朝政，不惜陷害多名臣将，最终被文明太后铲除。

二、乙弗勿敌国余部走向

乙弗代题叛魏之后，带领大部分乙弗部落向西南迁徙，东晋太元十九年（394年）落居西海，在青海湖周围繁衍发展，曾经众有万落，建立乙弗勿敌国。后因势小国弱，先后臣服于秃发氏南凉、沮渠氏北凉、乞伏氏西秦，最终在刘宋元嘉六年（429年）被吐谷浑所并[2]，乙弗勿敌国灭亡，乙弗匹知成为吐谷浑渠帅，被封青海王。至北魏太武帝平凉州，乙弗匹知慕国威化，遣其子乙瓌率部落入贡，世祖因留之[3]。由此，乙弗勿敌国余部再分为两支，一支重新归魏，其余仍留在青海湖附近，与吐谷浑等混居。至北魏晚期，后者

1　（北齐）魏收：《魏书》卷三三《贾彝传》，中华书局，1974年，第793页。
2　俄琼卓玛：《乙弗鲜卑研究》，陕西师范大学硕士学位论文，2007年。
3　（北齐）魏收：《魏书》卷四四《乙瑰传》，中华书局，1974年，第991页。

中的部分乙弗人再向关中、洛阳迁移，从两地的石刻文物中能够找到其生活痕迹。

（一）亡国归魏的乙瓌一族

以乙瓌为首的乙弗氏后裔投归北魏，乙瓌甚见贵重，尚世祖之女上谷公主，其子乙乾归尚恭宗女安乐公主，孙乙瑗尚高祖女淮阳公主。家族之女多为王妃，其中乙瑗之女被纳为西魏文帝元宝炬乙弗皇后。魏文帝为了减少外部侵扰，采取和亲之策，立柔然国主阿那瓌长女郁久闾氏为皇后，废乙弗皇后，先令出家为尼，再令自尽，“凿麦积崖为龛而葬”，后号寂陵，“废帝时，合葬于永陵”[1]。一般认为麦积山石窟第43窟是埋葬乙弗皇后的瘗窟寂陵[2]。该石窟结构包括前廊、中室和后室三部分（图5-2）[3]，帐形顶平面梯形

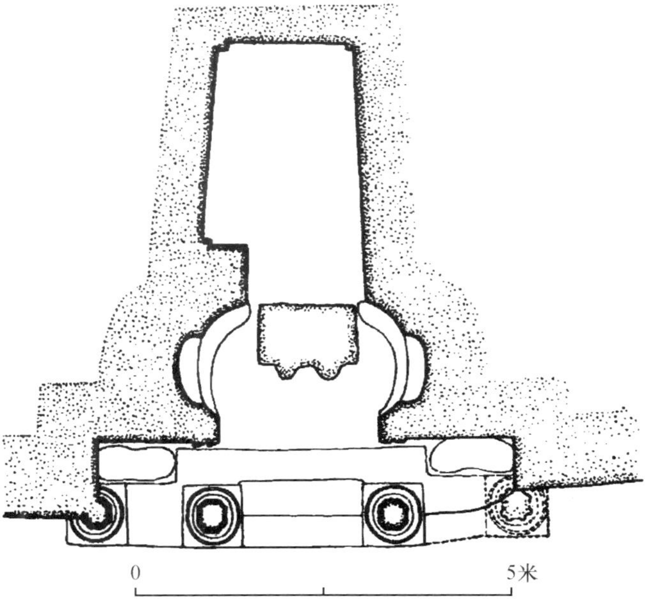

图5-2　麦积山石窟第43窟平面图

1　（唐）李延寿：《北史》卷一三《文帝文皇后乙弗氏传》，中华书局，1974年，第506页。
2　项一峰：《麦积山第43窟研究》，《敦煌研究》2003年第6期。
3　天水麦积山石窟艺术研究所：《中国石窟·天水麦积山》，文物出版社，2017年，第204页。

的后室为安放棺柩的墓室，前两部分功能存在争议，一般认为窟门的梁柱屋檐及前廊仅是洞窟外观，中室为祭祀的享堂。但另一种观点认为窟门装饰风格代表地面建筑的陵庙，中室是用于孝子守墓的“庐室”，其内原有乙弗皇后容像，并影响到旁边的第44窟[1]（图5-3）[2]。此外，第127窟可能也与乙弗皇后有关[3]。

图5-3　麦积山石窟第43号窟外景

1　董广强、魏文斌：《陵墓与佛窟——麦积山第43窟洞窟形制若干问题研究》，《敦煌学集刊》2014年第2期。

2　天水麦积山石窟艺术研究所：《中国石窟·天水麦积山》，文物出版社，2017年，图版144。

3　郑炳林、沙武田：《麦积山第127窟为乙弗皇后功德窟试论》，《考古与文物》2006年第4期。

麦积山石窟中的乙弗皇后瘗窟是北朝时期丧葬与佛教信仰融为一体的典型，最早以文明太后永固陵与陵前思远佛寺为发端，北魏孝文帝废后冯氏为练行尼，终于瑶光佛寺；宣武帝高皇后被废，丧还瑶光佛寺，殡葬皆以尼礼；宣武帝灵皇后胡氏被尔朱荣沉河，收瘗于双灵佛寺[1]。乙弗皇后不仅延续北魏废后为尼之例，崩后葬于佛窟亦开葬式之先河。

乙瓌之后另有《骠骑大将军都水使者京兆杜君妻齐故乙夫人墓志之铭》，“夫人讳女休，河南洛阳人，黄帝少子昌意则其后也。是以枝胄散迁，世为部落。祖，头仁，西平王；祖母，元，上谷长公主。父，虬，太原府君；母，元，新丰公主……（夫人）适华州使君第四子……杜子达为妻……天保五年五月十九日丧于邺京，时年卅有二”（图5-4）[2]。

乙女休墓志自认昌意之后、洛阳人，与拓跋鲜卑同，随孝文迁洛。其祖西平王、祖母上谷长公主，与乙瓌主要信息重合：“乙瓌，代人也。其先世统部落……尚上谷公主，世祖之女也。除镇南将军、驸马都尉，赐爵西平公……和平中薨，时年二十九……子乾归，袭爵……延兴五年卒，时年三十一。”[3]乙氏尚上谷公主且爵封西平者即乙瓌，乙女休墓志所言祖头仁，或为原名，其爵西平王可能卒后所赠。其父太原府君乙虬不见于史，文献记载乙瓌之爵由乾归所袭，并尚恭宗女安乐公主，则乙虬非乙瓌世子。其母新丰公主则比较复杂，乙女休天保五年（554年）卒，年32，逆推其生年为正光四年（523年），说明此时新丰公主为乙虬妻。杜杲传则记载：“其族父攒（瓒）……时仕魏为黄门侍郎，兼度支尚书、卫大将军、西道大行台，尚孝武妹新丰公主，因荐之于朝廷。永熙三年，起家奉朝请。”[4]说明永熙三年（534年）孝武帝妹新丰公主为杜瓒夫人。孝武帝为孝文帝之孙、广平王元

---

1 （北齐）魏收：《魏书》卷一三《皇后传》，中华书局，1974年，第332—339页。
2 贾振林：《文化安丰》，大象出版社，2011年，第305页。
3 （北齐）魏收：《魏书》卷四四《乙瑰传》，中华书局，1974年，第991页。
4 （唐）李延寿：《北史》卷七〇《杜杲传》，中华书局，1974年，第2428页。

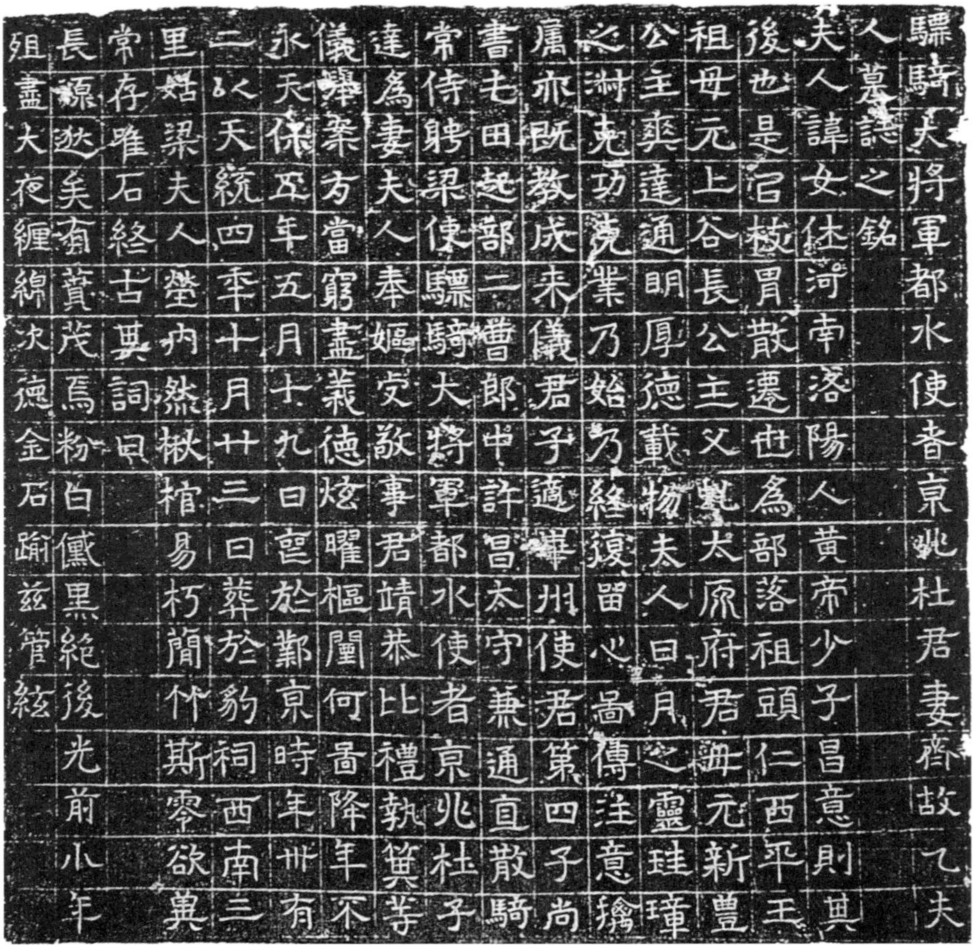
驃騎大將軍都水使者京兆杜君妻齊故乙夫
人墓誌之銘
夫人諱女休河南洛陽人黃帝少子昌意則其
後也是曰枝胄散遷世為部落祖頭仁西平王
祖母元上谷長公主父瓌太原府君母元新豐
公主爽達通明厚德載物夫人日月之靈珪璋
之淑克功克業乃始乃終䖍留心圖傳注意撿
廣亦既教成來儀君子適華州使君第四子尚
書屯田起部二曹郎中許昌太守兼通直散騎
常侍聘梁使驃騎大將軍都水使者京兆杜子
達為妻夫人奉婦爰敬事君靖恭比禮執箕等
儀攀案方當窮盡義德炫曜樞闈何圖降年不
永天保五年五月十九日薨於鄴京時年卌有
二以天統四年十月廿三日葬於豹祠西南三
里姑梁夫人塋內然楸檟易朽蘭竹斯零欲冀
常存唯石終古其詞曰
長源遐矣奕葉茂焉粉白黛黑絕後光前小年
殂盡大夜纏綿次德金石踰茲管絃

图5-4　乙女休墓志拓本

怀第三子，永熙三年（534年）闰十二月崩，年25[1]，生年为永平三年（510年），其妹新丰公主最早与孝武帝同年生。若此，则其生乙女休时年仅14岁，且当时孝武尚未登基，身为广平王之女应为县主，与所嫁乙瓌子乙虮门户、身份相当。至于何时何因改嫁杜瓒则难考其详。乙女休墓志所称“新丰

1　（唐）李延寿：《北史》卷五《孝武帝纪》，中华书局，1974年，第170页。

公主”之号应在孝武登基后所授。比较特殊的是，乙女休之夫杜子达与其继父杜瓒为同族。

乙女休为乙瓌之后，夫为汉人士族杜陵杜氏，母新丰公主为北魏皇族拓跋氏，反映北朝婚姻状况与多民族融合，为探讨乙弗勿敌国归魏之后的生活提供依据。

（二）东迁乙弗勿敌后裔

北魏统一北方之后，势力逐步增强，原居于吐谷浑的乙弗勿敌后裔逐渐向东迁徙，文献对此失载，但目前在河南洛阳和陕西渭南各发现1通佛教造像碑，供养人题名中均有乙弗氏，为探讨乙弗勿敌余部的迁徙流动提供了线索。

1. 河南洛阳北魏翟兴祖等人造像碑

1984年发现于洛阳偃师南蔡庄乡宋湾村[1]，现存偃师博物馆。该造像碑仅存碑身，前后左右四面造像，正面上部刻佛龛，中部为造像题记：“大魏正光四年……天宫主维那扫逆将军翟兴祖……”下部为上下三层线刻供养人像与榜题。左右侧面和碑阴分别线刻佛像、供养人与榜题，在碑阴佛像之下第二栏，中间作为界格的左侧榜题为：“像夫主乙弗苌洛为父母。”[2]

该造像碑纪年为正光四年（523年），距离孝文帝改汉姓之后已经二十余年，出土地点位于当时国都洛阳城东，很可能属于青阳门外三里御道北的宝明寺[3]，紧邻都城。但榜题中为父母造像的像夫主苌洛姓氏使用了“乙弗”而不是“乙”，比该造像碑更晚的孝昌年、太昌年墓志仍将乙弗写作乙氏，可能与这通造像碑上所刊刻人群的来源有关。

1　李献奇：《北魏正光四年翟兴祖等人造像碑》，《中原文物》1985年第2期。

2　王景荃：《河南佛教石刻造像》，大象出版社，2008年，第87页。

3　（北魏）杨衒之撰，周祖谟校释：《洛阳伽蓝记校释》，中华书局，1987年，第78页。

此造像碑供养人中，能够明显看出属于西域者包括碑阳加叶主沮渠显遵，月氏人支僧安，可能属于石国人的石永贵、石子恭，曹国人曹九周，高车人斛斯康德等。在碑阳、碑阴分别有纥豆邻俟地拔、纥豆陵俟地拔，应为一人。纥豆陵氏自述来源于汉人，但实为攀附："窦炽字光成，扶风平陵人，后汉大鸿胪章之后也。章子统，灵帝时为雁门太守，避窦武之难，亡奔匈奴，遂为部落大人。后魏南徙，子孙因家代，赐姓纥豆陵氏。"[1]北魏时"次南有纥豆陵氏，后改为窦氏"[2]。北魏末年，尔朱荣被诛，"庄帝诏河西人纥豆陵步蕃等令袭秀容……步蕃兵势甚盛，南逼晋阳""时费也头帅纥豆陵伊利、万俟受洛干等据有河西，未有所附"[3]。说明北魏后期居于河西的纥豆陵氏并未臣服，且势力强大，他们中的部分人，包括被吐谷浑所并居于河西的乙弗氏，可能在孝文帝迁洛之后由河西内附并到达京师附近，与原西域沮渠、支、曹、石、斛斯等形成佛教信仰集团，并共同刊刻造像。因入魏较晚，可能在宣武帝和孝明帝时期，所以虽然居于洛阳，却并未遵从孝文帝之制改姓，故碑文书为纥豆陵氏、乙弗氏。

之前学者认为该造像碑上的"乙弗氏"为西魏复姓之证不足信，原因如下。首先，西魏大统"十五年己巳五月……初诏诸代人太和中改姓者，并令复旧"[4]。复旧姓发生在大统十五年（549年），晚于该造像碑刊刻的正光四年（523年）有二十六年，一般情况下，一通造像碑上的供养人不至于前后相差这么久。其次，魏分东西之后，洛阳大部分时间属于东魏，其辖境民众不会因宇文泰鲜卑化而接受西魏诏书复姓，即使短时间内受西魏控制，也难以在造像碑上体现，若确因迫于西魏压力，之前的北魏正光年号亦当改刻。再次，造像题记中为"卅人等"，实际碑身所刻人物达121人，据此认为其上施

1 （唐）李延寿：《北史》卷六一《窦炽传》，中华书局，1974年，第2173页。
2 （北齐）魏收：《魏书》卷一一三《官氏志》，中华书局，1974年，第3012页。
3 （北齐）魏收：《魏书》卷七五《尔朱兆传》《尔朱天光传》，中华书局，1974年，第1663、1676页。
4 （唐）李延寿：《北史》卷五《西魏文帝纪》，中华书局，1974年，第180页。

主为逐渐添加，但碑阳四位天宫主字体一致、布局合理，应为同时所刻，当时已书纥豆陵氏。碑阴乙弗氏在供养人的第二栏居中，纥豆陵侯地拔居于第四栏左侧第二位，都属于供养人中捐资较早的施主，可能就在正光四年（523年）或其后不久，不会晚至西魏复姓。由此可证，该造像碑刊刻时间仍为北魏，乙弗苌洛与其他较晚归魏的西域人一样，保留原来的姓氏。

2. 陕西渭南造像

在陕西渭南渭水河北岸保留1件圆雕石佛立像，1953年移至西安碑林博物馆保存。造像高2.5米，佛像着圆领通肩式袈裟，跣足立于覆莲方形台座上，头大身短。台座的四面标识东、西、南、北方位，北面上层中间刊刻发愿文，有“武成二年九月十五日合方邑子百数人造释迦像一区”等内容，左右两边和下层以及东、西、南三面均线刻供养人像、题名及职官。在北面发愿文右侧，第二层有“邑都督乙弗阿师一心”题名，碑阳即南面第二层右侧第二个为“邑子乙弗子畅一心供”题名[1]。

该造像所在的渭南信义镇西二里泰庄村一带，原属同州延寿郡下邽县，十六国以来一直是多民族杂居之地，至造像刊刻的北周武成二年（560年）仍是如此，造像底座上共有题名156人，包括乙弗氏在内的东部鲜卑吐谷浑、拓跋、宇文、若干、费连、俟奴，高车斛斯、屋引、贺拔、乞伏，西域支、白，羌氐彭、梁、吕等，确知的少数部族姓氏26姓。这些人题名有的标注官职，如州刺史、县令等；有的显示爵衔，如范县伯、高陵县开国子、华阴男等；还有一些佛教邑社职官，如邑师、香火主、都邑主、典坐等，主要为当地中下级官员和普通信众。“上述代北诸复姓，无论如何不能认为是宇文泰及北周其他皇帝的赐姓……绝大部分仍姓其本姓是毫无疑义的。”[2]其中的乙

---

1 高峡：《西安碑林全集》一〇六卷，广东经济出版社、海天出版社，1999年，第104—109页。
2 马长寿：《碑铭所见前秦至隋初的关中部族》，广西师范大学出版社，2006年，第59页。

弗阿师、乙弗子畅仅为邑子，说明是下邽当地的一般信众。由于北周乙弗皇后一族和被赐乙弗姓的赵贵或赵肃族系均地位尊显，主要居于都城长安，不可能在很短时间沦落至此，因而，武成二年（560年）造像中的乙弗供养人很可能是被吐谷浑所灭的乙弗勿敌后裔。

以上2件佛教造像中的乙弗氏均保留原姓氏，与其他西北少数部族杂居共处，具有相同的宗教信仰，推测应为乙弗勿敌后裔，北魏后期与吐谷浑等其他部族一起逐渐辗转向东迁徙，沿途分别形成聚落群体，其中在距离核心城市长安、洛阳较近者留下耗资巨大的佛教造像。乙弗氏与其他少数部族一样，在北魏正光年和北周武成年均用原姓，分别说明北魏孝文帝汉化和西魏宇文泰复旧均具有一定时效性，体现北朝民族融合过程中各自部分固有因素的保留，对于客观认识北朝社会格局具有重要价值。

三、同一姓氏下的不同民族

北魏时期乙弗氏尽管同祖同源，均属乙弗部落，但不同支脉生活轨迹发生重大变化，包括一直跟随拓跋鲜卑迁都，由盛乐至平城再到洛阳者，有乙弗勿敌国灭亡之后先降魏者，还有后来逐步从青海迁徙至长安、洛阳者。但到了西魏北周，另有被赐乙弗的其他姓氏，如著名的天水赵贵、河西赵肃族系。从而造成其族属的混乱，加剧了民族关系的复杂化，相关材料分别体现这一过程。

首先，在北魏时期的两处乙弗氏可以肯定属于乙弗部落，但难以确定其祖属于哪一支系。文成帝《南巡碑》第一列中有“江乘男一弗阿伏真”，史书无载，信息无考，虽为内侍官，但地位较低，且江乘（今南京栖霞附近）当时属南朝宋所辖，知江乘男之爵为虚授。

在北魏迁洛之初，龙门石窟古阳洞北壁有一龛造像，题记中有一弗氏：“太和廿年步辇郎张元祖不幸丧亡，妻一弗为造像一区，愿令亡夫直生佛国。”（图5-5）[1]此一弗亦应为乙弗氏，其夫张元祖及所任步輦郎不见于史，步辇即“步挽：天子小驾游宴所乘，亦为副乘”[2]。部分老臣可以特赐以乘，其郎官可能属于驾部之下低级职位，神龟年因沙汰郎官而罢，史书不载。该题记内容简略，难考一弗夫人族系和归属。

图5-5　龙门石窟一弗造像题记拓本

文成帝《南巡碑》和龙门石窟题记乙弗姓氏仍写作“一弗”。史书记载，太和“二十年春正月丁卯，诏改姓为元氏”[3]。说明孝文帝汉化政策中改姓在太和二十年（496年）开始推行，《皇帝南巡之颂》为北魏改姓之前，龙门题记刊刻与改姓同年，可证史料所载改姓时间真实。二石刻上的乙弗氏分别为皇帝内侍和宫内步辇郎之妻，为服务于皇宫的低级官，反映北魏乙弗氏仍在社会结构中处于重要位置。

其次，不确定是乙弗鲜卑还是赐姓。

1965年陕西咸阳周陵乡贺家村出土《周故使持节太师柱国大将军大都督大司马十二州诸军事同州刺史凉国景公贺兰祥墓志》，在墓志最后详列其七

1　刘景龙、李玉昆：《龙门石窟碑刻题记汇录》（下），中国大百科全书出版社，1998年，第431页。
2　（北齐）魏收：《魏书》卷一〇八《礼志（四）》，中华书局，1974年，第2812页。
3　（北齐）魏收：《魏书》卷七（下）《高祖孝文帝纪（下）》，中华书局，1974年，第179页。

女所适诸姓："长女嫡拓拔氏，次女嫡达奚氏，次女嫡檍拔氏，次女嫡乙弗氏，次女嫡拓拔氏，次女嫡豆卢氏，次女嫡大野氏。"[1]根据墓志与史书所载，贺兰祥为宇文泰外甥，因少孤而长于舅氏，特为周室所重。其祖母为高车库狄氏，母宇文氏，即宇文泰姐姐，夫人叱何罗氏，为贺拔岳外甥女，隋代诏复旧姓为刘氏，墓志亦出土。七女所婚有魏室拓跋氏，与魏室同宗达奚氏，大野氏应为宇文护之舅族阎庆子孙，被赐大野氏。由此推测其第四女所婚亦应为高门，墓志仅载为乙弗氏，却无家族、名讳等相关信息。

对于贺兰祥之婿乙弗氏的族属，从贺兰祥与宇文护逼北周闵帝退位时诛杀乙弗朗子乙弗凤和赵贵[2]分析，其姻亲似乎可以排除此两族。西魏文帝乙弗皇后一族和赵肃一族地位很高，赵肃子正礼虽大统初已卒[3]，另一子乙弗轨及轨二子弘安、弘智，并知名[4]。因资料阙如，无法确定其属于乙弗部族还是被赐乙弗氏。

最后，明确属于被赐乙弗氏。

史书记载赵姓被赐乙弗氏，但其族望又有天水赵和河西赵之别。陕西出土隋开皇二年（582年）尹昇墓志，其中有"又随柱国乙弗贵援颍川"之句，此乙弗贵即被赐乙弗姓的天水赵贵。葬于开皇十九年（599年）的隋前上仪同三司通州刺史昌乐公为赵贵之孙，其墓志言及赐姓："公讳明，字孝哲，本姓赵氏，少昊苗裔。周封善御，始食赵城……枝叶流转恒代，始改姓乙弗氏……曾祖虔，柱国、司徒公。祖元贵，柱国、楚国公。"[5]与史书所载相符。

---

1 中国文物研究所、陕西省古籍整理办公室：《新中国出土墓志·陕西（壹）》（上），文物出版社，2000年，第21页。

2 （唐）令狐德棻等：《周书》卷一一《晋荡公护传》，中华书局，1971年，第166、168页。

3 （唐）令狐德棻等：《周书》卷三七《赵肃传》，中华书局，1971年，第663页。

4 （唐）李延寿：《北史》卷七〇《赵肃传》，中华书局，1974年，第2418页。

5 党斌：《新见墓志所涉鲜卑乙弗氏问题》，《石河子大学学报》（哲学社会科学版）2019年第4期。

2006年西安出土北周天和二年（567年）《使持节骠骑大将军开府仪同三司大都督高唐县开国侯乙弗绍墓志铭》记载，“本姓华氏，其先宋微子之裔”，大统“十六年赐姓乙弗氏”[1]。可见乙弗绍与赵贵、赵肃一样，均被赐乙弗姓，已经与乙弗部落无关，但也说明乙弗氏在西魏、北周时期仍为著姓。

从现有材料可见，乙弗鲜卑人的婚姻主要为拓跋鲜卑皇室，但也包括其他民族，如乙浑妻庶姓，龙门石窟一弗之夫张元祖不知族属，乙女休之夫为汉人士族杜氏，反映不同民族的相互融合。至北周赐多姓为乙弗氏，彻底打破了乙弗作为部落的标识。由此可见民族融合的复杂性和深入程度。

以上不同时期诸类石刻所记内容与史书互证，反映乙弗部落随拓跋部迁居代北以后的状况及乙弗姓氏的演变，体现不同部落之间的民族融合与汉化的反复进程，反映北魏时期不同社会群体和格局变化。

一方面，乙弗部落在代题叛离北魏之后分裂为二，并各自发展。大部分南迁辗转，近十年后在青海湖滨定居，建立乙弗勿敌国，因势力较弱，仅存三十余年就被吐谷浑所并。留在盛乐的一部分并未散灭，继续归附魏室并受到重用，其中以世为部落大人的乙弗朗祖先、被封广川公的乙乌头以及位至丞相封太原王的乙浑为代表。乙弗勿敌灭亡后，乙弗匹知担任吐谷浑渠帅，遣子乙瓌降服北魏，从而使之前分裂出走的乙弗勿敌国中部分人回归魏室，在魏境再次形成两支乙弗氏，且均爵封王侯，地位尊崇。魏初留下的一支中，乙浑因专权被诛，乙乌头之后与北魏联姻，乙弗朗至北周仍为显贵。新归附的乙瓌一族得到重用，男曾三代尚公主，女聘为妃至皇后，随着北魏迁洛后发展壮大。被吐谷浑所并而仍居于青海湖周边的其他乙弗人受北魏影响又陆续东迁潜附来朝，与其他少数部族一起形成相对集中的聚落群体，以洛阳正光四年（523年）造像碑中的乙弗苌洛、陕西渭南造像中的乙弗阿师、乙

1　张乃翥：《龙门区系石刻文萃》，国家图书馆出版社，2011年，第431页。

弗子畅为代表，因东迁较晚，姓氏未改为乙，仍保留乙弗，信奉佛教，逐渐与其他民族融合。原改姓乙的乙弗氏至魏分东西时亦再分两处，东魏、北齐的乙弗氏后代有的随迁邺城，仍姓乙。入关者以西魏文帝乙弗皇后最显，受宇文泰鲜卑化影响，不仅恢复乙弗复姓，另有部分他姓要臣被赐乙弗氏，被赐姓者虽与乙弗部落无涉，却说明当时该姓氏居尊之位。

另一方面，石刻文献体现了乙弗部落姓氏在北朝不同时期的变化。迁洛之前乙弗写作“一弗”，孝文帝改姓时，考虑文字内涵等因素，改为汉人旧姓乙氏。之后北魏墓志自称“乙氏”，文献追述该部落亦书为“乙弗”而非“一弗”。随着孝文帝崩逝，其强力推行的汉化政策逐渐松弛，北魏后期东迁入魏沿途居住群体中之乙弗人不再受改姓影响，甚至在都城仍自称“乙弗”氏。到西魏北周复姓及赐姓，使乙弗氏的部族因素更为模糊。

通过对北朝石刻中所记不同时期乙弗氏后裔的探讨，从一个侧面反映了北朝时期不同民族汉化及相互融合的过程。

第二节　自我求存的族属规避

北魏汉化之后，大量其他民族自认华夏先祖，对于自身的族属往往不再刻意保留，甚至出现有意避讳现象，实则反映了其主动自觉的汉化认同。以尔朱荣家族最具代表性。

在北魏末年历史上，尔朱荣制造的“河阴之难”直接导致魏室政权更替，其家族集团报复性地迁害孝庄帝与皇子并诛杀诸杨[1]，一定程度上间接导致北魏灭亡。对于尔朱氏势力发展及对北魏的影响，学界关注较多，有关其

1　尔朱荣立孝庄帝，专断朝政，永安三年（530年）九月被孝庄帝所杀，其弟侄报复，尔朱兆入京，迁孝庄帝至晋阳而害之。因疑弘农杨氏与孝庄帝预谋，普泰元年（531年）六月底七月初，尔朱兆、尔朱天光相约同时在洛阳、华阴诛杀杨播一族，致使弘农杨氏百口之家几乎灭门。

族属虽莫衷一是，但对于尔朱氏属于契胡则无异议。但从目前所见14件尔朱氏墓志等石刻材料看，其从未自称先祖为契胡，说明其对族属的避讳。这一现象应与北魏后期拓跋鲜卑的胡人观念密不可分。探讨尔朱氏族属对于了解北魏不同民族之间的关系具有重要意义。

一、尔朱氏族属辨析

尔朱氏在北魏末年把持朝政，兴兵作乱，杀主虐民，时论称其为“逆胡”，其为胡人已成不争事实。《魏书·尔朱荣传》不言其胡，被指魏收纳荣子金，故减其恶而增其善。一般承认尔朱氏属于契胡，但其族属又有西域胡与东胡之争。

（一）尔朱氏族属以往观点

第一种，契胡说。《魏书·尔朱荣传》言因居尔朱川而为氏，但从其世为领民酋长、高祖率契胡从驾平晋阳已可知，尔朱氏本身即为契胡。河阴之难后，武卫将军奚毅曾对帝言：“若必有变，臣宁死陛下难，不能事契胡。”[1]葛荣被平后，其众二十余万流入并、肆，为契胡陵暴，皆不聊生。高欢诈书尔朱兆将以六镇人配契胡为部曲以激众怨，亦显示尔朱氏为契胡[2]。至隋代，直言尔朱荣族子、尔朱彦伯子尔朱敞为秀容契胡人[3]。唐代典籍亦同：“尔朱，其先契胡部落大人，代为酋帅。居尔朱川，因以为氏。”[4]《大正藏》第49册所收元代觉岸宝洲编集《释氏稽古略》卷四仍承袭以上观点，即尔朱氏为契胡。有学者将契胡与鄯善、支胡、羯族、昭武九国、天竺并列，把乙速孤氏归契胡，似乎牵强[5]。

1　（唐）李延寿：《北史》，中华书局，1974年，第1759页。

2　（唐）李百药：《北齐书》卷一，中华书局，1972年，第4、6页。

3　（唐）魏征等：《隋书》，中华书局，1973年，第1374页。

4　（唐）林宝撰，岑仲勉校记：《元和姓纂》，中华书局，1994年，第817页。

5　陈连庆：《中国古代少数民族姓氏研究》，吉林文史出版社，1993年，第387页。

第二种，羯胡说。主要代表为陈寅恪、姚薇元等。姚氏理由归纳为三点[1]：首先，“契胡”乃“羯胡”之异译。“陈寅恪师曾谓‘契胡’即‘羯胡’，《高僧传》之‘梵呗三契’，契即偈之异译。”其次，《魏书·尔朱荣传》未明言其为契胡，实为魏收曲笔，讳言其为胡族，依据源于《北齐书·魏收传》。再次，多处文献言尔朱氏为凶羯：“逆胡尔朱兆穷凶极虐……欲与诸君剪除凶羯，其计安在？”[2]北海王元颢与孝庄帝书，言“同讨凶羯”[3]亦指尔朱氏。

第三种，稽胡说。主要根据古突厥语部分语音，如“丘、岗、坡”发音/Ki：r/，翻译为稽、契，刘蠡升稽胡常被称为山胡，说明山胡即稽胡，步落稽即鱼国，契胡可能为山胡之一部族。最后得出结论：山胡、契胡、鱼国、敕勒、契吴等族均属阿尔泰语系中的突厥语族，是东胡鲜卑的分支，北魏晚期居住在今陇东、陕北、晋西和蒙南；鲜卑语，即所谓“北俗”，应与古突厥语相同或相近[4]。

以上三种观点对于尔朱氏契胡说似无异议，所疑者为后两说，均从“契胡”发音进行探讨，以其音近而分别归入羯胡、稽胡，并进而分属于西域胡与东胡，由同一起点走向两个相反方向，造成族属困惑。

（二）契胡与尔朱氏关系

契胡之名初见于北魏，以尔朱氏最著，后世言及契胡，似乎仅指尔朱氏，实则不然，从目前所见契胡与尔朱氏得名时间及其发展可证，尔朱氏属于契胡的典型代表，但并非全部。

---

1 姚薇元：《北朝胡姓考》，科学出版社，1958年，第360页。

2 （唐）李百药：《北齐书》卷二一《封隆之传》，中华书局，1972年，第301页。

3 （北魏）杨衒之撰，周祖谟校释：《洛阳伽蓝记校释》，中华书局，1987年，第38页。

4 任世芳、任伯平：《南北朝北方诸突厥语族及契吴考》，《西北民族大学学报》（哲学社会科学版）2013年第5期。

1. 契胡、尔朱氏得名时间

目前所知，“契胡”之名最早见于和平二年（461年）《皇帝南巡之颂》碑，在碑阴刊刻从臣中，第三列有“威寇将军内三郎契胡库力延”，碑阴第四列有“内三郎契胡乌已”[1]。二人均任内三郎之职，“职责是守卫宫廷，护驾出征，所以选拔内三郎的一个重要条件就是武功出众……他们都是靠武功起家，凭武功升迁……在当时的历史条件下，其成员绝大多数为鲜卑族人。如碑文所见67位内三郎……鲜卑等北方游牧民族的有52人”[2]。二人担任文成帝南巡时护驾之武将“内三郎”，可见当时已经与魏室关系密切并得到信任，库力延所任威寇将军为第六品中。碑文中未书两人姓氏，直接冠以“契胡”，应为其部族称谓，很可能当时只有名而无姓。

有关其他契胡，除了尔朱氏之外，唐代另有所指：“唐故剑南节度使太尉兼中书令韦皋既生一月，其家召群僧会食。有一胡僧，貌甚陋，不召而至。韦氏家童咸怒之，以弊席坐于庭中……胡僧曰：‘此子乃诸葛武侯之后身耳……今降生于世，将为蜀门帅，且受蜀人之福……’韦氏异其言，因以武侯字之。后韦氏自少金吾节制剑南军，累迁太尉兼中书令。在蜀十八年，果契胡僧之语也。”[3]此貌陋僧即为契胡人，说明契胡指一类胡人，非专指尔朱氏。

对于尔朱氏得名，尔朱荣传记载：“其先居于尔朱川，因为氏焉。”[4]其高祖登国初因从驾平晋阳定中山之功，诏割所居秀容川方三百里为世业。一般认为尔朱川即秀容川，似乎尔朱氏在登国初年（386年）已经得名，实则

1　山西省考古研究所、灵丘县文物局：《山西灵丘北魏文成帝〈南巡碑〉》，《文物》1997年第12期。

2　张庆捷、郭春梅：《北魏文成帝〈南巡碑〉所见拓跋职官初探》，《中国史研究》1999年第2期。

3　（北宋）李昉等：《太平广记》，中华书局，1981年，第641页。

4　（北齐）魏收：《魏书》，中华书局，1974年，第1643页。

不然。晚期文献记载“秀容”因刘渊出生而得名：“秀容故城在（宜芳）县南三十里，刘元海感神而生，姿容秀美，因以为名也。”[1]此说未必可信，但可证在刘渊生活期间的3世纪后半叶已有秀容之名，该地应指南秀容。在文成帝《皇帝南巡之颂》碑文中仍称契胡而不用尔朱，推测尚未以所居尔朱川为姓，因为该碑在刊刻从臣时一般冠以姓氏，如同为第三列，库力延之前为“伏波将军内三郎比阳男达奚库勾”，第三列最后为“威武将军内三郎独孤他突、广威将军内三郎素和具文、广威将军内三郎步六孤步斗官”，第四列契胡乌已前后分别有“内三郎袁纥退贺拔”“内三郎侯莫陈乌孤”“内三郎素和斛提”[2]。由此推论在南巡碑刊刻时的和平二年（461年），契胡部落中可能尚未得名尔朱氏。

尔朱荣传中记录其历祖名讳：高祖羽健、曾祖郁德、祖代勤、父新兴，均为二字，且基本同于汉名，很可能是在撰写《魏书》时根据音或意所新改，因当时人仍以其自身民族语言称名，不仅南巡碑中的契胡二人库力延、乌已为明显非汉人名，至北魏末年，尔朱兆字万仁，有的写作吐万仁、吐万儿[3]、吐没儿[4]，尔朱彦伯子尔朱敞，字乾罗[5]，仍然取非汉人名字，且尔朱荣历祖均生活于孝文帝汉化之前，故推断史书所记非实际使用之名。

由以上内容可知，契胡为北方的一个较小的民族部落，目前所知其名最早见于北魏，其中的一支以所居地名尔朱川命名尔朱氏，时间不会在登国初，最早可能在南巡碑刊刻的和平二年（461年）之后。

---

1 （唐）李吉甫撰，贺次君点校：《元和郡县图志》，中华书局，1983年，第396页。

2 山西省考古研究所、灵丘县文物局：《山西灵丘北魏文成帝〈南巡碑〉》，《文物》1997年第12期。

3 （唐）李延寿：《北史》卷九《太祖文帝纪》，中华书局，1972年，第316页；《北史》卷三六《薛辩传》，中华书局，1974年，第1336页。

4 （唐）姚思廉：《梁书》卷三二《陈庆之传》，中华书局，1973年，第461页。

5 （唐）魏征等：《隋书》卷五五《尔朱敞传》，中华书局，1973年，第1374页。

2. 尔朱氏与契胡关系

从尔朱氏的发展看，其应属于契胡。尔朱荣历世为领民酋长，说明其为外来部族，在加入拓跋鲜卑政治统治集团过程中被重组与改造[1]。与其他部族类似，尔朱氏所统领者即为契胡人。初以尔朱荣高祖率契胡武士千七百人从驾征战而得以封地，在尔朱荣之前主要生活于北秀容地区。至北魏后期尔朱荣时代势力迅速扩张至并、肆一带。正光中，蠕蠕主阿那瓌寇掠北鄙，尔朱荣率其新部四千人追击。葛荣之乱，尔朱荣率精骑七千讨平之[2]。从以上尔朱氏主要出兵时所领人数可看出其发展速度。“葛荣众流入并、肆者二十余万，为契胡陵暴”[3]，亦见此时契胡势力强大，并不局限于尔朱氏一支。

史书中有独立传记者主要为尔朱荣一族，北魏时有尔朱荣、尔朱兆、尔朱彦伯、尔朱度律、尔朱天光[4]，北齐有尔朱荣子尔朱文畅[5]，隋代有尔朱敞[6]，唐代经籍志有王邵撰《尔朱氏家传》二卷[7]，已不传。唐初尔朱焕曾任李建成郎将[8]。李德武于岭表娶尔朱氏为妻[9]，唐宪宗孝明皇后郑氏，丹扬人，或言本尔朱氏[10]。岭表、丹阳之尔朱氏可能为高欢讨伐尔朱氏韩陵之战中战败的尔朱仲远后裔，仲远天性贪暴，“后与天光等于韩陵战败，南走

1　〔日〕松下宪一：《领民酋长制与“部族解散”》，《北魏胡族体制论》，北海道大学出版会，2007年，第29页。

2　（北齐）魏收：《魏书》卷七四《尔朱荣传》，中华书局，1974年，第1643—1649页。

3　（唐）李百药：《北齐书》卷一《帝纪》，中华书局，1972年，第4页。

4　（北齐）魏收：《魏书》卷七五《尔朱兆传》《尔朱彦伯传》《尔朱度律传》《尔朱天光传》，中华书局，1974年，第1661页。

5　（唐）李百药：《北齐书》卷四八《尔朱文畅传》，中华书局，1972年，第666页。

6　（唐）魏征等：《隋书》卷五五《尔朱敞传》，中华书局，1973年，第1374页。

7　（后晋）刘昫等：《旧唐书》卷四六《经籍志（上）》，中华书局，1975年，第2013页。

8　（后晋）刘昫等：《旧唐书》卷六四《高祖二十二子·隐太子建成传》，中华书局，1975年，第2416页。

9　（后晋）刘昫等：《旧唐书》卷一九三《列女·李德武妻裴氏传》，中华书局，1975年，第5139页。

10　（北宋）欧阳修、宋祁：《新唐书》卷七七《后记（下）·孝明郑太后传》，中华书局，1975年，第3505页。

东郡，仍奔萧衍，死于江南”[1]。以上这些一般言其族属为北秀容人或秀容人，仅《隋书》载为“秀容契胡人”。

由上所见，契胡为北方一支较小的部落，以尔朱氏最著，余脉至唐仍繁衍，活动范围也从北秀容扩大到太原、邺城、洛阳、长安、江南至岭表，仅一处文献记载尔朱氏为契胡。

（三）契胡尔朱氏族属辨析

对于尔朱氏族属，可从契胡与稽胡差异、契胡尔朱氏人种族源两方面分别探讨。

1. 契胡尔朱氏非属稽胡

因契、稽发音相似，遂有二者为同族异译之说，根据史料可证实际分属不同部族。

“稽胡一曰步落稽，盖匈奴别种，刘元海五部之苗裔也。”[2]“刘渊字元海，新兴匈奴人。”[3]此言稽胡属匈奴别部。匈奴壮大过程中，曾破东胡，侵燕代，灭大月氏，服丁零，击楼烦、白羊王，故其种族非一。自西汉末，匈奴内入者众。五单于争立时，呼韩邪单于率五千余落入汉，汉割并州北界朔方诸郡以安之。“建安中，魏武帝始分其众为五部……北部都尉可四千余落，居新兴县。”[4]此即刘渊新兴匈奴来源。晋代时有十余万匈奴人前来归降，晋武帝时匈奴由于发大水，其塞泥、黑难等地的二万余落被迫至晋地避水患，武帝让他们居于河西故宜阳城下。后来逐渐和晋人杂居，日久东迁，从平阳、西河至太原、新兴、上党、乐平各郡，均可见匈奴之后。太康五年

1 （北齐）魏收：《魏书》卷七五《尔朱天光传》，中华书局，1974年，第1672页。

2 （唐）令狐德棻等：《周书》卷四九《异域（上）·稽胡传》，中华书局，1971年，第896页。

3 （北魏）崔鸿撰，（清）汤球辑补：《二十五别史·十六国春秋辑补》，齐鲁书社，2000年，第1页。

4 （唐）房玄龄等：《晋书》卷九七《四夷·北狄传》，中华书局，1974年，第2548页。

（284年），有匈奴人胡太阿厚带领部众达29300人归附。两年后的太康七年（286年），匈奴胡都大博、萎莎胡等，分别率不同种族共十万多人到雍州，归降刺史扶风王骏。次年，又有匈奴的都督大豆得一育鞠等，再率领大小种落11500口而至。从此以后，北狄逐渐强盛，中原则遭受丧乱[1]。文献所载十六国时乱中原之匈奴刘渊、羯胡石勒，北魏契胡尔朱氏、稽胡刘蠡升以及经常反叛的山胡、杂胡等均应为汉代以后随匈奴多次归附的人群。

北狄归晋者各自分属不同种落，包括屠各种、鲜支种等，共十九种，他们之间各有部落，不相杂错。其中以屠各种最尊贵，所以可以称单于以统领其余诸种。他们中的四姓以呼延氏贵居首位，其他三姓为卜氏、兰氏和乔氏。另有车阳氏、沮渠氏等属于杂号，相当于中国的百官[2]。说明匈奴各部落之间相对独立，且有贵贱之别，屠各以豪贵之身居于统领之位，其他杂号类似于百官。

稽胡代表人物刘蠡升为刘渊之后，即匈奴冒顿之裔，西汉高祖以宗女为公主，以妻匈奴冒顿，约为兄弟，故其子孙遂冒姓刘氏。“孝昌中，山胡刘蠡升自称天子，年号神嘉，居云阳谷，西土岁被其寇，谓之胡荒。”[3]其他反叛稽胡如刘桑德、刘平伏、刘受罗干亦应与其同族，刘没铎为刘蠡升之孙。离石胡帅呼延铁、并州胡酋卜田、稽胡乔是罗、乔素勿同均属于四显姓。稽胡郝阿保、郝狼皮为屠各族，白郁久同、白郎属匈奴[4]。太武帝延和三年（434年）讨山胡白龙于西河。九月克之，斩白龙及其将帅，屠其城[5]。此山胡白龙应与稽胡中白姓属于同族。见于记载另有黑水稽胡、白额稽胡等。隋

1　（唐）房玄龄等：《晋书》卷九七《四夷・北狄传》，中华书局，1974年，第2549页。
2　（唐）房玄龄等：《晋书》卷九七《四夷・北狄传》，中华书局，1974年，第2549页。
3　（唐）李百药：《北齐书》卷二《神武帝纪（下）》，中华书局，1972年，第18页。
4　（唐）令狐德棻等：《周书》卷四九《异域（上）・稽胡传》，中华书局，1971年，第897页。
5　（北齐）魏收：《魏书》卷四《世祖太武帝纪（上）》，中华书局，1974年，第84页。

征稽胡筑长城[1]，唐初李建成杀稽胡酋帅刘屳成部众降者六千余人[2]。以此推之，稽胡应为以屠各部刘渊一族为核心的匈奴集团，为降汉匈奴中地位极高者。有学者认为稽胡是魏晋南北朝时逐渐形成的一个独立部族，其族内主体部分为土生土长，既不属于匈奴，也不属于西域胡种[3]。羯族石勒先祖为匈奴别部，晋时已经沦落被卖山东为奴。根据匈奴种族互不错杂之传统，尔朱氏族小身微，不可能属于稽胡，应为单独的契胡小部落。

从稽胡与尔朱氏活动区域亦可证非为同族。稽胡："自离石以西，安定以东，方七八百里，居山谷间，种落繁炽。"[4]主要活动于今陕北一带，最西达固原，最东至离石，北周曾遣北山稽胡绝北齐并、晋之路。北朝稽胡分统郡县，列于编户，然轻其徭赋，山谷阻深者，又未尽役属，遂凶悍恃险，数为寇乱。尔朱氏所居之地尔朱川位于北秀容，即今山西朔州，地近京师平城，与稽胡居地相距甚远，与其东界离石相距近八百里。尔朱氏自道武帝已与魏室联系紧密，而从未与稽胡有任何交集。

稽胡自汉已与中原联姻，刘、卜、乔、郝、白均早取汉人之姓。尔朱氏得名时间很晚，尚保留更多原始部族特征，符合匈奴"有名不讳，而无姓字"[5]之俗，与早已汉化的稽胡有别。另外，北魏时有步落坚胡，从名称上看，似乎与步落稽胡更为接近，正光中，"内附叛胡乞、步落坚胡刘阿如等作乱瓜肆……荣并灭之"[6]。尔朱荣灭步落坚胡亦说明其非同族。因而，从尔朱氏部族归属看，其属于契胡，而非稽胡。

---

1 （唐）魏征等：《隋书》卷一《高祖纪（上）》，中华书局，1973年，第15页。

2 （后晋）刘昫等：《旧唐书》卷六四《高祖二十二子·隐太子建成传》，中华书局，1975年，第2414页。

3 林幹：《中国古代北方民族通论》，内蒙古人民出版社，1998年，第87—104页。

4 （唐）令狐德棻等：《周书》卷四九《异域（上）·稽胡传》，中华书局，1971年，第896页。

5 （西汉）司马迁：《史记》卷一一〇《匈奴传》，中华书局，1959年，第2879页。

6 （北齐）魏收：《魏书》卷七四《尔朱荣传》，中华书局，1974年，第1645页。

2. 契胡尔朱氏族源为西域胡

北朝文献言尔朱氏为羯胡，墓志类似，元恭墓志记载："属值羯胡吐万儿肆逆，径袭京都，主上蒙尘，暴崩汾音。"[1]此处羯胡吐万儿即指尔朱兆。杨顺墓志中有"羯胡乱政，毒忌忠贞"[2]之语。杨侃墓志云："国难未夷，权归胡羯，淫刑所及，先在忠贞。"[3]此类羯胡、凶羯、胡羯均指尔朱氏之乱。

羯胡本属大月氏，原居敦煌、祁连山之间，汉初被匈奴所破，或降服而为匈奴别部，或远遁西域建国[4]。石勒祖先为匈奴别部羌渠之胄，魏郡汲桑始命勒以石为姓，以勒为名[5]。"羯室"与"赭时"为同音异译，均为"石"之义。"羌渠"即"康居"，西域石国所在地为康居五小城之一[6]。说明石勒族源为西域，所属羌渠、居处羯室、姓"石"氏，都与石国有关。

从北狄内入后各以部落为类、不相杂错而论，契胡尔朱荣自高祖时世为酋帅，说明契胡为独立部族，石勒父祖仅为羯人部落小率，契胡不可能属于羯人。北魏之所以称尔朱氏为羯胡，并不是指其部落归属石勒及部众，而是晋代之后泛指西域诸胡为乱者，此类胡人与石勒有共通之处，表现为以下几点：

第一，活动地域。文献记载石勒"其先匈奴别部，分散居于上党武乡羯室，因号羯胡"[7]。上党在今山西东南长治、晋城一带。与其同时，上党以北广大区域亦被西域杂胡所占，唯有并州介在群胡之间，代魏先帝穆帝始出并

1　北京图书馆金石组：《北京图书馆藏中国历代石刻拓本汇编》（第五册），中州古籍出版社，1989年，第172页。

2　罗新、叶炜：《新出魏晋南北朝墓志疏证》，中华书局，2005年，第150页。

3　罗新、叶炜：《新出魏晋南北朝墓志疏证》，中华书局，2005年，第144页。

4　（西汉）司马迁：《史记》卷一二三《大宛传》，中华书局，1959年，第3162页。

5　（唐）房玄龄等：《晋书》卷一四〇《石勒传（上）》，中华书局，1974年，第2709页。

6　唐长孺认为羯胡为西域胡内迁者，也可作为各种杂胡的泛称，唐长孺：《魏晋南北朝史论丛》，河北教育出版社，2000年，第400页；王钟荐认为羯胡石勒可能是位于今塔什干的石国人，王仲荦：《魏晋南北朝史》（上），中华书局，1994年，第242页。

7　（北齐）魏收：《魏书》卷九五《羯胡石勒传》，中华书局，1974年，第2047页。

州，曾迁杂胡北徙云中、五原、朔方。至石勒向北袭幽州，擒晋幽州刺史王浚时，当时代魏境内也有匈奴的杂胡一万多家，大部分与石勒为同种，得知石勒攻破幽州，于是密谋内乱，以接应石勒[1]。对于刚刚兴起的代魏集团，其统治核心地带为盛乐，统治之下的万余家匈奴杂胡亦非小数。石勒先后都襄国、营邺宫，僭帝位为后赵，立国二主四子凡二十三年，最后被石季龙养孙汉人冉闵所灭。冉闵亲率赵人诛杀胡羯，无贵贱男女少长皆斩之，死者二十余万，屯据四方者承闵书亦受诛。但同时，胡人或斩关，或逾城而出者，不可胜数[2]。这些有幸逃出的羯胡主要生活于襄国、邺城附近，日久亦向外扩散。由此可见，在北魏定都平城之后，并、肆、朔州均应有西域杂胡居住，匈奴稽胡则主要居于汾州及以西。北魏皇帝历次巡行，均从灵丘道至山东，却不直接从平城经太行山与吕梁山之间南下，一方面因道路难行，另一方面因山区诸胡据险而居。

尔朱氏登国初年率领契胡随帝征战，以姻亲与累次战功被赐北秀容地以为世业。该地所居除了尔朱氏之外，还有其他胡人，登国六年（十二月）“山胡酋大幡颓、业易于等率三千余家降附，出居于马邑”[3]。马邑为汉晋时雁门郡下辖诸县之一，位于今朔州附近，北魏后期黄门侍郎徐纥曾言：“尔朱荣马邑小胡，人才凡鄙，不度德量力。”[4]亦指其所居北秀容地，说明尔朱氏与其他西域诸胡居于同地。

第二，面貌与发式。羯胡祖先为匈奴别部，即与匈奴非为一族，或认为羯胡为月氏种族[5]，面貌上体现为高鼻多须，与同属古蒙古人种的匈奴人和汉晋中原人差异明显。西域诸胡多为此类：“自高昌以西，诸国人等，深目

1 （北齐）魏收：《魏书》卷一《序纪》，中华书局，1974年，第8页。
2 （唐）房玄龄等：《晋书》卷一七〇《石季龙传》，中华书局，1974年，第2791页。
3 （北齐）魏收：《魏书》卷二《太祖纪》，中华书局，1974年，第24页。
4 （北魏）杨衒之撰，周祖谟校释：《洛阳伽蓝记校释》，中华书局，1987年，第32页。
5 陈寅恪：《唐代政治史述论稿》，上海古籍出版社，1997年，第29页。

高鼻，唯此一国（于阗），貌不甚胡，颇类华夏。”[1]甚至在西域所见非胡貌佛像亦属特殊：从鄯善西行至左末城，“城中图佛与菩萨，乃无胡貌。访古老，云是吕光伐胡所作”[2]。此指且末国中前秦苻坚于382年遣将吕光征西域时所奉佛、菩萨，因苻坚、吕光为氐人，所奉佛非胡貌。冉闵篡赵，“知胡之不为己用也……闵躬率赵人诛诸胡羯……死者二十余万……于时高鼻多须至有滥死者半”[3]。“乃闭邺城四门，尽杀诸胡。晋人貌似胡者，多亦滥死。”[4]冉闵诛杀羯胡的标准即以貌取，但因混居融合，部分晋人已经与胡貌似，遂遭滥杀。这些显示当时西域胡之人种特征。史书记载尔朱荣：“荣洁白，美容貌。”可能指其因数代与鲜卑通婚，已经与蒙古人种混血而不再纯正，但面貌仍具有白种人部分特征。

种族差异也体现于发髻样式方面，契胡或仍保留西域旧俗。洛阳瑶光寺：“椒房嫔御，学道之所，掖庭美人，并在其中。亦有名族处女，性爱道场，落发辞亲，来仪此寺……永安三年中尔朱兆入洛阳，纵兵大掠，时有秀容胡骑数十人，入（瑶光）寺淫秽。自此后颇获讥讪。京师语曰：洛阳男儿急作髻，瑶光寺尼夺作埍（婿）”[5]。北魏时男子本束髻，张彝子张始均被火焚，“及得尸骸，不复可识，唯以髻中小钗为验”[6]。此为男子用钗挽髻的证明。京师语洛阳男儿急作髻，应讥讽其他男儿想要急忙改换发髻形状以冒充秀容契胡，去瑶光寺中作孽。契胡因仍生活于北方，没有跟随孝文帝迁到洛阳，故其姓氏、习俗等仍存其旧，发髻样式应与当时京师洛阳一般男子不同。洛阳北魏墓葬出土陶俑发髻即能显示这种差异，北方俑多戴各式风帽，

1　（北齐）魏收：《魏书》卷一二〇《西域・于阗传》，中华书局，1974年，第2263页。
2　（北魏）杨衒之撰，周祖谟校释：《洛阳伽蓝记校释》，中华书局，1987年，第185页。
3　（唐）房玄龄等：《晋书》卷一七〇《石季龙传》，中华书局，1974年，第2792页。
4　（北齐）魏收：《魏书》卷九五《铁弗刘虎传》，中华书局，1974年，第2054页。
5　（北魏）杨衒之撰，周祖谟校释：《洛阳伽蓝记校释》，中华书局，1987年，第55页。
6　（北齐）魏收：《魏书》卷六四《张彝传》，中华书局，1974年，第1432页。

具有明显的民族特点，汉化后男俑多头戴小冠（图5-6）[1]。洛阳偃师前杜楼村北魏墓出土的仪仗俑，头梳箕形髻，身穿左衽交领宽袖衣，与那些头戴尖顶风帽、身穿右衽翻领长袍陶俑同出[2]，洛阳偃师南蔡庄北魏墓出土彩绘男俑，头顶以红色软巾将头发束于脑后。该墓还出现了笼冠女俑（图5-7）[3]，与龙门石窟宾阳中洞的《皇帝礼佛图》[4]类似，说明在北魏后期京都洛阳仍有其他民族发式保留。

图5-6　洛阳北魏墓出土小冠俑

图5-7　洛阳偃师南蔡庄北魏墓出土笼冠俑

1　俞凉亘、周立：《洛阳陶俑》，北京图书馆出版社，2005年，第103页。

2　洛阳市第二文物工作队：《偃师前杜楼北魏石棺墓发掘简报》，《文物》2006年第12期。

3　俞凉亘、周立：《洛阳陶俑》，北京图书馆出版社，2005年，第91、108页。

4　刘连香：《美国大都会艺术博物馆藏龙门北魏〈皇帝礼佛图〉考辨》，《故宫博物院院刊》2013年第1期。

第三，胡语的使用。西域胡人在进入中原之后，仍部分保留其本族语言，如刘曜进攻洛阳，石勒不知是否当救，遂访于佛图澄，澄对其言：“相轮铃音云：‘秀支替戾冈，仆谷劬秃当。’此羯语也。秀支，军也。替戾冈，出也。仆谷，刘曜胡位也。劬秃当，捉也。此言军出捉得曜也。”[1]佛图澄用羯语铃音言吉凶，说明当时石勒仍解羯语。石勒建立后赵后法令严苛，特别是不许说其为“胡人”。当时宫殿和城门刚刚建成，有个喝醉酒的胡人骑马突然闯入止车门，石勒大怒，门将冯翥为宫门小执法，因惶恐而忘记忌讳，对石勒说：“向有醉胡乘马驰入，甚呵御之，而不可与语。”勒笑着说：“胡人正自难与言。”[2]可见当时胡人仍用胡语，故与中原人言语不通。石勒祖“耶奕于”[3]，或写作“邪弈于”[4]。登国六年（391年），率三千余家降附的山胡酋之一名“业易于”[5]，两人名字读音相同，推测其名可能为胡语。尔朱氏因鲜卑化、汉化比较严重，不见其本身语言，《皇帝南巡之颂》契胡名“库力延”，似乎与吐谷浑人名相似，太平真君五年（444年）：“西平王吐谷浑慕利延杀其兄子纬代。是月，纬代弟叱力延等来奔，乞师。以叱力延为归义王。”[6]慕利延、叱力延与库力延发音近似，或因原与西方吐谷浑邻近而语言同。另有“叱列延庆，代西部人也，世为酋帅……后随尔朱荣入洛……世隆姊婿也，荣亲遇之”[7]。叱列延庆与尔朱氏联姻，或取部落之名为姓“叱列延”，名庆[8]，与库力延音相近。

由以上可见，北魏尔朱氏与稽胡在姓氏、活动区域、相互关系等方面差异明显，属于不同部族，即契胡非属稽胡。与羯胡在地域、面貌与发式、使

1　（唐）房玄龄等：《晋书》卷九五《佛图澄传》，中华书局，1974年，第2486页。
2　（唐）房玄龄等：《晋书》卷一五〇《石勒传（下）》，中华书局，1974年，第2737页。
3　（唐）房玄龄等：《晋书》卷一四〇《石勒传（上）》，中华书局，1974年，第2707页。
4　（北齐）魏收：《魏书》卷九五《羯胡石勒传》，中华书局，1974年，第2047页。
5　（北齐）魏收：《魏书》卷二《太祖纪》，中华书局，1974年，第24页。
6　（北齐）魏收：《魏书》卷四（下）《世祖太武帝纪（下）》，中华书局，1974年，第97页。
7　（北齐）魏收：《魏书》卷八〇《叱列延庆传》，中华书局，1974年，第1771页。
8　（北齐）魏收：《魏书》卷八〇《叱列延庆传》中，言其名“延庆”，以“叱列”为姓，误。

用语言等方面更为接近。因羯人石勒在中原建立后赵，晋代以后遂以羯称西域诸胡，文献中的“凶胡臭羯”“寇羯”“羯虏”“羯逆”“羯贼”等，所指骂者并非都是石勒，尤指反叛之高鼻多须西域胡。北魏言尔朱氏为羯胡，与其同义。故尔朱氏契胡应为与羯胡相似的西域胡。

二、尔朱氏族属的自我避忌及原因

目前所见尔朱氏墓志等石刻材料涉及对先祖的追述，是尔朱氏集团对于自身族属的一致观念，其中从未言及契胡，应为有意忌讳。其主要受到北魏自认华夏正统及其胡人观念的直接影响。

（一）尔朱氏石刻中的族属记载

目前所见尔朱氏石刻材料主要出土于洛阳，仅有1件出土于西安，时代从北魏至唐代。具体如下。

北魏尔朱绍墓志：为尔朱买珍第四子，永安二年（529年）六月廿三日被元颢所害，十一月七日迁葬。墓志记载祖籍：北秀容人也。其先出自周王虢叔之后，因为郭氏，封居秀容，酋望之胤，遂为尔朱（图5-8）[1]。

北魏尔朱袭墓志：与尔朱绍为兄弟，尔朱买珍第六子，同日被害同时埋葬，墓志所记祖先内容同于其兄[2]。

北齐尔朱世邕墓志：天保六年（555年）正月四日葬。墓志中籍贯为梁郡人也。籍胄蝉联，著之前史。其父尔朱育曾任南、北秀庸（容）第一领民酋长[3]。

---

1 北京图书馆金石组：《北京图书馆藏中国历代石刻拓本汇编》（第五册），中州古籍出版社，1989年，第127页。

2 北京图书馆金石组：《北京图书馆藏中国历代石刻拓本汇编》（第五册），中州古籍出版社，1989年，第129页。

3 陈瑞青、吴玉梅：《〈北齐尔朱世邕墓志铭〉考释》，《文物春秋》2010年第1期。

图5-8　北魏尔朱绍墓志拓本

北齐叱列延庆妻尔朱元静墓志：河清三年（564年）正月二日窆于邺城。对于先祖叙述较详：北秀容人也。其先盖夏后氏之苗裔。至如寻熊凿山之巧，收功于九折；逐龙入穴之能，取智于九鼎。源流共四海俱深，基构与五山并极。始同周邵，终若桓文[1]。

隋尔朱敞墓志：开皇十一年（591年）十一月二十四日葬。墓志称其为：秀容人也。业绪蝉联，庆余緬邈[2]。

1　北京图书馆金石组：《北京图书馆藏中国历代石刻拓本汇编》（第七册），中州古籍出版社，1989年，第128页。

2　北京图书馆金石组：《北京图书馆藏中国历代石刻拓本汇编》（第九册），中州古籍出版社，1989年，第72页。

隋尔朱端墓志：尔朱敞之子，与其父同日迁葬河阴旧茔。墓志对家族记述为：北秀容人也。基构崇峙，本枝繁茂。龙翻汾晋，率八姓以从王；凤鸣河洛，檀五世而成霸[1]。

隋尔朱休神道碑：尔朱敞子，隋仁寿元年（601年）八月七日卒于相州安阳私第，唐显庆六年（661年）二月十九日葬于北邙之阜。碑文记载籍贯与姓氏来源：河南洛阳人也。西周锡瑞，王季之穆惟亲；东鲁宗盟，仪父之名斯贵。暨乎岐峰落构，姬水分流，降居尔朱之川，遂以为氏[2]。

唐尔朱夫人董氏墓志：龙朔二年（662年）六月二日窆于洛阳北邙之山。志文不载其夫尔朱氏籍贯[3]。

唐尔朱义琛墓志：尔朱休子，上元三年（676年）十月十五日葬于洛阳奇坑北原。墓志对于祖先追述：河南洛阳人也。原夫西伯启运，拊殷背以兴邦；东虢开基，履虞脣（唇）而建国。地灵人俊，亦何代而无焉。祖德家风，今可略而言矣[4]。

唐尔朱旻墓志：尔朱义琛子，垂拱元年（685年）十月十三日窆于洛阳北邙山原之旧茔。墓志记载族系：河南洛阳人也。原夫金微北峙，玉塞南□。峻阯极□，□渊纪地。考其曾系，标盛德而割山河。稽诸远等，表殊庸而锡（赐）矛土。□□厥后，人物载扬，并备列图书，可略而言矣[5]。

唐尔朱杲及夫人崔氏墓志：尔朱义琛子，尔朱旻之兄，长安三年（703年）十月三日合葬于洛阳县平阴乡奇坑之北原。墓志文中尔朱氏族籍为：河

1　北京图书馆金石组：《北京图书馆藏中国历代石刻拓本汇编》（第九册），中州古籍出版社，1989年，第73页。

2　李献奇、张钦波：《隋边城郡公尔朱休神道碑考》，《中原文物》1992年第4期。

3　北京图书馆金石组：《北京图书馆藏中国历代石刻拓本汇编》（第一四册），中州古籍出版社，1989年，第40页。

4　河南省文物研究所、河南省洛阳地区文管处：《千唐志斋藏志》，文物出版社，1984年，第297页。

5　北京图书馆金石组：《北京图书馆藏中国历代石刻拓本汇编》（第一七册），中州古籍出版社，1989年，第31页。

南洛阳人也。考其权舆，有周苗裔。文王弟虢叔之后，本枝百世，厥族唯繇，可略言也[1]。

唐尔朱公夫人韦氏墓志：尔朱杲儿媳，同日将迁窆。志文中不载尔朱氏族属[2]。

唐尔朱昌造像题记：洛阳龙门石窟第0307洞窟，有“司巫少常息尔朱昌为母李造”造像题记[3]，无年月。尔朱昌父所任官职“司巫”见于《周礼》，后世不见，具体职责为：“司巫掌群巫之政令。若国大旱，则帅巫而舞雩。国有大灾，则帅巫而造巫恒……凡丧事，掌巫降之礼。”[4]“少常”应为唐代职官“少常伯”之省，唐“龙朔二年二月甲子，改百司及官名……工部为司平，屯田为司田……余司依旧。尚书为太常伯，侍郎为少常伯”[5]。其中未见“司巫”，可能属当时的“余司”之一。此次官号更名，使用时间很短，见有两次复旧：裴行俭“总章中，迁司列少常伯。咸亨初，官名复旧，改为吏部侍郎”“至仪凤中，官号复旧”[6]。由此可见，尔朱昌为母造像时间应在龙朔二年（662年）至仪凤三年（678年）之间。

陕西合阳唐代尔朱逵墓碣：年号损毁不识。墓志称其为河南郡人，曾祖祐、祖泽、考弁，均不见于史。卒于江陵府，归葬同州澄城县武安乡[7]。

以上北魏至唐尔朱氏家族墓志、神道碑和造像题记中，追述先祖从未自称契胡，所言北秀容人、秀容人、梁郡人，指早期所居之尔朱川；河南洛阳

1　李献奇：《武周尔朱杲及夫人韦氏墓志考释》，《中原文物》1998年第4期。

2　洛阳市第二文物工作队：《洛阳新获墓志续编》，科学出版社，2008年，第73、361页。

3　刘景龙、李玉昆：《龙门石窟碑刻题记汇录》（上），中国大百科全书出版社，1998年，第79页。

4　（清）阮元：《十三经注疏附校勘记》四《周礼注疏》卷二六《司巫》，中华书局影印，1980年，第816页。

5　（后晋）刘昫等：《旧唐书》卷四二《职官志》，中华书局，1975年，第1786页。

6　（后晋）刘昫等：《旧唐书》卷五〇《刑法志》，中华书局，1975年，第2142页；（后晋）刘昫等：《旧唐书》卷八四《裴行俭传》，中华书局，1975年，第2802页。

7　北京图书馆金石组：《北京图书馆藏中国历代石刻拓本汇编》（第三五册），中州古籍出版社，1989年，第115页。

人、河南郡人等为迁洛之后普遍自称。至于云夏后氏苗裔、周室虢叔之后，均为攀附，因虢叔之一支被晋灭亡，部分人被迁汾阳，距离北秀容较近，遂借以附会。尔朱氏对于其族属的记录与北魏类似，说明不愿承认契胡，为有意讳言。

（二）尔朱氏讳言契胡原因

尔朱氏有意避忌契胡，主要因为当时北魏的胡人观，造成一些人出于自保目的而不言其真正族属。

汉晋的“胡人”，既包括来自西域的诸胡，也应包括“东胡”。《史记》索隐服虔云：“东胡，乌丸之先，后为鲜卑。在匈奴东，故曰东胡。”[1]以“胡”为贬义在十六国已然，刘曜据洛阳城，石勒遣兵进攻，“洛水候者与勒前锋交战，擒羯，送之。曜问曰：‘大胡自来邪？其众大小复如何？’羯曰：‘大胡自来，军盛不可当也。’”[2]身为匈奴人的刘曜称石勒为胡，则当时之胡应特指西域深目高鼻多须种族。石勒以“胡”为辱，讳胡严苛，甚于法令，言胡者获罪。“季龙造太武殿初成，图画自古贤圣、忠臣、孝子、烈士、贞女，皆变为胡状，旬余，头悉缩入肩中，惟冠髯仿佛微出，季龙大恶之，秘而不言也。”[3]羯胡石勒石虎均讳胡恶胡，说明当时以“胡”为耻。

北魏基本承袭十六国观念，所言“胡”主要指西域胡。史料及石刻文献中，对于原属东方之鲜卑、乌桓、吐谷浑、库莫奚等，均直称其名，不称东胡，拓跋鲜卑本身绝不会自称为“胡”。只有柔然被称东胡，“蠕蠕，东胡之苗裔也”，自号柔然，“世祖以其无知，状类于蟲，故改其号为蠕蠕”“史臣曰：周之猃狁，汉之匈奴，其作害中国固亦久矣。魏晋之世，种族瓜分，去来沙漠之陲，窥扰鄣塞之际，犹皆东胡之余绪，冒顿之枝叶。至

1 （西汉）司马迁：《史记》卷一一〇《匈奴传》，中华书局，1959年，第2885页。
2 （唐）房玄龄等：《晋书》卷一三〇《刘曜传》，中华书局，1974年，第2700页。
3 （唐）房玄龄等：《晋书》卷九五《艺术·佛图澄传》，中华书局，1974年，第2490页。

如蠕蠕者，匈奴之裔……”[1]说明北魏所谓的东胡，指匈奴居东者，而非一般概念的乌桓、鲜卑之先。文成帝时《皇帝南巡之颂》碑在库力延、乌已名前冠以“契胡”，已经显示契胡不属于东胡族系，又因契胡当时仍延续匈奴有名无姓之俗，故直书契胡。此时北魏视诸“胡”，概仅指其族属，尚无其后的明显贬义，与北魏后期部分鲜卑人自称“浑”类似，如正始四年（507年）与拓跋氏同先的达奚氏奚智墓志称“恒州樊氏崞山浑人”[2]。

随着北魏汉化，尤其迁洛之后，其华夷观明显增强，为了确立自身正统地位，比汉人更加强化胡汉之别，北魏洛阳城南专设四夷里、四夷馆，此时“胡”则具有粗野、荒蛮、无知等贬损蔑视之意。文献对尔朱荣废帝杀臣之恶，称其为权胡强竖、凶虏胡寇、奸丑胡羯、贼逆乱胡，寿阳公主骂尔朱世隆为“胡狗”[3]等，均为其证。同时，北魏攀附汉人，自称河南洛阳人，追黄帝为祖先，将鲜卑语由夷语改为“国语”：“后魏初定中原，军容号令，皆以夷语。后染华俗，多不能通，故录其本言，相传教习，谓之‘国语’。”[4]称代魏早期拓跋部民为“国人”。对于六镇叛乱：“沃野镇人破落汗拔陵首为反乱，所在蜂起，统万逆胡，与相应接。”沃野镇人绝不称胡，统万则为逆胡。北魏时另有“北地人车金雀等帅羌胡反叛”“吐京胡曹仆浑等叛，招引朔方胡为援”“车伊洛，焉耆胡也”“上郡休屠胡酋金崖率部内属”“安同，辽东胡人也。其先祖曰世高，汉时以安息王侍子入洛。历魏至晋，避乱辽东，遂家焉”[5]等，这些基本都是西域胡，说明魏之“胡人”大部分指西域

1　（北齐）魏收：《魏书》卷一三〇《蠕蠕传》，中华书局，1974年，第2289、2313页。

2　北京图书馆金石组：《北京图书馆藏中国历代石刻拓本汇编》（第三册），中州古籍出版社，1989年，第98页。

3　（北魏）杨衒之撰、周祖谟校释：《洛阳伽蓝记校释》，中华书局，1987年，第74页。

4　（唐）魏征等：《隋书》卷三二《经籍志》，中华书局，1973年，第947页。

5　（北齐）魏收：《魏书》卷四一《源贺传》；卷七七《羊深传》，第1703页；卷一四《扶风公处真传》，第364页；卷三〇《车伊洛传》，第723页；卷四《世祖太武帝纪》，第74页；卷三〇《安同传》，第712页，中华书局，1974年。

胡，亦包含匈奴及其后裔柔然、羌氐等。受北魏“胡人观”影响，南朝宋、齐言北魏拓跋鲜卑亦不称胡，而是索虏、索头虏、索头[1]、魏虏，匈奴种，姓托跋氏。索头猗卢入居代郡，亦谓鲜卑。被发左衽，故呼为索头[2]。

尔朱氏被斥为胡，即受到北魏强烈崇汉贬胡观念的影响。尔朱氏自身则与羯胡石勒类似，认为胡是一种侮辱性称呼，故历世一直讳言其契胡族属。

由尔朱氏相关史料与出土石刻文献可见，尔朱氏属于契胡部，为汉代以后随匈奴降服的一支很小的部落，其酋帅在4世纪末率武士千七百人跟随拓跋珪平晋阳定中山，受封定居于近魏都平城之北秀容尔朱川，至5世纪后半叶得姓尔朱氏。孝文帝迁洛后，尔朱氏势力迅速发展，至尔朱荣而坐大，乘孝明帝被害、孝庄幼帝登基、灵太后干政之机，联合魏室元天穆等大举进攻洛阳，制造了弑君戮臣的“河阴之难”。其姓氏和活动地域与属于匈奴刘渊之后的山居稽胡差别明显，而与羯胡类似，尤其在面貌、发式等方面较为特殊，故应属于高鼻多须之西域种族。北魏称尔朱氏为“胡”，将其族源排除在魏室鲜卑东胡之外。尔朱氏自身讳言契胡，主要受到北魏后期胡人观的影响，以攀附汉人先祖达到符合华夏正统之目的。由尔朱氏族属反映北魏时期多民族融合过程中的复杂微妙关系。

北魏的民族融合贯穿于拓跋鲜卑所建立代魏统治的全过程，其涉及的部族种类繁多，相互交融形式多样，对其进行整体及所有种族之间关系的探讨极为困难。根据当前墓葬发掘现状和考古调查获得成果，选取具有典型性的族群展开深入考察，以特殊的角度分析某一民族的融合进程，以一斑而窥全豹则成为可能。因此，通过对姓氏易于辨识且具有代表性的乙弗鲜卑族群、尔朱氏族属两个案例的研究，分别反映其民族融合中宏观的政治格局变化和微观的个人心理认知的影响。乙弗部落与其他部分族群一样，最初跟随拓跋

---

1 （南朝梁）沈约：《宋书》卷九五《索虏传》，中华书局，1974年，第2321页。

2 （南朝梁）萧子显：《南齐书》卷五七《魏虏传》，中华书局，1972年，第983页。

鲜卑到达代北，当拓跋势力增强时，必然采取各种方式打压其他族群，乙弗部因而遭到分裂，其中小部分隐忍于拓跋统治之下，随着北魏不断南迁，其中如乙乌头、乙浑等亦受到重用而位至王公。大部分乙弗部为了寻求自身发展离开北魏，辗转到达青海湖周边定居，建立乙弗勿敌国，但因势力弱小，仅存三十余年就被吐谷浑兼并。此时北魏已日益强大到统一北方，乙弗余部中以乙瓌为首的一部分降魏，并受到特殊礼遇，三世尚公主，女多为王妃，最高为西魏文帝皇后。乙弗余部的另一些人在北魏后期逐渐东迁至长安、洛阳。正因乙弗氏与拓跋皇室的紧密关系，在社会产生较大影响，至北周时赐天水、河西赵氏、华氏等改姓乙弗，从而造成乙弗部族的混乱。但这一现象正是北魏各个民族相互融合的真实呈现。从乙弗氏的不同走向及与北魏的分合，可以看出北魏时期不同统治势力发展和政治格局变化对族群产生的重大影响力。相对于乙弗氏而言，尔朱荣一族则范围更小，其本为西域契胡，归北魏后因居于秀容尔朱川而得姓，在北魏后期逐渐坐大，以尔朱荣为首的军事集团乘皇权衰微南下，以一场“河阴之难”消灭北魏皇室统治势力，直接导致北魏分裂。尔朱荣的残暴反噬其身，其家族主要子侄均惨遭杀害。北魏及其后尔朱氏家族墓志从未记录其族属和西域人身份，或仅言秀容人，多认洛阳人，之所以避忌其契胡来源，主要是由北魏时期的胡人观念所决定。拓跋鲜卑作为东胡之一支，入主中原后为了融入华夏正统，自认黄帝之后，将源于东部之鲜卑、乌桓、吐谷浑等皆排除在“胡”人之外，北魏墓葬壁画和陶俑中深目高鼻、从事低贱劳役者是当时的胡人形象。尔朱氏作为入魏已久，与其他种族亦产生融合的西域契胡，在北魏这种大环境之下，采取攀附汉人祖先方式求得共存。乙弗氏和尔朱氏从不同方面反映了北魏民族融合的复杂性和必然性。

结　语

北魏作为我国历史上第一个入主中原并占据半壁河山的少数民族政权，在其将国都从阴山代北逐步南移至天下之中洛阳的二百年间，来自各个地域的不同族群加入到拓跋鲜卑统治集团之中。他们各自的文化之间存在冲突、矛盾和差异，但最终共存、融汇与统一，共同缔造了北魏以汉文化为主导、拓跋鲜卑文化为主体的丰富璀璨的多元文化。这一特性在北魏丧葬中得以集中反映。

丧葬是每个人实体生命消亡之前的最后一程，一般由其最亲近的人在比较私密的环境下完成相关丧葬仪式，相较于日常生活，更多地保留不同族群的固有传统和习俗，以丧葬材料探讨其文化特征具有更高的可靠性。丧葬程序包括停丧、埋葬、祭祀三部分，但能够遗留下来的主要是经考古发掘出土的墓葬材料，丧与祭则相对较少。总体而言，北魏丧葬的各个部分均经历了从风俗向礼制的转变过程，具体表现在丧、葬、祭及其反映的民族融合等几方面。

首先，拓跋丧俗与北魏丧礼。

拓跋鲜卑旧俗中包括丧期与丧主家族议婚，下葬之前将死者衣物、生活用品等烧毁，送葬时有歌谣、鼓舞之类活动。来自西域信奉火祆教的粟特或其他族群延续以刀划破颜面以表示哀伤的剺面之俗。随着北魏政权不断壮大，接触中原汉文化逐步深入，汉晋丧葬礼制甚至周礼仪轨潜移默化地对其产生影响，之前丧俗渐而向丧礼发展，从墓葬壁画、棺板画中的场景和大量陶俑可以看出，其之前的歌谣、鼓舞融入汉晋鼓吹和雅乐之中，形成包含缘幢等娱乐百戏在内的新形式。至孝文帝汉化改革，则上追周礼之皇帝亲悼臣下之丧的“三临”之礼，使北魏丧制得以完善。

其次，北魏墓葬的多元文化与统一规制。

考古发掘材料呈现出的墓葬信息，隐含着墓主与埋葬者的丧葬观念，通过剖析墓葬的地面遗存、墓葬朝向及墓主头向、墓葬的构筑方式、不同类型葬具及结构特点、随葬品种类纹饰及组合变化，找出墓葬背后的文化因素，以此探讨墓主个人与家庭、族属与群体、社会与国家之间的复杂关系。北魏多民族共存的社会结构决定了其墓葬的复杂性，其主动迅速的汉化改革也在墓葬规制的统一性上得以体现。

北魏前期拓跋鲜卑仍保留部分原始葬俗，以人殉现象最为典型，在文献记载和墓葬中都发现有人殉踪迹。该时期的人殉已经演变为极少数男性以妻妾或仆从殉葬。北魏前期的皇帝、皇后及重臣死后葬于金陵，一直沿用到文明太后实际执政选定平城方山作为自己陵地的太和年间，但至今仍未能确定金陵的地理位置和相关陵墓，可能与南朝所载北魏拓跋鲜卑采用“潜埋虚葬”有关，该葬俗可能受到十六国时期周边其他人群以藏匿尸骸以求永存的思想观念影响。北魏时期一种特殊葬式的尸床葬则保留较多固有文化特征，该种墓葬往往随葬品较少，不用木棺椁容尸，等级较低者在墓室开挖出生土台，直接陈尸其上；等级较高者使用石尸床、石围屏石榻，部分墓葬存在多人叠葬现象。通过对尸床葬的出现和持续时间、分布范围、流动路线及部分墓内文字材料等的综合分析，推测墓主属于粟特人，其入魏之后墓葬文化有所改变和发展。

北魏墓葬的多元文化以边镇墓葬汉化迟滞为代表。内蒙古中南部东西狭长地带，以盛乐为中心，是拓跋鲜卑最早崛起之地，也是北魏迁都平城、洛阳之后用于抵御外侵的六镇之所在。该地一直延续游牧与农业交错并存的生业方式，军镇与部落酋长结合的管理体系，形成相对独立、封闭的文化圈。虽然时间前后相延纵跨代魏统治全程，但墓葬形制、殉牲及随葬品等整体均呈现出汉化迟滞现象，主要包含盛乐时期与平城时期早期墓葬特征。北魏边镇人口来源和构成多样，文献中常见的民族除了拓跋鲜卑和汉人之外，还有其他如匈奴、粟特、高车、柔然、高句丽、羌、氐、戎、羯等族，另有与拓跋鲜卑更为接近的慕容、宇文等其他鲜卑，他们之间长期杂居，相互影响，表现在墓葬中，其文化已经难以细分归属，仅能大致划分出最典型的汉文化、鲜卑传统文化、匈奴文化、中亚文化等有限的几种类型。

北魏中后期的墓葬已经形成统一规制，且反映在墓葬的各个方面，目前考古发掘的70余座纪年墓，时间主要为文明太后执政之后至北魏分裂，墓葬方向以坐北朝南为主，墓葬的地面封土规模、墓道尺寸、随葬品组合等，与墓主的身份地位基本相符，形成从帝后、三品以上官员和高级贵族、中下级官吏与世族、平民共四个较为严格的等级差异，反映北魏中后期的墓葬制度。这一规制在孝文帝迁洛之初的陵墓区域规划中进一步得到体现。北魏在迁都之前，孝文帝首先利用外戚冯熙、冯诞父子薨没之机，将二人灵柩分别从钟离和平城护送至洛阳，以特殊规格隆重安葬，为下一步迁洛之人不得北葬的制度实施做好铺垫，并根据洛阳北邙山历代陵墓区布局，将北魏帝陵和墓葬区选在都城西北的瀍河两岸。通过对出土的大量北魏墓志及石窟寺造像题记相关记载的分析显示，至北魏末年，宗族和家族墓地的发展一方面利用宗族维护了皇族特权，另一方面也沿袭汉晋趋势，突出家庭地位。北魏晚期墓葬基本继承中原“晋制”，体现北魏政治制度汉化的完整与统一。

再次，北魏祭祀礼俗之辨。

拓跋鲜卑各类祭祀比较泛滥，其中庙祭设“尸”以接受祭享，是其丧葬祭祀的传统风俗，与中原三代祭礼类似，但其所选之“尸”是以与被祭者相貌近似为标准，更因尸与逝者配偶燕好如夫妻渎情乱性而成为陋俗，历史文献几乎不载，墓志所记奚氏曾为帝尸是难得的实证。北魏建立之后，更加注重敬先法祖，太武帝时将大兴安岭嘎仙洞认作祖先旧墟石室，遣官祭祀并刊刻祝文，是北魏接受中原文化之后基于政治需要而进行的变夷从夏远祖附会。为了加强皇权，历代皇帝设置坛庙祭祀，北魏最初设三帝庙，之后增加到五帝庙，再发展并固定为七帝庙。孝文帝时不仅亲祀七庙，而且重议祖宗，将七庙太祖从平文帝改为道武帝。到北魏晚期，祭祀多与封官、赠爵、加谥等一并进行，祭祀用牲已经不见早期游牧民族常用之马，代之为农业居民饲养之豕，并以太牢、少牢、馈食之别以显示官位等级。北魏末年时，越级祭享与超封职官一样普遍。从北魏祭祀旧俗渐绝，祖先祭祀加强，七帝庙祭固定以及祭祀用牲和七庙太祖变化，说明北魏祭祀已经融入中原礼制范畴。

最后，曲折复杂的民族融合。

北魏丧葬中的民族融合因素探讨往往以拓跋鲜卑为核心，事实上，北魏统治集团包括众多不同族群，而每个民族分别有自己的发展演变轨迹，一些考古材料为探讨典型案例的复杂性提供证据，其中乙弗氏代表鲜卑早期发展中的部落走向，尔朱氏反映外来胡人在北魏晚期参与政治争斗后的生存状况。乙弗鲜卑是跟随拓跋鲜卑到达代北的较小部落，魏初分裂为两支并各自发展，离开的一支辗转到青海湖周边，建立乙弗勿敌政权，覆灭后有两部分乙弗氏分别在不同时间重新归魏。原留于魏和再次附魏的乙弗氏最高等级均得到皇室重用甚至联姻，北周时乙弗被赐给赵、华等姓，从而改变了其乙弗部落的族属性质。尔朱氏为较早归魏的西域契胡，因居于秀容尔朱川而得姓，北魏末年军事势力强大，虽试图取代元氏皇权未果，却以河阴之难导致北魏瓦解分裂。尔朱家族已出土墓志达十几方，对其先祖追记均有意规避了西域来源和契胡族属。这一现象是在北魏拓跋鲜卑胡人观背景下的自保之策，将其发源地指向北魏秀容，并称夏后苗裔，欲遵循拓跋鲜卑之路，与其他东胡民族一样被纳入华夏统序，反映北魏民族融合中的普遍规律。

北魏之所以能够从漠南游牧部落发展到被纳入华夏正统体系的封建王朝，主要得益于其始终主动向中原汉文化学习和借鉴，并建立一套有效的完善规制，丧葬制度是其中的重要组成部分。通过丧、葬、祭分别体现的从风俗向礼制的演变，以考古发掘材料为证，从典型案例寻找民族融合的发展过程和主要节点，探讨各民族之间在丧葬方面的交流与融合，反映北魏丧葬的总体状况。研究的难点在于北魏丧葬中不同民族文化的鉴别与区分。虽然北魏的建立者为拓跋鲜卑，但在其发展过程中，通过武力与婚姻，不断与周边其他民族进行融合，各民族的起源发展及文化特性等相关信息都非常有限，如何在复杂多样的现象中辨别各自民族的不同特征成为该项研究的最大困难。目前的研究成果证明，从墓葬方向、葬式、葬具、随葬品等方面进一步对比与辨识，能够把握主要族群的典型文化特点，而从姓氏角度追踪其在北魏的分合走向及婚姻结构，证明民族融合的复杂性和深入程度，也是北魏不同民族之间相互融合的普遍现象。

北魏丧葬不仅体现北魏不同民族对于汉文化的接纳，也代表其从根本上向中原正统的融入。丧葬从早期不同民族的多元因素保留逐步走向中原汉晋文化的一统格局，是对中原传统核心文化的沿袭，北魏基于汉化改制，延续了中原文化基因，通过丧葬这一物化载体，集中体现了华夏正统、“大一统”观念及哲学思想在经历混战分裂的十六国北朝之后，进一步得到继承和发扬。

参考文献

一、古籍

（西汉）司马迁：《史记》，中华书局，1959年。

（东汉）班固：《汉书》，中华书局，1962年。

（西晋）陈寿撰，（南朝宋）裴松之注：《三国志》，中华书局，1971年。

（南朝宋）范晔：《后汉书》，中华书局，1965年。

（南朝梁）萧子显：《南齐书》，中华书局，1972年。

（南朝梁）沈约：《宋书》，中华书局，1974年。

（北魏）杨衒之撰，周祖谟校释：《洛阳伽蓝记校释》，中华书局，1987年。

（北魏）崔鸿撰，（清）汤球辑补：《二十五别史·十六国春秋辑补》，齐鲁书社，2000年。

（北魏）郦道元原注，陈桥驿注释：《水经注》，浙江古籍出版社，2001年。

（北齐）颜之推：《颜氏家训》，上海古籍出版社，1980年。

（北齐）魏收：《魏书》，中华书局，1974年。

（唐）令狐德棻等：《周书》，中华书局，1971年。

（唐）李百药：《北齐书》，中华书局，1972年。

（唐）魏征等：《隋书》，中华书局，1973年。

（唐）房玄龄等：《晋书》，中华书局，1974年。

（唐）李延寿：《北史》，中华书局，1974年。

（唐）杜佑：《通典》，中华书局，1988年。

（唐）虞世南：《北堂书钞》，中国书店影印，1989年。

（唐）李吉甫撰，贺次君点校：《元和郡县图志》，中华书局，1983年。

（后晋）刘昫等：《旧唐书》，中华书局，1975年。

（北宋）欧阳修、宋祁：《新唐书》，中华书局，1975年。

（北宋）司马光等：《资治通鉴》，中华书局，1976年。

（清）阮元：《十三经注疏附校勘记》，中华书局影印，1980年。

（清）孙诒让：《周礼正义》，中华书局，1987年。

二、专著

陈戍国：《魏晋南北朝礼制研究》，湖南教育出版社，1995年。

丁凌华：《中国丧葬制度史》，上海人民出版社，2000年。

高二旺：《魏晋南北朝丧礼与社会》，上海古籍出版社，2017年。

韩国河：《秦汉魏晋丧葬制度研究》，陕西人民出版社，1999年。

黄烈：《中国古代民族史研究》，人民出版社，1987年。

黄展岳：《古代人牲人殉通论》，文物出版社，2004年。

康乐：《从西郊到南郊——国家祭典与北魏政治》，稻乡出版社，1995年。

李梅田：《葬之以礼：魏晋南北朝丧葬礼俗与文化变迁》，上海古籍出版社，2021年。

李凭：《百年拓跋》，山西古籍出版社，2004年。

李凭：《北魏平城时代》，上海古籍出版社，2011年。

梁满仓：《魏晋南北朝习俗史》，人民出版社，1994年。

梁满仓：《魏晋南北朝五礼制度考论》，社会科学文献出版社，2009年。

林幹：《中国古代北方民族通论》，内蒙古人民出版社，1998年。

罗新：《中古北族名号研究》，北京大学出版社，2009年。

罗新：《黑毡上的北魏皇帝》，海豚出版社，2014年。

马长寿：《乌桓与鲜卑》，上海人民出版社，1962年。

倪润安：《光宅中原：拓跋至北魏的墓葬文化与社会演进》，上海古籍出版社，2017年。

荣新江、张志清：《从撒马尔干到长安——粟特人在中国的文化遗迹》，北京图书馆出版社，2004年。

孙危：《鲜卑考古学文化研究》，科学出版社，2007年。

唐长孺：《魏晋南北朝史论丛》，河北教育出版社，2000年。

田余庆：《拓跋史探》（修订本），生活·读书·新知三联书店，2019年。

汪受宽：《谥法研究》，上海古籍出版社，1995年。

王朝海：《北魏政权正统之争研究》，中国社会科学出版社，2015年。

王大方：《草原访古》，内蒙古大学出版社，1999年。

王凯：《北魏盛乐时代》，内蒙古人民出版社，2003年。

王明珂：《华夏边缘：历史记忆与族群认同》，社会科学文献出版社，2006年。

魏坚：《内蒙古地区鲜卑墓葬的发现与研究》，科学出版社，2004年。

谢宝富：《北朝婚丧礼俗研究》，首都师范大学出版社，1998年。

徐吉军、贺云翱：《中国丧葬礼俗》，浙江人民出版社，1991年。

严耕望：《魏晋南北朝地方行政制度》，上海古籍出版社，2007年。

杨树达：《汉代婚丧礼俗考》，上海古籍出版社，2000年。

杨哲峰：《历史时期考古研究》，上海古籍出版社，2023年。

姚薇元：《北朝胡姓考》，科学出版社，1958年。

尹刚：《北魏平城墓葬壁画研究》，山西人民出版社，2022年。

张国文：《拓跋鲜卑——北魏先民生计方式的稳定同位素考古研究》，科学出版社，2023年。

张金龙：《北魏政治史》，甘肃教育出版社，2008年。

张庆捷：《胡商胡腾舞与入华中亚人》，北岳文艺出版社，2010年。

周一良：《魏晋南北朝史札记》，中华书局，1985年。

〔日〕川本芳昭：《魏晋南北朝的民族问题》，汲古书院，1998年。

〔日〕松下宪一：《北朝胡族体制论》，北海道大学出版会，2007年。

三、考古报告、图录等

北京大学考古文博学院、河北省文物考古研究院：《赞皇西高北朝赵郡李氏家族墓地》，科学出版社，2021年。

北京图书馆金石组：《北京图书馆藏中国历代石刻拓本汇编》，中州古籍出版社，1989年。

大同市考古研究所：《大同雁北师院北魏墓群》，文物出版社，2007年。

戴春阳、张珑：《敦煌祁家湾——西晋十六国墓葬发掘报告》，文物出版社，1994年。

郭培育、郭培智：《洛阳出土石刻时地记》，大象出版社，2005年。

河南省文物局：《安阳北朝墓葬》，科学出版社，2013年。

河南省文物研究所、河南省洛阳地区文管所：《千唐志斋藏志》，文物出版社，1984年。

胡海帆、汤燕：《1996～2012北京大学图书馆新藏金石拓本菁华》，北京大学出版社，2012年。

辽宁省博物馆：《北燕冯素弗墓》，文物出版社，2015年。

辽宁省博物馆：《辽宁省博物馆藏碑志精粹》，文物出版社，2000年。

刘景龙：《古阳洞：龙门石窟第1443窟》，科学出版社，2001年。

刘景龙、李玉昆：《龙门石窟碑刻题记汇录》，中国大百科全书出版社，1998年。

陆增祥：《八琼室金石补证》，文物出版社，1985年。

罗新、叶炜：《新出魏晋南北朝墓志疏证》（修订本），中华书局，2016年。

洛阳市第二文物工作队：《洛阳新获墓志》，文物出版社，1996年。

洛阳市第二文物工作队：《洛阳新获墓志续编》，科学出版社，2008年。

洛阳市文物局：《洛阳出土北魏墓志选编》，科学出版社，2001年。

洛阳市文物工作队：《洛阳出土历代墓志辑绳》，中国社会科学出版社，1991年。

毛远明：《汉魏六朝碑刻校注》，线装书局，2008年。

内蒙古自治区文化厅（文物局）、内蒙古自治区文物考古研究所：《内蒙古自治区长城资源调查报告（北魏长城卷）》，文物出版社，2014年。

宁夏文物考古研究所：《固原新区南塬墓地发掘报告》，文物出版社，2021年。

齐运通：《洛阳新获七朝墓志》，中华书局，2012年。

山西大学历史文化学院、山西省考古研究所、大同市博物馆：《大同南郊北魏墓群》，科学出版社，2006年。

王连龙：《新见北朝墓志集释》，中国书籍出版社，2013年。

王壮弘、马成名：《六朝墓志检要》，上海书画出版社，1985年（修订本，上海书店出版社，2008年）。

咸阳市文物考古研究所：《咸阳十六国墓》，文物出版社，2006年。

叶炜、刘秀峰：《墨香阁藏北朝墓志》，上海古籍出版社，2016年。

赵超：《汉魏南北朝墓志汇编》，天津古籍出版社，1992年（2008、2012年修订再版）。

赵君平：《邙洛碑志三百种》，中华书局，2004年。

赵力光：《西安碑林博物馆新藏墓志续编》，陕西师范大学出版社，2014年。

赵力光：《鸳鸯七志斋藏石》，三秦出版社，1995年。

赵万里：《汉魏南北朝墓志集释》，科学出版社，1956年。

赵文成、赵君平：《秦晋豫新出墓志蒐佚续编》，国家图书馆出版社，2015年。

中国社会科学院考古研究所：《赫奕华丽：北魏洛阳永宁寺出土塑像精粹》，上海书画出版社，2023年。

中国文物研究所、陕西省古籍整理办公室：《新中国出土墓志·河南》《新中国出土墓志·陕西》等，文物出版社，1994、2000、2002年。

四、考古简报、论文

包桂红：《内蒙古锡林郭勒伊和淖尔M1文化因素试析》，《文物》2018年第3期。

包头市文物管理处：《包头固阳县发现北魏墓群》，《考古》1987年第1期。

北京市考古研究院、中国社会科学院考古研究所：《北京延庆西屯墓地北魏家族墓发掘简报》，《文物》2024年第2期。

陈凤山、白劲松：《内蒙古扎赉诺尔鲜卑墓》，《内蒙古文物考古》1994年第2期。

陈华文：《宗教对魏晋南北朝丧葬的影响》，《民俗研究》2014年第6期。

陈瑞清、吴玉梅：《〈北齐尔朱世邕墓志铭〉考释》，《文物春秋》2010年第1期。

陈淑君、陈华文：《完整结构与细节呈现：从丧葬史到个案研究——魏晋南北朝丧葬文化研究述论》，《浙江师范大学学报》（社会科学版）2015年第1期。

陈雍：《扎赉诺尔等五处墓葬陶器的比较研究》，《北方文物》1989年第2期。

大同市博物馆：《大同东郊北魏元淑墓》，《文物》1989年第8期。

大同市博物馆、山西省文物工作委员会：《大同方山北魏永固陵》，《文物》1978年第7期。

大同市考古研究所：《山西大同沙岭北魏壁画墓发掘简报》，《文物》2006年第10期。

大同市考古研究所：《山西大同迎宾大道北魏墓群》，《文物》2006年第10期。

大同市考古研究所：《山西大同沙岭新村北魏墓地发掘简报》，《文物》2014年第4期。

大同市考古研究所：《山西大同北魏贾宝墓发掘简报》，《文物》2021年第6期。

俄琼卓玛：《试述乙弗部鲜卑的族源及早期活动》，《青海民族大学学报》（社会科学版）2011年第3期。

鄂尔多斯文物站、内蒙古文物工作队：《西沟畔汉代匈奴墓地调查记》，《内蒙古文物考古》1981年创刊号。

范兆飞：《北魏鲜卑丧葬习俗考论》，《学术月刊》2013年第9期。

甘肃省敦煌县博物馆：《敦煌佛爷庙湾五凉时期墓葬发掘简报》，《文物》1983年第10期。

古顺芳：《大同北魏平城丝路遗珍》，《收藏家》2015年第3期。

古顺芳、吕晓晶：《北魏平城墓葬陶俑演变的阶段性》，《古代文明》（辑刊），北京大学中国考古学研究中心，2020年。

固原县文物工作站：《宁夏固原北魏墓清理简报》，《文物》1984年第6期。

郭素新：《内蒙古呼和浩特北魏墓》，《文物》1977年第5期。

河南省文化局文物工作队：《洛阳北魏长陵遗址调查》，《考古》1966年第3期。

河南省文物考古研究院、三门峡市文物考古研究所、灵宝市文物保护管理所：《河南灵宝北朝向氏家族墓发掘简报》，《洛阳考古》2022年第2期。

胡克森：《北魏的正统与汉化》，《史林》2015年第5期。

黄明兰：《洛阳北魏景陵位置的确定和静陵位置的推测》，《文物》1978年第7期。

金秀爱：《北魏丧葬制度初探》，《河南科技大学学报》（社会科学版）2004年第4期。

黎瑶渤：《辽宁北票县西官营子北燕冯素弗墓》，《文物》1973年第3期。

李献奇、张钦波：《隋边城郡公尔朱休神道碑考》，《中原文物》1992年第4期。

李献奇：《武周尔朱杲及夫人韦氏墓志考释》，《中原文物》1998年第4期。

李兴盛：《内蒙古和林格尔西沟子村北魏墓》，《文物》1992年第8期。

李逸友：《关于内蒙古土默特旗出土文物情况的补正》，《考古通讯》1957年第1期。

李逸友：《内蒙古土默特旗出土的汉代铜器》，《考古通讯》1956年第2期。

林圣智：《墓葬、宗教与区域作坊——试论北魏墓葬中的佛教图像》，《美术史研究集刊》2008年第24期。

刘俊喜、高峰：《大同智家堡北魏墓棺板画》，《文物》2004年第12期。

刘振东：《论北朝时期无棺葬》，《考古与文物》2014年第5期。

卢青峰：《洛阳市朱仓村出土北魏墓铭砖探析》，《四川文物》2024年第2期。

陆思贤：《巴图湾水库区的古墓》，《内蒙古文物考古》1981年创刊号。

洛阳博物馆：《洛阳北魏元邵墓》，《考古》1973年第4期。

洛阳博物馆：《洛阳北魏杨机墓出土文物》，《文物》2007年第11期。

洛阳市第二文物工作队：《偃师前杜楼北魏石棺墓发掘简报》，《文物》2006年第12期。

洛阳市文物考古研究院：《洛阳孟津朱仓北魏墓》，《文物》2012年第12期。

骆东峰：《大同北魏墓葬中的乐舞形象》，《文物天地》2020年第12期。

牟发松：《北魏军镇起源新探》，《社会科学》2017年第11期。

内蒙古文物工作队：《内蒙古扎赉诺尔古墓群发掘简报》，《考古》1961年第12期。

内蒙古文物工作队：《内蒙古呼和浩特美岱村北魏墓》，《考古》1962年第2期。

内蒙古文物考古研究所：《土默特左旗国营苗圃北魏墓清理报告》，

《内蒙古文物考古》2008年第1期。

内蒙古自治区博物馆、和林格尔县文化馆：《和林格尔县另皮窖村北魏墓出土的金器》，《草原文物》1984年第1期。

内蒙古自治区文物工作队：《内蒙古陈巴尔虎旗完工古墓清理简报》，《考古》1965年第6期。

内蒙古自治区文物考古研究所、乌兰察布市博物馆化德县文物管理所、化德县文物管理所：《化德县陈武沟鲜卑墓地发掘简报》，《草原文物》2014 年第 1 期。

内蒙古自治区文物考古研究所：《2014年内蒙古自治区文物考古研究所考古发现综述》，《草原文物》2015年第1期。

内蒙古自治区文物考古研究所、锡林郭勒盟文物保护管理站、正镶白旗文物管理所等：《正镶白旗伊和淖尔墓群M2发掘简报》，《草原文物》2016年第1期。

内蒙古自治区文物考古研究院、乌审旗文物保护中心：《鄂尔多斯市乌审旗巴图湾北魏墓葬发掘简报》，《草原文物》2022年第2期。

倪润安：《北魏盛乐时代至平城时代墓葬的发现与研究》，《文物世界》2009年第6期。

倪润安：《内蒙古三道湾和东大井墓地为檀石槐鲜卑遗存论》，《考古》2011年第3期。

倪润安：《北魏平城时代平城墓葬的文化转型》，《考古学报》2014年第1期。

宁侠：《北魏六镇研究概述》，《北魏六镇学术研讨会论文集》，内蒙古人民出版社，2015年。

宁夏固原博物馆：《彭阳新集北魏墓》，《文物》1988年第9期。

宁夏文物考古研究所、同心县文管所：《宁夏同心县李家套子匈奴墓清理简报》，《考古与文物》1988年第3期。

潘玲：《剺面习俗的渊源和流传》，《西域研究》2006年第4期。

潘行荣：《内蒙古陈巴尔虎旗完工索木发现古墓葬》，《考古》1962年第11期。

齐东方：《中国古代丧葬中的晋制》，《考古学报》2015年第3期。

乔梁：《内蒙古中部的早期鲜卑遗存》，《青果集——吉林大学考古系建系十周年纪念文集》，知识出版社，1998年。

乔梁：《考古遗存的认定与反思》，《中国考古学的跨世纪反思》，香港商务印书馆，1999年。

乔梁、杨晶：《早期拓跋鲜卑遗存试析》，《内蒙古文物考古》2003年第2期。

三门峡市文物考古研究所：《河南三门峡市北朝和隋代墓葬清理简报》，《华夏考古》2009年第4期。

山西省大同市博物馆、山西省文物工作委员会：《山西大同石家寨北魏司马金龙墓》，《文物》1972年第3期。

山西省考古研究所、大同市博物馆：《大同南郊北魏墓群发掘简报》，《文物》1992年8期。

山西省考古研究所、大同市考古研究所：《大同市北魏宋绍祖墓发掘简报》，《文物》2001年第7期。

山西省考古研究所、大同市考古研究所：《山西大同南郊仝家湾北魏墓（M7、M9）发掘简报》，《文物》2015年第12期。

山西省考古研究院、大同市考古研究所、大同市文物局：《山西大同开源美域北魏砖室墓发掘简报》，《华夏考古》2022年第6期。

山西省考古研究院、运城市文物保护中心、万荣县文化旅游局：《山西万荣西思雅北魏薛怀吉墓发掘简报》，《文物》2023年第1期。

单月英：《匈奴墓葬研究》，《考古学报》2009年第1期。

宿白：《东北、内蒙古地区的鲜卑遗迹——鲜卑遗迹辑录之一》，《文物》1977年第5期。

宿白：《盛乐、平城一带的拓跋鲜卑——北魏遗迹——鲜卑遗迹辑录之二》，《文物》1977年第11期。

宿白：《北魏洛阳城和北邙陵墓——鲜卑遗迹辑录之三》，《文物》1978年第7期。

孙机：《固原北魏漆棺画研究》，《文物》1989年第9期。

田立坤：《三燕文化遗存的初步研究》，《辽海文物学刊》1991年第1期。

王太明：《山西榆社县发现北魏画像石棺》，《考古》1993年第8期。

王晓琨：《试析伊和淖尔M1出土人物银碗》，《文物》2017年第1期。

韦正：《关中十六国墓葬研究的几个问题》，《考古》2007年第10期。

韦正：《鲜卑墓葬研究》，《考古学报》2009年第3期。

韦正：《大同南郊北魏墓群研究》，《考古》2011年第6期。

魏坚、郝园林：《北魏六镇军政地位的考古学观察》，《河北师范大学学报》（哲学社会科学版）2020年第4期。

温雅棣：《史记丹青——和林格尔两座壁画墓的比较研究》，《肇庆学院学报》2011年第4期。

乌兰察布盟文物工作站：《内蒙古兴和县叭沟村鲜卑时期墓葬》，《考古》1993年第3期。

吴松岩：《盛乐、平城地区北魏鲜卑、汉人墓葬比较分析》，《北方文物》2008年第4期。

西安市文物保护考古研究院、北京联合大学：《西安市灞桥区江村北魏王氏家族墓地发掘简报》，《文博》2019年第1期。

西北大学文化遗产学院、陕西省考古研究院、旬邑县文化和旅游局：《陕西旬邑县西头遗址上庙地点北魏墓M39的发掘》，《考古》2023年第2期。

徐苹芳：《中国秦汉魏晋南北朝时代的陵园和茔域》，《考古》1981年第6期。

许永杰：《鲜卑遗存的考古学考察》，《北方文物》1993年第4期。

薛海波：《论北魏军镇体制与六镇豪强酋帅》，《民族研究》2017年第3期。

偃师商城博物馆：《河南偃师两座北魏墓发掘简报》，《考古》1993年第5期。

杨富斗：《山西曲沃县秦村发现的北魏墓》，《考古》1959年第1期。

张柏忠：《哲里木盟发现的早期鲜卑遗存》，《文物》1981年第12期。

张承宗：《魏晋南北朝妇女丧葬礼仪考》，《苏州大学学报》（哲学社会科学版）2010年第2期。

张国安：《试论六镇鲜卑的民族融合》，《河南师范大学学报》（哲学社会科学版）1990年第1期。

赵瑞民、刘俊喜：《大同沙岭北魏壁画墓出土漆皮文字考》，《文物》2006年第10期。

赵越：《拓跋鲜卑文化初探》，《考古》1994年第1期。

郑君雷：《早期东部鲜卑与早期拓跋鲜卑族源概论》，《青果集——吉林大学考古系建系十周年纪念文集》，知识出版社，1998年。

郑隆：《内蒙古包头市北魏姚齐姬墓》，《文物》1988年第9期。

中国科学院考古研究所内蒙古工作队：《内蒙古巴林左旗南杨家营子的遗址和墓葬》，《考古》1964年第1期。

中国人民大学历史学院考古文博系、锡林郭勒盟文物保护管理站、正镶白旗文物管理所等：《内蒙古正镶白旗伊和淖尔M1发掘简报》，《文物》

2017年第1期。

中国社会科学院考古研究所洛阳汉魏城队、洛阳古墓博物馆：《北魏宣武帝景陵发掘报告》，《考古》1994年第9期。

周杨：《北魏六镇防线的空间分析》，《中国国家博物馆馆刊》2017年第12期。

索　引

Y

Z

后 记

北魏是由拓跋鲜卑建立的少数民族政权，其从大兴安岭的狩猎种族逐步向西南迁徙，成为蒙古草原的游牧部落之后，大量吸收中原汉晋文明，迅速崛起为势力强大的统治集团。其建都立业后继续南迁至平城及洛阳，统一黄河以北广大区域，发展为与南朝相抗衡的封建制王朝。唐朝已将北魏纳入华夏正统，体现其在中国历史上的特殊地位。

传统观点普遍强调北魏孝文帝迁都洛阳的汉化改制。随着考古发掘的北魏墓葬逐渐丰富，不同时期和不同地域之间墓葬中的文化因素差异越来越明显，所反映的社会形态远比想象中复杂多样，但整体上呈现出中原传统农耕文化、拓跋鲜卑为主的游牧文化、周边其他文化及外来文化的和谐共处并相互融合。墓葬是社会现实的镜像反映，洛阳发现的于仙姬墓志充分体现了这一特征。于仙姬为西域于阗国主之女，被拓跋鲜卑文成帝纳为夫人，孝文帝时作为宫室成员与文武百官一起迁至洛阳，孝昌二年（526年）薨于金墉宫，葬于西陵，随葬的汉文墓志指出："虽殊化异风，钦和若一。"北魏各民族之间和谐共处的基本模式，是中华民族共同体形成与发展中的典型。

笔者前期对北魏墓志进行过系统整理，重点探讨多民族构成及相互关系，出版了《民族史视野下的北魏墓志研究》，该研究对于全面认知北魏时期民族融合具有重大启发。基于墓志研究的积累，笔者将研究视野扩展到北魏各时期墓葬，把墓葬的地面遗存、墓葬方位、墓室结构、随葬品等方面的信息与汉文传世文献、已经发现的北魏墓志、石窟寺和造像题记、各类铭文题字等相结合，按照丧葬流程的丧、葬、祭三个阶段，探讨北魏丧葬从旧有风俗向礼仪制度的转变。墓葬方面的研究构成了国家社科基金项目《北魏丧葬中民族融合因素的考古学解读》的主要内容，并有幸得到业界专家们的认可，在成果结项时获得优秀，稍作修改后以《钦和若一：北魏丧葬与民族交融的考古研究》为题，顺利入选《成果文库》。

在拙作即将付梓之际，首先感谢参与国家社科基金项目结项报告评审的五位匿名专家和《成果文库》评审的九位匿名专家，他们对本研究给予的充分肯定让我甚为感动，所指出的些微不足文中已尽力修改，对个别问题的认知可能难以达到他们预期的高度，还需要进一步深思。

其次感谢科学出版社。与该社考古分社孙莉社长有缘相识，得到出版社大力推荐，从而使本项研究入选《成果文库》，编辑王蕾认真负责和辛苦付出对本书出版功不可没。

再次感谢诸位师友同仁。每次见到导师刘庆柱先生和师母李毓芳老师，总能受到激励与鼓舞，他们对科研的执着坚守和极高热情让学生汗颜，令人悲伤的是李老师于2023年3月永远离开了我们，再也听不到她爽朗的笑声。感谢吉林大学1986级博物馆学和考古学专业的同学们，大家不仅无私分享各种信息资源，更为每位同学的点滴成绩由衷喝彩，阅尽世间复杂，未改当年善良。感谢中央民族大学及考古文博系，我们的学术团体在学科发展上有诸多困难，但大家团结一致、互相温暖，恪守为师本心，散发着人性的光辉。

最后感恩我的家人。感谢父母对我的托举，使我获得高等教育的机会，在我已近中年再次外出求学时帮我照顾家庭，免除了我的后顾之忧。感谢姐姐、妹妹和小弟对父母的照顾，尤其对妹妹在父亲生病期间悉心侍奉的辛苦付出感激不尽。先生霍宏伟和女儿霍奕然是我生命中的光，父女俩积极乐观和充满激情的生活态度深深影响着我，我们一起经历着平凡而幸福的人生。

刘连香

甲辰年岁末于北京昌运宫路寒舍